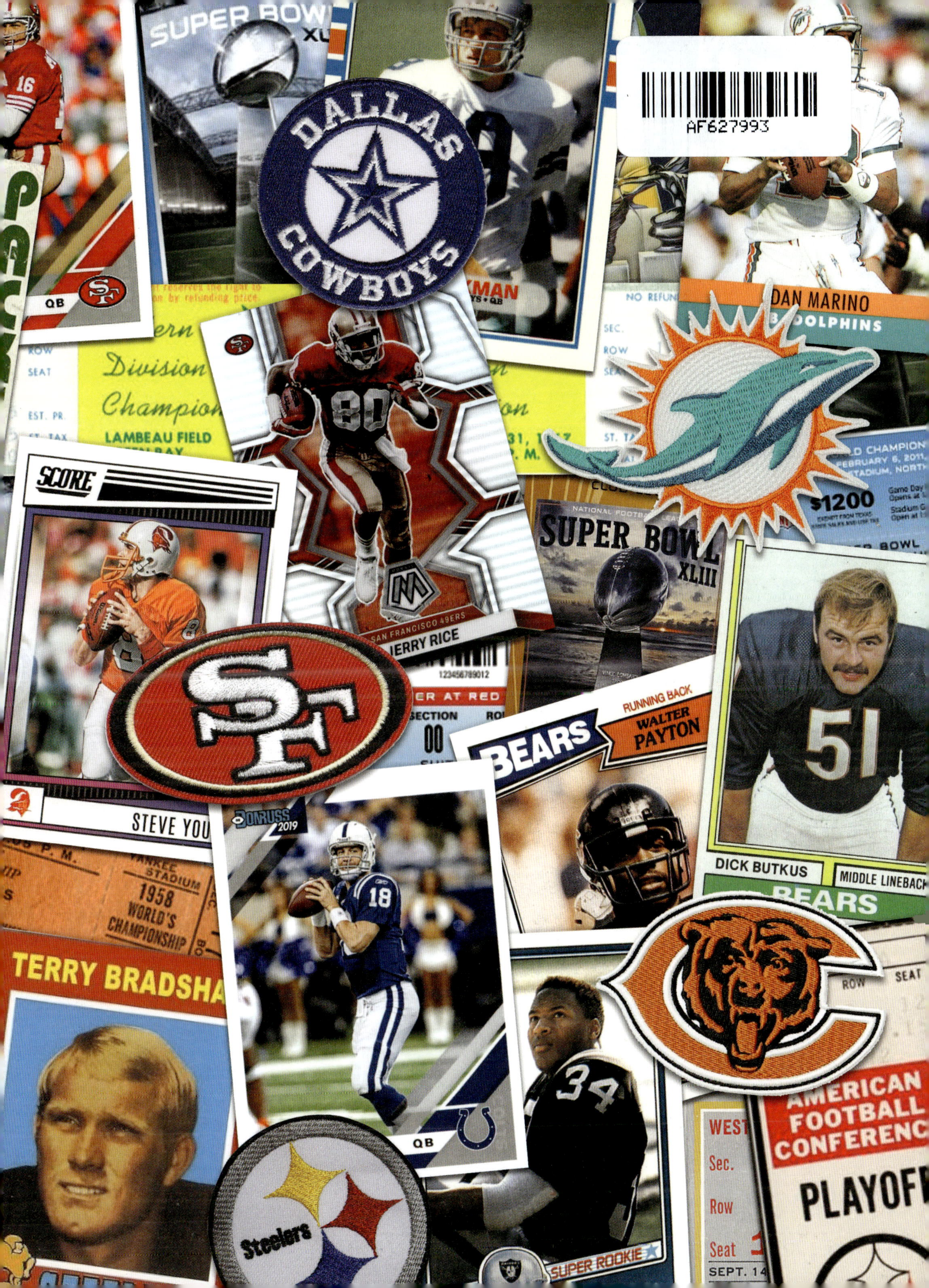
AF627993
SUPER BOWL
DALLAS COWBOYS
DAN MARINO
DOLPHINS
Division Champion
LAMBEAU FIELD
SCORE
SAN FRANCISCO 49ERS
JERRY RICE
SUPER BOWL XLIII
$1200
RUNNING BACK
WALTER PAYTON
BEARS
DICK BUTKUS
MIDDLE LINEBACK
BEARS
STEVE YOU
DONRUSS 2019
YANKEE STADIUM
1958 WORLD'S CHAMPIONSHIP
TERRY BRADSHA
QB
AMERICAN FOOTBALL CONFERENC
PLAYOFF
WEST
Sec.
Row
Seat
SEPT. 14
Steelers
SUPER ROOKIE

IMPRESSUM

HEEL Verlag GmbH
Gut Pottscheidt
53639 Königswinter
Tel.: 02223 9230-0
Fax: 02223 9230-13
E-Mail: info@heel-verlag.de
www.heel-verlag.de

Autor: Ross Hamilton
Mitwirkende: Scott Reeves et al.
Lektorat: Martin Corteel
Korrektorat: Finn O'Neill
Buchgestaltung: Alex Young
Umschlagdesign: Darren Grice
Umschlagbilder: Getty Images, mit Ausnahme von Flickr (U1 & S.5, oben rechts)
Fotografien: Alle Urheberrechte und Markenrechte wurden berücksichtigt und respektiert.

Deutsche Ausgabe:
Übersetzung aus dem Englischen: Mareen Bruns
Umschlaggestaltung und Buchsatz: Stefan Witterhold, HEEL Verlag
Projektleitung und Lektorat: Carolin Wischerath, HEEL Verlag

Disclaimer:
Dies ist eine unabhängige Veröffentlichung, die inoffiziell und nicht autorisiert ist und als solche keine Verbindung mit der National Football League (NFL) oder einer anderen Organisation, die in irgendeiner Weise mit der im Buch vorgestellten NFL verbunden ist.

Printed in Latvia

ISBN 978-3-96664-897-4

ROSS HAMILTON

NFL

DIE BESTEN SPIELER, TEAMS UND GAMES ALLER ZEITEN

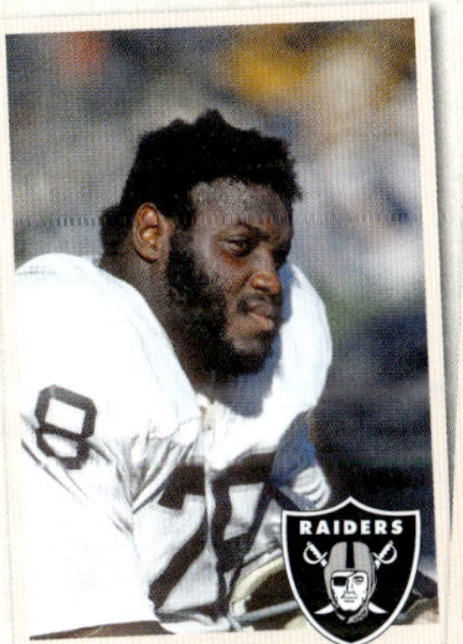
Art Shell
Oakland Raiders · Offensive Tackle

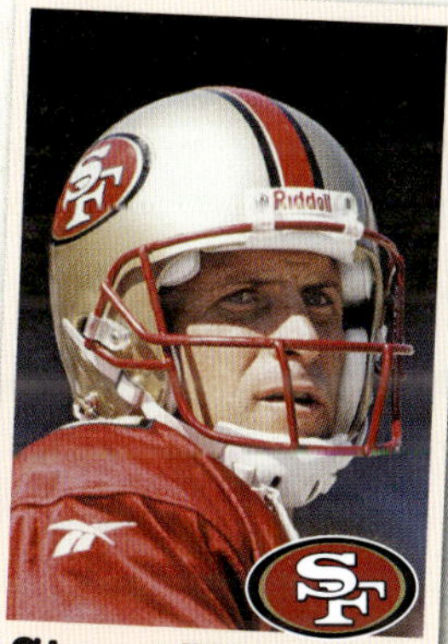
Steve Young
San Francisco 49ers · Quarterback

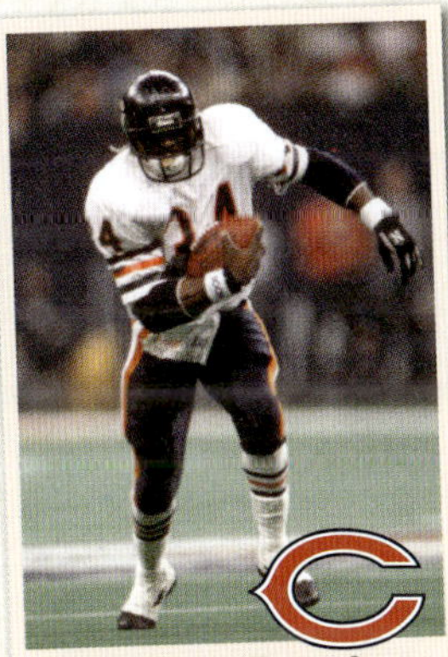
Walter Payton
Chicago Bears · Runningback

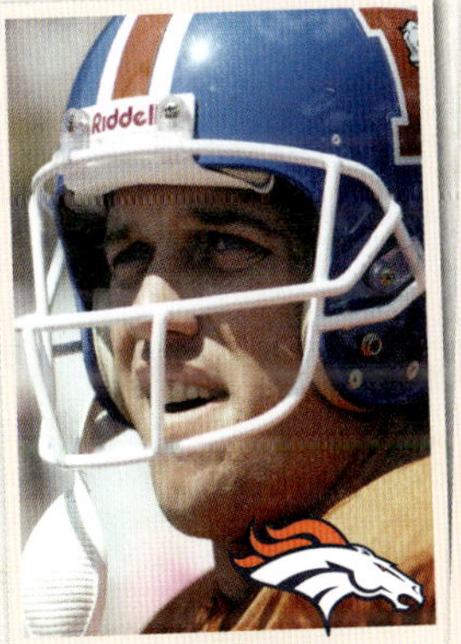
John Elway
Denver Broncos · Quarterback

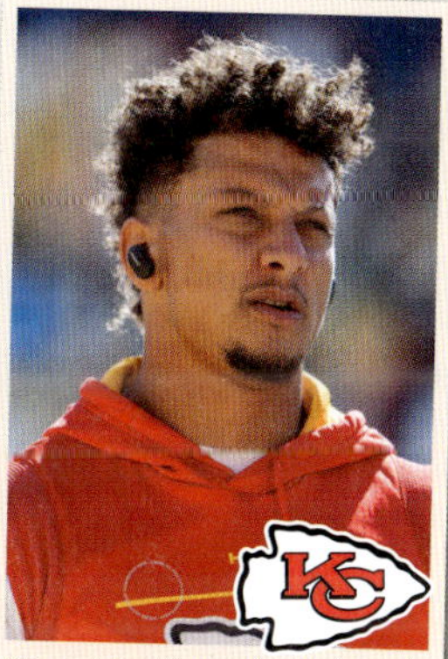
Patrick Mahomes
Kansas City Chiefs · Quarterback

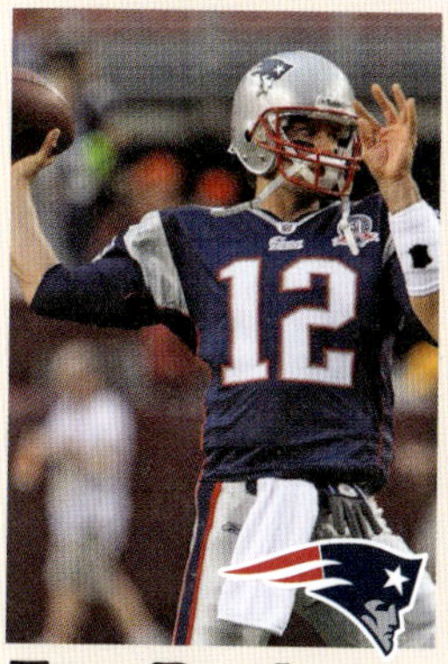
Tom Brady
New England Patriots · Quarterback

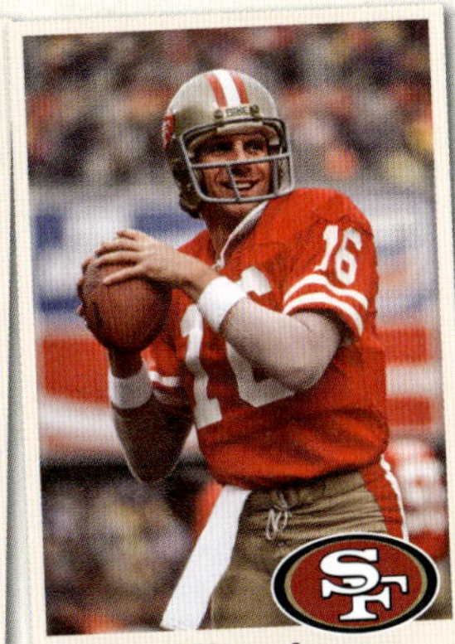
Joe Montana
San Francisco 49ers · Quarterback

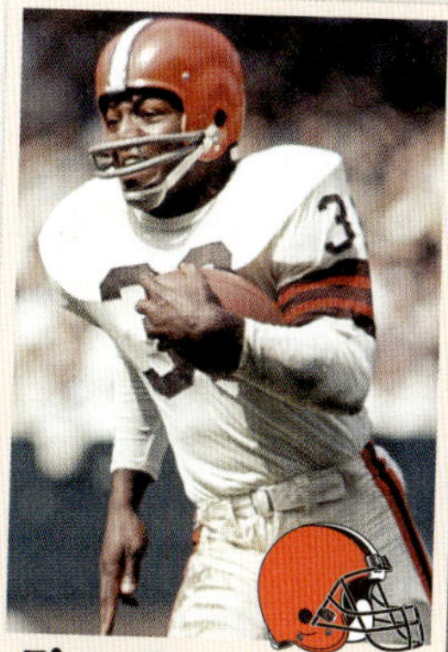
Jim Brown
Cleveland Browns · Fullback

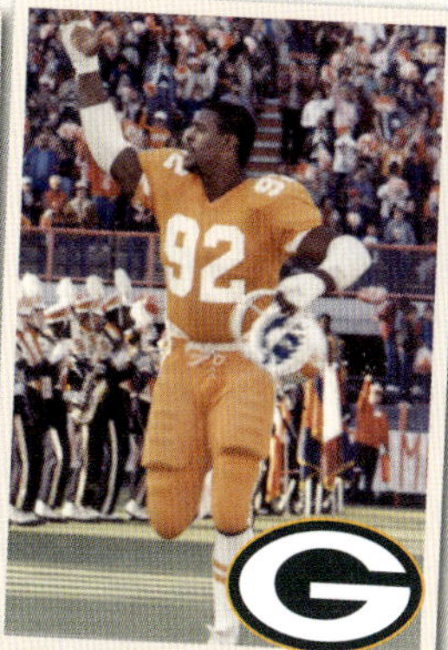
Reggie White
Green Bay Packers · Defensive End

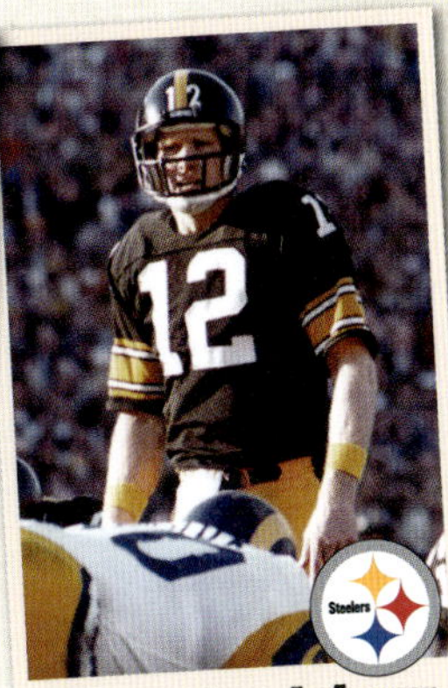
Terry Bradshaw
Pittsburgh Steelers · Quarterback

HEEL

INHALT

EINLEITUNG 8

EINE KURZE GESCHICHTE DER NFL 10

- EIN BESCHEIDENER BEGINN 12
- DIE GEBURT DER NFL 14
- DER ZUSAMMENSCHLUSS 16
- DIE MODERNE ÄRA 18
- DER SPRUNG INS 21. JAHRHUNDERT 20

DIE TOP 10 DER LEGENDÄRSTEN NFL-TEAMS 22

- DENVER BRONCOS (1998) 24
- GREEN BAY PACKERS (1962) 25
- CHICAGO BEARS (1985) 26
- DALLAS COWBOYS (1992) 27
- NEW ENGLAND PATRIOTS (2007) 28
- WASHINGTON REDSKINS (1991) 29
- PITTSBURGH STEELERS (1978) 30
- ST. LOUIS RAMS (1999) 31
- SAN FRANCISCO 49ERS (1989) 32
- MIAMI DOLPHINS (1972) 33

Legenden der NFL 34

Jerry Rice 36
Dick Butkus 42
Terry Bradshaw 44
Steve Young 46
Tom Brady 48
Johnny Unitas 54
Joe Montana 56
Jim Brown 62
Bo Jackson 65
Brett Favre 68
Dan Marino 70
Reggie White 74
John Elway 78
Deion Sanders 82
Payton Manning 86
Walter Payton 90
Bart Starr 94
Don Hutson 98
Troy Aikman 102

Die 10 besten NFL-Games 104

Die 50 ikonischsten NFL-Spieler 114

Die 10 besten NFL-Coaches 132

Vince Lombardi 134
Don Coryell 135
Buddy Ryan 136
Tom Landry 137
Paul Brown 137
George Halas 138
Don Shula 139
Chuck Noll 139
Bill Walsh 140
Bill Belichick 141

EINLEITUNG

Wenn die beiden besten Teams im Super Bowl – dem großen Finale einer jeden NFL-Saison – aufeinandertreffen, kommen die USA zum Stillstand.

Zehntausende glückliche Kartenbesitzer sehen sich das Spiel live an. Mehr als 100 Millionen Menschen verfolgen es im Fernsehen. Millionen weiterer NFL-Fans auf der ganzen Welt fiebern an ihren Bildschirmen mit, häufig mitten in der Nacht. Einige leben in Ländern, die wahre Fan-Hochburgen sind, wie in Großbritannien oder in Deutschland. Andere kommen aus schnell wachsenden, neuen Wirtschaftsländern wie China. Die Halbzeit-Show ist ein heiß ersehnter Programmhöhepunkt, bei dem in den vergangenen Jahren Usher, Rihanna, Lady Gaga und Beyoncé live auftraten. Um währenddessen in einem 30-sekündigen TV-Spot zu werben, zahlen Unternehmen bereitwillig schon einmal 7 Millionen Dollar.

Das phänomenale Interesse am Super Bowl hängt damit zusammen, dass die NFL eine der beliebtesten Sportligen ist. Es geht um eine Mischung aus körperlicher und mentaler Stärke sowie technischer Fähigkeiten und ausgefeilter Taktiken. Der Wide Receiver kann in 4 Sekunden 40 Meter laufen. Der Lineman kann 100 Kilo stemmen, ohne dabei ins Schwitzen zu geraten. Die Cheerleader und die Maskottchen unterhalten ununterbrochen die Menge. Einige Spiele entscheiden sich oft erst in den letzten Sekunden, bevor das Endergebnis feststeht. Und der Draft und die Gehaltsobergrenze sorgen dafür, dass kein Team dominiert. Zu Beginn einer jeden Saison kann jeder Fan davon träumen, dass sein Team eine echte Chance auf den Super Bowl hat, selbst wenn es in der Vorsaison die schlechtesten Spielergebnisse hatte.

Viele der größten Sportler, Coaches, Teams und vergangenen Spiele haben zur vielfältigen Welt des American Football beigetragen. Von Brady und Belichick zu Bo und Joe – entdecke das bunte Spektakel auf den nächsten Seiten. Eine Sache ist sicher:

DIE NFL IST NIEMALS LANGWEILIG!

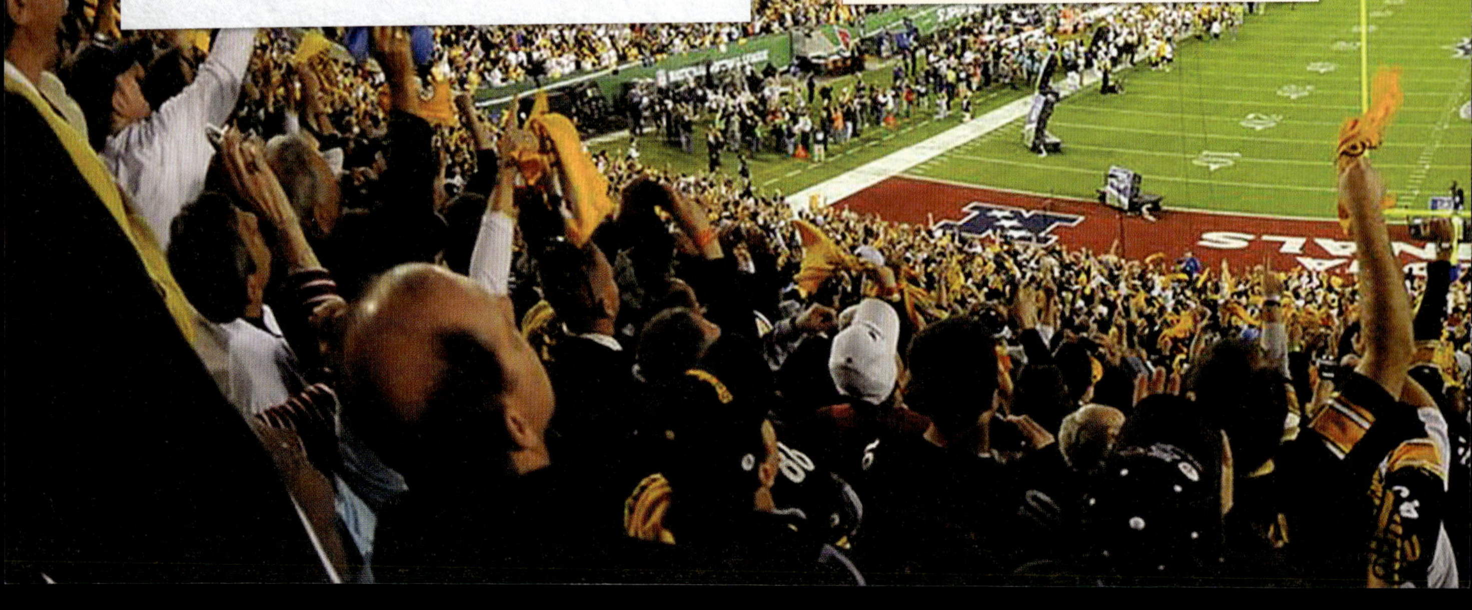

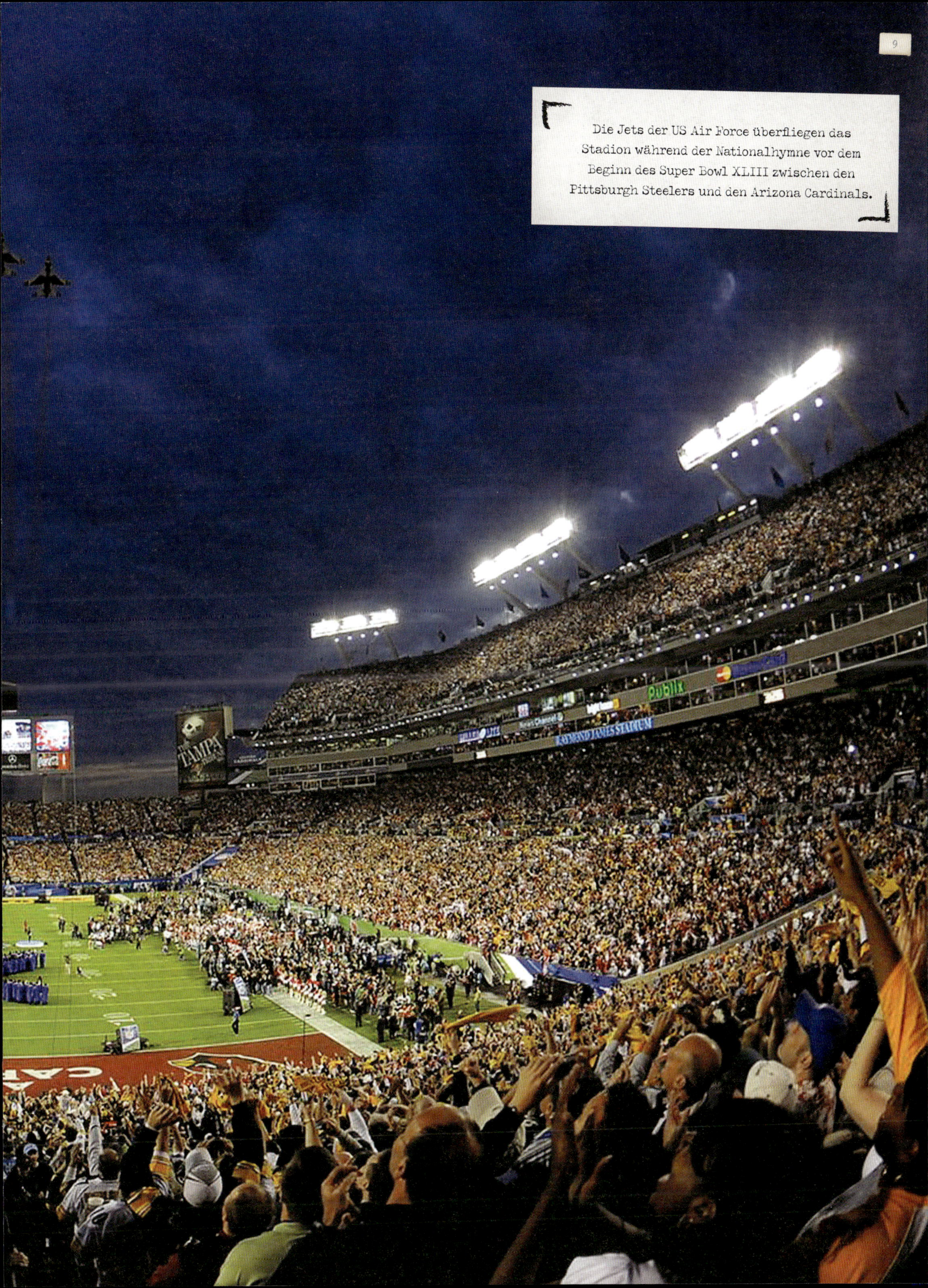

Die Jets der US Air Force überfliegen das Stadion während der Nationalhymne vor dem Beginn des Super Bowl XLIII zwischen den Pittsburgh Steelers und den Arizona Cardinals.

EINE KURZE GESCHICHTE DER NFL

Die beste Show der Welt

Die National Football League, kurz NFL, ist die reichste Sportliga der Welt (gemessen an ihrem Umsatz). Sie hat eine höhere durchschnittliche Besucherrate als alle anderen Sportligen und ihre Teams zählen zu den vermögendsten weltweit. Aber das superglatte, professionalisierte Spiel, wie wir es im 21. Jahrhundert kennen, hatte einen bescheidenen Beginn. Tauche in die Vergangenheit ein und entdecke die spektakuläre Reise der NFL von Walter Camp zu Patrick Mahomes.

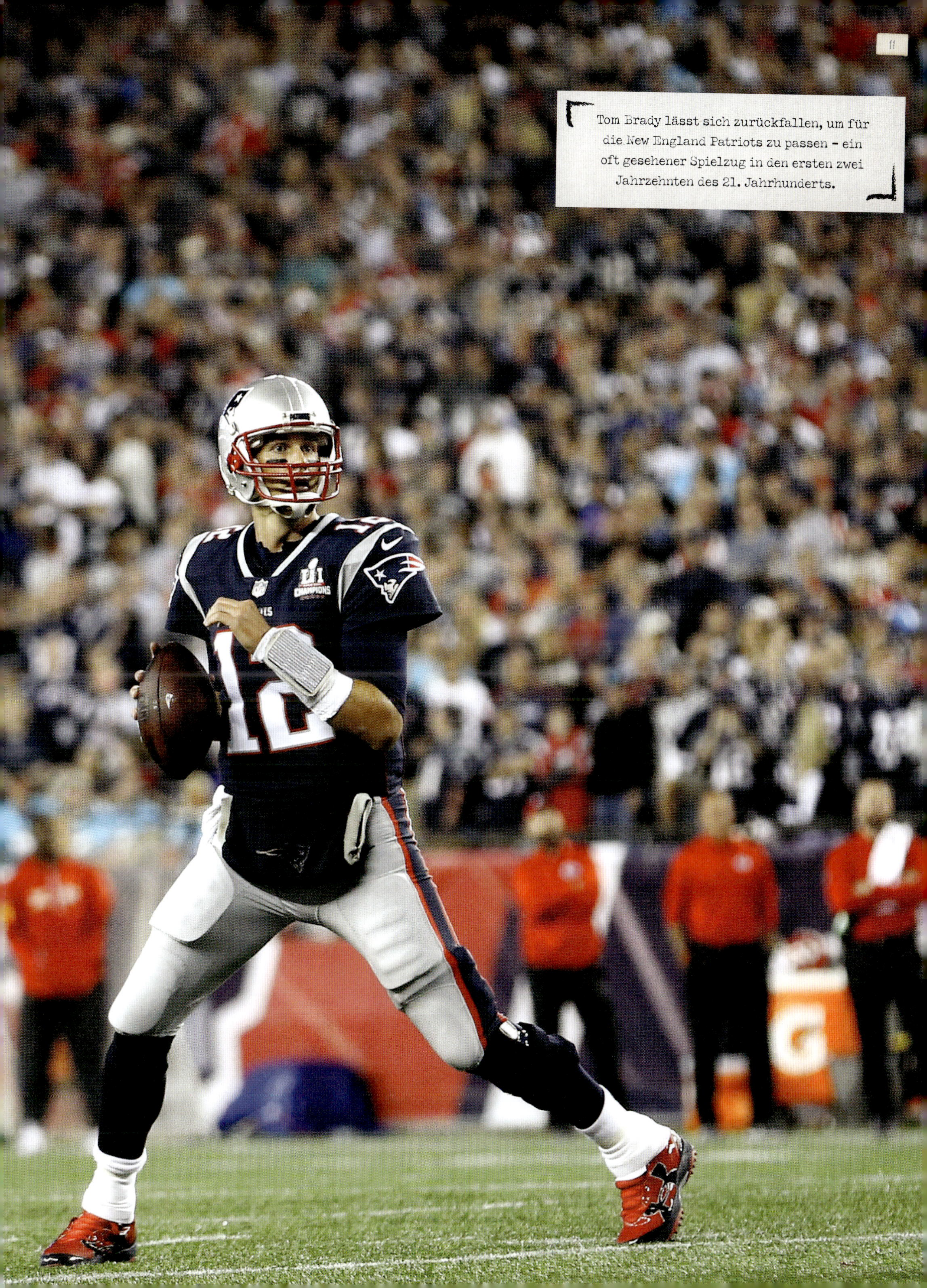

Tom Brady lässt sich zurückfallen, um für die New England Patriots zu passen – ein oft gesehener Spielzug in den ersten zwei Jahrzehnten des 21. Jahrhunderts.

EIN BESCHEIDENER BEGINN

Der 6. November 1869 ist ein Datum, das die Geschichte der NFL geprägt hat. An diesem Tag standen sich zum ersten Mal zwei gegnerische College-Teams in einem American Football-Spiel gegenüber – auch wenn vielleicht ein heutiger Zuschauer des Spiels (Rutger gegen Princeton) meinen könnte, dass das Spiel eine hybride Form aus Football und Rugby gewesen sei, anstatt American Football. Bei diesem historischen ersten Aufeinandertreffen spielten die Studenten mit einem runden Ball, den sie nicht fangen, sondern lediglich mit ihren Händen treffen durften. Das Spiel begann mit großem Gedränge. Punkte erzielte man, indem man den Ball ins gegnerische Tor schlug. Im Laufe der nächsten Jahre wurden die Regeln des neuen Sports schrittweise festgeschrieben und glichen schließlich denen des heutigen Footballs.

Ball-Handling wurde erlaubt, die Line of Scrimmage eingeführt und es wurde festgelegt, dass jeder Spielzug mit einem Snap beginnt. Aber die neuen Regeln halfen kaum, um die Brutalität und Gewalt der frühen Spiele zu zügeln. 1905 drohte Präsident Theodore Roosevelt damit, das Spiel zu verbieten, nachdem 19 Menschen ihren Football-Verletzungen erlagen. Es folgten Reformen, die einen der Grundspielzüge des modernen Spiels initiierten: den Vorwärtspass.

Die Professionalisierung des American Football begann 1892, als Pudge Heffelfinger die unglaubliche Summe von 500 Dollar erhalten hatte, um für die Allegheny Athletic Association gegen den Pittsburg Athletic Club zu spielen. Vermutlich war es eine lohnende Summe, denn Allegheny gewann mit 4:0. In der folgenden Woche setzte Allegheny einen weiteren clubfremden Spieler ein, Ben Donnelly – aber dieses Mal verloren sie. Heffelfinger und Donnelly waren die Wegbereiter der professionellen Football-Spieler, aber sie mussten sich ihr Geld heimlich auszahlen lassen. Denn das Spielen gegen Bezahlung war offiziell verboten, aber die Vereine konnten diese

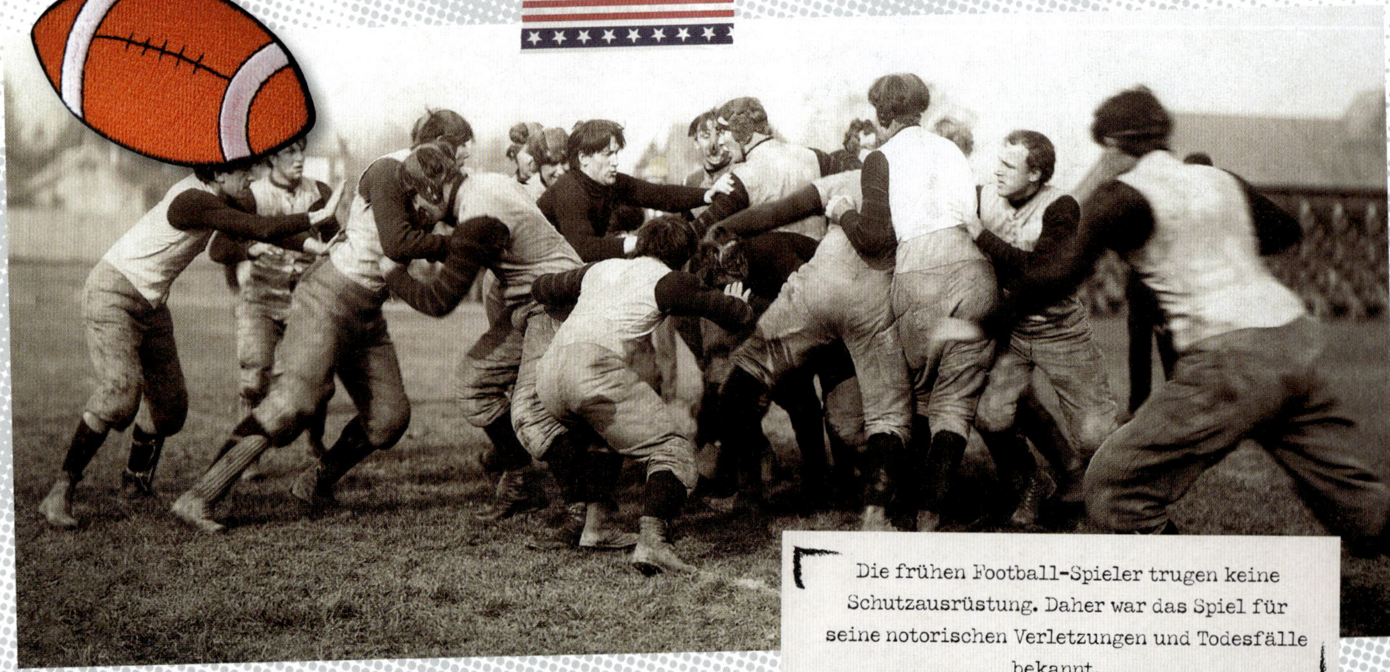

Die frühen Football-Spieler trugen keine Schutzausrüstung. Daher war das Spiel für seine notorischen Verletzungen und Todesfälle bekannt.

Bestimmungen leicht umgehen, indem sie die Spieler im Club einstellten oder ihnen Uhren oder Trophäen schenkten, die sie gegen Geld versetzen konnten.

Zu Beginn des 20. Jahrhunderts spielte sich Football vor allem auf regionaler Ebene ab, mit wenigen Spielen außerhalb des jeweiligen Bundesstaats. Die Ohio League war das Revier von Jim Thorpe, einem zweimaligen Goldmedallien-Gewinner der Olympiade von 1912, dem diese wegen eines Verstoßes gegen den Amateur Code seinerzeit aberkannt wurden. Nachdem er von der Leichtathletik ausgeschlossen worden war, schloss sich Thorpe den Canton Bulldogs als Runningback an und verhalf seinem Team 1916, 1917 und 1919 zu nationalen Titeln. Dank der wachsenden Beliebtheit von Stars wie Thorpe beschäftigten sich bald mehrere unternehmerisch denkende Teambesitzer mit der Idee einer nationalen Meisterschaft. Einige verbündeten sich, um informelle innerstaatliche Ligen für Teams zu schaffen, die an der amerikanischen Ostküste abwärts oder zu den Great Lakes reisten.

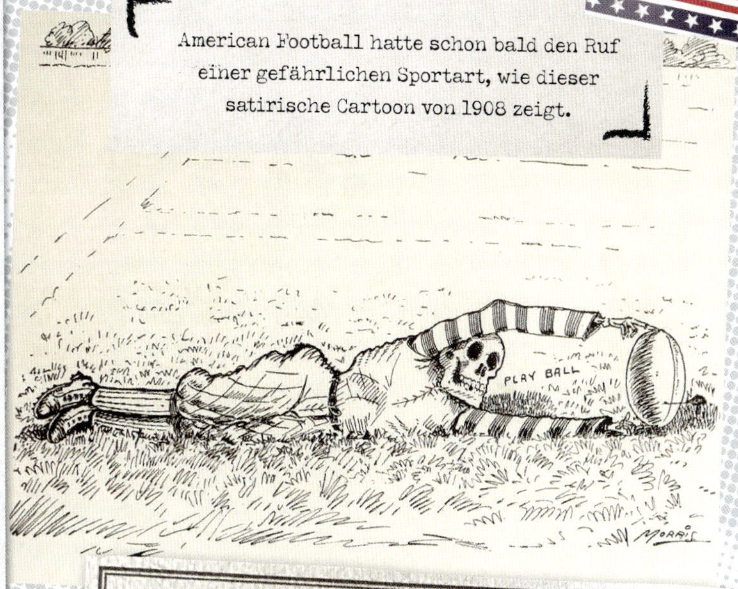

American Football hatte schon bald den Ruf einer gefährlichen Sportart, wie dieser satirische Cartoon von 1908 zeigt.

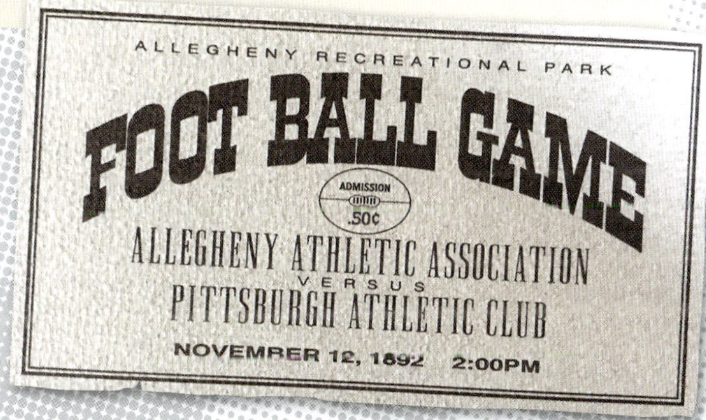
ALLEGHENY RECREATIONAL PARK

FOOT BALL GAME

ADMISSION .50¢

ALLEGHENY ATHLETIC ASSOCIATION
VERSUS
PITTSBURGH ATHLETIC CLUB

NOVEMBER 12, 1892 2:00PM

DER VATER DES AMERICAN FOOTBALL

American Football, wie Walter Camp ihn in Yale spielte, war eine Mischung aus Rugby und Football, wobei sich die Regeln an den jeweiligen Universitäten unterschieden. Als er sieben Jahre nach seinem Abschluss nach Yale zurückkehrte, um das College-Team zu coachen, half Camp dabei, die Spielregeln zu standardisieren. Er stand mehreren Regelausschüssen vor und brachte Vorschläge ein, die American Football zu einer eigenständigen, anerkannten Sportart machten. Camp bereitete den Weg für die Line of Scrimmage, die das ungeordnete Gedränge ersetzte, wenn ein Spieler durch einen Tackle zu Boden gezogen wurde, und das System der Downs, nach dem Teams nur eine begrenzte Anzahl von Versuchen hatten, um den Ball vorwärts zu bewegen.

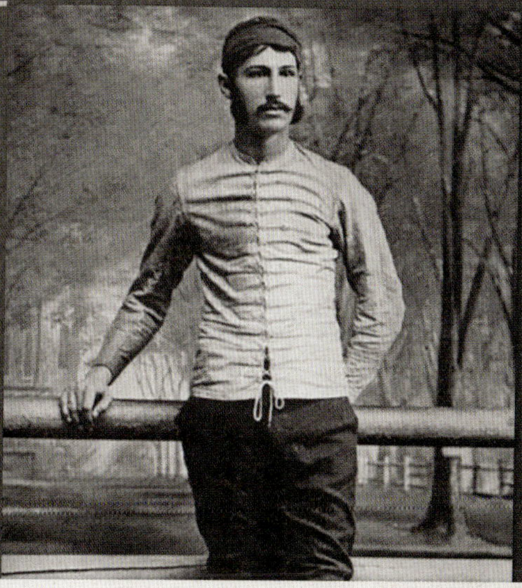

Einige seiner Zeitgenossen fanden, Walter Camp sei zu klein, um Football zu spielen, aber er machte sich schon bald einen großen Namen auf dem Spielfeld.

DIE GEBURT DER NFL

Ein exaktes Geburtsdatum der National Football League festzulegen, fällt nicht leicht. Der Vorläufer der NFL, die American Professional Football Conference, wurde am 20. August 1920 beim örtlichen Hubmobile-Autoverkäufer in Canton, Ohio, gegründet. Einen Monat später, am 17. September, wurde die APFC in American Professional Football Association umbenannt und auch Teams außerhalb Ohios aufgenommen. Erst am 24. Juni 1922 erhielt die APFA den heutigen Namen National Football League.

Zwei Mannschaften nahmen an der Eröffnungssaison 1920 teil: die Chicago Cardinals (heute die Arizona Cardinals) und die Decatur Staleys (heute die Chicago Bears). Aber die Liga-Mitgliedschaften waren nur flüchtig. In jeder Saison kamen und gingen Teams, und die Team-Besitzer zogen auf der Suche nach der größten Fangemeinde und dem besten Spielfeld gern auch in andere Städte. Die ersten Meisterschaften wurden auf Basis der besten Sieg-Niederlage-Quote entschieden, da die Spielpaarungen so unbeständig waren, wie die Mannschaften der Liga. Einige Teams spielten gegen Amateur- und College-Teams, die nicht der NFL angehörten, und versuchten, diese Ergebnisse für die NFL-Meisterschaft zu nutzen. Den Akron Pros wurde in der ersten Saison mit

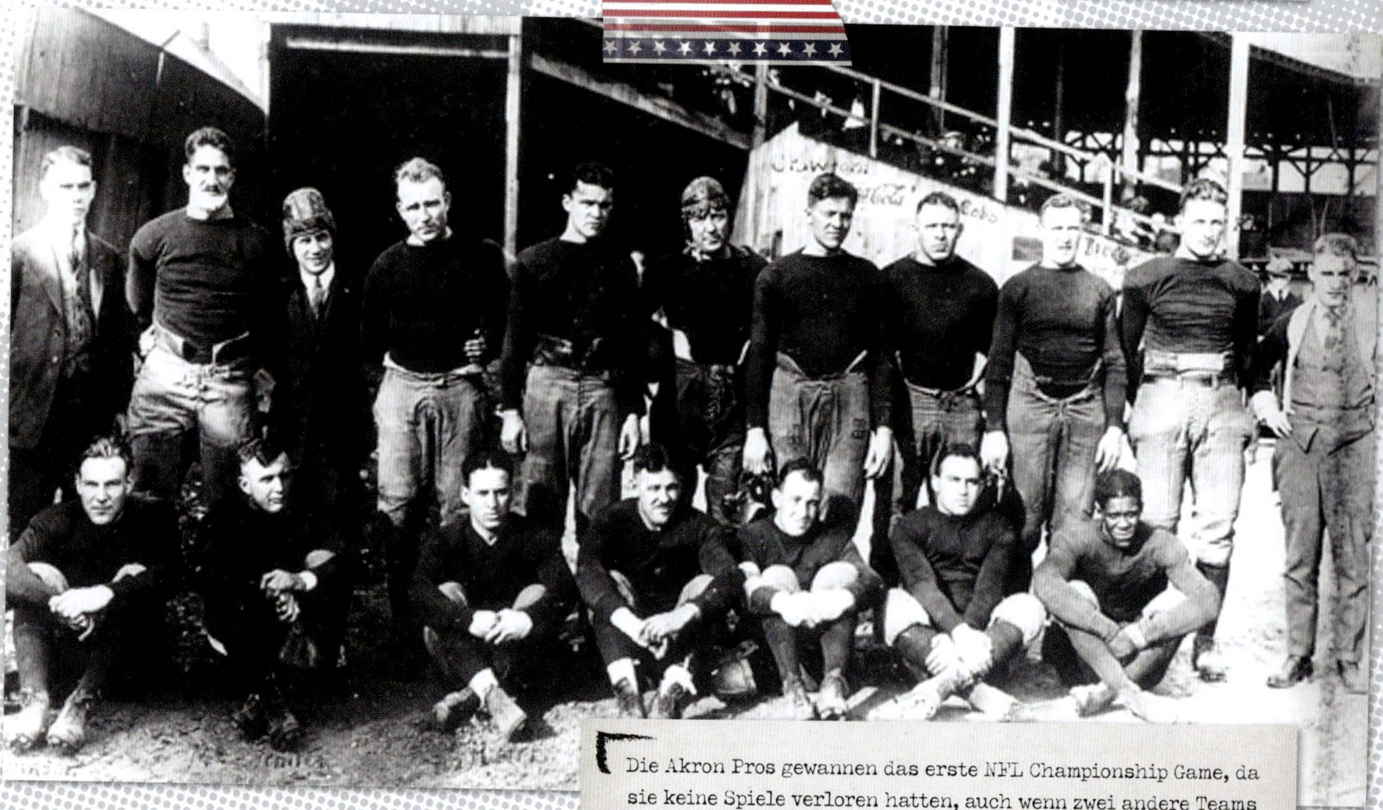

Die Akron Pros gewannen das erste NFL Championship Game, da sie keine Spiele verloren hatten, auch wenn zwei andere Teams häufiger gewinnen konnten, da sie öfter gespielt hatten.

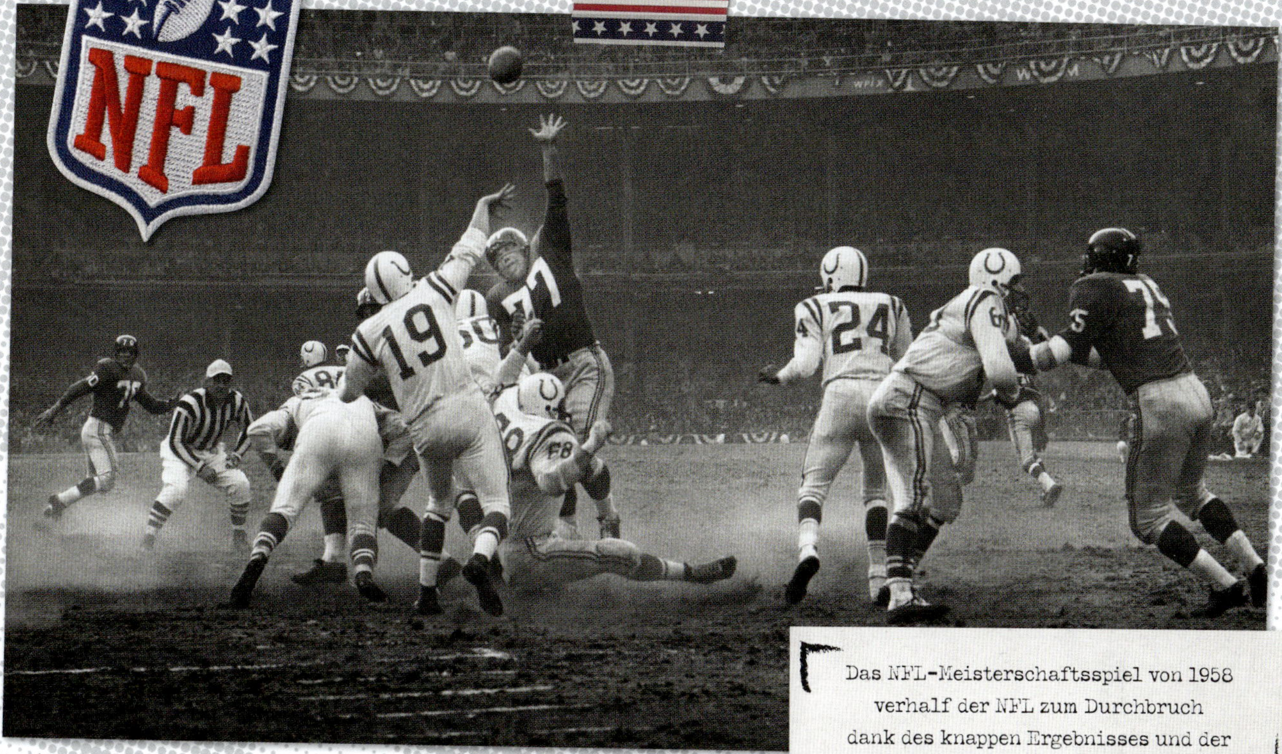

Das NFL-Meisterschaftsspiel von 1958 verhalf der NFL zum Durchbruch dank des knappen Ergebnisses und der landesweiten Fernsehübertragung.

einer Bilanz von 8-0-3 der Titel zugesprochen, aber die Decatur Staleys waren verärgert, da sie mehr Siege verzeichnen konnten und die Saison mit 10-1-2 beendeten.

In den Anfangsjahren der NFL gab es unweigerlich eine ganze Reihe von Premieren, da Team-Besitzer, Spieler und Fans versuchten, den besten Weg für die Organisation der Liga zu finden. 1933 wurden eine Eastern und eine Western Division eingeführt (zu diesem Zeitpunkt war die NFL auf nur noch zehn Teams geschrumpft), und die beiden Division-Sieger traten zum ersten Mal in einem NFL-Meisterschaftsspiel gegeneinander an. Die Chicago Bears gewannen diesen Wettbewerb mit 23:21 gegen die New York Giants. Das erste im Fernsehen übertragene Spiel fand am 22. Oktober 1939 statt, bei dem die Philadelphia Eagles die Brooklyn Dodgers schlugen. Mit der Verlegung der Cleveland Rams nach Los Angeles im Jahr 1945 hielt Football auch an der Westküste Einzug. Dieses Jahr war auch das erste Jahr ohne NFL-Rassenschranke. Seit 1934 hatten Team-Besitzer zusammengearbeitet, um schwarzen Sportlern den Zugang zum Spiel zu verwehren. Aber die gerade umgezogenen Rams, brachen mit dieser Absprache und nahmen den afroamerikanischen Runningback Kenny Washington unter Vertrag, um zu verhindern, dass kalifornische Anwälte gegen die rassistische Politik ihres Teams vorgingen.

Der erste College-Draft fand 1936 statt, auch wenn dieser nicht so viel Aufsehen erregte, wie der derzeitige NFL-Draft, war College-Football damals populärer als heute und zog mehr Zuschauer als der Profi-Football an. Erst nach dem Zweiten Weltkrieg sollte die NFL ihre Wurzeln, den College-Football, übertreffen. Der Moment, den die meisten Historiker als den Durchbruch der NFL bezeichnen, war das NFL Championship Game 1958, als die Baltimore Coats die New York Giants während der Spielverlängerung besiegten. Es war das perfekte Ergebnis für das erste national übertragene Spiel und wurde seitdem als „Das größte Spiel aller Zeiten" tituliert. Dieses überwältigende Spektakel beförderte die NFL in eine andere Liga, aus deren Höhe sie nie wieder abstieg.

DER ZUSAMMENSCHLUSS

Ende der 1950er war die NFL ein unbestrittener Erfolg. Die 12-Team-Liga wurde 1960 mit den Dallas Cowboys auf 13 und 1961 mit den Minnesota Vikings auf 14 Teams aufgestockt. Zehntausende Fans verfolgten jede Woche ihre Lieblingsspieler, und die meisten Teams waren in ihre eigenen, speziell für sie gebauten Football-Stadien gezogen. Jedoch war eine Gruppe von Möchtegern-Mannschaftsbesitzern der Meinung, dass die Expansion nicht schnell genug ging, und gründete daher 1960 ihre eigene Konkurrenzliga – die American Football League. Sie stellte Football-Fans eine Reihe neuer Mannschaften vor, die bald zu bekannten Teams wurden, darunter die Boston Patriots (später New England), die Buffalo Bills und die Denver Broncos.

NFL-Besitzer betrachteten die AFL zunächst nicht als Bedrohung. Eine ganze Reihe potenzieller NFL-Konkurrenten waren zuvor mit großem Tamtam vorgestellt worden, aber sie waren alle schnell wieder verschwunden. Doch die AFL brach mit dieser Tradition. Die AFL-Besitzer waren dazu in der Lage, die NFL mit eigenen College-Drafts und attraktiven Gehältern herauszufordern. Als sich College-Quarterback Joe Namath dafür entschied, bei den New York Jets der AFL und nicht bei den St. Louis Cardinals der NFL zu unterschreiben, gewann die AFL einen hochkarätigen Sportler. Im Jahr 1966 wurde eine informelle Vereinbarung gebrochen, wonach keine der beiden Ligen, die Spieler der anderen abwerben solle, und es kam zu einem freien Wettbewerb, der zu sich überbietenden Gehältern führte.

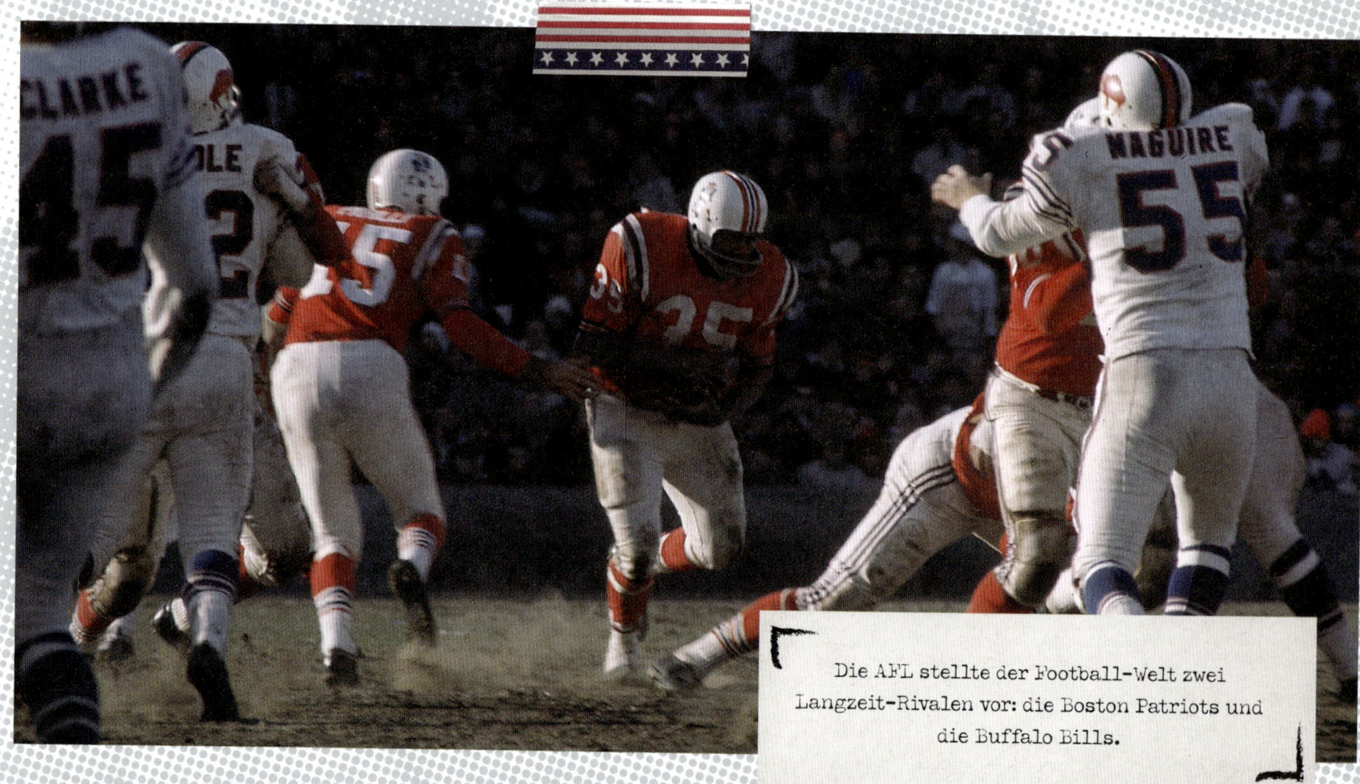

Die AFL stellte der Football-Welt zwei Langzeit-Rivalen vor: die Boston Patriots und die Buffalo Bills.

Im Juni 1966 entschieden sich mehrere NFL-Team-Besitzer den Football-Krieg zu beenden, und einen Zusammenschluss der NFL und der AFL zu erwirken. Beide Ligen verpflichteten sich zu einem gemeinsamen Draft und zu einem Meisterschaftsspiel am Ende der Saison: dem Super Bowl. 1970 fusionierten die Ligen vollständig zu zwei Conferences – der AFC, die überwiegend aus ehemaligen AFL-Teams bestand, und der NFC, in der hauptsächlich NFL-Teams spielten. Obwohl die Liga den Namen National Football League beibehielt, wurden mehrere AFL-Innovationen übernommen: wie z. B. eine Spieluhr auf dem Spielfeld, Namen auf den Trikots der Spieler und die Aufteilung der Einnahmen. Football wurde zu einer nationalen Sportart, da die AFL Mannschaften im Süden gefördert und auch schwarze Spieler ermutigt hatte, zu spielen.

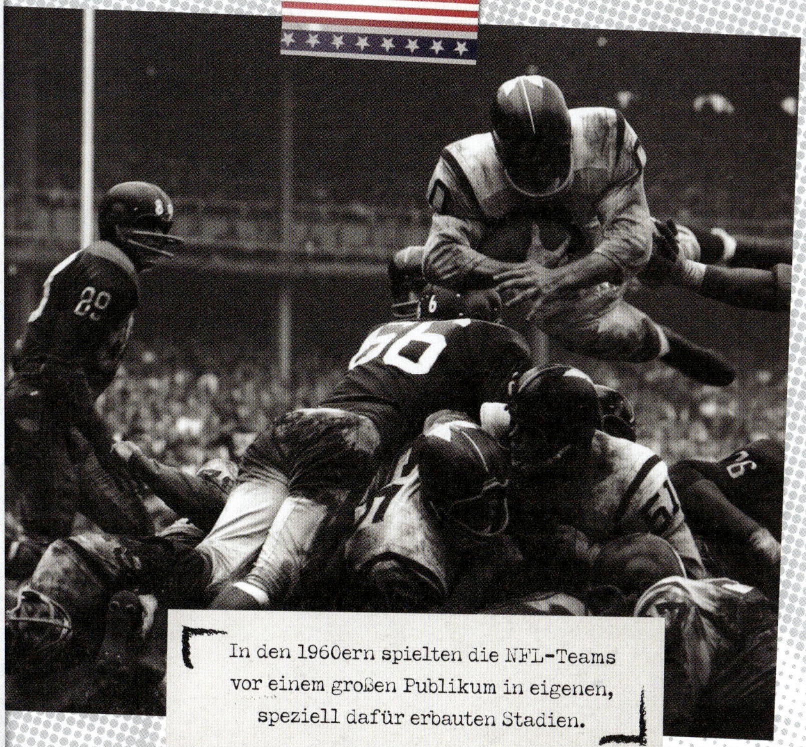

In den 1960ern spielten die NFL-Teams vor einem großen Publikum in eigenen, speziell dafür erbauten Stadien.

SUPER BOWL I

Der erste Super Bowl wurde offiziell als das World Championship Game bezeichnet. Darin nahmen es die Green Bay Packers mit den Kansas City Chiefs auf – beide Teams waren die jeweiligen Meister der NFL und AFL. Die meisten erwarteten, dass das etabliertere NFL-Team die Emporkömmlinge schlagen würde, was sich am Ende auch als richtig erwies.

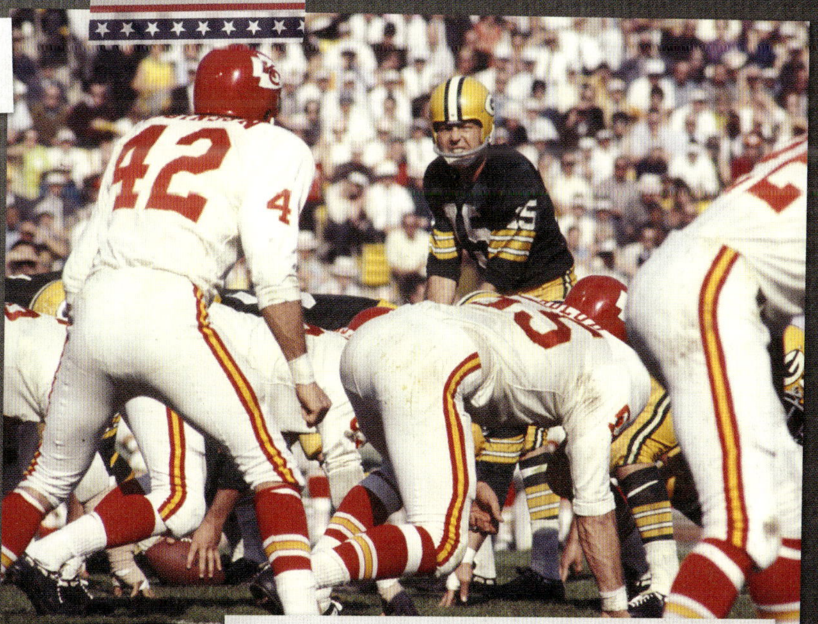

Bart Starr wurde zum ersten Super Bowl Most Valuable Player auserkoren – und im folgenden Jahr kehrte er zurück, um sich diesen Titel erneut zu holen.

In der ersten Hälfte schien es jedoch enger zu werden, als erwartet. Die Verteidigung der Chiefs gewann mehr Yards als ihre Gegner und befand sich zur Halbzeit, mit einem Rückstand von lediglich 14:10, in Reichweite zum Ausgleich. Aber ihre Chancen schwanden, als ein Safety der Packers nahe der Mittellinie einen Pass abfing und zur 5-Yard-Linie der Chiefs zurückgab. Daraufhin führte der Green Bay-Quarterback Bart Starr sein Team mit 21 uneinholbaren Punkten zu einem 35:10-Sieg – ein Spielstand, der die Gewinner mit Selbstbewusstsein erfüllte. Für die AFL-Teams sollte es noch einige Jahre dauern, bis sie ihren ersten Super Bowl-Titel gewannen.

DIE MODERNE ÄRA

Die AFC gewann ihren ersten Super Bowl (in der dritten überarbeiteten Ausgabe der Meisterschaft), als 1969 die New York Jets die Baltimore Colts besiegten. Wenige Leute hatten den Jets (11:3) vor dem Kickoff eine Chance zugetraut, da die Colts in den Saisonspielen nur einmal verloren hatten, aber sie wurden zu einem historischen Sieg geführt – von keinem Geringeren als Quarterback Joe Namath, demjenigen, der einst den Vertrag mit der AFL unterschrieben hatte, und durch diesen Vorfall anschließend der Ligen-Zusammenschluss ausgelöst wurde. Namath witzelte noch vor dem Super Bowl, dass er einen Jets-Sieg garantieren würde. Wenige Leute glaubten ihm, aber Namath erfüllte sein Versprechen.

Dank dieses berühmten Siegs wird Namath als der größte Jet aller Zeiten bezeichnet. Offen gesagt, konnte ihm auch kein Spieler aus den späteren Jet-Teams auch nur ansatzweise den Titel streitig zu machen. Super Bowl III blieb der einzige Titel der Mannschaft – und ihre einzige Meisterschaftsteilnahme. Aber einige NFL-Teams konnten sich nach dem Zusammenschluss auch über eine kurze Phase des Erfolgs freuen.

Die Pittsburgh Steelers gewannen in den 1970ern vier Titel mit Terry Bradshaw, der Snaps an den Quarterback übergab. Die San Francisco 49ers waren die siegreiche Mannschaft der 1980er. Sie zogen mit dem Rekord der Steelers von vier Super Bowl-Siegen in einem Jahrzehnt gleich, vor allem durch Jerry Rice, der die Pässe von Joe Montana fing. Die Washington Redskins, die Miami Dolphins und die Dallas Cowboys

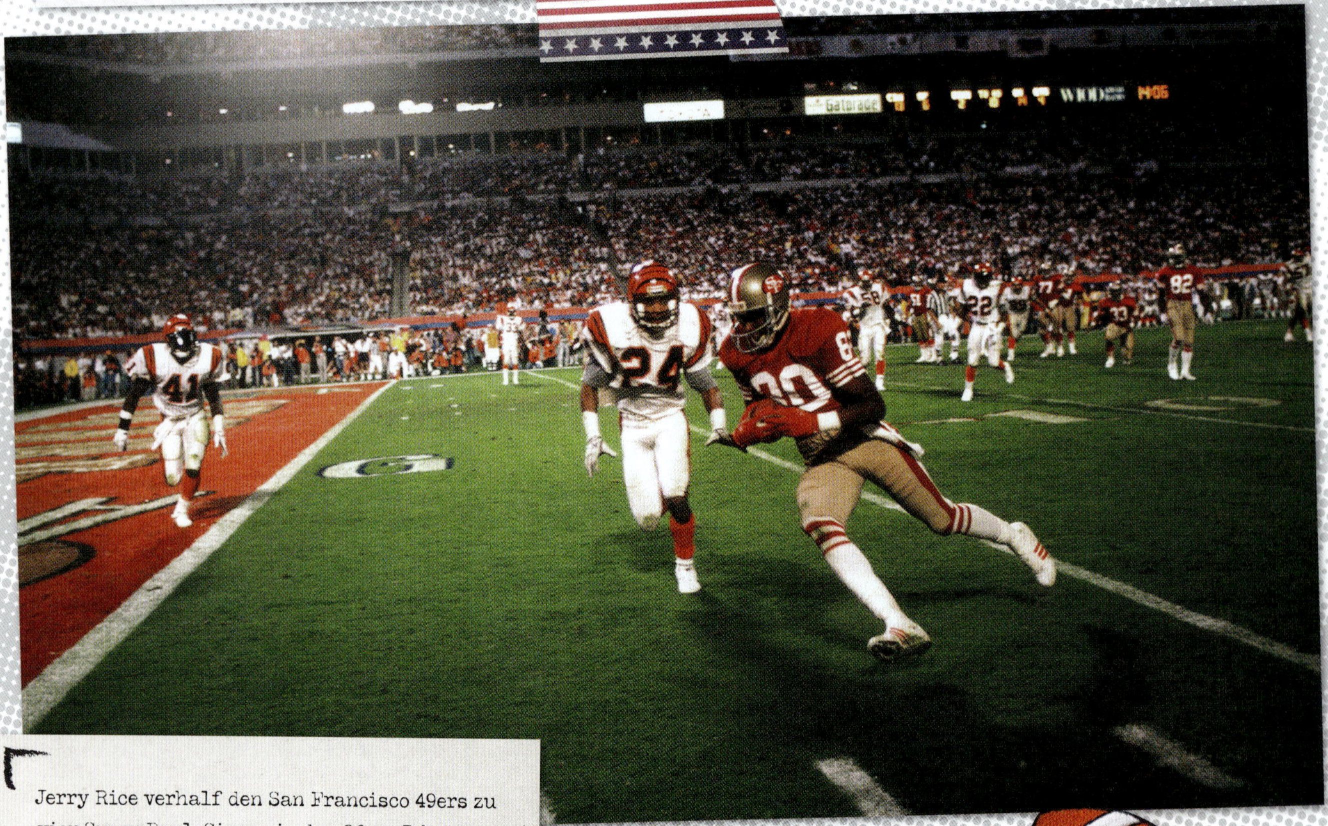

Jerry Rice verhalf den San Francisco 49ers zu vier Super Bowl-Siegen in den 80er-Jahren.

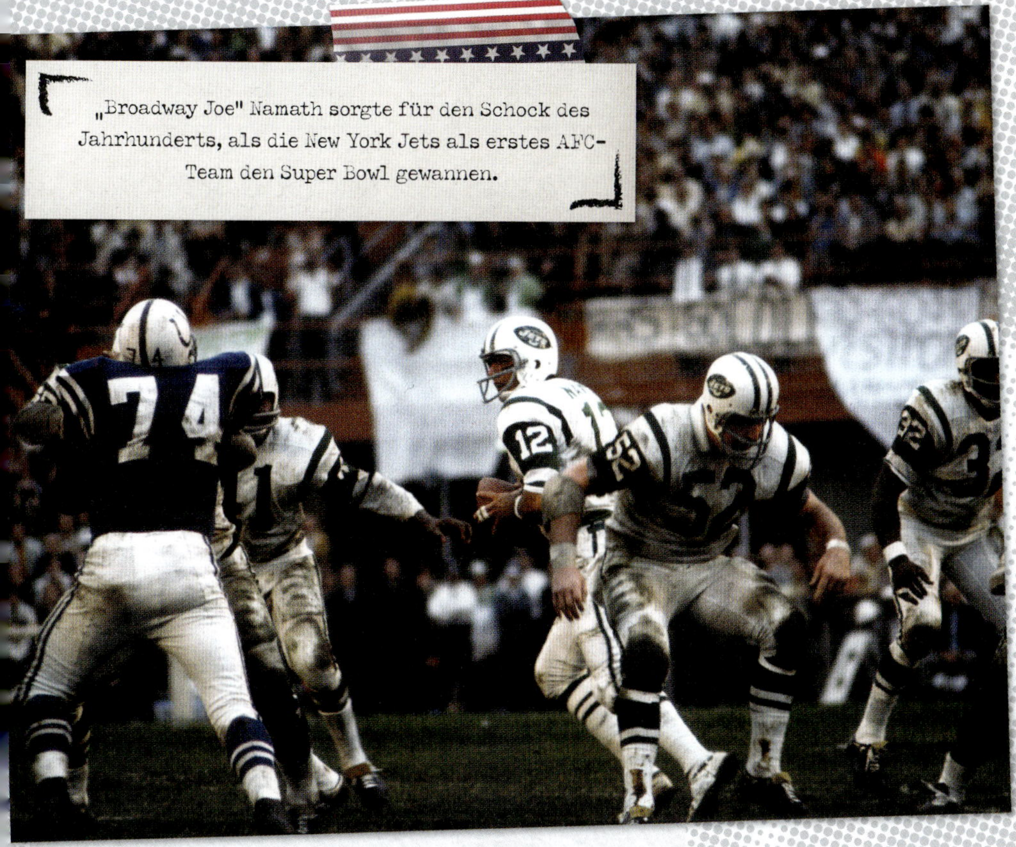

„Broadway Joe" Namath sorgte für den Schock des Jahrhunderts, als die New York Jets als erstes AFC-Team den Super Bowl gewannen.

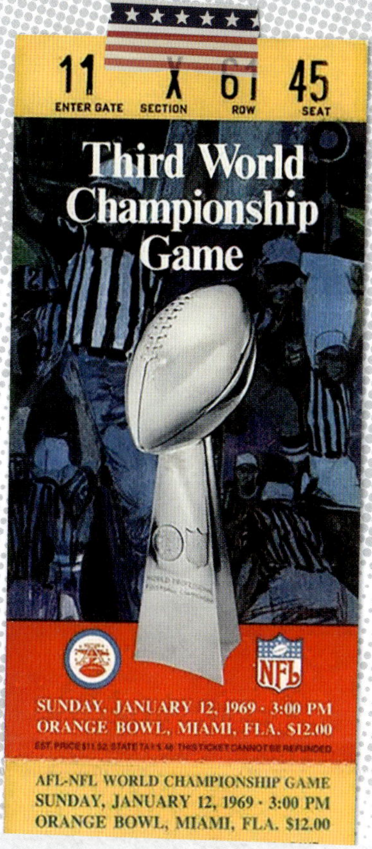

waren ebenfalls stetige Anwärter auf den Super Bowl. Vermutlich um das Risiko zu umgehen, dass das Spiel zu vorhersehbar und von einem kleinen Kader von Teams dominiert werden würde, führte die NFL 1994 eine Gehaltsobergrenze ein. Zu Beginn war es den Teams erlaubt, insgesamt $32 Millionen für die Spielergehälter auszugeben – eine Zahl, die 2022 auf mehr als $200 anstieg.

In der Zeit nach der Fusion setzte die NFL ihre Modernisierung fort. In den 1970ern wurde Monday Night Football zum ersten Mal auf ABC ausgestrahlt und erfreute sich enormer Beliebtheit. Auf dem Spielfeld wurden neue Materialien für Helme eingesetzt, um diese noch effektiver zu machen. Die NFL wurde aber auch gezwungen, Neuerungen auszuprobieren, denn inspiriert vom Erfolg der AFL, etablierten sich weitere Ligen. 1974 entstand die World Football League und köderte einige Top-Spieler, darunter Larry Csonka und Paul Warfield, von den ungeschlagenen '74 Miami Dolphins. Aber die WFL knickte aufgrund von finanziellen Problemen ein. Den Birmingham Vulcans und den Memphis Southmen misslang der Versuch, in die NFL einzusteigen. Die United States Football League war ein wenig erfolgreicher. Sie existierte von 1983 bis 1985 für drei Saisons, bis sie ebenfalls scheiterte.

Die NFL läutete hingegen systematisch den Wechsel ein und bereitete den Weg für den Einsatz zahlreicher neuer Technologien: 1994 erhielten Coaches die Möglichkeit, mit den Spielern durch Helmmikros zu kommunizieren. 1998 wurde dem Fernsehpublikum etwas geboten: Eine leuchtend gelbe, virtuelle Linie erschien auf den Bildschirmen, um damit die Ziellinie zu markieren, die die Teams für ein erstes Down ansteuern mussten. Im Jahr 1999 konnten die Schiedsrichter dank Sofortwiederholung fragwürdige Entscheidungen direkt per Video überprüfen.

Aber die NFL gab sich nie mit dem Status Quo zufrieden. Als das neue Jahrtausend anbrach, standen weitere Veränderungen an ...

DER SPRUNG INS 21. JAHRHUNDERT

Im Jahr 2002 begann die NFL mit einer Neuordnung, wodurch die Houston Texans als neues Team hinzukamen und in beiden Conferences eine South Division eingerichtet wurde, sodass acht Divisions mit je vier Teams entstanden – dieses System gilt bis heute. Aber es spielte kaum eine Rolle, welche Teams in welchen Divisions spielten – die ersten beiden Jahrzehnte des 21. Jahrhunderts dominierte nur ein Team: die New England Patriots. Diese Mannschaft blieb zuerst weit hinter den Erwartungen zurück und hatte seit ihrer Aufnahme in die NFL im Zuge der NFL-AFL-Fusion noch nie den Super Bowl gewonnen. Doch unter Coach Bill Belichick und mit Quarterback Tom Brady gewannen die Patriots innerhalb von 19 Jahren sechs Super Bowls – und standen drei weitere Male beim Super Bowl im Stadion. Trotz dieser phänomenalen Erfolgsgeschichte befand sich Brady zudem noch im ständigen Wettstreit mit den anderen Spitzenspielern. Für viele galt Peyton Manning als größter Spieler aller Zeiten – bis zu Bradys letzten beiden Siegen. Dann gab Patrick Mahomes 2017 sein Debüt für die Kansas City Chiefs …

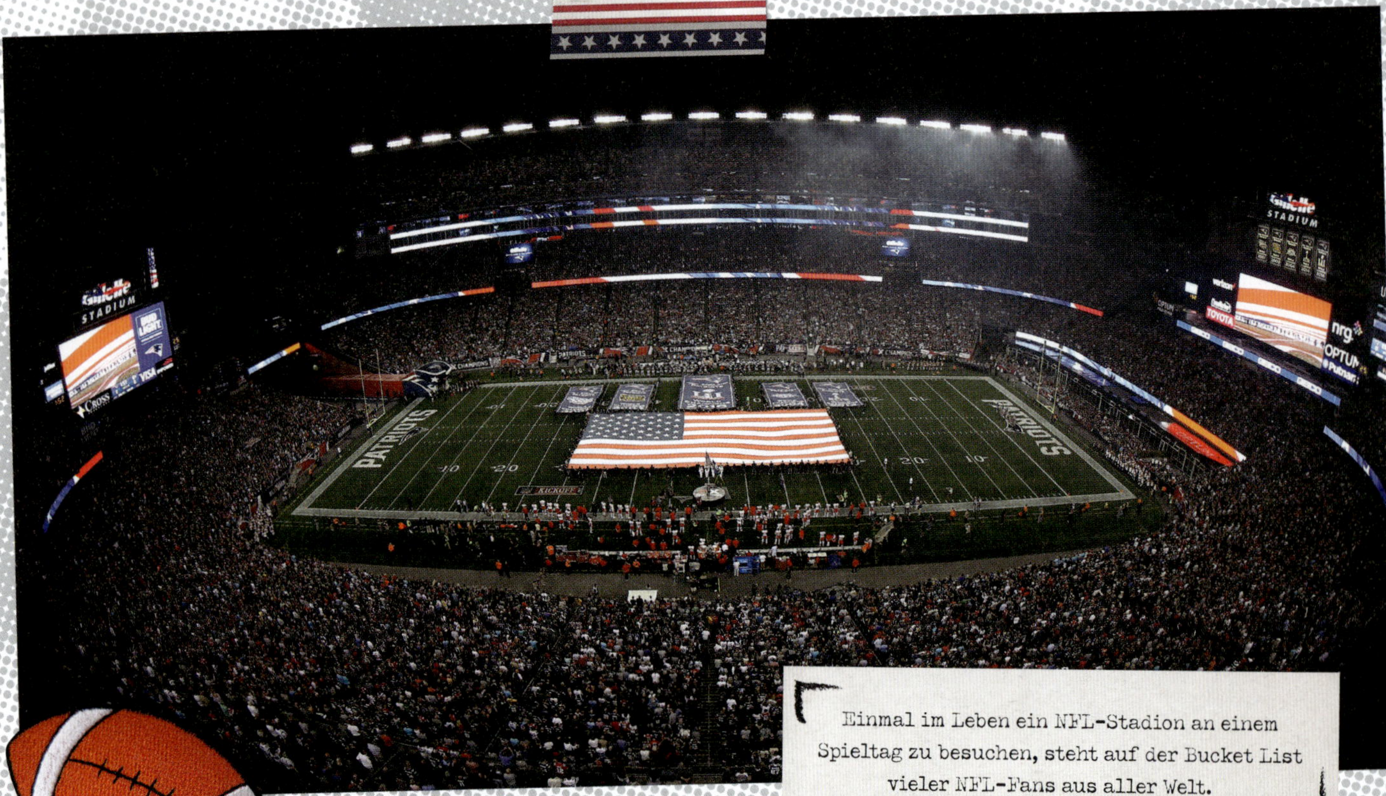

Einmal im Leben ein NFL-Stadion an einem Spieltag zu besuchen, steht auf der Bucket List vieler NFL-Fans aus aller Welt.

Ab 2000 musste die populärste Sportliga Amerikas eine ganze Reihe von Kontroversen über sich ergehen lassen, die zum Teil auf dem Spielfeld ausgetragen wurden, so beispielsweise die Bestrafung der New England Patriots wegen des Filmens von gegnerischen Spielanweisungen und zu schwach aufgepumpter Bälle. Andere wiederum fanden außerhalb des Spielfelds statt. Die Washington Redskins beschlossen 2020, ihren Namen zu ändern, um die Ureinwohner Amerikas zu respektieren, und entschieden sich schließlich für Washington Commanders. Die Auswirkungen von Kopfverletzungen haben die NFL auf den Prüfstand gestellt, und viele Stimmen meinten, dass die NFL mehr zum Schutz ihrer Spieler hätte beitragen können und sollen. Und die Frage, ob es Spielern erlaubt sein sollte, gegen Polizeibrutalität zu protestieren, indem sie während der Nationalhymne knieten, wurde so heiß diskutiert, dass sich sogar Präsident Trump in die Debatte einschaltete.

Doch trotz der Kontroversen expandiert und wächst die NFL weiter. Mit neuen Superstars, die jedes Jahr ausgewählt werden, und neuen Fans auf der ganzen Welt, die den Sport lieben, sieht die Zukunft der NFL super aus.

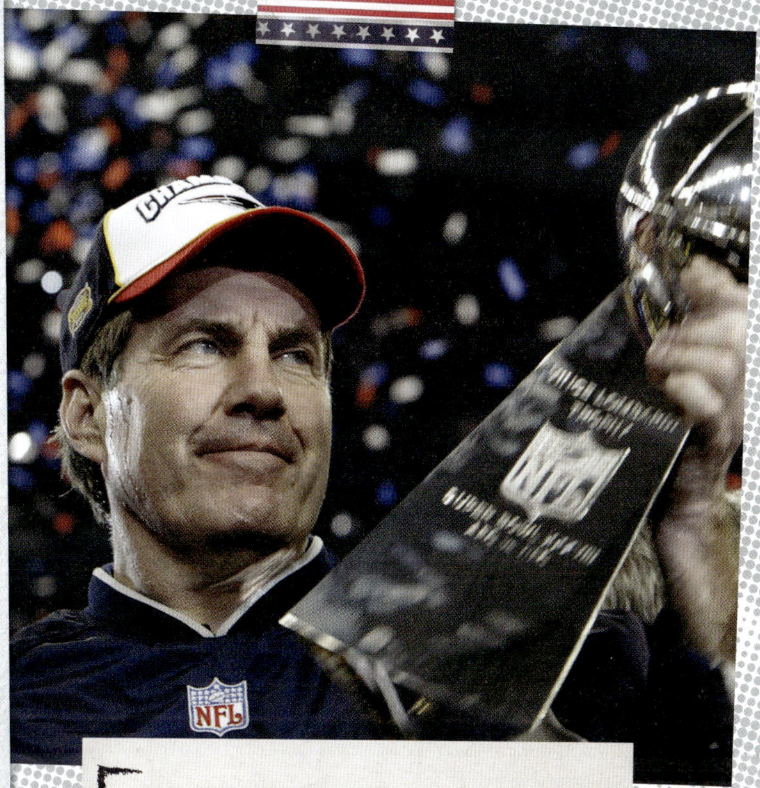

In seiner langen Trainerkarriere hat Bill Belichick mit den New England Patriots sechsmal die Lombardi Trophy gewonnen.

INTERNATIONALE SPIELE

Seit 1986 konzentrierte die NFL ihre Bemühungen darauf, mit dem Sport, den der Rest der Welt als American Football kannte, zu expandieren. Der American Bowl waren Vorbereitungsspiele, die in den folgenden zwei Jahrzehnten in London, Tokio, Berlin und anderen internationalen Spielstätten ausgerichtet wurden. Im Jahr 2005 begann die NFL, Spiele der regulären Saison im Ausland auszutragen. Das erste Spiel fand zwischen den San Francisco 49ers und den Arizona Cardinals in Mexiko-Stadt statt. Dann etablierte sich London mit bis zu vier Spielen pro Saison ab 2007 als beliebtester internationaler Austragungsort der NFL (abgesehen von der Unterbrechung von Auslandsreisen durch die Coronapandemie). Jetzt will die NFL jedes Jahr im Vereinigten Königreich, in Mexiko und in Deutschland Spiele ansetzen.

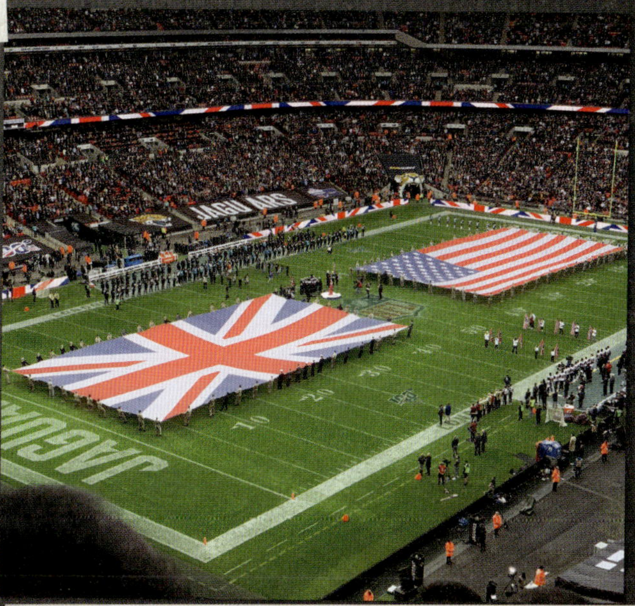

Die Jacksonville Jaguars sind regelmäßig in London zu Gast, da ihr Team-Besitzer, Shahid Khan, ebenfalls die Fußballmannschaft Fulham FC sein Eigen nennt.

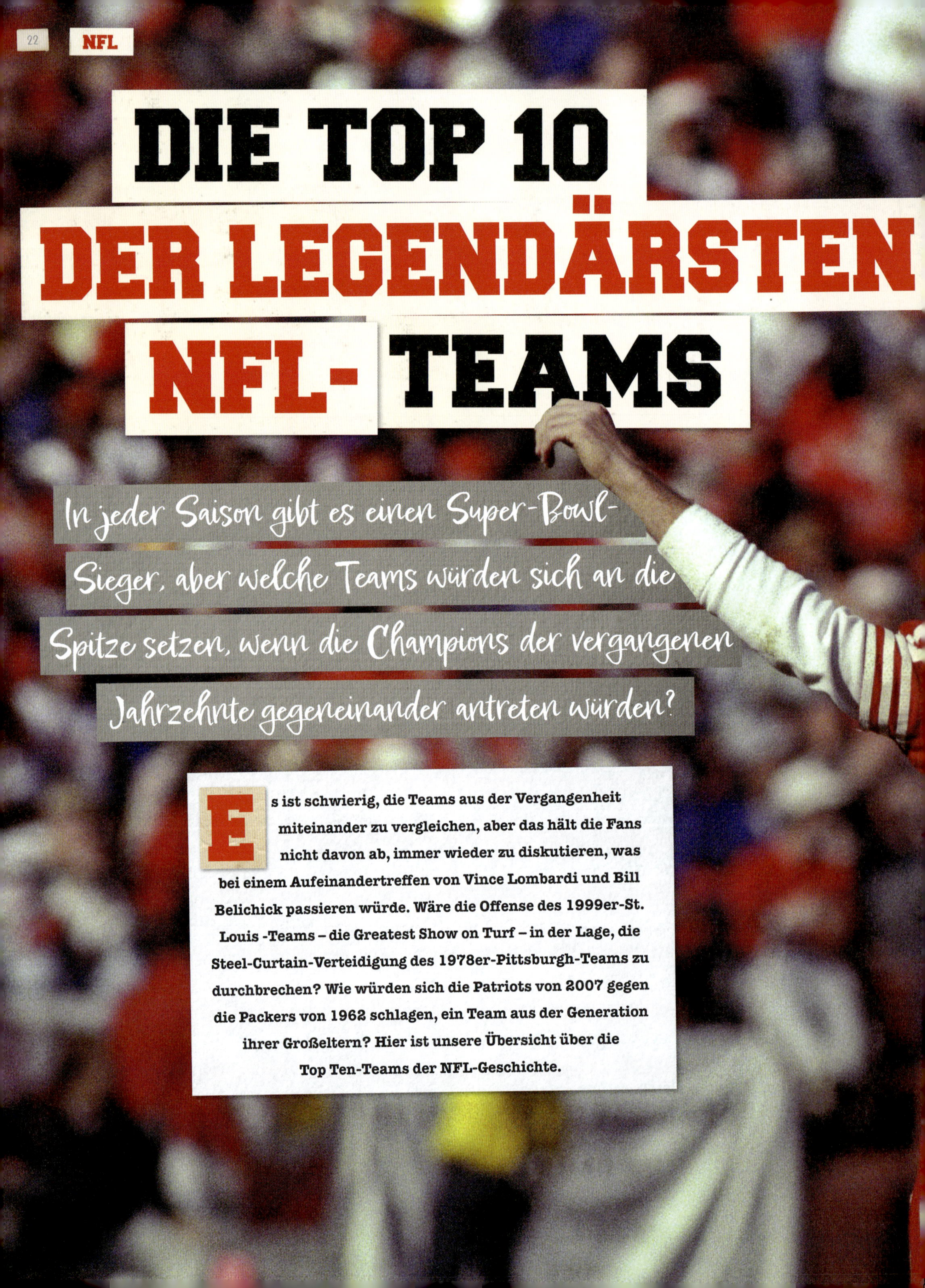

DIE TOP 10 DER LEGENDÄRSTEN NFL-TEAMS

In jeder Saison gibt es einen Super-Bowl-Sieger, aber welche Teams würden sich an die Spitze setzen, wenn die Champions der vergangenen Jahrzehnte gegeneinander antreten würden?

Es ist schwierig, die Teams aus der Vergangenheit miteinander zu vergleichen, aber das hält die Fans nicht davon ab, immer wieder zu diskutieren, was bei einem Aufeinandertreffen von Vince Lombardi und Bill Belichick passieren würde. Wäre die Offense des 1999er-St. Louis -Teams – die Greatest Show on Turf – in der Lage, die Steel-Curtain-Verteidigung des 1978er-Pittsburgh-Teams zu durchbrechen? Wie würden sich die Patriots von 2007 gegen die Packers von 1962 schlagen, ein Team aus der Generation ihrer Großeltern? Hier ist unsere Übersicht über die Top Ten-Teams der NFL-Geschichte.

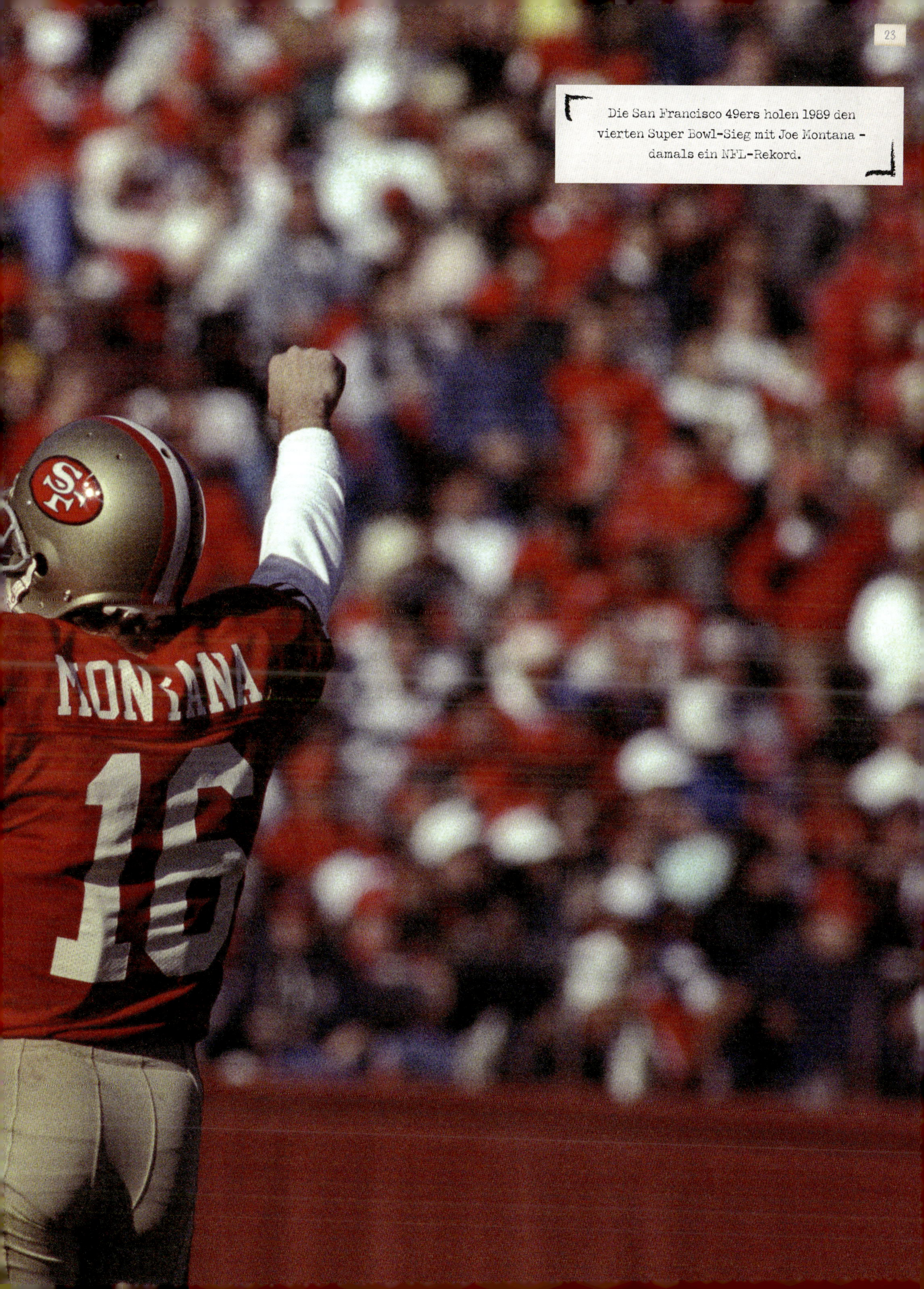

Die San Francisco 49ers holen 1989 den vierten Super Bowl-Sieg mit Joe Montana – damals ein NFL-Rekord.

Elways letzter Tanz

DENVER BRONCOS

1998

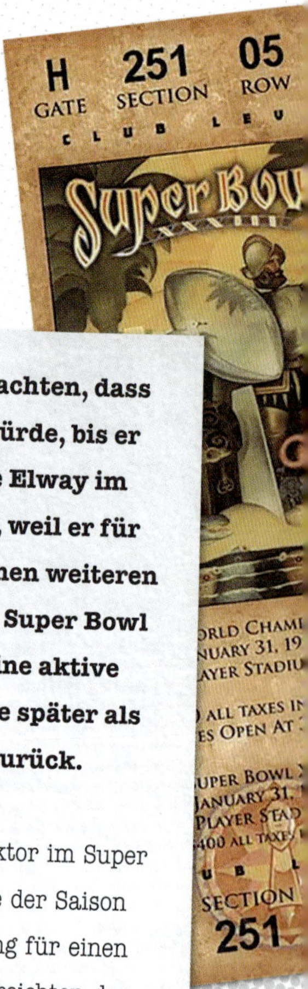

Die Broncos waren 1998 ein ausgewogenes Team. Sieben Offensivspieler kamen in den Pro Bowl, dazu kamen zwei Verteidiger. Nach einer regulären Saison mit 14:2 (die beiden Niederlagen kamen später dazu, weil Schlüsselspieler sich erholen mussten), zogen die Broncos in die Playoffs ein und sicherten sich einen Platz beim Super Bowl XXXIII. Dort konnte Denver sich seinen zweiten Super Bowl-Sieg in Folge abholen, dank des besten Spielers der Mannschaftsgeschichte: Quarterback John Elway; ein Spieler, von dem viele dachten, dass er nie den Super Bowl gewinnen würde, bis er den Fluch 1997 brach. 1998 hatte Elway im Superbowl XXXIII ein 99,2-Rating, weil er für einen Touchdown passte und sich einen weiteren erlief. Am Ende ging er als MVP des Super Bowl vom Platz. Danach beendete er seine aktive Karriere, ging in Rente – aber kehrte später als General Manager der Broncos zurück.

Aber obwohl Elway der entscheidende Faktor im Super Bowl war, waren seine Ratings im Laufe der Saison rückläufig – vielleicht keine Überraschung für einen 39-jährigen Quarterback. Die Broncos erreichten das NFL Championship Game dank Runningback Terrell Davis, der im Laufe der Saison 2.008 Yards erlief – und damit durchschnittlich 125 Yards pro Spiel und fünf Yards pro Lauf.

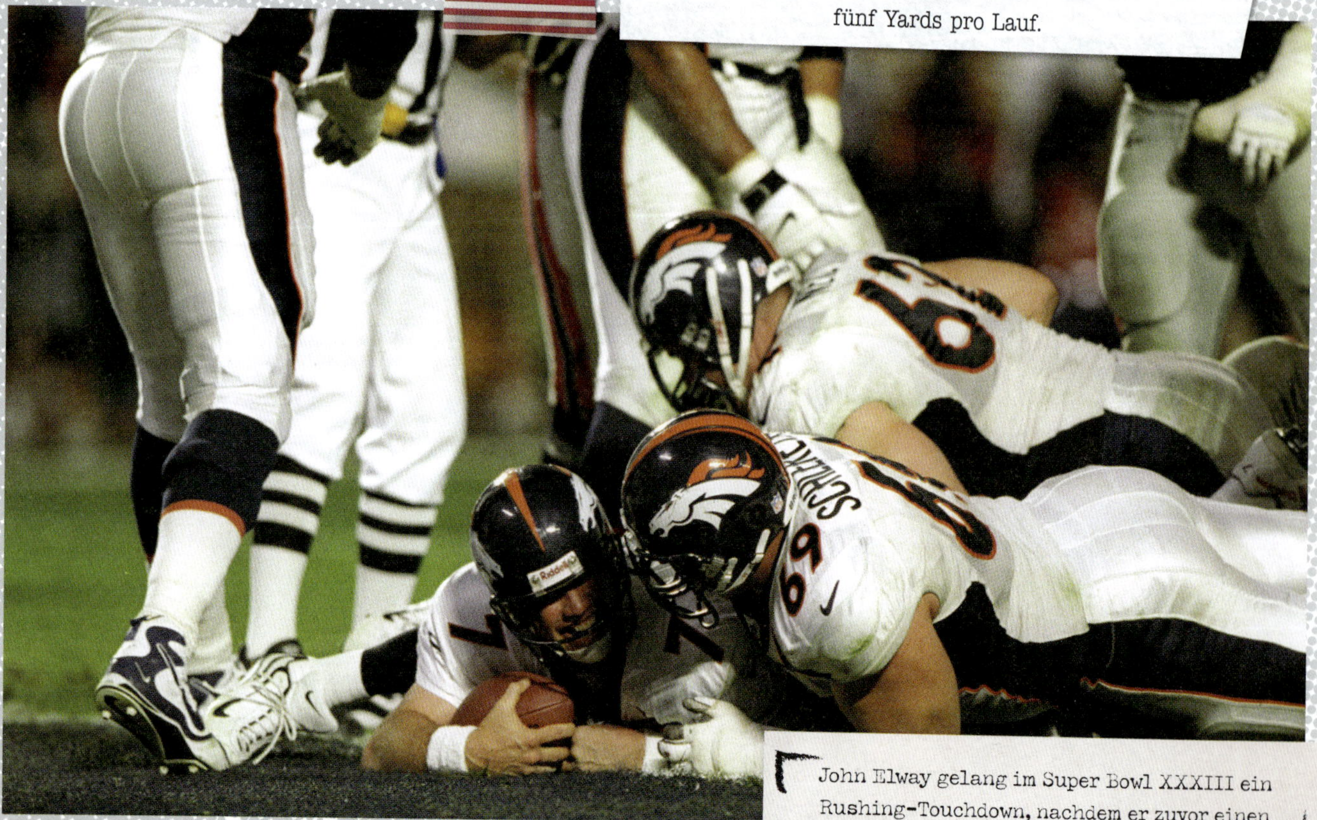

John Elway gelang im Super Bowl XXXIII ein Rushing-Touchdown, nachdem er zuvor einen 80-Yard-Touchdown-Pass gespielt hatte.

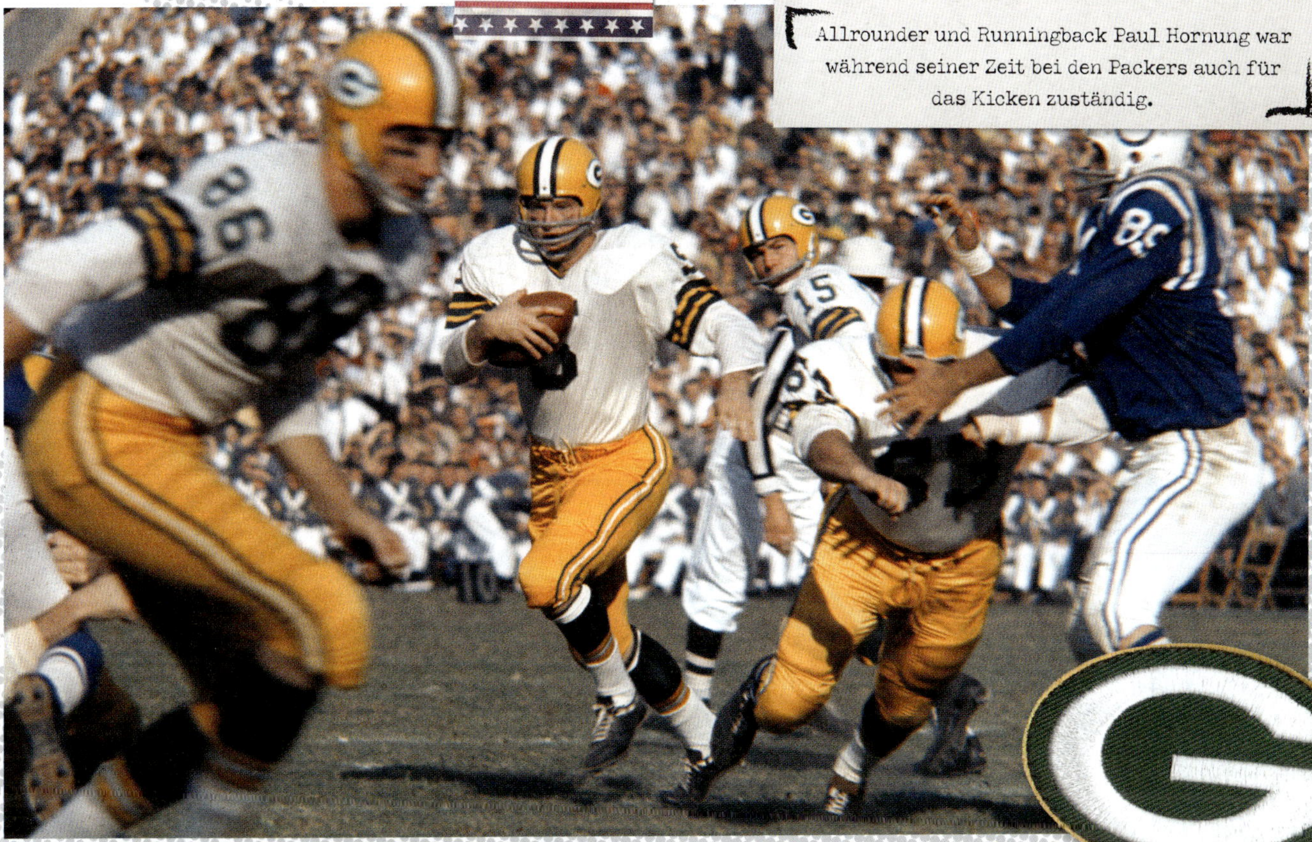

Allrounder und Runningback Paul Hornung war während seiner Zeit bei den Packers auch für das Kicken zuständig.

Die Titelgewinner dominieren

GREEN BAY PACKERS 1962

Green Bay erzielte genau 100 Punkte mehr in den ersten drei Spielen der 1962er-Saison. Noch beeindruckender war, dass sie nur sieben Gegenpunkte zuließen. Und die Packers machten genauso weiter und wurden in der Vorsaison ihrer Favoritenrolle auf den NFL-Titel gerecht, den sie im Jahr zuvor gewonnen hatten. In der regulären Saison erzielten sie eine Bilanz von 13:1 und verbannten ihre Gegner bei drei Gelegenheiten komplett von der Anzeigetafel. Ihre einzige Niederlage kassierten sie gegen die Detroit Lions, aber die Packers gwannen trotzdem die Western Conference und trafen im NFL-Endspiel auf die New York Giants, die Sieger der Eastern Conference. Das Spiel gewannen sie mit 16:7.

Dass die Packers 1962 so dominieren konnten, verdanken sie ihrer starken Verteidigung. Sie ließen durchschnittlich 10,8 Punkte pro Spiel zu; fünf Verteidiger sollten später in die Hall of Fame aufgenommen werden: die Defensive Linemen Willie Davis und Henry Jordan, Linebacker Ray Nitschke, Cornerback Herb Adderley und Safety Willie Wood. Zwei weitere Hall of Fame-Stars kontrollierten die Offense: Bart Starr führte die Liga bei den Passing Yards an und Jim Taylor bei den Rushings. Der legendäre Head Coach Vince Lombardi kombinierte einen guten Angriff mit einer soliden Verteidigung, sodass Green Bay am Ende der Saison, mit 267 Punkten mehr, die beste Punktedifferenz aller Zeiten in der NFL aufwies.

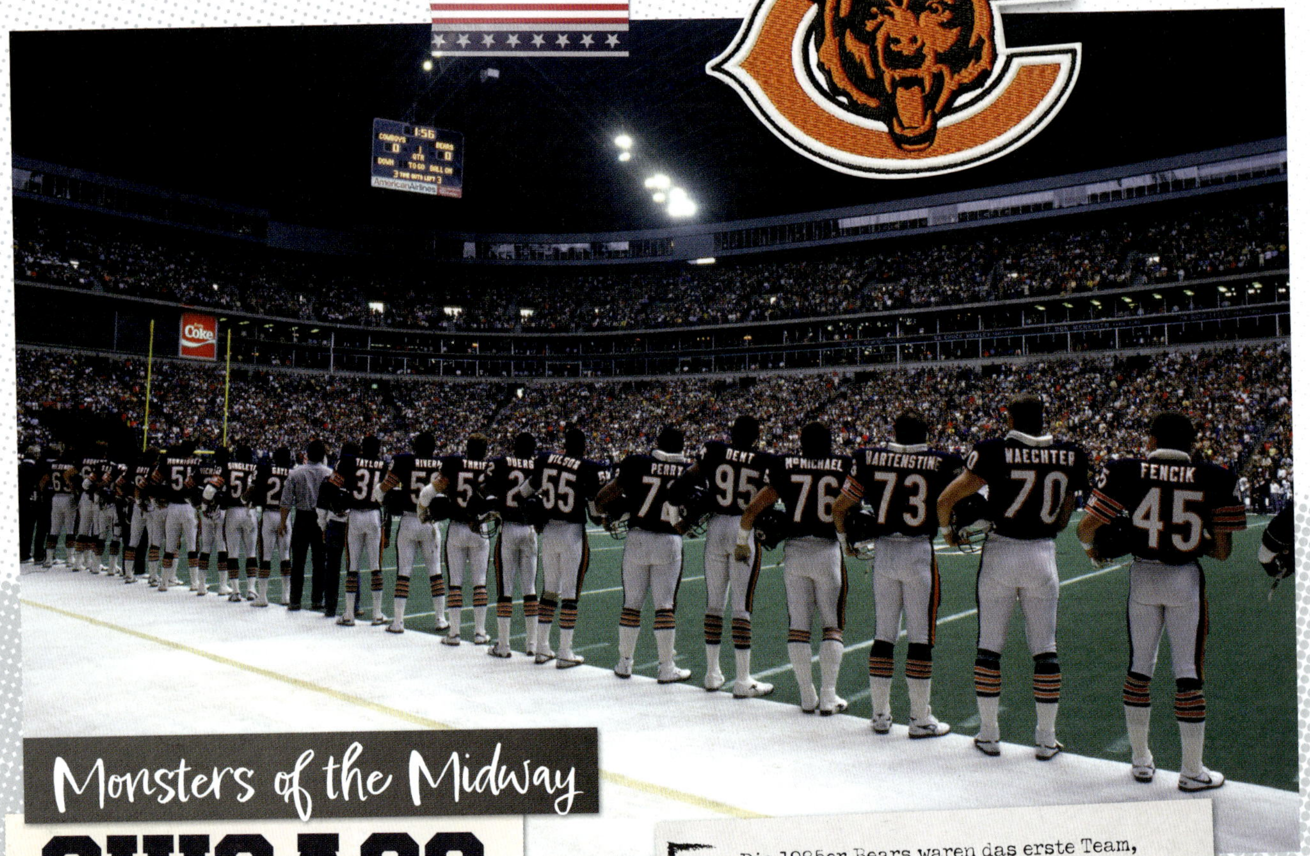

Monsters of the Midway

CHICAGO BEARS 1985

> Die 1985er Bears waren das erste Team, das in den Playoffs zwei Defense-Shutouts hintereinander erzielte.

Zu Beginn der Saison 1985 erwartete man die Bears in der Rolle der Herausforderer, da sie im Jahr zuvor das NFC Championship Game gegen die San Francisco 49ers verloren hatten. Aber niemand hatte damit gerechnet, dass sie mit annähernd dem gleichen Stil den Super Bowl gewinnen würden. 15:1 lautete die Bilanz in der regulären Saison, sie vernichteten alle in der NFC Central und hatten am Ende acht Spiele Vorsprung vor den Packers. Sie stürmten zum Super Bowl, wo sie die Giants in der Division-Runde mit 21:0 und die Rams im NFC Championship Game mit 24:0 besiegten. Dann schlugen sie die Patriots im Super Bowl XX, einem der klarentschiedensten Super Bowls der Geschichte, mit 46:10.

Das alles machten sie in ihrer coolen Art, die perfekt zur MTV-Generation passte. Runningback Walter Payton trug ein breites, strahlendes Grinsen zur Schau, aber Trainer Mike Ditka machte ein finsteres Gesicht. Quarterback Jim McMahon verblüffte die Medien ebenso wie Rookie Tackle William Perry, der seinem Spitznamen „der Kühlschrank" alle Ehren machte. Die furchteinflößende Verteidigung führte die Liga an, ließ in 16 regulären Saisonspielen nur 198 Punkte zu und sammelte 64 Sacks und 34 Interceptions. Offensiv erlief Payton über 2.000 Yards und erzielte neun Touchdowns. Obwohl die Bears in den folgenden Jahren nicht an ihren Erfolg anknüpfen und eine Siegesserie aufbauen konnten, wies das Team 1985 eine der besten Saisonleistungen in der Geschichte der NFL auf.

Die Wowboys

DALLAS COWBOYS

1992

Einige Teams haben eine herausragende Offense, andere eine erdrückende Defense. Die Cowboys der frühen 1990er-Jahre – und insbesondere im Jahr 1992 – hatten beides. Sie waren eine stetige Punkte-Maschine mit der zweithöchsten Punktestand der Saison. Quarterback Troy Aikman konnte aus einer Vielzahl von Möglichkeiten auswählen: Runningback Emmitt Smith, Wide Receiver Michael Irvin, Tight End Jay Novacek. Es war keine Überraschung, dass es sechs Offensivspieler in den Pro Bowl schafften. Aber es war ein großer Schock, dass kein Defense-Spieler dabei war – denn die Dallas-Verteidigung hatte sämtliche Gegner auf dem Spielfeld aufgehalten und nur wenige Gegenpunkte zugelassen. Zu den Stars gehörten Rookie Safety Charles Woodson und Defensive End Charles Haley.

Die Saison begann vielversprechend mit den Siegen über die Washington Redskins und die New York Giants – die beiden vorherigen Super Bowl-Sieger. Obwohl die Cowboys anschließend drei Spiele der regulären Saison verloren, sicherten sie sich dennoch den NFC-East-Sieg. Die Division-Rivalen Philadelphia Eagles waren die ersten, die unterlagen, dann die favorisierten San Francisco 49ers. Im Super Bowl XXVII ließen sie die Buffalo Billy's mit 52:17 in Scham versinken. Es war der erste von drei Titeln in vier Saisons für die Wowboys.

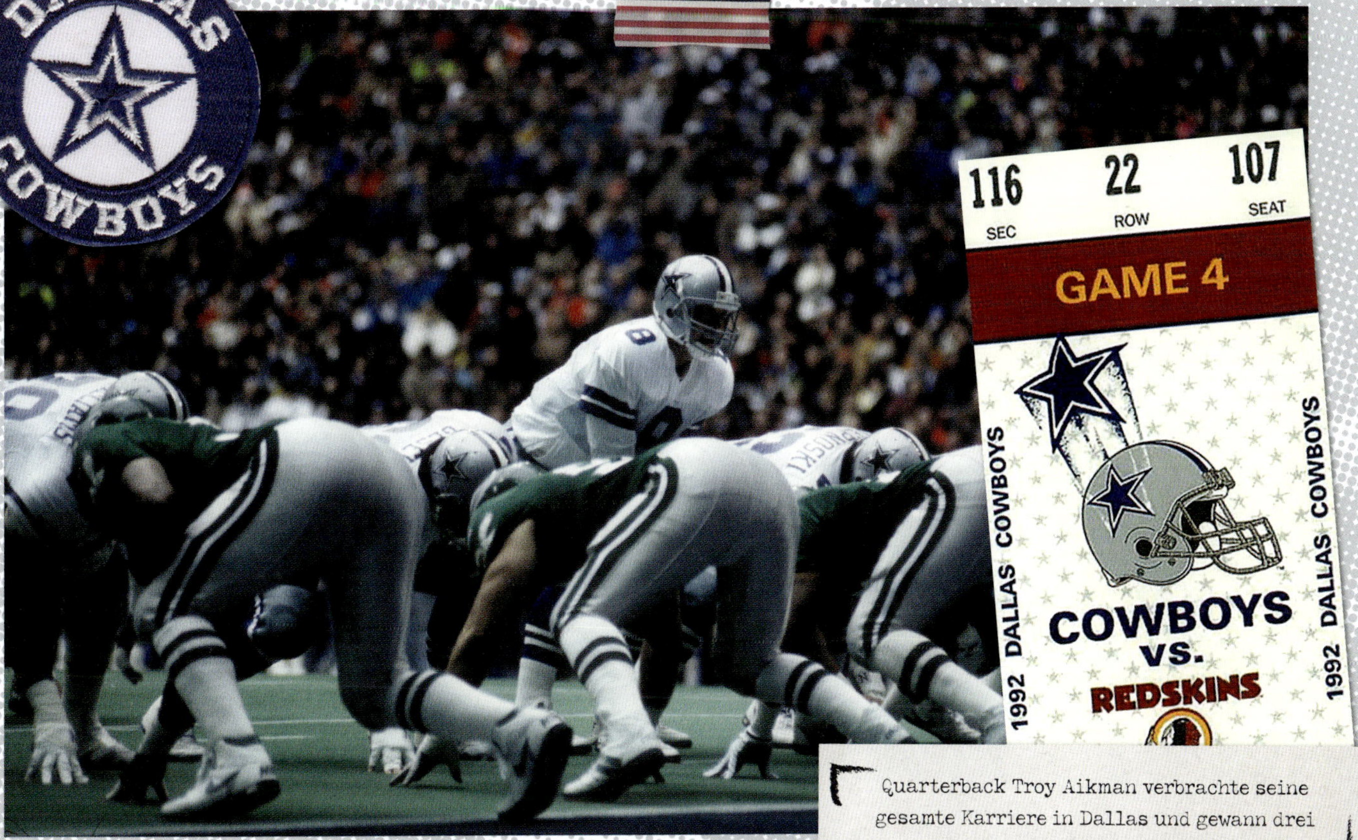

Quarterback Troy Aikman verbrachte seine gesamte Karriere in Dallas und gewann drei Super Bowl-Ringe.

Nahezu perfekt

NEW ENGLAND PATRIOTS

2007

Die Patriots hatten sich bereits einen Namen gemacht, als das Team 2007 antrat. Head Coach Bill Belichick hatte rund um den Quarterback Tom Brady ein hervorragendes Team gebildet, und gemeinsam gewannen sie den Super Bowl 2001, 2003 und 2004. Es folgten drei weitere Siege in den Jahren 2014, 2016 und 2018. Aber dieses spezielle Patriots-Team hat alle anderen übertroffen – auch wenn sie den Super Bowl nicht gewinnen konnten.

Die 2007er-Patriots legten mit einer beeindruckenden Offense eine perfekte 16:0-Saison hin. Das zweitplatzierte Team lag 134 Punkte zurück, und die Patriots triumphierten über Washington und Buffalo mit mehr als 50 Punkten. Brady warf damals einen Rekord von 50 Touchdown-Pässen und der neue Receiver Randy Moos erzielte 23 Touchdowns.

Unglücklicherweise trafen die Patriots im Super Bowl auf ein Team in Topform, aber mit einer durchwachsenen Saison: die New York Giants. Die Giants waren lediglich dank einer Wildcard in den Playoffs und hatten enormes Glück, als Receiver David Tyree während eines vierten Quarter-Drives einen Pass abfing und ihn sich an den Kopf presste. Er ging als „Helmet Catch" in die NFL-Geschichte ein und sorgte dafür, dass Tyree in New York nie wieder für ein Bier bezahlen musste. Gleichzeitig vernichtete er damit den Ruf der 2007er-Patriots, das unbestritten beste Team aller Zeiten zu sein.

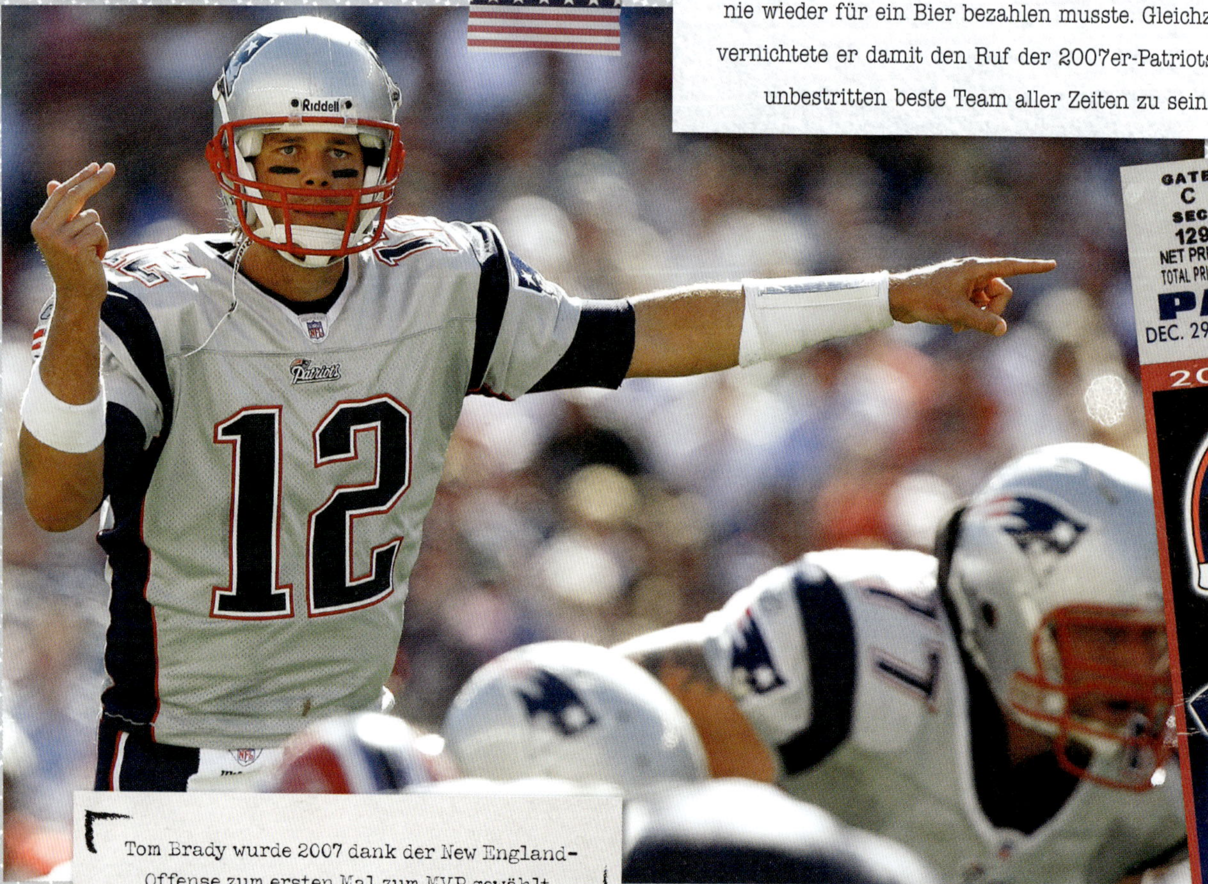

Tom Brady wurde 2007 dank der New England-Offense zum ersten Mal zum MVP gewählt.

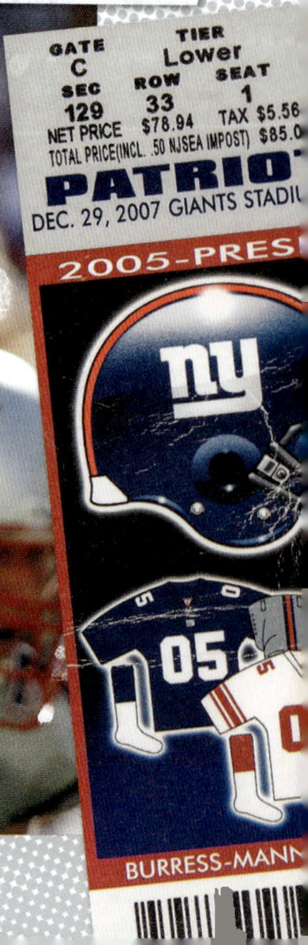

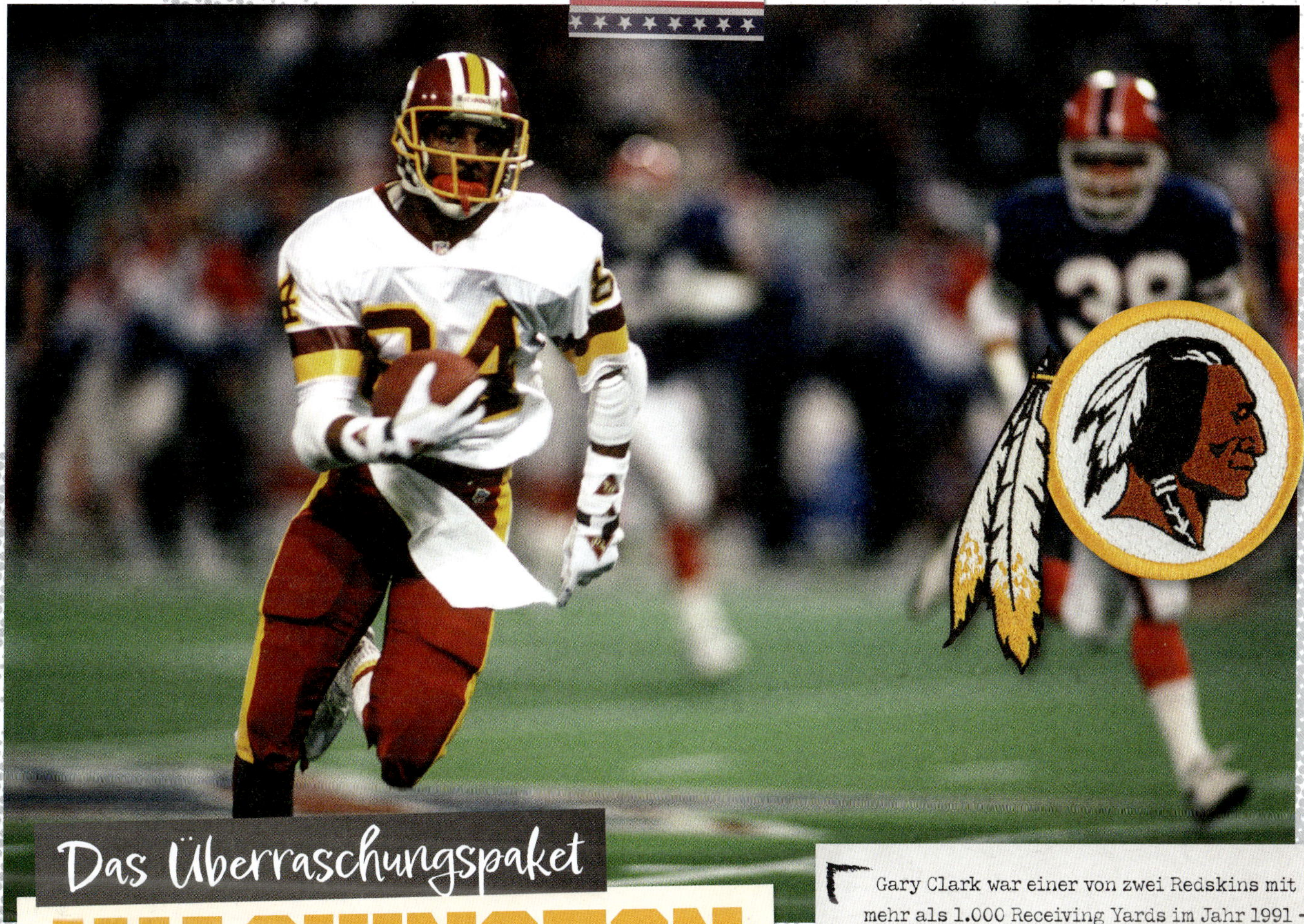

Gary Clark war einer von zwei Redskins mit mehr als 1.000 Receiving Yards im Jahr 1991 – der andere war Art Monk.

Das Überraschungspaket

WASHINGTON REDSKINS

1991

In den 80er-Jahren waren die Redskins ein Team, mit der man rechnen musste. Doch 1991 waren die meisten Spieler abgeworben worden und man glaubte, Washington habe seine besten Zeiten hinter sich. Dann bewies das Team von 1991, dass noch Leben in den alten „Skins“ steckte. Obwohl sie keine wirklichen Stars hatten – Cornerback Darrell Green und Receiver Art Monk sind die einzigen Spieler in der Pro-Football-Hall of Fame – setzten sich die Redskins in der NFC-East durch, in der sowohl die Dallas Cowboys (die im folgenden Jahr den Super Bowl gewinnen sollten) als auch die New York Giants (die ihn im Jahr zuvor gewonnen hatten) vertreten waren. Die Redskins beendeten die reguläre Saison mit 14:2 – beide Niederlagen fielen knapp aus – und zogen in die Playoffs ein, wo sie die Falcons, Lions und Bills mit insgesamt 101:41 besiegten.

Statistisch gesehen, war dieses Team eines der besten. 485 Punkte erzielte die führende Offense der Liga – fast 60 Prozent mehr als der Durchschnitt der Liga! Die Defense war die zweitbeste der Liga. Die Turnover-Differenz betrug beeindruckende 18 Punkte. In einer Zeit, in der die Fans einen Stamm-Qarterback und Blue-Chip-Spieler forderten, bewiesen die Redskins 1991, dass ein Team manchmal mehr ist als die Summe seiner Teile.

Der eiserne Vorhang ließ im ersten Viertel der regulären Saison keinen einzigen Touchdown zu.

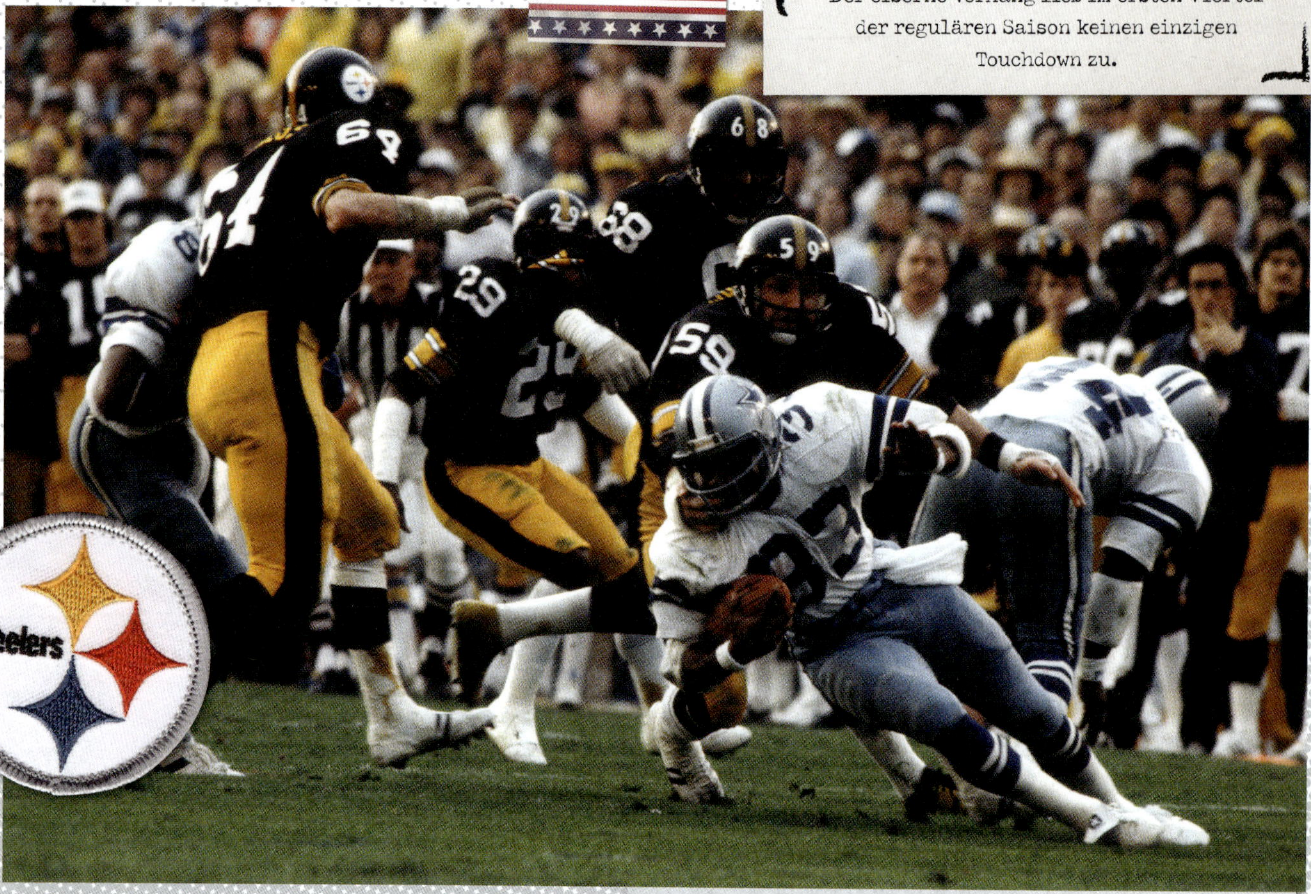

Der eiserne Vorhang

PITTSBURGH STEELERS

1978

Die Steelers waren die dominierende Mannschaft der 70er-Jahre. Das Team von Chuck Noll stand seit 1974 jedes Jahr an der Spitze der AFC Central und gewann 1974 und 1978 den Super Bowl. Die Steelers hatten ihren Erfolg einer starken Defense zu verdanken, die als „eiserner Vorhang" bezeichnet wurde und so effektiv war, dass die NFL zur Saison 1978 eine Regeländerungen einführte, um die Chancen der gegnerischen Offense zu verbessern. Die Mel Blount Rule, benannt nach dem Steelers-Cornerback, verbot Kontakte fünf Yards vor der Line of Scrimmage, und die Offense Linemen durften ihre Hände zum Blocken von Pass Rushern einsetzen. Doch die Änderung der Regeln veränderte nur wenig an der Dominanz der Steelers. Sie wurden sogar noch besser! Blount passte sich schnell an und konnte vier Interceptions fangen, während die schnellen Wide Receiver John Stallworth und Lynn Swann die Kontaktverbotsregel zu ihrem Vorteil nutzten und dazu beitrugen, die auf Defence ausgerichtete Strategie der Steelers auszugleichen.

Schließlich begannen die Steelers die Saison mit sieben Siegen in Folge und beendeten sie mit einer Bilanz von 14:2. Der Hall of Fame-Quarterback Terry Bradshaw hatte sein bestes Jahr und führte die Steelers mit einem Shootout gegen die Cowboys im Super Bowl XIII zum Sieg, ein krönender Abschluss für Bradshaws MVP-Saison.

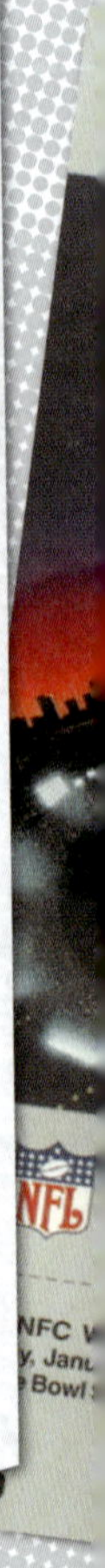

The Greatest Show on Turf

ST. LOUIS RAMS

1999

Bei den Rams drehte sich 1999 alles um den Angriff: Der Offense Coordinator (und zukünftige Head Coach) Mike Martz wollte, dass sein Team den Ball nach vorn schleuderte und setzte bei Deep Runs oft fünf Receiver ein. Ursprünglich wollte Martz seine Luftangriffstaktik mit dem ehemaligen Redskin-Quarterback Trent Green starten, der in der Transferphase bei den Rams unterschrieben hatte. Doch Martz' Pläne wurden durchkreuzt, da sich Green in der Vorsaison einen Kreuzbandriss zuzog.

Damit lagen die Rams in den Händen von Kurt Warner, einem Ersatzmann, der zuletzt bei den Amsterdam Admirals in der NFL Europe und bei den Iowa Barnstormers in der Arena Football League gespielt hatte.

Aber Warner war der Aufgabe gewachsen. Er führte die Liga in den Kategorien Touchdown-Pässe, gefangene Pässe und Pass-Rating an. Er wurde zum MVP der Liga ernannt und nach dem Sieg über die Tennessee Titans in einem klassischen Super Bowl auch zum MVP des Super Bowls. Warner wurde durch den Runningback Marshall Faulk, den Offensive Player of the Year, und den Receiver Torry Holt, den Rookie of the Year, tatkräftig unterstützt. Gemeinsam führten sie die NFL in der Punktewertung an und erzielten bei 12 verschiedenen Gelegenheiten um die 30 Punkte auf der Anzeigetafel. Die Fans mögen sie als die „Greatest Show on Turf" bezeichnet haben, aber die Verteidiger hielten sie für einen Albtraum.

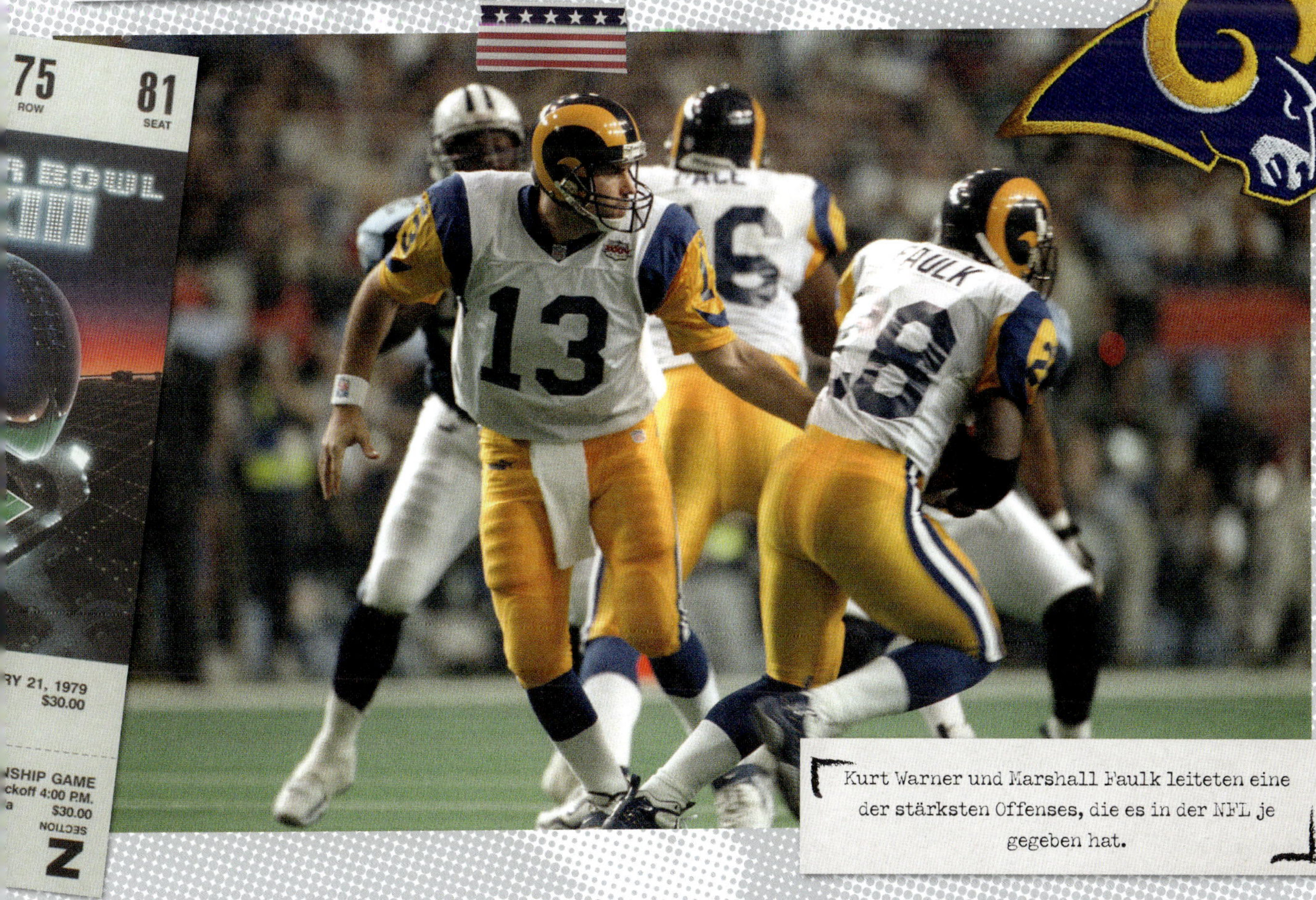

Kurt Warner und Marshall Faulk leiteten eine der stärksten Offenses, die es in der NFL je gegeben hat.

Eine Spielerdynastie auf ihrem Höhepunkt

SAN FRANCISCO 49ERS

1989

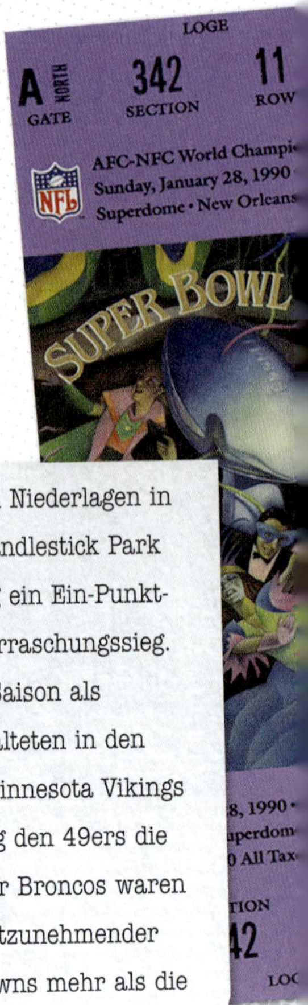

Die 49ers in den 80er-Jahren waren eine Spielerdynastie, die vier Super Bowls gewannen – und das letzte Team des Jahrzehnts war vielleicht auch ihr bestes. Jerry Rice, der beste Wide Receiver aller Zeiten, erlebte eine seiner erfolgreichsten Spielsaisons. Er führte die Liga bei den Receiving Yards (1.483) und Touchdowns (17). Bis zu diesem Zeitpunkt hatte Joe Montana noch alle Quarterbacks in der Geschichte der NFL übertroffen. Er hatte ein Quarterback-Rating von 112,4, eine Abschlussquote von 70,2 und ein Touchdown-Interception-Verhältnis von 26:8. In den Playoffs verbesserte er sich sogar noch weiter: 11 Touchdowns und keine Interceptions. Er setzte der Maßstab, an dem künftige Spieler der Hall of Fame, wie Payton Manning und Tom Brady, gemessen werden würden.

Es mag überraschen, dass sich die beiden Niederlagen in der regulären Saison (14:2) beide im Candlestick Park ereigneten. Die Los Angeles Rams gelang ein Ein-Punkt-Sieg und den Green Bay Packers ein Überraschungssieg. Dennoch beendeten die 49ers die Saison als Tabellenführer der NFC West und schalteten in den Playoffs die an dritter Stelle stehenden Minnesota Vikings aus. Im NFC Championship Game gelang den 49ers die Revanche gegen die Rams, und die Denver Broncos waren im Super Bowl XXIV einfach kein ernstzunehmender Gegner. Die 49ers erzielten acht Touchdowns mehr als die Broncos und besiegten sie mit 55:10.

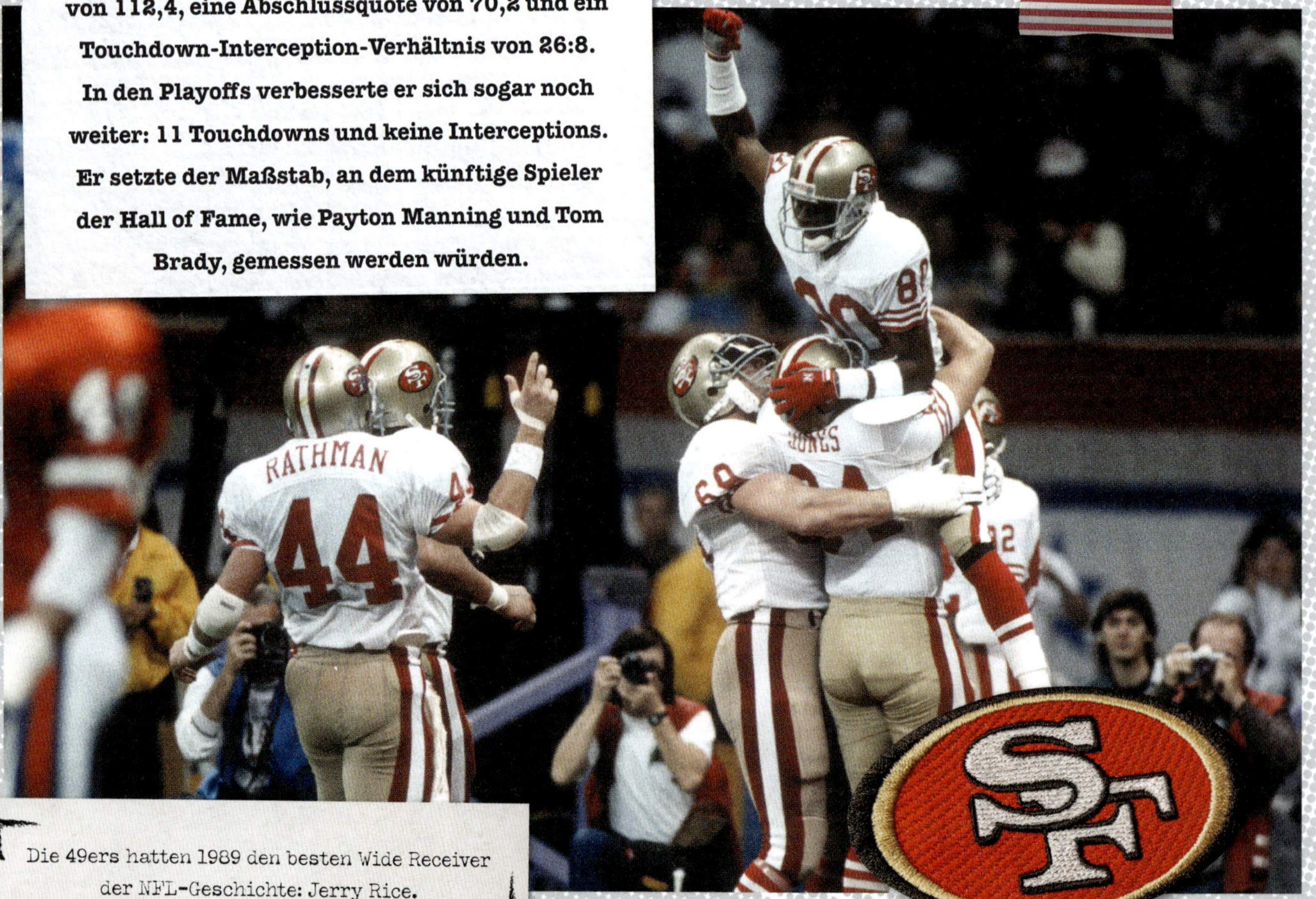

Die 49ers hatten 1989 den besten Wide Receiver der NFL-Geschichte: Jerry Rice.

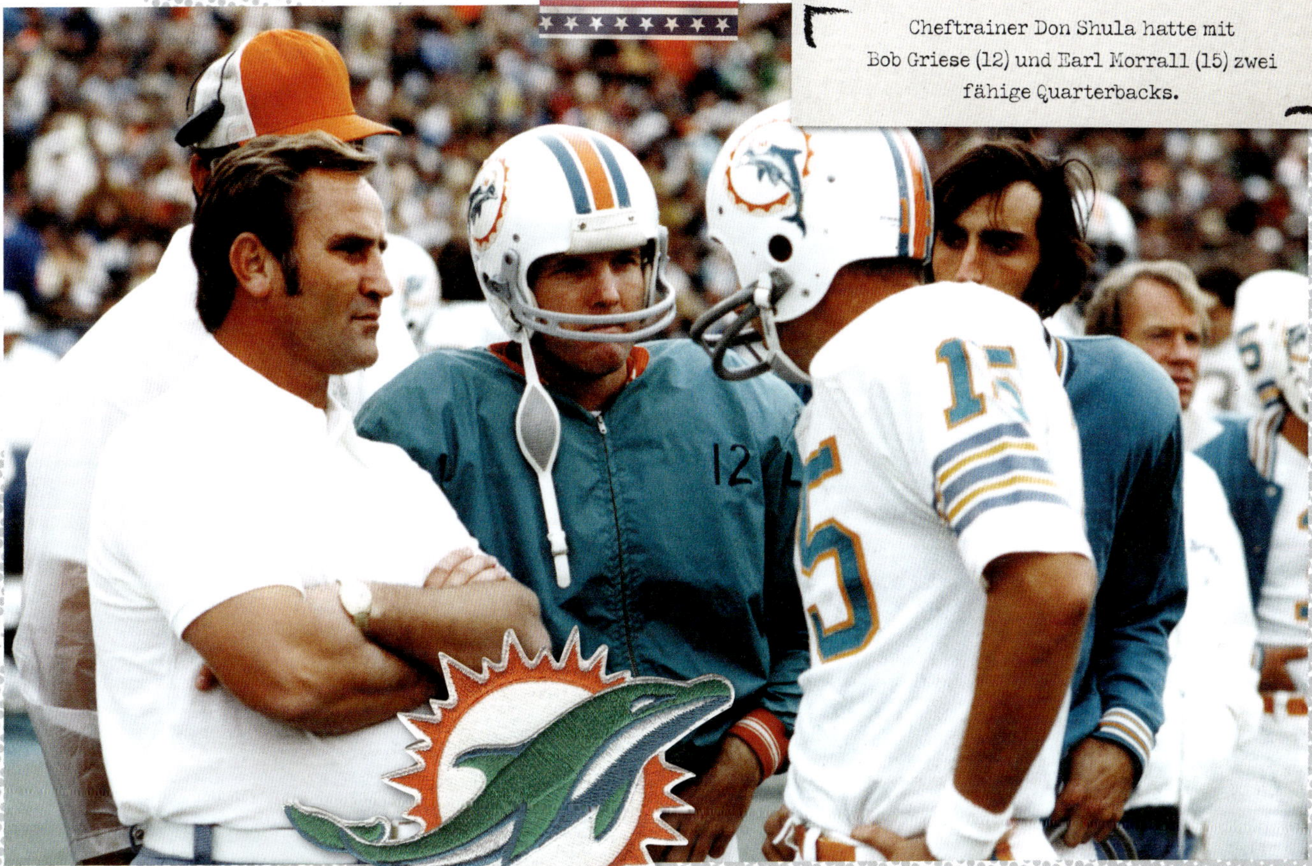

Cheftrainer Don Shula hatte mit Bob Griese (12) und Earl Morrall (15) zwei fähige Quarterbacks.

Ungeschlagen

MIAMI DOLPHINS 1972

Jede Saison, wenn das letzte ungeschlagene Team sein erstes Spiel verliert, lassen die ehemaligen Spieler der 1972er-Dolphins den Champagner knallen und stoßen darauf an, dass ihr Rekord ein weiteres Jahr überdauert hat. Denn die Dolphins von 1972 sind das einzige Team, das eine gesamte reguläre Saison und die Nach-Saison ohne Niederlage überstanden hat. Sie erzielten in der regulären Saison einen Rekord von 14:0, besiegten danach die Browns, die Steelers und die Redskins und gewannen am Ende die Lombardi Trophy.

Noch beeindruckender ist, dass sie das meiste davon ohne ihren Starting-Quarterback Bob Griese geschafft haben, der sich in der fünften Woche im Spiel gegen die San Diego Chargers den Knöchel brach. Doch Ersatzmann Earl Morrall sprang für ihn ein und sorgte dafür, dass die Dolphins die Chargers mit 24:10 besiegten, bevor er sein Team zu einem Sieg nach dem anderen führte. Morrall wurde im AFC Championship Game unsanft auf die Bank verwiesen und Griese kehrte als Quarterback zurück, um sein Team im Super Bowl zum 14:7-Sieg zu führen.

Man kann sagen, dass die 1972er-Dolphins in der regulären Saison ein relativ einfaches Muster verfolgten. Aber wie ein altes Sprichwort sagt, kann man nur das Team schlagen, das vor einem steht – und das taten die Dolphins souverän: Sie führten die NFL sowohl bei den erzielten Punkten als auch bei den minimalsten Gegen-Punkten an.

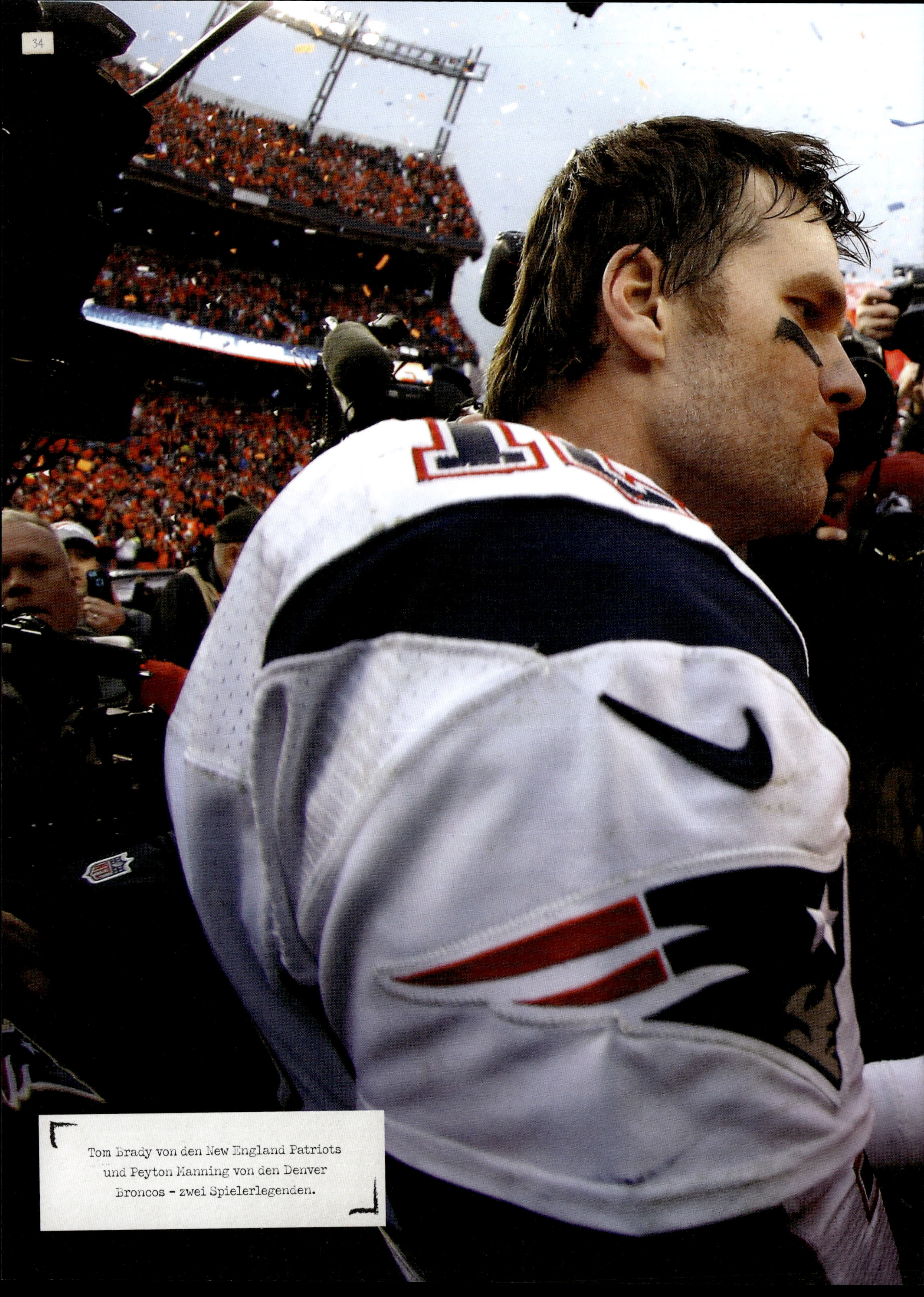

Tom Brady von den New England Patriots und Peyton Manning von den Denver Broncos – zwei Spielerlegenden.

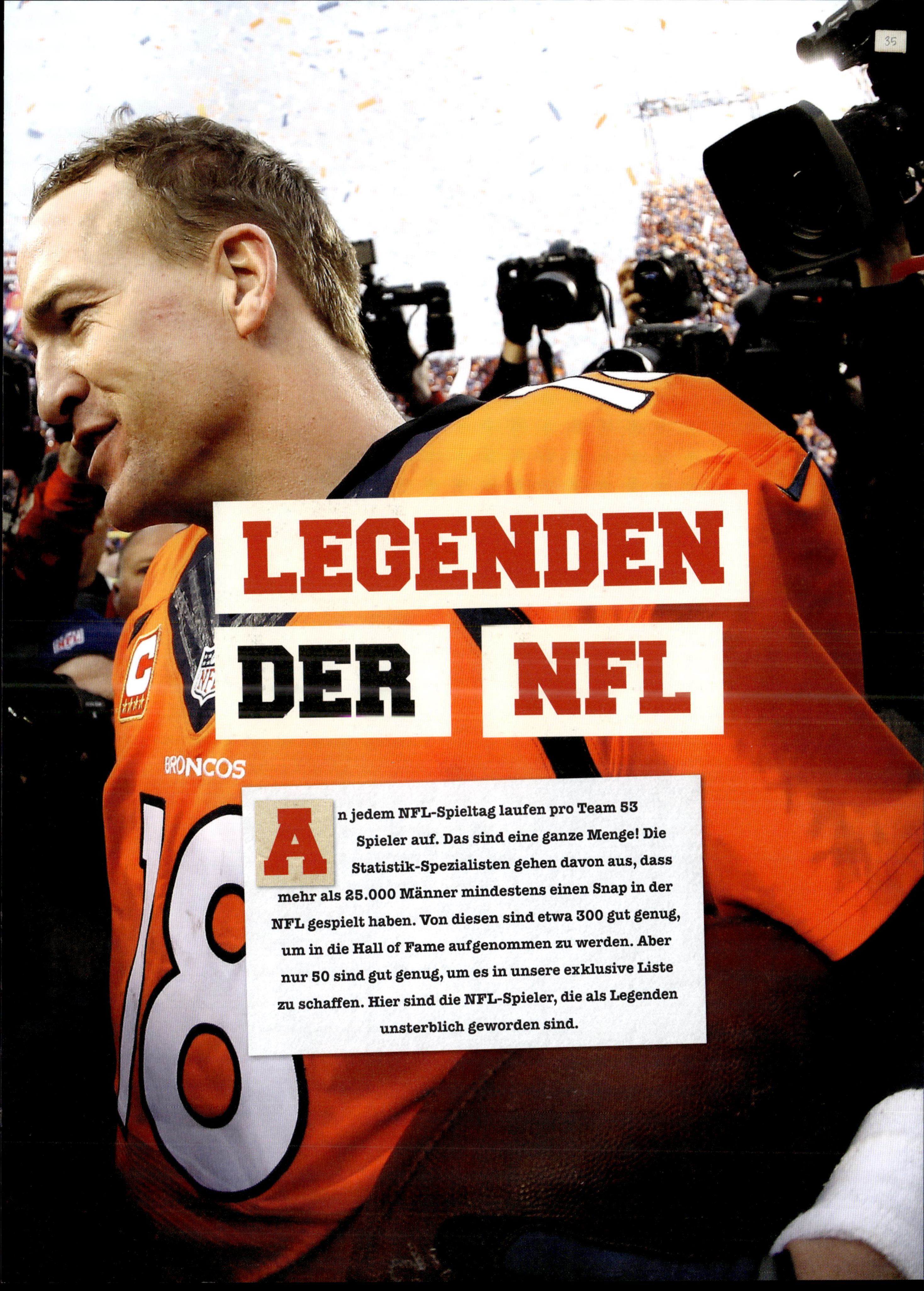

LEGENDEN DER NFL

An jedem NFL-Spieltag laufen pro Team 53 Spieler auf. Das sind eine ganze Menge! Die Statistik-Spezialisten gehen davon aus, dass mehr als 25.000 Männer mindestens einen Snap in der NFL gespielt haben. Von diesen sind etwa 300 gut genug, um in die Hall of Fame aufgenommen zu werden. Aber nur 50 sind gut genug, um es in unsere exklusive Liste zu schaffen. Hier sind die NFL-Spieler, die als Legenden unsterblich geworden sind.

DER BESCHEIDENE HELD

Keine Herausforderung war zu groß für Jerry Rice, den überragenden Wide Receiver, der drei Super Bowl-Ringe und die Herzen der Fans eroberte

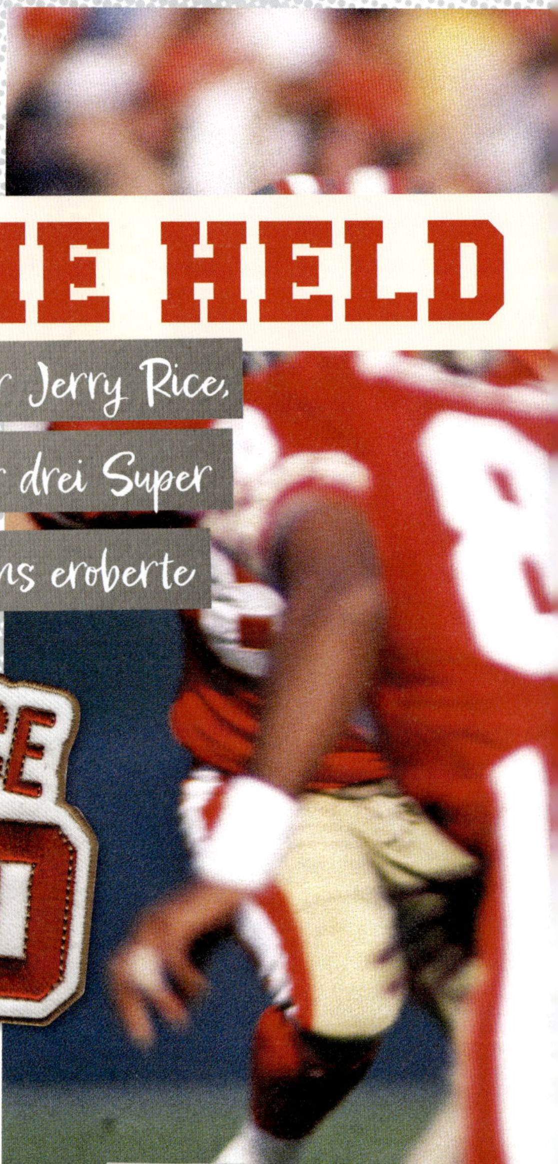

JERRY RICE

POSITION: Wide Receiver
NFL DRAFT: 1985/Runde 1/Pick 16
TEAMS: San Francisco 49ers (1985-2000)
Oakland Raiders (2001-2004)
Seattle Seahawks (2004)

KARRIEREHOHEPUNKTE:
3 x Super Bowl Champion (XXIII, XXIV, XXIX)
Super Bowl MVP (XXIII)
13 x Pro Bowl (1986-1996, 1998, 2002)
2 x Offensive Player of the Year (1987, 1993)
NFL 75th Anniversary All-Time Team
NFL 1980s All-Decade Team
NFL 1990s All-Decade Team
1.549 Receptions (bester Spieler aller Zeiten)
22.895 gefangene Yards (bester Spieler aller Zeiten)
197 Touchdowns (bester Spieler aller Zeiten)
Aufnahme in die Pro Football Hall of Fame 2010

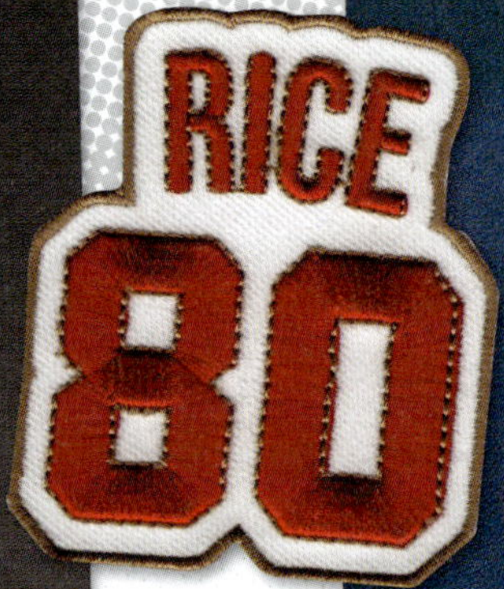

NFL-Fans sind besessen von G. O. A. T.s, den Besten aller Zeiten (Greatest Of All Time). Ein Name, der in solchen Gesprächen unausweichlich immer fällt, ist: Jerry Rice.

Geht es um „Flash 80", wie er liebevoll genannt wird, berufen sich die Fans meist auf die Statistik. In seiner 20-jährigen Spielerkarriere bei den San Francisco

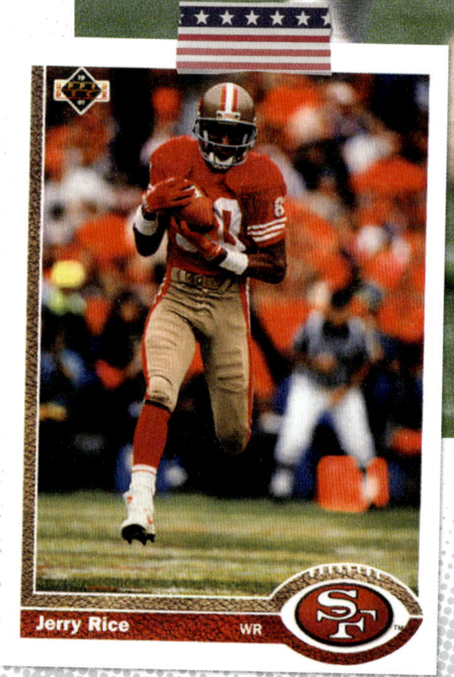

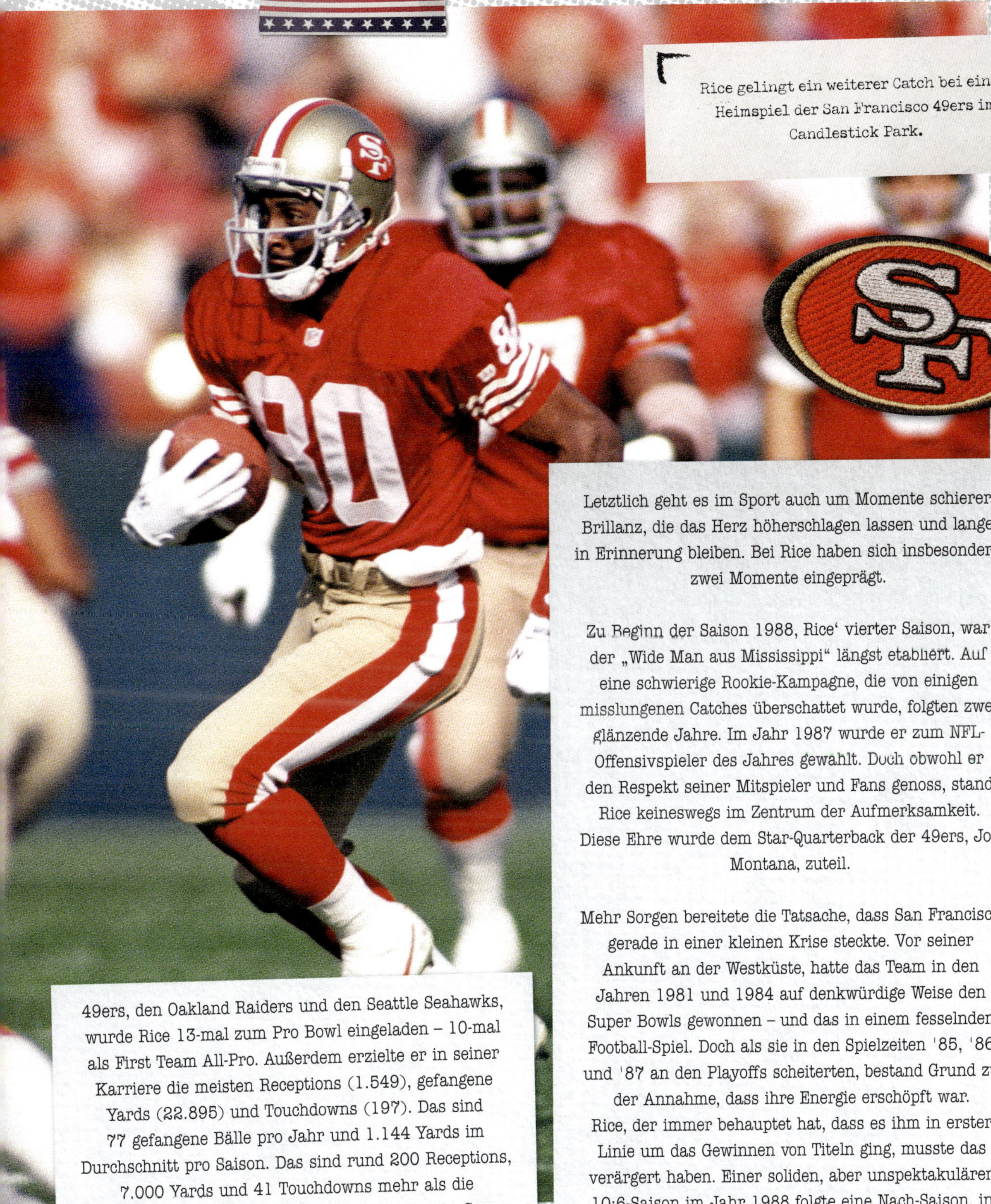

Rice gelingt ein weiterer Catch bei einem Heimspiel der San Francisco 49ers im Candlestick Park.

49ers, den Oakland Raiders und den Seattle Seahawks, wurde Rice 13-mal zum Pro Bowl eingeladen – 10-mal als First Team All-Pro. Außerdem erzielte er in seiner Karriere die meisten Receptions (1.549), gefangene Yards (22.895) und Touchdowns (197). Das sind 77 gefangene Bälle pro Jahr und 1.144 Yards im Durchschnitt pro Saison. Das sind rund 200 Receptions, 7.000 Yards und 41 Touchdowns mehr als die zweitplatzierten Spieler der jeweiligen Kategorie. Genau wie auf dem Spielfeld – Rice lässt auch alle anderen Rekorde weit hinter sich.

Im Pantheon der größten Spieler sind Statistiken jedoch nur bedingt aussagekräftig (sorry, Peyton Manning).

Letztlich geht es im Sport auch um Momente schierer Brillanz, die das Herz höherschlagen lassen und lange in Erinnerung bleiben. Bei Rice haben sich insbesondere zwei Momente eingeprägt.

Zu Beginn der Saison 1988, Rice' vierter Saison, war der „Wide Man aus Mississippi" längst etabliert. Auf eine schwierige Rookie-Kampagne, die von einigen misslungenen Catches überschattet wurde, folgten zwei glänzende Jahre. Im Jahr 1987 wurde er zum NFL-Offensivspieler des Jahres gewählt. Doch obwohl er den Respekt seiner Mitspieler und Fans genoss, stand Rice keineswegs im Zentrum der Aufmerksamkeit. Diese Ehre wurde dem Star-Quarterback der 49ers, Joe Montana, zuteil.

Mehr Sorgen bereitete die Tatsache, dass San Francisco gerade in einer kleinen Krise steckte. Vor seiner Ankunft an der Westküste, hatte das Team in den Jahren 1981 und 1984 auf denkwürdige Weise den Super Bowls gewonnen – und das in einem fesselnden Football-Spiel. Doch als sie in den Spielzeiten '85, '86 und '87 an den Playoffs scheiterten, bestand Grund zu der Annahme, dass ihre Energie erschöpft war. Rice, der immer behauptet hat, dass es ihm in erster Linie um das Gewinnen von Titeln ging, musste das verärgert haben. Einer soliden, aber unspektakulären 10:6-Saison im Jahr 1988 folgte eine Nach-Saison, in der die Niners immer stärker wurden, die Minnesota Vikings ausschalteten, und anschließend 28 Punkte gegen die gefeierte Verteidigung der Chicago Bears erzielten.

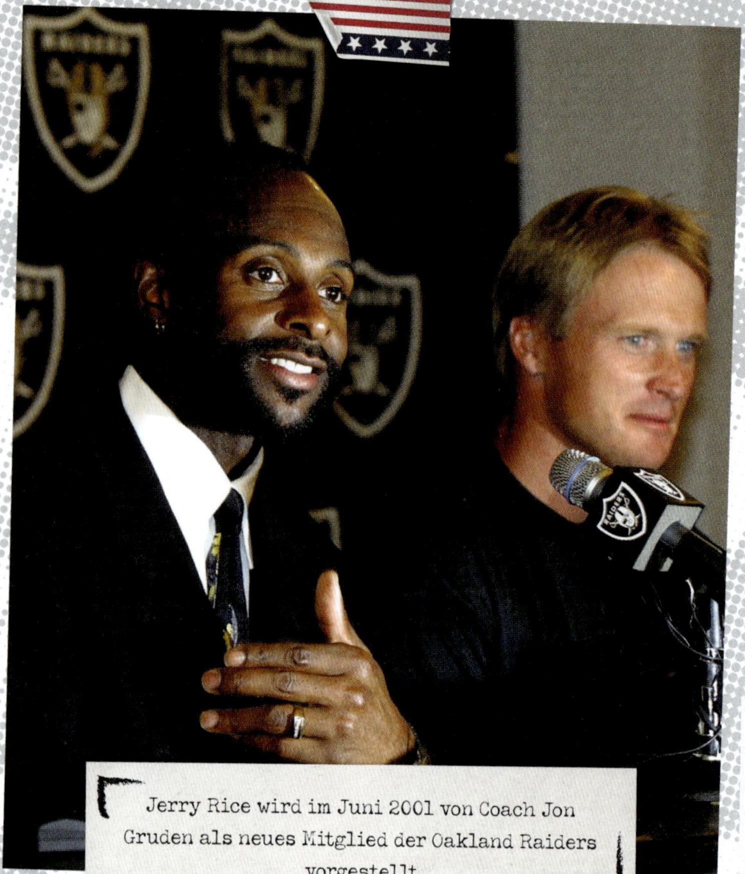

Jerry Rice wird im Juni 2001 von Coach Jon Gruden als neues Mitglied der Oakland Raiders vorgestellt

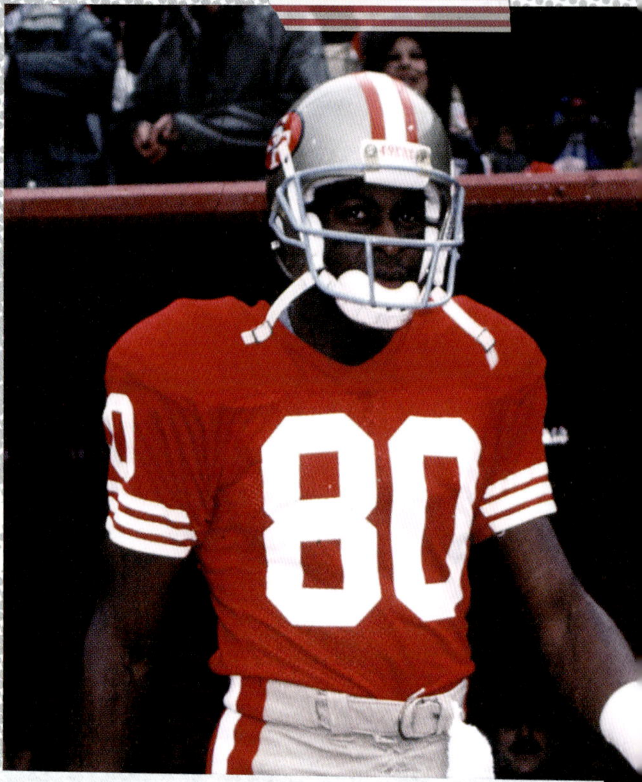

Aber der Super Bowl XXIII gegen die Cincinnati Bengals war eine völlig andere Herausforderung. Das Spiel war ein totaler Reinfall – bis zu den letzten drei Minuten, die mit dem entscheidenden Angriff in die Geschichte der NFL eingingen. Es war die einzige der fünf Meisterschaften San Franciscos, die bis zum Schluss spannend blieb.

Doch für Rice hätte das Spiel schon vorbei sein können, bevor es überhaupt angefangen hatte. Eine Woche vor dem Super Bowl-Sonntag hatte er sich beim Training den Knöchel verstaucht, wodurch eine Verletzung wieder aufgeflammt war, mit der er schon seit Monaten zu kämpfen gehabt hatte. Aber er ließ sich davon nicht unterkriegen.

Rice fing 11 der insgesamt 23 Receptions seines Teams und erzielte 215 der 357 gefangenen Yards. Ersteres stellte bis 2017 einen Rekord dar – und letzteres ist es immer noch. Außerdem gelang ihm ein Touchdown. Mit anderen Worten: Hätte Rice lediglich seinen normalen Job gemacht, hätten die 49ers den Super Bowl nicht gewonnen.

Aber beim Football geht es nicht nur um Zahlen. „Cincy's" Defense versuchte alles, um San Francisco's Receiver zu stoppen. Seine 11 Catches wurden von einem Wald Armen erschwert, die sein Gesichtsfeld abschirmten, und er hatte die meiste Zeit mit einer doppelten Deckung zu kämpfen. Der wahre Test für einen Spieler ist, ob er in der entscheidenden Phase liefern kann. Bei lediglich noch 3 Minuten und 20 Sekunden auf der Uhr lagen die Niners mit 16:13 zurück und begannen ihren letzten Angriff an der eigenen Acht-Yard-Linie.

Von seinen zwei gefangenen Pässen während des Spielverlaufs war Rice' letzte Aktion die denkwürdigste des Tages. Beim zweiten Down an der 45-Yard-Linie der Bengals versuchte Montana alles, um den doppelt gedeckten Rice zu erreichen. Sein Wurf musste perfekt sein. Der Ball war für 13 Yards in der Luft – nicht genug für ein First Down und die Zeit lief ihnen davon. Rice schnappte sich den Ball in der Mitte des Feldes inmitten eines Rudels Bengals, lief aber noch einmal 14 Yards und kam damit in Reichweite eines Field Goals.

Der Cornerback der Bengals, Lewis Billups, sagte später: „Es mussten ein perfekter Wurf und ein perfekter Fang sein. Alle möglichen Hände wollten ihn daran hindern." Eine knappe Minute vor Schluss passte Montana zu John Taylor in der Endzone und der Rest ist Geschichte.

Das Ausmaß von Rice' Leistung, sowohl in Bezug auf seine Effektivität als auch auf seine unbeirrbare Passfangqualitäten, lässt sich vermutlich mit der Tatsache auf den Punkt bringen, dass San Franciscos Quarterback 23 der 36 Passversuche in 357 Yards und zwei Touchdowns machte, und so missgönnte Rice in dieser Nacht wirklich niemand im Joe Robbie Stadium in Miami den Titel „Super

Der Wide Receiver betritt das Spielfeld im November 1988 – in der Saison seines ersten Super Bowl-Titels

Bowl Most Valuable Player“. Hört einfach zu, was Cincinnati's Safety David Fulcher dazu sagte: Ich hatte das Gefühl, dass die Defensive Backs „bei Rice keine schlechte Arbeit geleistet haben … aber er hat einen Touchdown erzielt.“

Rice wird auch die Revolutionierung der Wide Receiver-Position zugeschrieben. Pass First Offenses mögen heute die Norm sein, aber die NFL der 1980er-Jahre glich beinahe einer anderen Sportart. Obwohl sie von Don Coryell, dem Haupttrainer der San Diego Chargers, entwickelt wurde, waren die San Francisco 49ers von Billy Walsh das erste Team, das mit einem „vertikalen Pass-Stil“ epochenprägenden Erfolg erlebte. Und ein neues System brauchte neue Spielertypen. Die Quarterbacks der Niners, Montana und Steve Young, sprachen davon, dass sie sich mit Rice fast telepathisch verstanden. Die Quarterbacks wussten immer genau, wo sich ihr Star-Receiver gerade befindet.

Young, der zwischen 1991 und 1999 der erste Quarterback der San Francisco 49ers war, sagte: „Die Art und Weise, wie er sich bewegte, war irgendwie vorhersagbar und das machte es mir leicht, den Football zu werfen. Er war so präzise in seinen Bewegungen und Laufwegen, dass ich immer wusste, wo er sein würde.“

Die andere Art, mit der er den Sport prägte, bestand in seinem Spiel nach dem Catch. Rice war nie der schnellste Mann auf dem Feld und auch nicht dafür bekannt, dass er die Defensive Backs aus dem Weg räumte. Stattdessen lag seine Stärke in seinem Eifer und seinem Wunsch, die Ketten durch schiere Willenskraft zu sprengen. Jon Gruden, der in Oakland und bei den 49ers Rice' 1990 Coach war, bezeichnete ihn als den größten Wide Receiver aller Zeiten, da er nach dem Fang die erzielten Yards noch erweitern konnte. Penibel auf Fehler bedacht, war er weniger ein Künstler als ein Handwerker. Seine unvergleichliche Detailgenauigkeit sorgte dafür, dass er seinem Körper noch die letzten Tropfen seines Talents abpressten konnte. Keine Energie wurde verschwendet.

Teamkollegen erinnern sich, dass er mit Schutzpolstern schneller zu sein schien als ohne. Es ist leicht zu verstehen, warum: Stundenlange Trainings machte ihn zum vielleicht präzisesten auf NFL-Football eingestellten Athleten in der Geschichte der Liga. Er sah aus, als ob er zum Spielen geboren worden wäre. Ronnie Lott, fünf Jahre lang Rice' Teamkollege bei den Niners, beschrieb den „unstillbaren Hunger des Receivers, sich einen Vorteil zu verschaffen und der Beste zu sein“.

Der frühere Besitzer der 49ers, Eddie DeBartolo, ging noch einen Schritt weiter, indem er sagte, dass Rice den Inbegriff

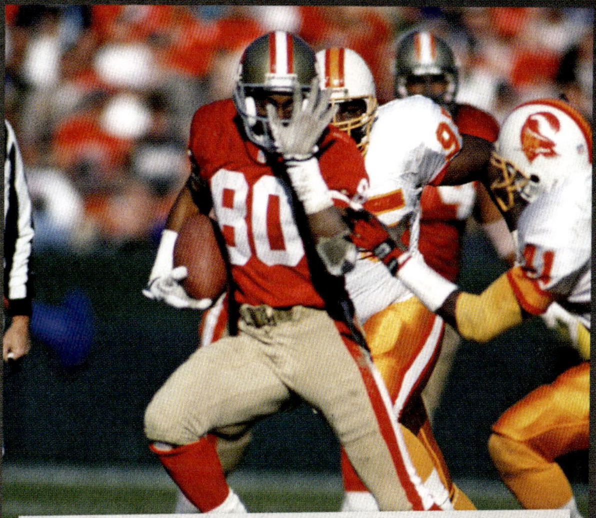

Jerry Rice von den San Francisco 49ers kämpft im Spiel gegen die Tampa Bay Buccaneers am 19. Dezember 1992 um den Ball.

VOM ZIEGELSTEINFANGEN ZUM FOOTBALL

Jerry Rice' berühmt-berüchtigten, gelenkigen Hände, die ihm zu mehr als 1.500 Pässen in seiner Karriere und drei Lombardi Trophys verhalfen, waren das Ergebnis eines ungewöhnlichen Trainingsprogramms. Während langer Arbeitstage in der Sonne Mississippis trainierte Rice schon als Junge seine Geschicklichkeit, indem er Ziegelsteine auffing, die ihm sein Vater (er war von Beruf Maurer) zuwarf.

Die Schnelligkeit und Wendigkeit des jungen Mannes resultierten aus den vielen Stunden, die er damit verbrachte, Pferden hinterher zu jagen – die einzige Möglichkeit, um sie reiten zu können. Um sie einzuholen, konnte es manchmal eine Stunde dauern.

„Er konnte mit Ziegeln besser umgehen als jeder andere Arbeiter, den ich hatte“, sagte sein Vater Joe gegenüber Sports Illustrated. „Ich fand es schade, dass er ging.“ Die Geschichte von Rice' prägenden Tagen als Landarbeiter haben ihn jahrelang begleitet und wurden Teil der Legende.

Selbst erzählte er: „Es gab Pferde, bei denen es manchmal von 45 Minuten bis zu einer Stunde dauerte, um sie einzufangen. Im Sommer nahm mich mein Vater mit zur Arbeit. Mein Bruder und ich hatten diese Technik entwickelt, um Ziegelsteine in die Höhe zu werfen, sie dabei zu trennen, und ich musste sie mir aus der Luft schnappen. Der Mythos, wie ich das Footballfangen durch das Fangen von Ziegelsteinen gelernt habe, kommt also daher.“

„Die Quarterbacks wussten immer genau, wo sich ihr Star-Receiver gerade befindet."

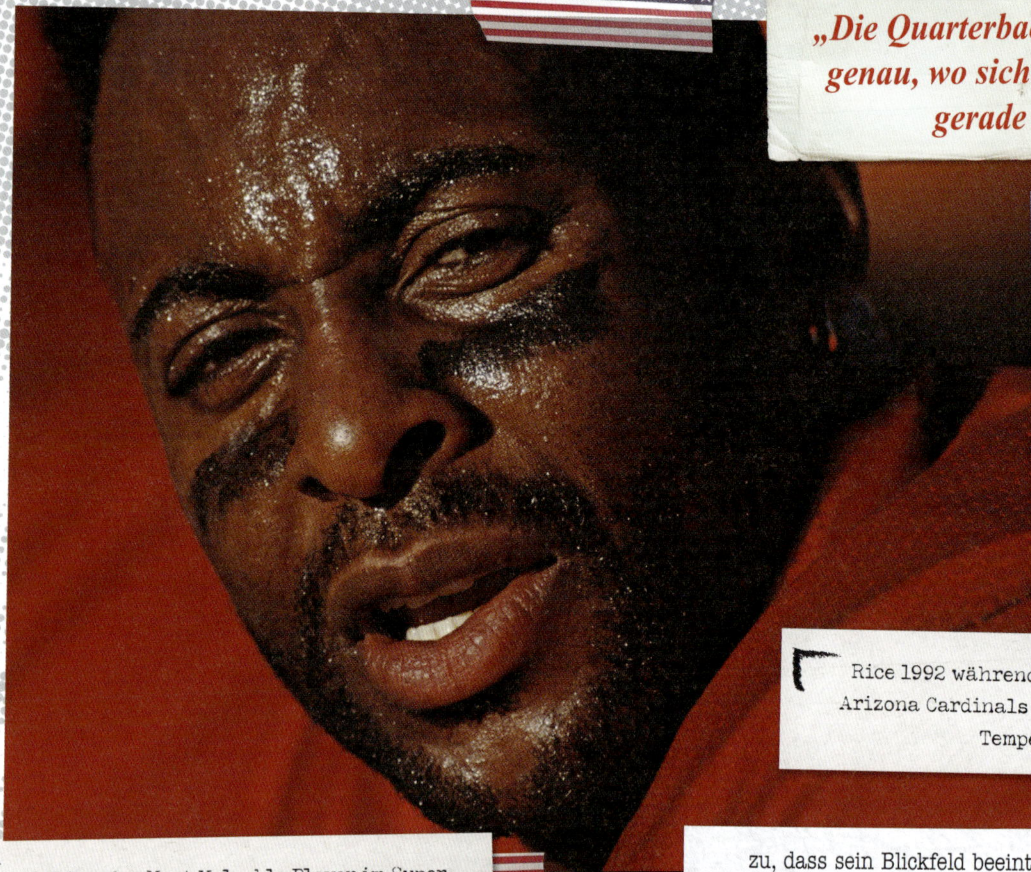

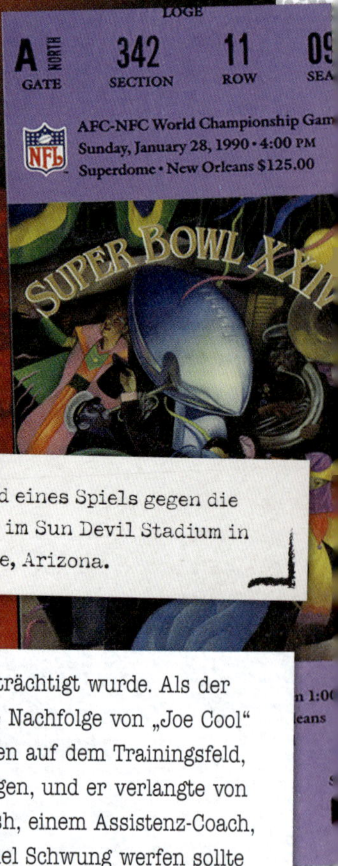

Rice 1992 während eines Spiels gegen die Arizona Cardinals im Sun Devil Stadium in Tempe, Arizona.

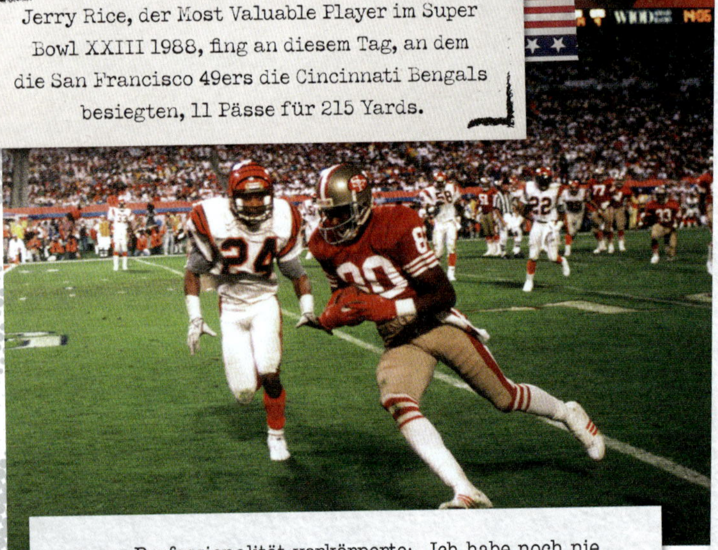

Jerry Rice, der Most Valuable Player im Super Bowl XXIII 1988, fing an diesem Tag, an dem die San Francisco 49ers die Cincinnati Bengals besiegten, 11 Pässe für 215 Yards.

von Professionalität verkörperte: „Ich habe noch nie einen Spieler gesehen, der ehrgeizigwe war und so hart gearbeitet hat, um der Größte aller Zeiten zu werden", sagte er einmal. Viele sind der Meinung, dass er dies geschafft hat.

Auf den Erfolg in der Saison 1988 folgte ein Jahr später ein weiterer Titel in einem der einseitigsten Super Bowls aller Zeiten, ein 55:10-Sieg über die Denver Broncos in New Orleans. Doch während sich Rice' Karriere auf ihrem Höhepunkt befand, verzeichneten die Niners eine ziemliche Durststrecke. Zunächst hatten sie mit Montanas Nachfolger Young zu kämpfen. Die Nummer 80 ließ nicht zu, dass sein Blickfeld beeinträchtigt wurde. Als der Linkshänder Young offiziell die Nachfolge von „Joe Cool" antrat, verbrachte Rice Stunden auf dem Trainingsfeld, um linkshändige Pässe zu fangen, und er verlangte von dem bedauernswerten Ted Walsh, einem Assistenz-Coach, dass er den Ball mit ebenso viel Schwung werfen sollte wie Young.

Während andere Spieler seines Ranges nach dem Training vielleicht schon zur Dusche geeilt wären, wollte sich der zukünftige Hall of Fame-Spieler erst einmal an den neuen Winkel gewöhnen, in dem Young werfen würde. Denn für die meisten Spieler ist der Gewinn eines Super Bowls schon die Krönung – zwei sind vergleichbar mit einem Lottogewinn. Aber Rice gehörte nie zu „den meisten Spielern". Als er die Lombardi Trophy entgegennahm, sagte Rice: „Einen Moment später bist du in dieser Umkleidekabine. Wir haben gerade auf der größten Bühne gespielt und eine Meisterschaft gewonnen. Aber dann denkst du plötzlich: „Okay, nächstes Jahr müssen wir wiederkommen und es wiederholen."

Während der vier meisterschaftslosen Jahren der Niners – zwischen 1990 und 1993 – hatten die Dallas Cowboys das kalifornische Team fest im Griff und fügten ihm in den NFC-Meisterschaftsspielen ‚92 und ‚93 schmerzhafte Niederlagen zu. Manche fragten sich, ob ihre beste Zeit vorüber sei. Young hat dies mehr als einmal als „den Affen auf seinem Rücken" bezeichnet.

Nachdem die Niners ihre Defense überarbeitet hatten, kam die Erlösung in Form eines 38:28-Sieges über ihren Erzfeind, die Cowboys, im NFC-Meisterschaftsspiel im Candlestick Park von San Francisco. Zurück in Miami musste San Francisco nur noch die San Diego Chargers besiegen, die als Außenseiter gehandelt wurden.

Aber San Diego schien schon nach drei Spielzügen zu verlieren: Young warf eine 44-Yard-Touchdown-Bombe zu Rice. Er erzielte noch zwei weitere Punkte im Spiel, das manche als sein bisher bestes bezeichnen. Obwohl Rice die Most Valuable Player-Auszeichnung des Spiels nicht gewann – diese ging verdientermaßen an Young für seine Sechs-Touchdowns – war er an diesem Tag einfach nicht zu besiegen. Er fing zehn Bälle für 149 Yards und drei Punkte. Anstatt zu wechseln, blieb Rice bis 2000 bei den Niners und verbrachte dann vier Spielzeiten in Oakland (bei denen er in zwei Saisons die 1000-Yard-Marke übertraf), bevor er für eine Saison zu den Seattle Seahawks wechselte. Er wurde 2010 direkt in die Pro Football Hall of Fame aufgenommen, im ersten Jahr, in dem er dazu berechtigt war, und die Niners vergaben seine Trikotnummer 80 an keinen weiteren Spieler mehr.

Art Spander, der seit 1965 für den San Francisco Examiner über den Sport in der Bay Area berichtet, hob besonders Rice' Fähigkeit hervor, im entscheidenden Moment anzugreifen. Spander sagte: „Sein Start war mühsam – Pässe entglitten ihm, was für Unmut sorgte. Dann hat er alles gefangen. Überall. Und besonders bei großen Spielen. Er hat einfach immer gepunktet."

Abgesehen von der Tatsache, dass er jede Woche eine Hochzeit crasht (lest es nach), lebt Rice heutzutage relativ zurückgezogen.
Sein Name fällt jedoch oft bis heute in G. O. A. T.-Debatten. Im Jahr 1999 belegte er den zweiten Platz in der Liste der 100 größten Football-Spieler der Sporting News, und 2010 führte er eine Umfrage des NFL Network an. Die meisten Fans, Mitspieler und Experten halten ihn für den besten Wide Receiver, der je ein Paar Stollenschuhe getragen hat.

Und vielleicht ist das Beste an der Geschichte von Jerry Rice, dass seine Mischung aus Hartnäckigkeit und Zielstrebigkeit für seinen Erfolg ebenso wichtig war wie sein Talent. Wie er einmal sagte: „Ich wollte mich auf keinen Fall abweisen lassen. Ich habe hart gearbeitet und mein Traum wurde wahr. Ich sage den Kindern: ‚Lasst keine Hindernisse auf eurem Weg zu. Wenn ihr etwas erreichen wollt, dann tut es. Ich bin der lebende Beweis dafür, dass es funktioniert.'"

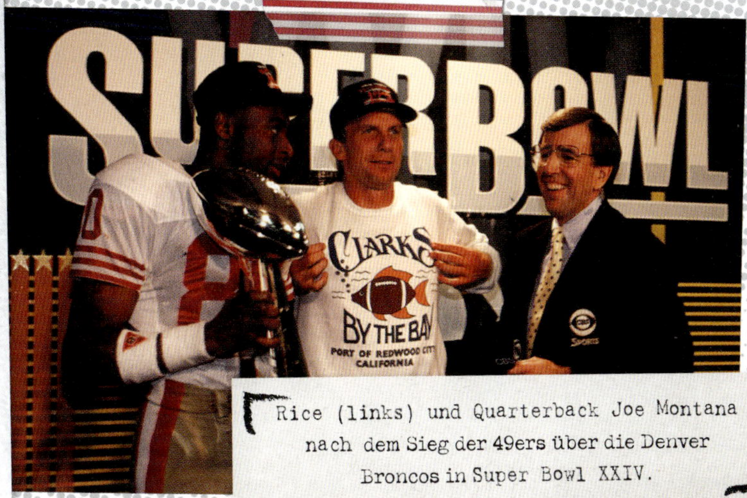

Rice (links) und Quarterback Joe Montana nach dem Sieg der 49ers über die Denver Broncos in Super Bowl XXIV.

Jerry Rice und der ehemalige 49ers-Quarterback Joe Montana an der Seitenlinie beim Super Bowl 50.

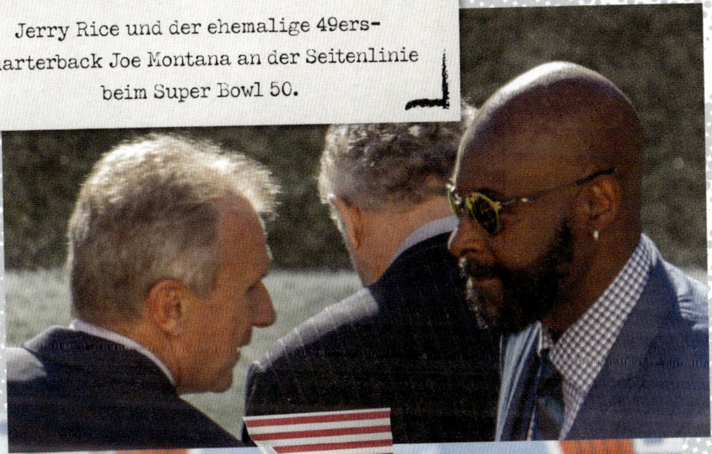

Jerry Rice 2010 neben seiner Büste während der Zeremonie zur Aufnahme in die Hall of Fame.

MAESTRO OF MAYHEM

„Ich würde niemals jemandem mit Absicht wehtun, es sei denn, es gäbe einen wichtigen Grund – wie ein Ligaspiel.“

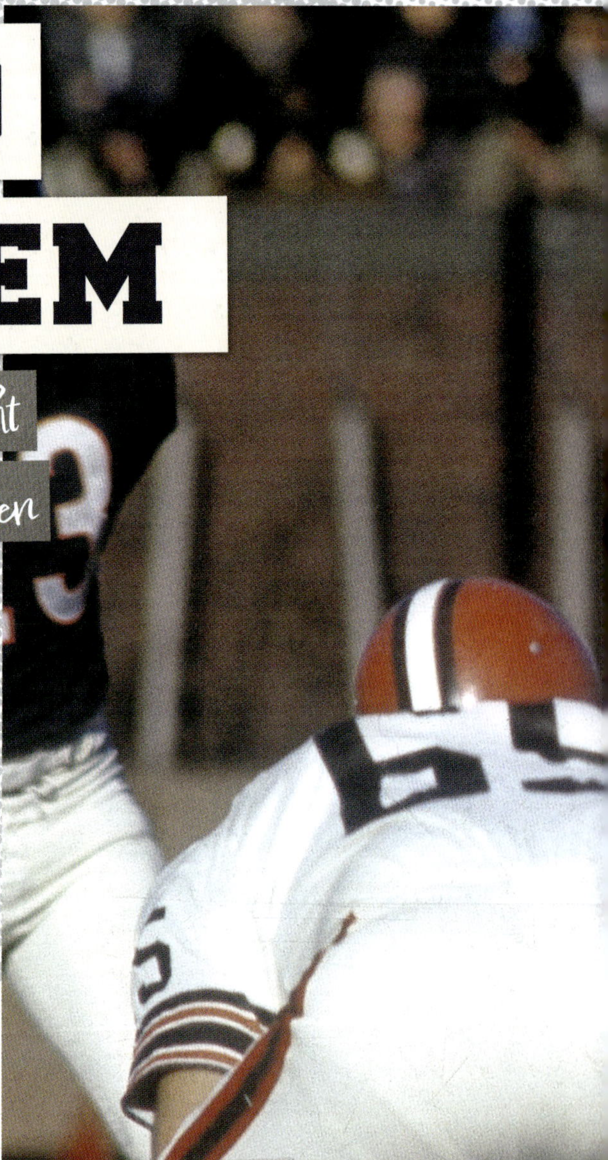

DICK BUTKUS

POSITION: Middle Linebacker
NFL DRAFT: 1965/Runde 1/Pick 3
TEAM: Chicago Bears (1965-1973)

••••

KARRIEREHÖHEPUNKTE:
8 x Pro Bowl (1965-72)
2 x NFL Defensive Player of the Year (1969, 1970)
NFL 75th Anniversary All-Time Team
22 Interceptions
25 Fumble Recoveries
Aufnahme in die Pro Football Hall of Fame 1979

„Wenn jemand All-Pro Middle Linebacker sagt“, sagte der Chicago Bears-Star einmal, „möchte ich, dass sie Butkus meinen.“ Wer der Beste auf einer Spielerposition ist, darüber lässt sich immer streiten. Aber wenn es um erstklassige Middle Linebacker geht, steht Dick Butkus immer ganz oben auf der Liste.

Von dem Gedanken beherrscht, der Beste zu sein, spielte er jedes Spiel so, als wäre es sein letztes. Niemand spielte mit größerer Entschlossenheit. Seine neun Jahre bei den Bears brachten ihm sieben All-Pro-Auszeichnungen und acht Pro Bowl-Einladungen ein. Butkus wurde zweimal in Illinois zum All-American gewählt. Er wurde sowohl von den Bears in die NFL als auch von den Denver Broncos in die rivalisierende American Football League gedraftet, aber er entschied sich,

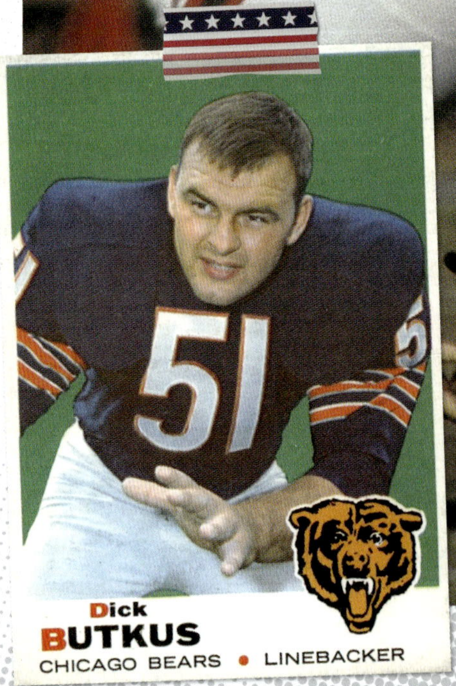

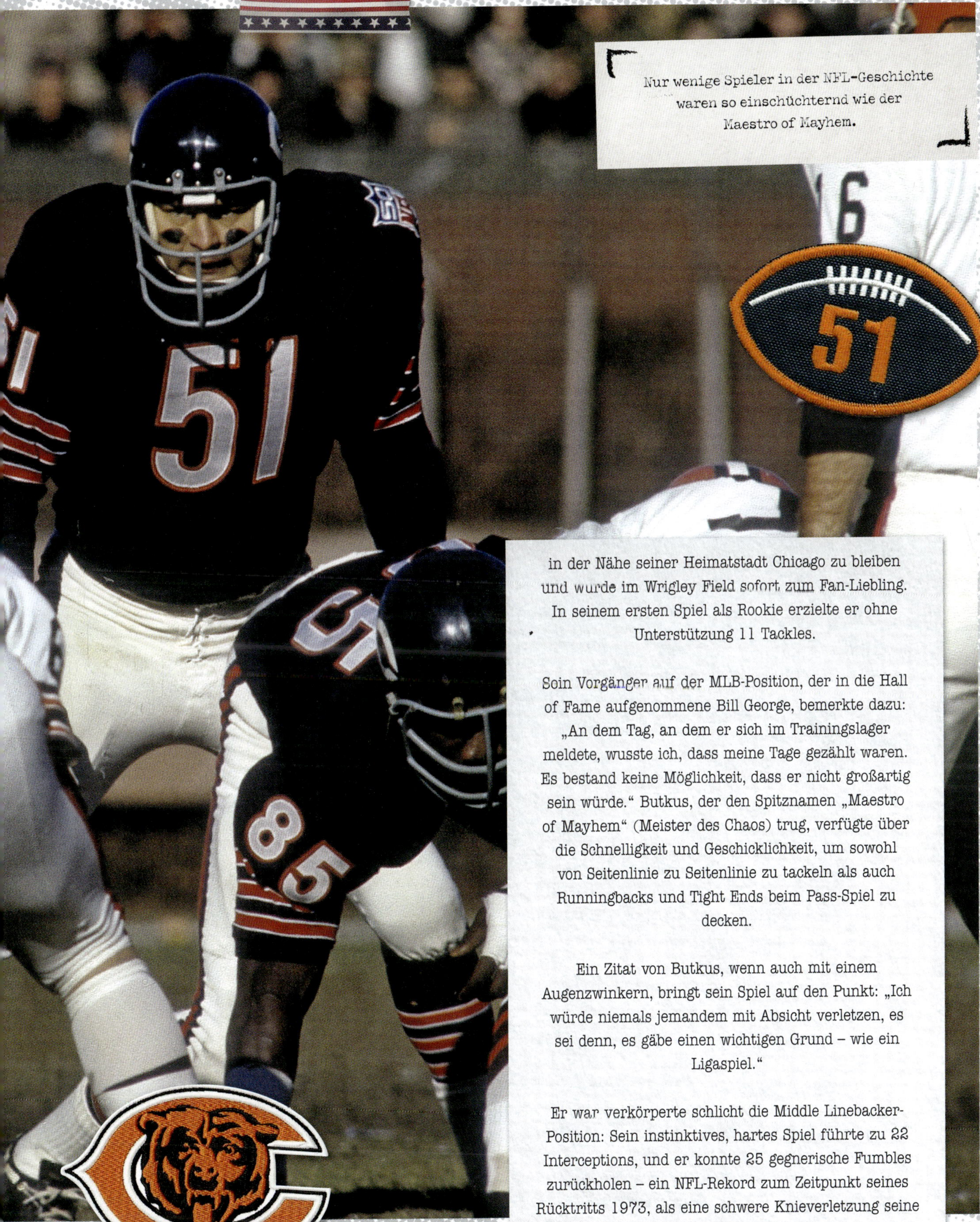

Nur wenige Spieler in der NFL-Geschichte waren so einschüchternd wie der Maestro of Mayhem.

in der Nähe seiner Heimatstadt Chicago zu bleiben und wurde im Wrigley Field sofort zum Fan-Liebling. In seinem ersten Spiel als Rookie erzielte er ohne Unterstützung 11 Tackles.

Sein Vorgänger auf der MLB-Position, der in die Hall of Fame aufgenommene Bill George, bemerkte dazu: „An dem Tag, an dem er sich im Trainingslager meldete, wusste ich, dass meine Tage gezählt waren. Es bestand keine Möglichkeit, dass er nicht großartig sein würde." Butkus, der den Spitznamen „Maestro of Mayhem" (Meister des Chaos) trug, verfügte über die Schnelligkeit und Geschicklichkeit, um sowohl von Seitenlinie zu Seitenlinie zu tackeln als auch Runningbacks und Tight Ends beim Pass-Spiel zu decken.

Ein Zitat von Butkus, wenn auch mit einem Augenzwinkern, bringt sein Spiel auf den Punkt: „Ich würde niemals jemandem mit Absicht verletzen, es sei denn, es gäbe einen wichtigen Grund – wie ein Ligaspiel."

Er war verkörperte schlicht die Middle Linebacker-Position: Sein instinktives, hartes Spiel führte zu 22 Interceptions, und er konnte 25 gegnerische Fumbles zurückholen – ein NFL-Rekord zum Zeitpunkt seines Rücktritts 1973, als eine schwere Knieverletzung seine Karriere grausam beendete.

DER MEISTERHAFTE REGISSEUR

„Bradshaw verfügte über einen Bizeps wie einen Gewehrkolben: Größe, Intelligenz und Leidenschaft, und sparte sich seine besten Leistungen für die Playoffs auf."

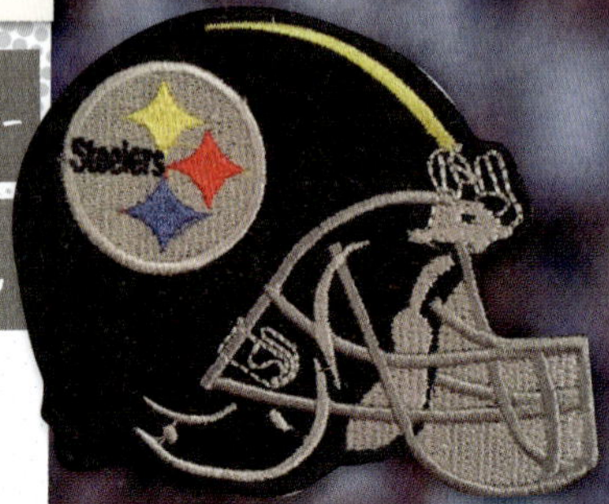

TERRY BRADSHAW

POSITION: Quarterback
NFL DRAFT: 1970/Runde 1/Pick 1
TEAMS: Pittsburgh Steelers (1970-1983)

••••

KARRIEREHOHEPUNKTE:
4 x Super Bowl Champion (IX, X, XIII, XIV)
2 x Super Bowl MVP (XIII, XIV)
3 x Pro Bowl (1975, 1978, 1979)
Touchdowns–Interceptions: 212–210
27.989 geworfene Yards
2.257 erlaufene Yards
23 erlaufene Touchdowns
Aufnahme in die Pro Football Hall of Fame 1989

Terry Bradshaw brauchte fast zwei Jahrzehnte, um den Pittsburgh Steelers-Fans zu verzeihen, dass sie ihn am 10. Dezember 1983 mit Buhrufen vom Spielfeld des Shea Stadiums vertrieben hatten. Nachdem er sich beim zweiten Touchdown-Pass eines 34:7-Sieges gegen die New York Jets den Ellbogen verletzte hatte, verließ er das Spielfeld im zweiten Viertel. Da sein Team ihm neun Monate zuvor, außerhalb der Spielsaison, seine Ellenbogenoperation nicht genehmigt hatte, empfand Bradshaw dies als die ultimative Beleidigung. Nachdem er die Steelers zu vier Titeln geführt hatte, war er der Meinung, er hätte Besseres verdient. Es folgten persönliche Schicksalsschläge, wie vier gescheiterte Ehen und Probleme mit Angstattacken, eine erfolglose Schauspielkarriere und ein kärgliches Auskommen als Country-Sänger.

Bradshaw verfügte über einen Bizeps wie einen Gewehrkolben; Größe, Intelligenz und Leidenschaft, und sparte sich seine besten Leistungen für die Playoffs auf. Zu Beginn seiner 14-jährigen Karriere hatte er jedoch Probleme, erzwang seine Pässe, was zu Interceptions führte.

Er kam von der Louisiana Tech und wusste nicht, wie man die Defense liest oder eine professionelle Offense startet. Schlechtes Spiel, Platzverweise und öffentliche Streitereien mit Coach Chuck Noll machten Bradshaw in der Steel City nicht gerade beliebt, während seine typische Südstaaten-Attitüde oft als mangelnde Intelligenz missverstanden wurde. Dallas-Linebacker Thomas Henderson sagte vor dem Super Bowl XIII zu Reportern, dass Bradshaw „nicht einmal dann ‚cat' buchstabieren könne, wenn man ihm ein ‚c' und ein ‚t' vorgeben würde".

Nachdem er als Signal Caller gereift war, führte Bradshaw die Steelers im Januar 1975 und 1976 als meisterhafter Regisseur mit einer lauforientierten Offense zum Titel. Als Pittsburgh 1979 und 1980 zwei weitere Super Bowls gewann, drehte sich die Offense um sein Passspiel.
Seine Karriere endete zwar mit einem Eklat, doch heute gehört er zu Pittsburghs Lieblingssöhnen. Die Zeit heilt alle Wunden – in manchen Fällen dauert es nur ein wenig länger ...

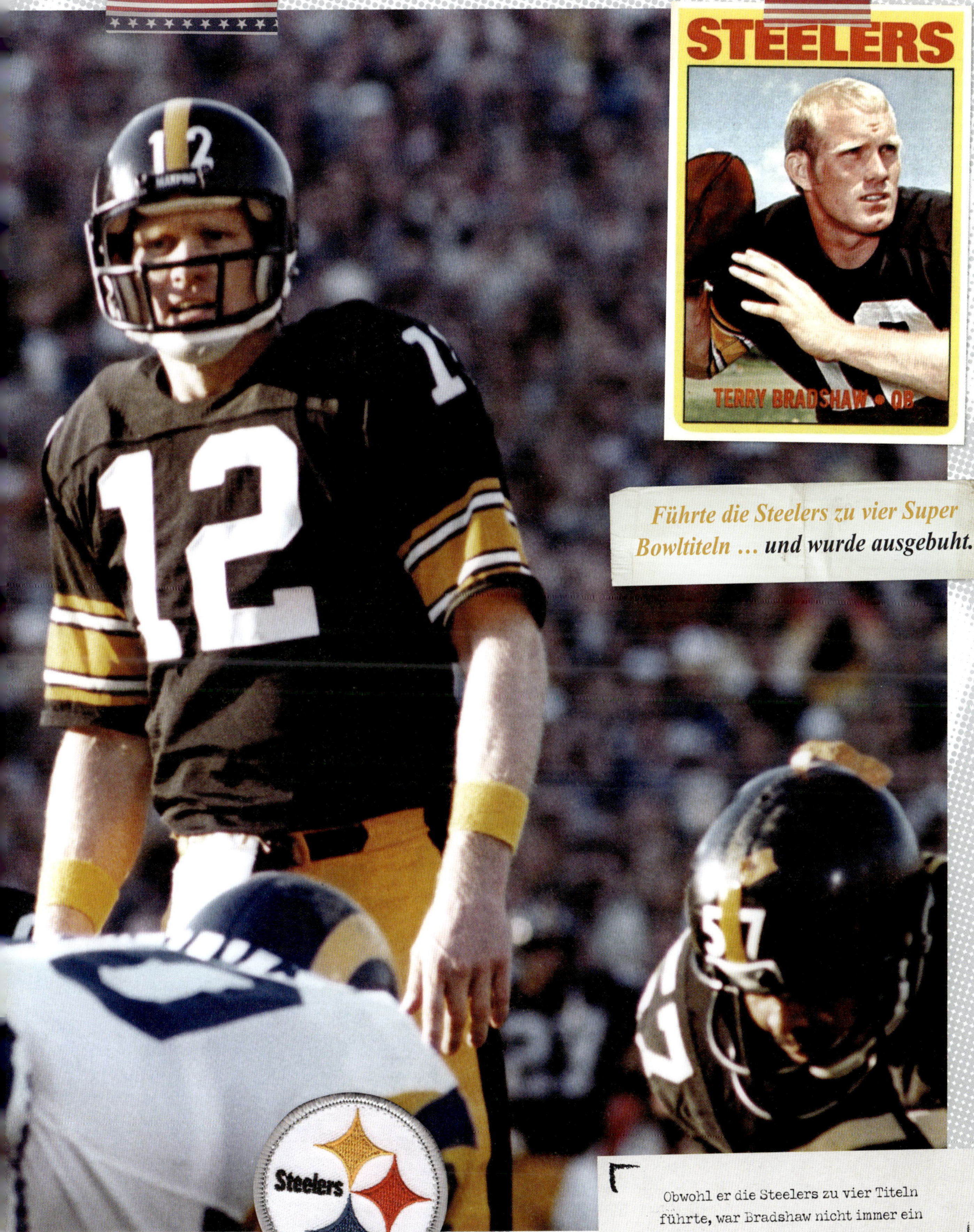

*Führte die Steelers zu vier Super Bowltiteln … **und wurde ausgebuht.***

Obwohl er die Steelers zu vier Titeln führte, war Bradshaw nicht immer ein Fan-Liebling.

DER SPÄTZÜNDER

„Mein größtes Problem war, Profi-Football zu spielen und gleichzeitig zu versuchen, ein normaler Jurastudent zu sein."

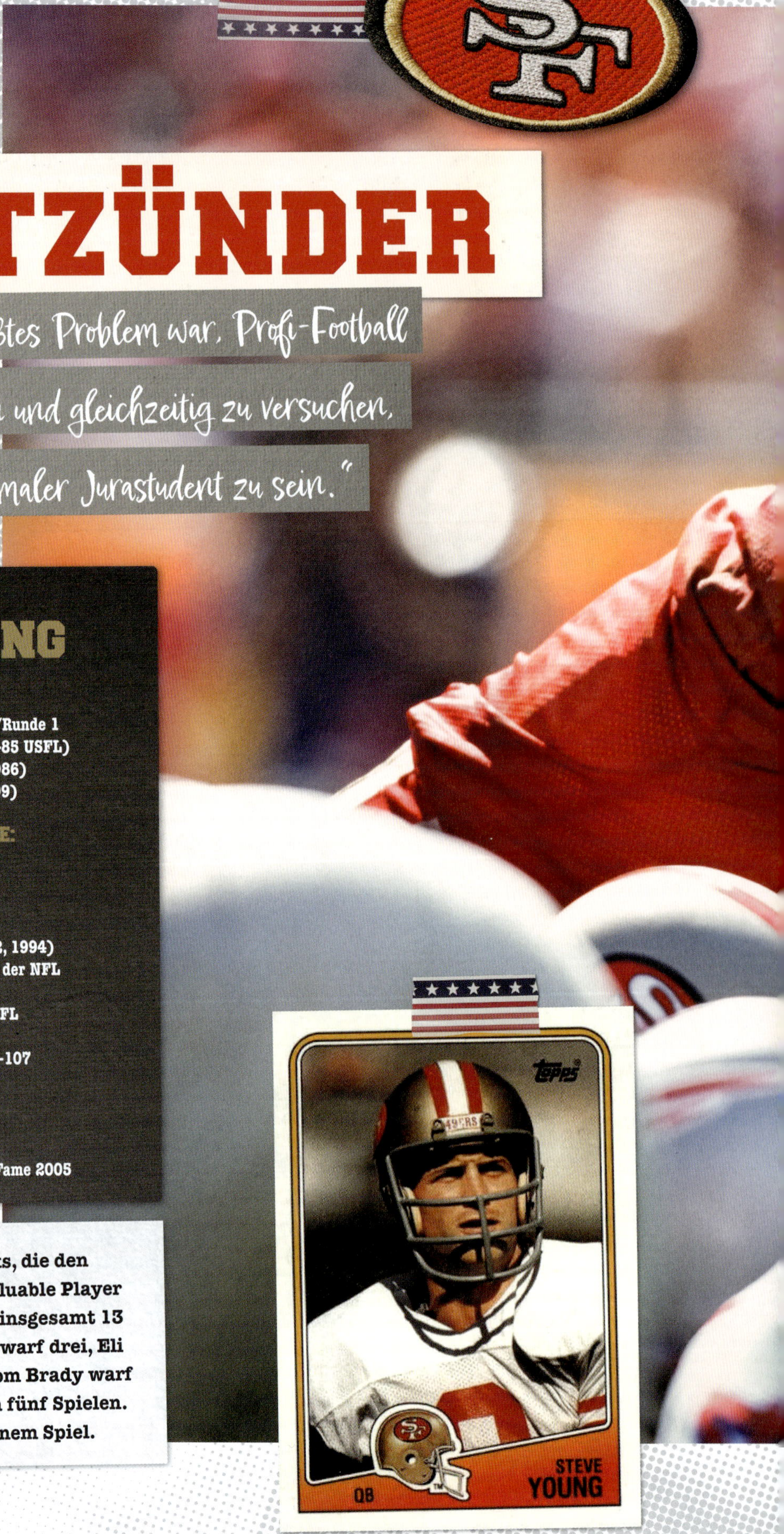

STEVE YOUNG

POSITION: Quarterback
NFL DRAFT: 1984 Supplemental/Runde 1
TEAMS: Los Angeles Express (1984-85 USFL)
Tampa Bay Buccaneers (1985-1986)
San Francisco 49ers (1987-1999)

••••

KARRIEREHÖHEPUNKTE:
3 x Super Bowl Champion (XXIII, XXIV, XXIX)
Super Bowl MVP (XXIX)
7 x Pro Bowl (1992-1998)
2 x NFL Most Valuable Player (1992, 1994)
4 x Meiste geworfene Touchdowns in der NFL (1992-1994, 1998)
6 x Höchste Pass-Rate in der NFL (1991-1994, 1996, 1997)
Touchdowns–Interceptions: 232-107
33.124 geworfene Yards
64,3 % angekommene Pässe
4.239 erlaufene Yards
34 erlaufene Touchdowns
Aufnahme in die Pro Football Hall of Fame 2005

Die letzten fünf Quarterbacks, die den Titel Super Bowl Most Valuable Player gewonnen haben, warfen insgesamt 13 Touchdown-Pässe. Aaron Rogers warf drei, Eli Manning einen, Joe Flacco drei, Tom Brady warf sechs in zwei Spielen. Dreizehn in fünf Spielen. Steve Young warf sechs – in einem Spiel.

Spätzünder Young nahm an sieben aufeinanderfolgenden Pro Bowls teil.

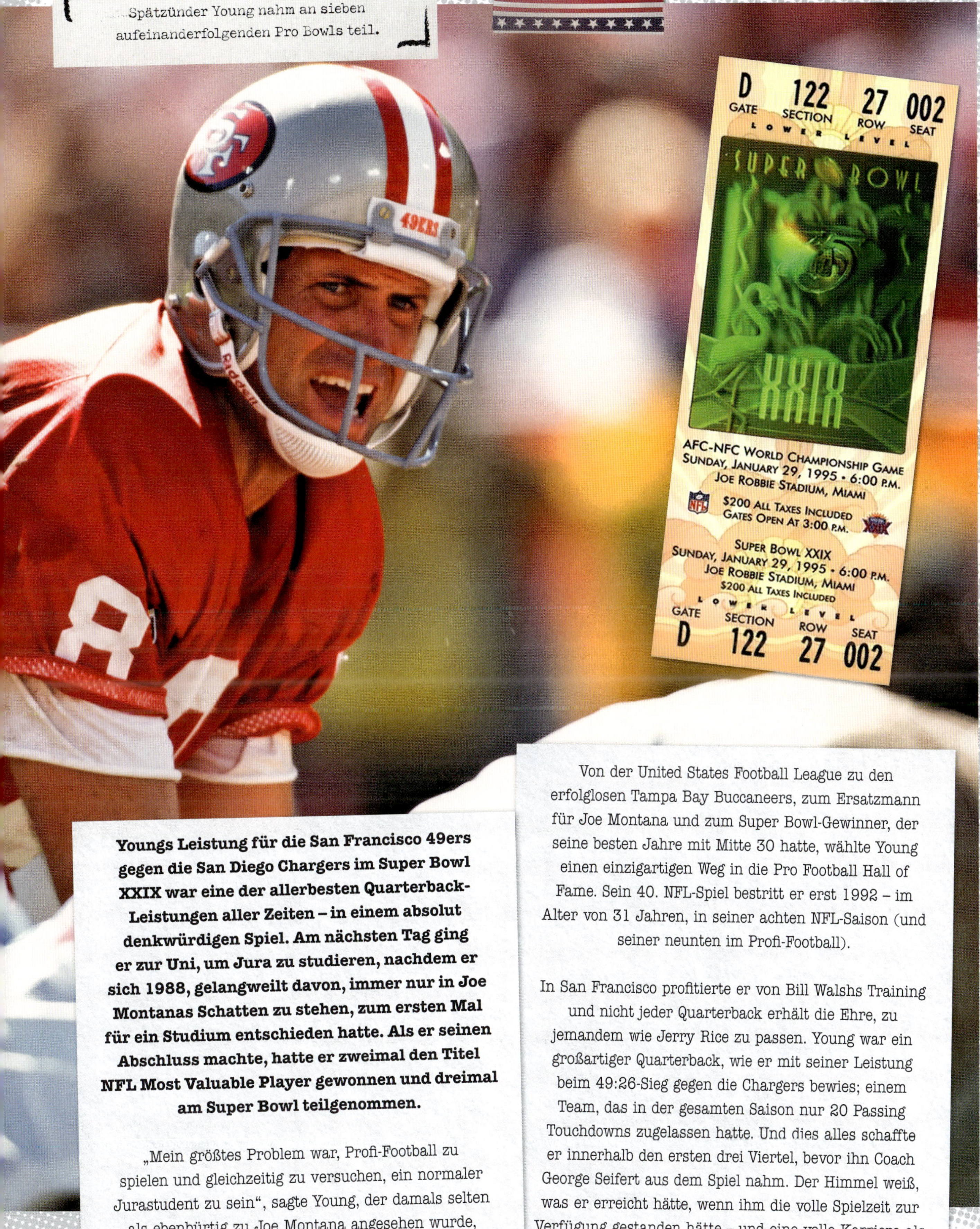

Youngs Leistung für die San Francisco 49ers gegen die San Diego Chargers im Super Bowl XXIX war eine der allerbesten Quarterback-Leistungen aller Zeiten – in einem absolut denkwürdigen Spiel. Am nächsten Tag ging er zur Uni, um Jura zu studieren, nachdem er sich 1988, gelangweilt davon, immer nur in Joe Montanas Schatten zu stehen, zum ersten Mal für ein Studium entschieden hatte. Als er seinen Abschluss machte, hatte er zweimal den Titel NFL Most Valuable Player gewonnen und dreimal am Super Bowl teilgenommen.

„Mein größtes Problem war, Profi-Football zu spielen und gleichzeitig zu versuchen, ein normaler Jurastudent zu sein", sagte Young, der damals selten als ebenbürtig zu Joe Montana angesehen wurde, insbesondere von Montana selbst.

Von der United States Football League zu den erfolglosen Tampa Bay Buccaneers, zum Ersatzmann für Joe Montana und zum Super Bowl-Gewinner, der seine besten Jahre mit Mitte 30 hatte, wählte Young einen einzigartigen Weg in die Pro Football Hall of Fame. Sein 40. NFL-Spiel bestritt er erst 1992 – im Alter von 31 Jahren, in seiner achten NFL-Saison (und seiner neunten im Profi-Football).

In San Francisco profitierte er von Bill Walshs Training und nicht jeder Quarterback erhält die Ehre, zu jemandem wie Jerry Rice zu passen. Young war ein großartiger Quarterback, wie er mit seiner Leistung beim 49:26-Sieg gegen die Chargers bewies; einem Team, das in der gesamten Saison nur 20 Passing Touchdowns zugelassen hatte. Und dies alles schaffte er innerhalb den ersten drei Viertel, bevor ihn Coach George Seifert aus dem Spiel nahm. Der Himmel weiß, was er erreicht hätte, wenn ihm die volle Spielzeit zur Verfügung gestanden hätte – und eine volle Karriere als erster Quarterback.

DER GRÖSSTE STEAL DER GESCHICHTE

Sieben Super Bowl-Ringe und jede Menge Rekorde – so wurde aus einem schwachen Sechst-Runder der erfolgreichste Spieler der NFL-Geschichte

TOM BRADY

POSITION: Quarterback
NFL DRAFT: 2000/Runde 6/Pick 199
TEAMS: New England Patriots (2000-2019), Tampa Bay Buccaneers (2020-2022)

KARRIEREHÖHEPUNKTE:
7x Super Bowl Champion (XXXVI, XXXVIII, XXXIX, XLIX, LI, LIII, LV)
5x Super Bowl MVP (XXXVI, XXXVIII, XLIX, LI, LV)
15x Pro Bowl (2001, 2004, 2005, 2007, 2009–2018, 2021)
3x NFL Most Valuable Player (2007, 2010, 2017)
NFL 2000s All-Decade Team
NFL 2010s All-Decade Team
5 x Meiste geworfene Touchdowns (2002, 2007, 2010, 2015, 2021)
Über 100.000 geworfene Yards
97,2 im Passer-Rating
Aufnahme in die Pro Football Hall of Fame 2024

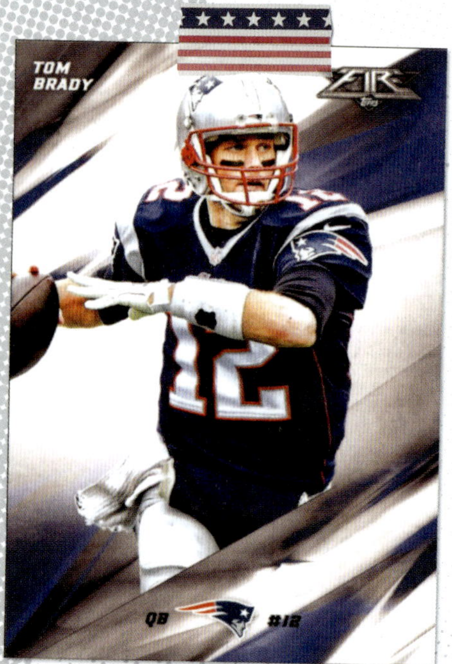

Vor zwei Jahrzehnten bekam Tom Brady die Chance, sich mitten in der Saison als erster Quarterback der New England Patriots zu beweisen. Er entwickelte sich von einem wenig bekannten, unscheinbaren späten Draft Pick zu einem der besten Spieler der NFL – vielleicht sogar zu einem der besten aller Zeiten. Aber wie fast jeder Spieler in der Liga brauchte auch er ein bisschen Glück, um Fuß zu fassen.

Nachdem er im Jahr zuvor in die NFL gewählt worden war und im gesamten Jahr nur drei Pässe geworfen hatte, erhielt er noch einmal eine Chance, als sich Drew Bledsoe, ein damals dreimaliger Pro Bowl-Teilnehmer und seit acht Jahren Quarterback der Patriots, im zweiten Spiel der Saison nach einem massiven Zusammenstoß im Spiel gegen die New York Jets innere Blutungen zuzog und ausfiel.

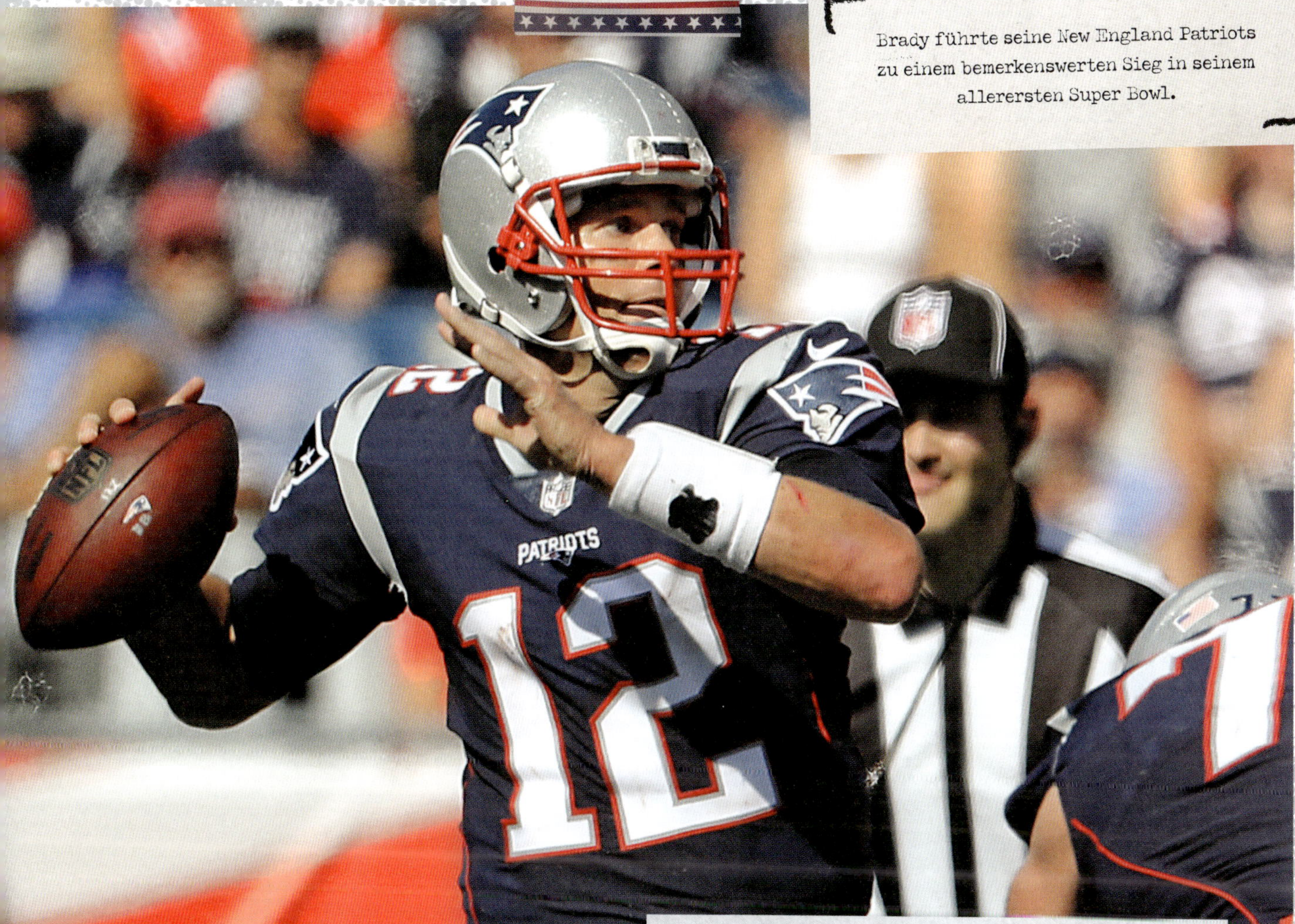

Brady führte seine New England Patriots zu einem bemerkenswerten Sieg in seinem allerersten Super Bowl.

Als die Patriots nach einem unspektakulären Start in die Saison 0:2 zurücklagen, wurde der 199. Pick aus dem NFL Draft 2000 gegen die starken Indianapolis Colts eingesetzt. Er war im NFL Scouting Combine eigenartig langsam gewesen und viele Teams hatten ihn übersehen, bis die Patriots ihn aufnahmen. In seinem ersten vollständigen Spiel warf der 24-Jährige nur 168 Yards. Er war zwar letztendlich ein Sieg, aber eine Woche später schaffte er sogar nur 86 Yards, was zu einer Niederlage gegen die Miami Dolphins führte. Nur wenige hätten damals erwartet, dass er einige Monate später den spielentscheidenden Drive im Super Bowl führen würde; eine Leistung, die ihn für die nächsten Jahre prägen sollte.

Dank der 11 Siege in Bradys 14 regulären Saisonspielen, dem Playoff-Sieg über Oakland in der Verlängerung und dem Auswärtssieg über Pittsburgh, waren die Patriots im Super Bowl XXXVI. In New Orleans, wo sie auf die St. Louis Rams trafen, schienen die New England Patriots das Spiel zu verlieren, als Ricky Proehl einen 26-Yard-Pass für einen Touchdown fing, mit 14-Punkten den Ausgleich erzielte und nur noch 90 Spielsekunden auf der Uhr standen. Die Fans machten sich zum ersten Mal auf eine Verlängerung im größten Spiel aller Zeiten gefasst, aber Brady hatte etwas anderes im Sinn. Seit seinem wackeligen Start gegen die Colts und die Dolphins hatte er 12 weitere Siege als Quarterback errungen und besaß inzwischen das Selbstvertrauen eines weitaus erfahreneren Mannes. Seine Erfolge waren im Vergleich zu anderen in der Liga unspektakulär – weniger als 3.000 Passing Yards und 18 Touchdowns –, aber an diesem Abend in Louisiana waren zwei wichtige Fakten im Spiel: Brady hatte vier Comebacks im vierten Viertel und fünf spielentscheidende Drives geleitet

Nur Vinny Testaverde von den Jets, ein 13 Jahre älterer Spieler-Veteran, konnte den Quarterback der New England Patriots in diesen beiden Kategorien übertreffen. Der Patriots-Mann hatte an diesem

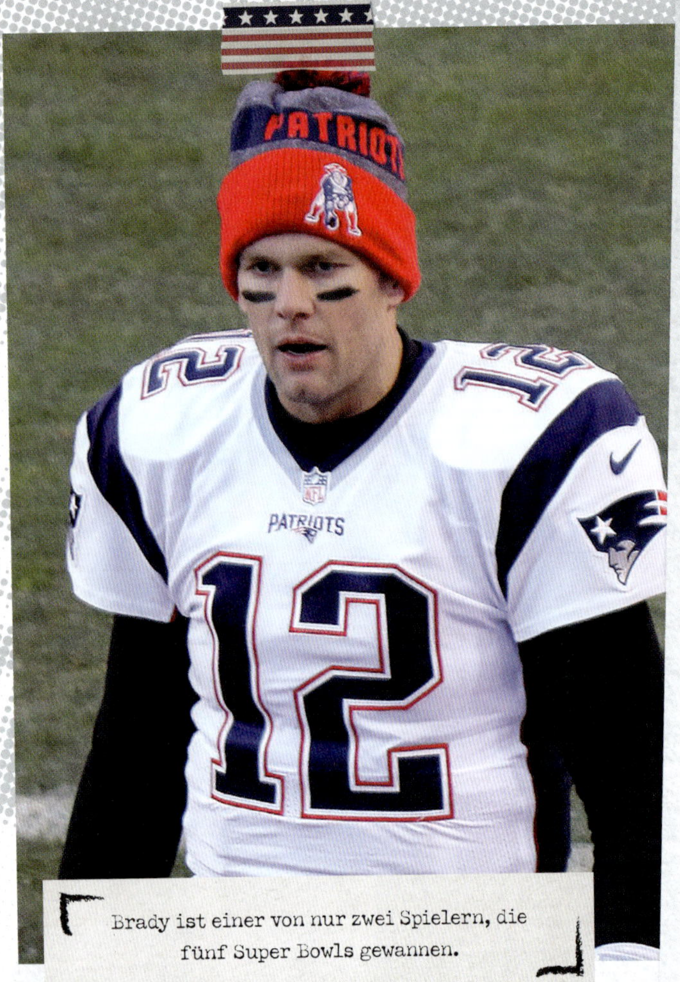

Brady ist einer von nur zwei Spielern, die fünf Super Bowls gewannen.

Abend bereits einen ähnlichen Drive durchgeführt: Er warf seinen ersten Super Bowl-Touchdown zu David Patten und schloss damit einen Drive ab, der erst 80 Sekunden vor der Halbzeitpause begonnen hatte.

Jeder andere Quarterback hätte vielleicht die verbleibenden 1:21 Spielminuten verstreichen lassen, da es keine Timeouts mehr gab, die Zwei-Minuten-Warnung abgelaufen und es unentschieden stand. „Man muss jetzt eine Verlängerung erreichen“, sagte der legendäre John Madden, der das Spiel im Fernsehen kommentierte. „Man sollte nichts riskieren oder etwas Dummes tun.“

Doch obwohl er an der eigenen 17-Yard-Linie startete, wollte Brady etwas wagen. Glücklicherweise hatte er einen Trainer namens Bill Belichick, der damit einverstanden war. Er hatte Brady unterstützt, obwohl er spät gedraftet wurde; er hatte Brady als Starter unterstützt, als Bledsoe gesund zurückgekehrt war – und auch jetzt unterstützte er ihn. Bledsoe war kein Freund von waghalsigen Entscheidungen in brenzligen Situationen. „Geh raus und wirf“, sagte der erfahrene Quarterback von der Seitenlinie zu dem jungen Spieler, der ihn ersetzt hatte. Wäre es ein Hollywood-Film gewesen, hätte Brady zu seinem Wide Receiver geworfen, der dann den siegbringenden Touchdown erlaufen hätte. Aber sie waren weder in Hollywood noch hätte dies zu Brady gepasst. Stattdessen legte er jene Fähigkeiten an den Tag, für die er in der NFL berühmt geworden war: Entschlossenheit, Genauigkeit und eiskalte Gelassenheit. Falls du Zweifel daran hast, wie entspannt Brady vor dem Spiel gewesen ist, dann stell dir vor, dass er 40 Minuten vor dem Kick-off sein Trikot auszog und in der Umkleidekabine ein Nickerchen machte.

Gleich im ersten Spielzug des Drives, als die Experten einen risikolosen Laufspielzug forderten, ließ sich Brady zurückfallen und spielte einen Pass. Obwohl er bekannt dafür ist, dass er kein besonders herausragender Sportler ist, wich er im Bereich des zusammengebrochenen Pockets drei Angreifern aus und spielte einen kurzen, einfachen Pass zu Runningback JR Redmond. Als sich Brady vom Boden unter dem 400 Kilogramm schweren Haufens erhob, schlug er sich jubelnd auf die Brust; eine kurze halbe Sekunde, die er sich gönnte, bevor er zur Line of Scrimmage stürmte.

Diesmal suchte er die Seitenlinie ab, wo ein Receiver ins Aus laufen und die Uhr anhalten könnte, aber die Rams-Verteidigung war darauf vorbereitet. Und während ein anderer Mann vielleicht das Runde ins Eckige gezwängt hätte, wusste Brady, dass er das Spiel noch am Laufen halten konnte, solange er etwas Raum bekam. Er traf Redmond wieder in der Mitte des Feldes und lief hoch, um den Ball auf den Boden zu werfen. Im nächsten Spielzug schaute er sich auf dem ganzen Feld um, bevor er wieder zu Redmond warf, der ins Aus lief und die Uhr anhielt. Jetzt waren die Rams am Zug. Sie waren die ganze Saison über die Favoriten für den Super Bowl gewesen. Nun stellte sich heraus, dass sie gegen einen Quarterback im zweiten Jahr und in seiner ersten kompletten NFL-Saison verlieren würden. Die Rams reagierten darauf, überfluteten das Pocket und zwangen Brady, den Ball zu werfen. Doch als Brady zu Troy Brown warf, um in Field-Goal-Reichweite zu kommen und Adam Vinatieri das Nötige tat, um den Patriots den Sieg zu sichern, obwohl fast keine Zeit mehr auf der Uhr war, war dies einer der großartigsten Super Bowl-Siege, die es je gegeben hat.

In weniger als zwei Jahren hatte sich Brady von einem vierten Quarterback, der in der sechsten Runde des Drafts ausgewählt wurde, zum siebten Mann auf seiner Position entwickelt, der sich hervorhob, und zum Super Bowl Most

Valuable Player gekürt wurde. Eine der Schlüsselfiguren seines Erfolges war Coach Belichick, dessen Ansehen fast zur selben Zeit anstieg. Der unermüdlich arbeitende und aufbrausende Trainer hatte für die New York Giants, die Cleveland Browns, die New York Jets und sogar für eine kurze Zeit für die Patriots selbst als Assistent unter Bill Parcells gearbeitet und dabei im Super Bowl gegen die Green Bay Packers verloren. Vier Jahre später kehrte Belichick an die Spitze zurück.

Die erste Saison von Belichick war schlecht. Die Mannschaft beendete die Saison mit 5:11, und die Entscheidung des Besitzers Robert Kraft, seinem neuen Trainer fast alle Entscheidungen anzuvertrauen, erwies sich allmählich als falsch. Tatsächlich hat Kraft mit dieser Entscheidung das Schicksal von Belichick und Brady für immer miteinander verknüpft. Die Erfolgsgeschichte des Quarterbacks ist ebenso sehr Bills wie Toms.

Brady erinnert sich, dass er, nach dem Gewinn der Super Bowl Most Valuable Player-Auszeichnung nach ihrem ersten Super Bowl-Sieg, seinen Trainer und Mentor Belichick fragte, ob sie nicht mit dem Teamprotokoll brechen und gemeinsam nach Hause fliegen könnten, anstatt nach Disney World wie es die Tradition vorsah. Belichicks Antwort war untypisch offen: „S***, ja! Was glaubst du, wie oft du den Super Bowl gewinnen wirst?"

Belichick konnte kaum ahnen, dass sie den Super Bowl tatsächlich mehrmals zusammen gewinnen würden. Nach diesem ersten, bemerkenswerten Sieg für Brady und die Patriots fügten sie zwei Jahre später, mit einem knappen 32:29-Sieg über die Carolina Panthers, einen zweiten Titel hinzu. Im folgenden Jahr schlugen die Patriots die Philadelphia Eagles und gewannen ihren dritten Super Bowl in vier Jahren. Eine neue Herrschaftsära brach an.

Aber Bradys Verhältnis zu seinem Coach blieb angespannt. Die meiste Zeit über arbeiteten die beiden gut zusammen. Beide arbeiteten hart und waren bereit, in ihrem Privatleben Opfer zu bringen, um jeweils der beste Spieler und Trainer zu sein. Aber vielleicht waren sie sich zu ähnlich, und mit der Zeit gerieten Brady und Belichick aneinander. Der berühmt-berüchtigte Trainer lobte Brady selten überschwänglich.

„Das Wichtigste, was Tom für uns tut, ist, dass er versucht, uns vor den schlechten Spielzügen zu bewahren, bei denen wir nur eine 5- bis 10-prozentige

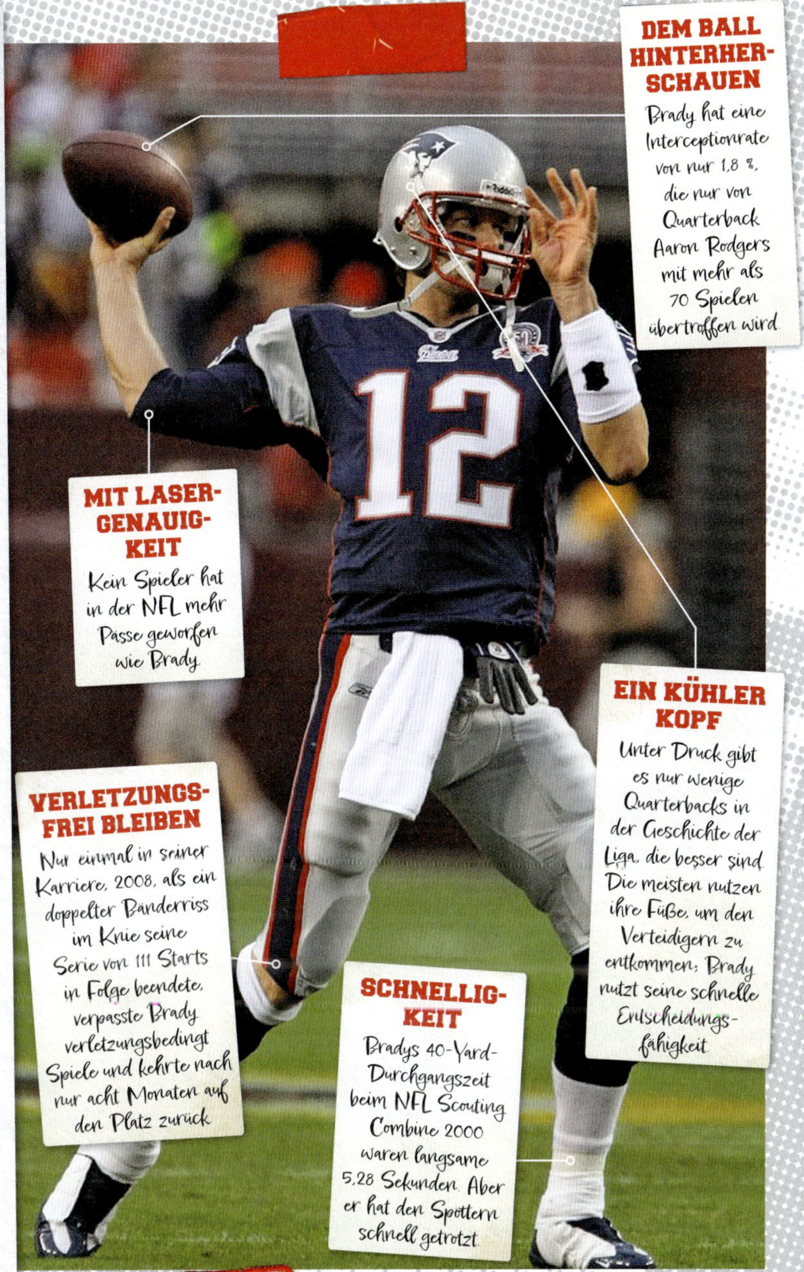

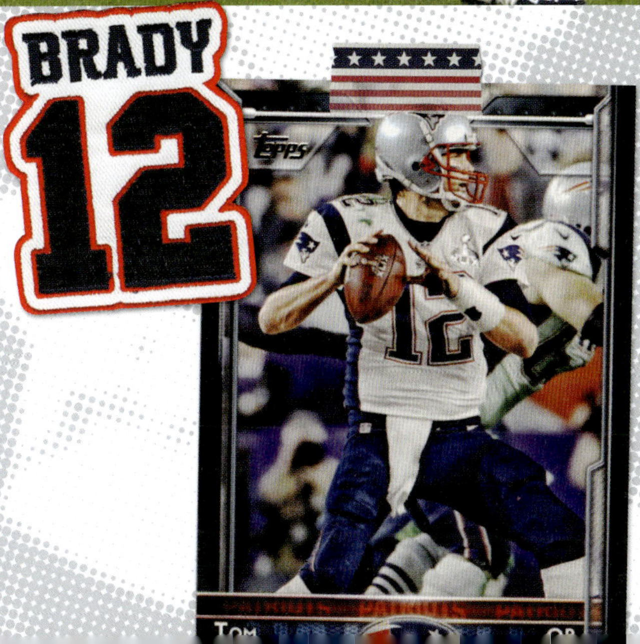

Chance haben, wirklich erfolgreich zu sein, egal ob es sich um eine Deckung, einen Blitz oder eine Aufstellung handelt, die sie uns geben. Er sieht, dass das, was wir haben, nicht das ist, was wir wollen", sagte Belichick, als er gefragt wurde, was Brady zu dem Spieler gemacht hat, der er ist.

„Wir haben dieses Spiel gewählt, weil wir entgegen der Erwartungen spielen wollten. Manchmal gelingt es ihm dann, aus diesen Spielzügen herauszukommen und uns etwas zu geben, das uns, wie ich schon sagte, etwas bessere Chancen verleiht. Das ist eine große Aufgabe des Quarterbacks in unserer Liga, nicht nur das Spiel zu managen, indem er den Ball aus der Spielfeldgrenze holt und die Uhr managt und so weiter, sondern auch, indem er der Offence die Chance gibt, Spielzüge zu spielen, bei denen wir erfolgreich sein können, weil bestimmte Aufstellungen es dir wirklich schwer machen können. Tom macht das großartig."

„Großartig" trifft es kaum. Je älter Brady wurde, desto besser schien er zu werden. Im Jahr 2015, zehn Jahre nach dem dritten Super Bowl-Titel, hatten sie eine Glückssträhne. Die Patriots sicherten sich ihren vierten Titel mit einem spannenden 28:24-Sieg über die Seattle Seahawks. Brady wurde erneut zum Super Bowl Most Valuable Player ernannt, aber er schenkte seinen Preis – ein Auto – dem Defensive Back Malcolm Butler, dessen Goal-Line-Interception den Sieg besiegelte. Zwei Jahre später gelang Bradys New England Patriots ein besonderes Comeback nach einem 28:3-Rückstand gegen die Atlanta Falcons sicherten sie sich 2017 ihren fünften Ring in der Verlängerung. Wenn das Team der 2000er-Jahre ihre Herrschaft begründete, war das Team der 2010er-Jahre ihr Thronfolger. Die Patriots gewannen drei Super Bowls in fünf Jahren – und Brady war immer noch Quarterback.

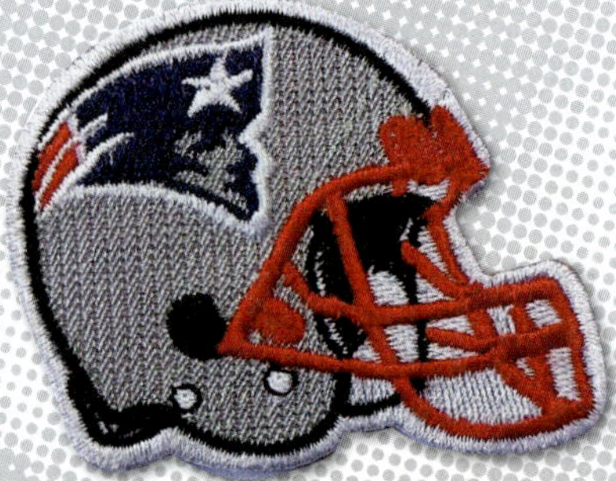

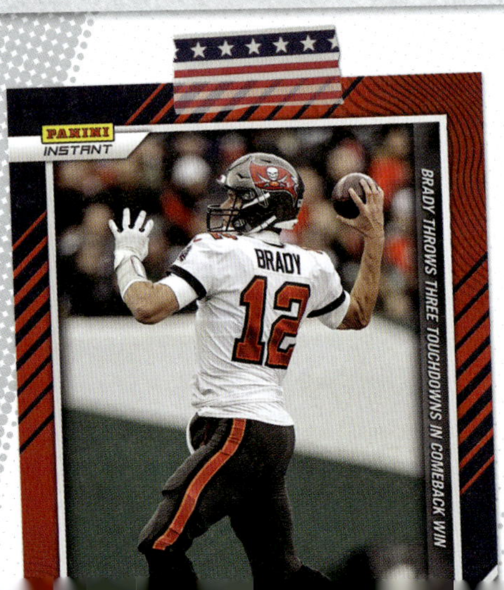

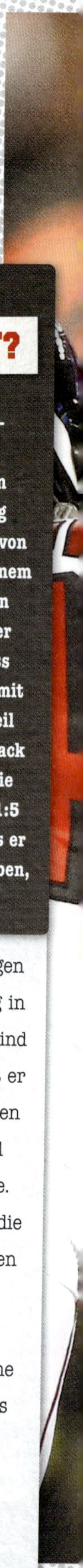

NICHT VOLLKOMMEN PERFEKT?

Auch Tom Brady war nicht ohne Makel. Der Deflategate-Skandal, bei dem festgestellt wurde, dass die Patriots absichtlich bei ihren Offensivspielen Luft aus den Bällen gelassen hatten, wurde mit seinem Namen in Verbindung gebracht. Brady sorgte auch für eine Kontroverse, als eine von Donald Trumps „Make America Great Again"-Mützen in seinem Spind fotografiert wurde. Danach schwor er – auf Anraten seiner damaligen Frau Gisele Bündchen –, nicht mehr über Politik zu sprechen. Außerdem bemängelten Kritiker, dass die Saison der ungeschlagene Patriots im Jahr 2007 nicht mit Bradys Händen auf der Vince Lombardi Trophy endete, weil die Giants im Super Bowl XXXXII ein unglaubliches Comeback hinlegten. Es zeugt jedoch von Bradys Fähigkeiten, dass die Patriots, als er 2008 verletzt fehlte, nur eine Bilanz von 11:5 vorweisen konnten. Anstatt Brady dafür zu kritisieren, dass er den Super Bowl 2007 nicht gewann, sollten wir ihn dafür loben, dass er sein Team dorthin gebracht hat.

Seit seinem ersten ungewöhnlichen Super Bowl-Sieg gegen die Rams hatte Brady nur selten die Rolle als Underdog in großen Spielen inne. Seine 27 Siege in der Nachsaison sind unübertroffen, und seinen Platz in der Hall of Fame hat er sich zweifellos verdient. Brady hat 2022 endgültig seinen Rücktritt angekündigt, nachdem er sich 2019 von Bill Belichick und den New England Patriots getrennt hatte. Seine letzten Jahre verbrachte er in Tampa Bay, wo er die Buccaneers jedes Mal in die Nachsaison führte und einen weiteren Super Bowl-Ring gewann.

Jener siebte und letzte Titel vervollständigte Bradys eine bemerkenswerte Bilanz. Er hat nicht nur mehr Titel als jeder andere Spieler. Er hat auch mehr Titel als jedes andere NFL-Team. Und mit dem Sieg über Cheftrainer Belichick hat Brady bewiesen, dass er wirklich der G.O.A.T. ist.

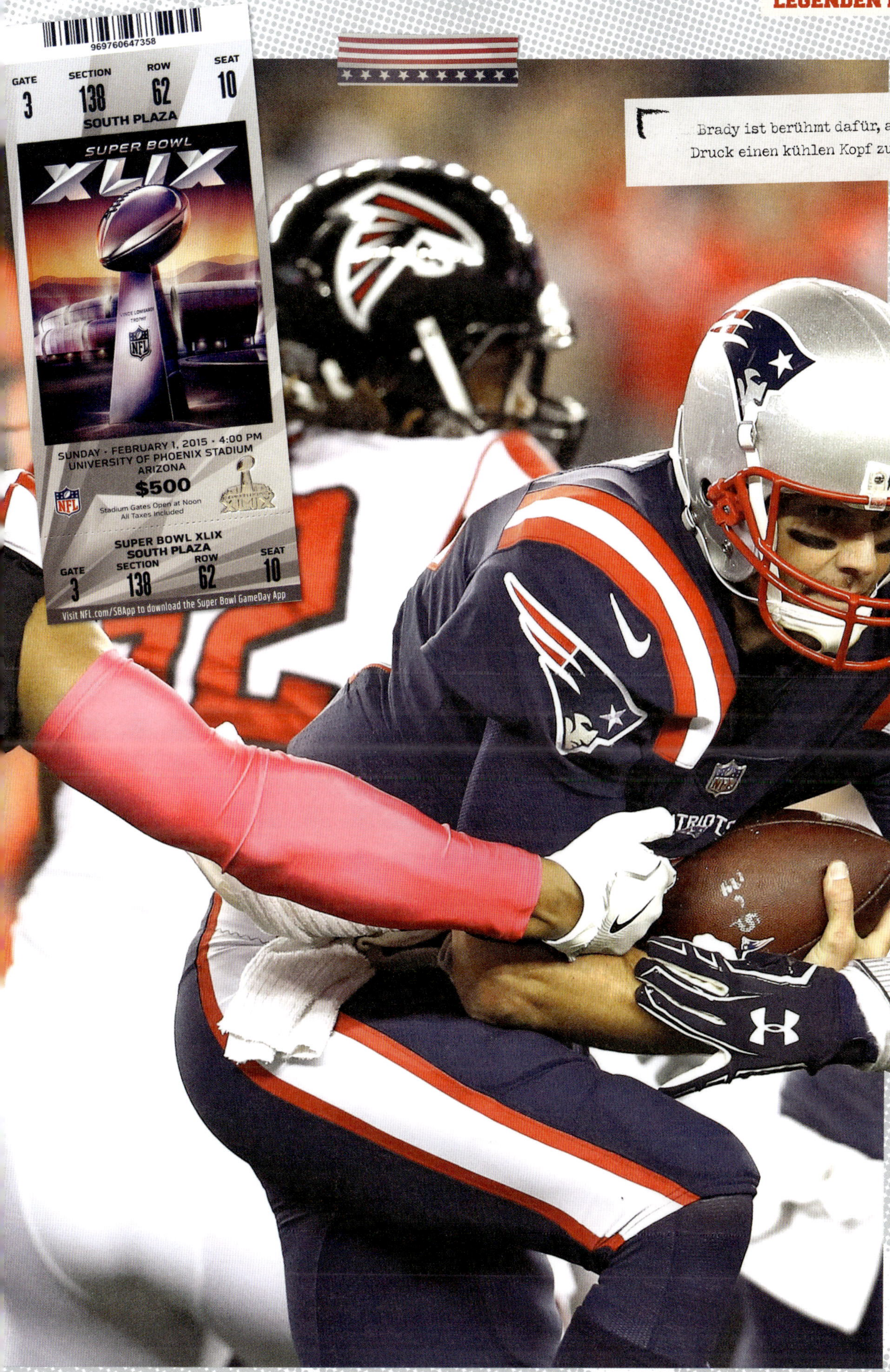

Brady ist berühmt dafür, auch unter Druck einen kühlen Kopf zu behalten.

THE GOLDEN ARM

„In der Hoffnung, das Beste aus dieser Gelegenheit zu machen, sah ‚Johnny U', wie sein erster Pass als Profi abgefangen wurde. Er blickte jedoch nie zurück."

JOHNNY UNITAS

POSITION: Quarterback
NFL DRAFT: 1955/Runde 9/Pick 102
TEAMS: Pittsburgh Steelers (1955), Baltimore Colts (1956-1972), San Diego Chargers (1973)

KARRIEREHÖHEPUNKTE:
Super Bowl Champion (V)
3 x NFL Champion (1958, 1959, 1968)
10 x Pro Bowl (1957-1964, 1966, 1967)
Walter Payton Man of the Year Award (1970)
4 x Meiste Passing Yards in der NFL (1957, 1959, 1960, 1963)
4 x Meiste Passing Touchdowns (1957-1960)
NFL 75th Anniversary All-Time Team
Touchdowns-Interceptions: 290-253
40.239 geworfene Yards
54,6 % angekommene Pässe
Aufnahme in die Pro Football Hall of Fame 1979

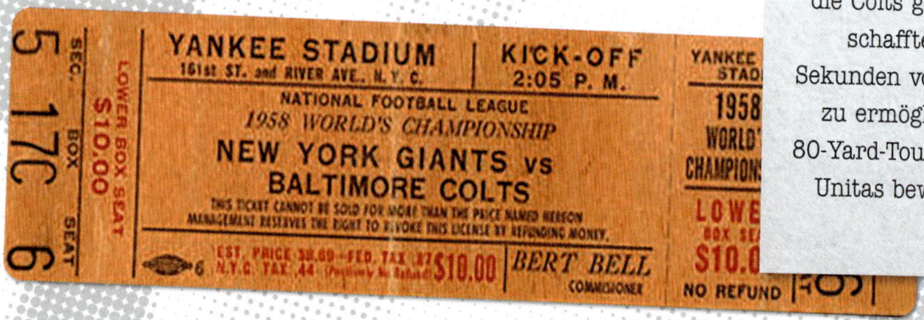

Johnny Unitas erhielt bei den Pittsburg Steelers nie die Chance, auch nur einen Pass in einem Vorsaisonspiel zu werfen. Der in der neunten Runde des Drafts ausgewählte Unitas aus Louisville spielte dann halbprofessionellen Football bei den Bloomsfield Rams (Pennsylvania) für 6 Dollar pro Spiel, bis der Coach der Baltimore Colts, Weeb Ewbank, beschloss, dem jungen Mann mit dem Bürstenhaarschnitt eine Chance zu geben. Er nahm ihn für 7.000 Dollar unter Vertrag.

Unitas bekam seine zweite Chance, als George Shaw, der erste Quarterback der Colts, im vierten Spiel der Saison 1956, durch eine Verletzung ausfiel. In der Hoffnung, das Beste aus dieser Gelegenheit zu machen, sah „Johnny U", wie sein erster Pass als Profi gefangen wurde. Er blickte jedoch nie zurück.

Unitas, der dreifache Most Valuable Player der NFL, hat in seiner 18-jährigen Karriere bei den Colts und den San Diego Chargers unglaubliche Rekorde aufgestellt. Als „The Golden Arm" in den Ruhestand ging, hielt er praktisch alle bedeutenden Pass-Rekorde, darunter auch Passversuche (5.186), angekommene Pässe (2.830), geworfene Yards (40.239), die meisten 300-Yard-Pass-Spiele (26), Touchdown-Pässe (290) und – unglaublicherweise – hat er in 47 aufeinanderfolgenden Spielen einen Touchdown-Pass geworfen.

Aber zweifellos ist es seine heroische Leistung im NFL-Titelspiel 1958, welches oft als das „größte Spiel aller Zeiten" bezeichnet wird, an die man sich am besten erinnert. Seine zahlreichen und erfolgreichen Drives sind ein hervorragendes Beispiel dafür, was es heißt, unter Druck zu gewinnen. Gegen Ende des Spiels, als die Colts gegenüber den Giants mit 17:14 zurücklagen, schaffte Unitas sieben Pässe in Folge, um sieben Sekunden vor Schluss mit einem Field-Goal den Ausgleich zu ermöglichen. In der Verlängerung führte er einen 80-Yard-Touchdown-Drive aus, um das Spiel zu gewinnen. Unitas bewies, dass es manchmal nur eine Chance zu spielen braucht.

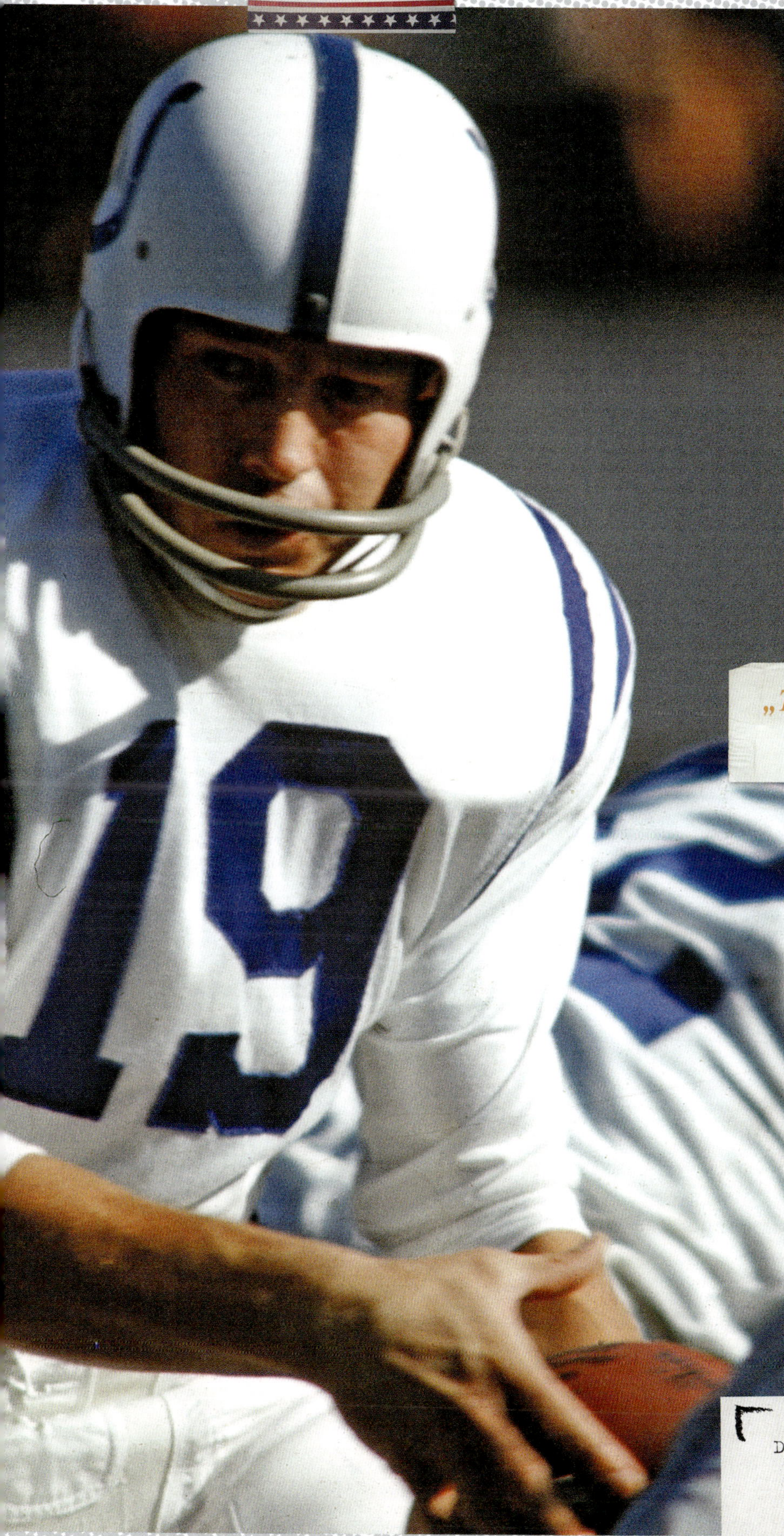

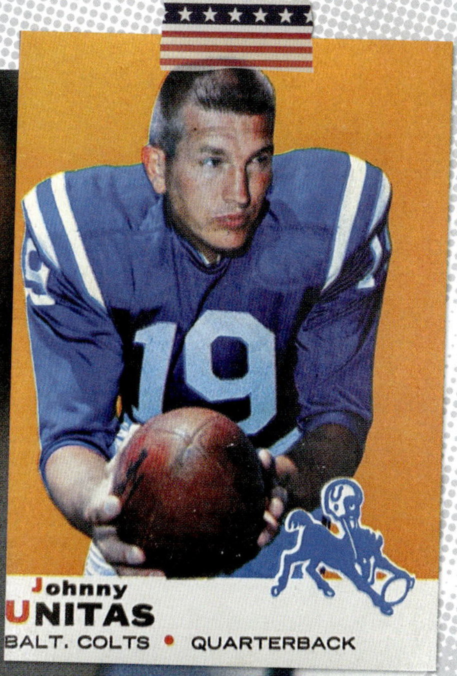

„The Golden Arm“ ***hat seine zweite Chance bei den Colts genutzt***

Der 10-fache Pro-Bowler wurde „The Golden Arm“ genannt und hatte das Glück, eine zweite Chance zu bekommen.

THE COMEBACK KID

Im Jahr 1982 sicherte ein Spiel Joe Montana und den San Francisco 49ers einen Platz in der Geschichte und läutete den Beginn einer der größten NFL-Siegeszüge ein

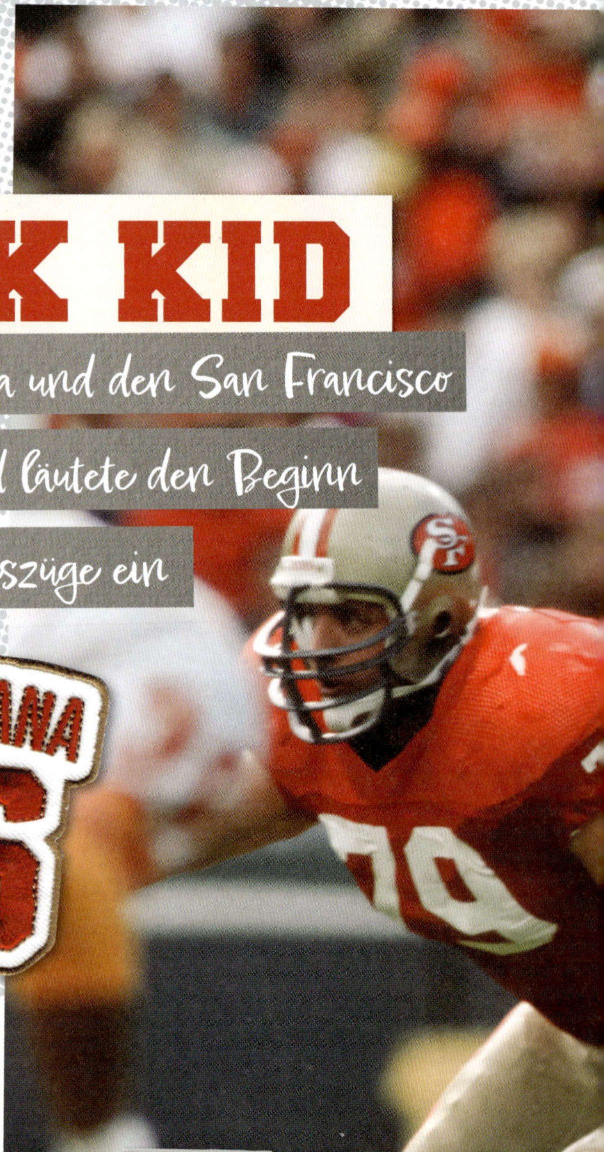

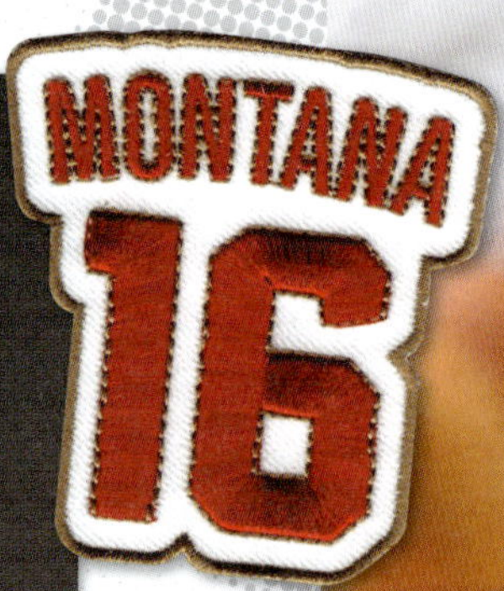

JOE MONTANA

POSITION: Quarterback
NFL DRAFT: 1979/Runde 3/Pick 82
TEAMS: San Francisco 49ers (1979-1992)
Kansas City Chiefs (1993-1994)

....

KARRIEREHÖHEPUNKTE:
4 x Super Bowl Champion
(XVI, XIX, XXIII, XXIV)
3 x Super Bowl MVP (XVI, XIX, XXIV)
8 x Pro Bowl (1981, 1983-1985, 1987, 1989-1990, 1993)
2 x NFL Most Valuable Player (1989, 1990)
NFL 1980s All-Decade Team
NFL 75th Anniversary All-Time team
Touchdowns–Interceptions: 273–139
40.551 geworfene Yards
92,3 im Passer-Rating
Aufnahme in die Pro Football Hall of Fame 2000

Die Playoffs der National Football League in der Saison 1981 schienen zunächst wie in jeder Saison zu laufen: eine Mischung aus erwartbaren Ergebnissen sowie einigen Schocks und Überraschungen. Aber sie markierten auch einen Umbruch: Die Geburtsstunde einer ganzen Football-Dynastie, die die Liga im folgenden Jahrzehnt dominieren sollte. Diesem Machtwechsel standen Coach Ray Perkins und seine New York Giants im Weg, die gerade gegen die Philadelphia Eagles im

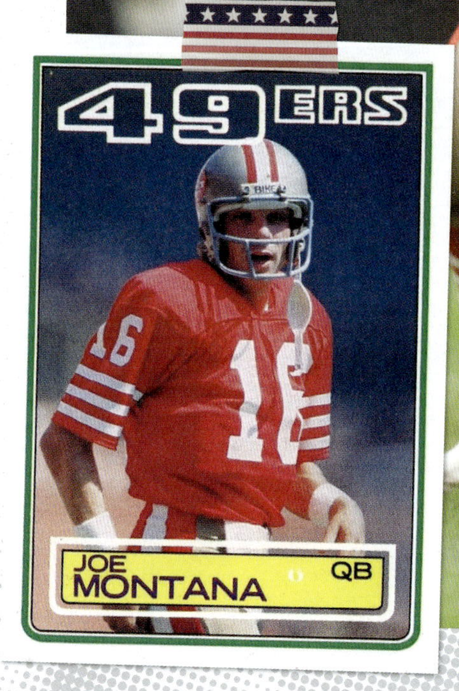

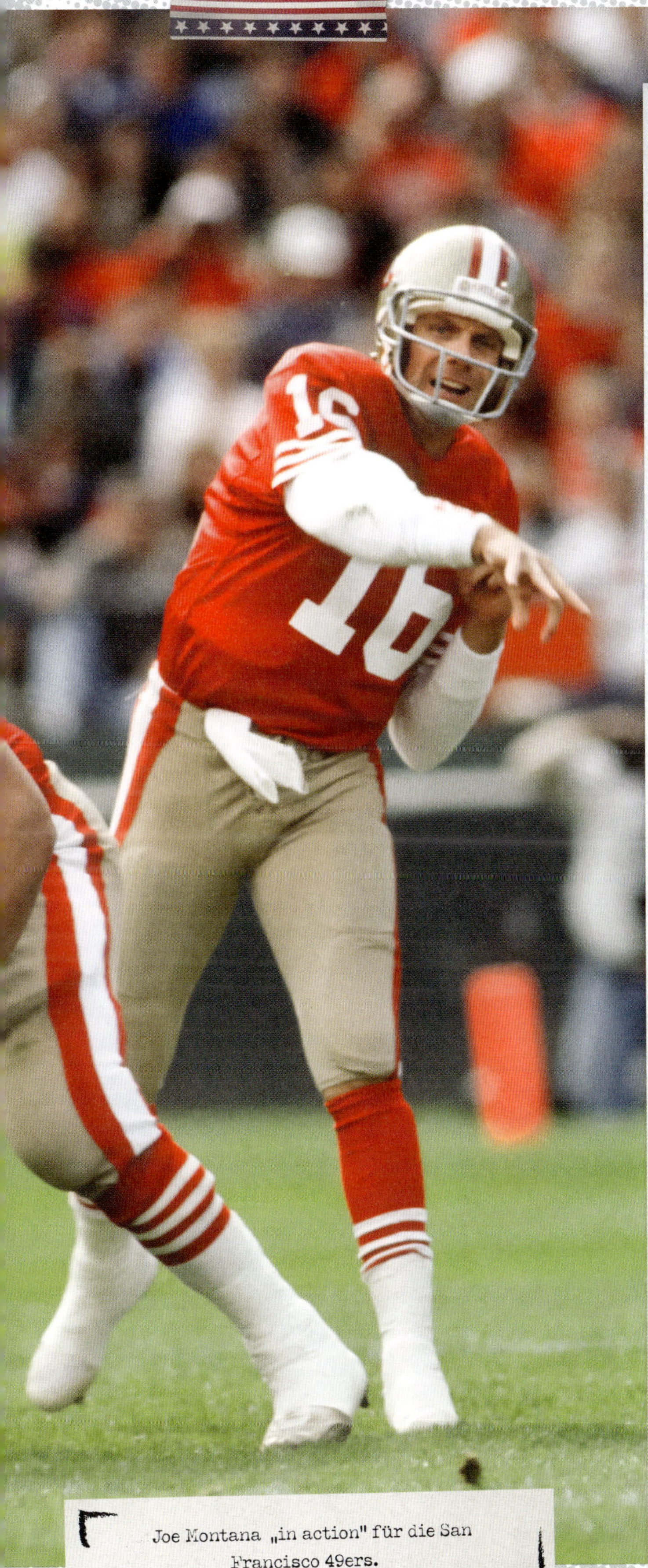

Joe Montana „in action" für die San Francisco 49ers.

Veterans Park gespielt hatten. Die San Francisco 49ers und ihr unerschütterlicher, erfolgreicher Quarterback, Joe Montana, stellten sich ihnen entgegen. In seinem dritten Jahr als Profi-Footballer waren Montana, sowie die 49ers, heiß auf den ersten Super-Bowl-Ruhm.

Die Giants waren immer ein starker Gegner in der NFC und spielten sowohl in der Offense als auch in der Defense einen körperbetonten Football-Stil. Die 49ers hingegen waren zwar mutig und entschlossen, aber erbrachten nie durchgängig die notwendige Leistung, um eine echte Bedrohung zu sein. Dieses Mal war jedoch etwas anders: Mit seinen 25 Jahren hatte sich Montana endlich an seine Rolle eingefügt, und mit einer ihn umgebenden Offense durchbrach er immer wieder die gegnerische Defense. Die Giants hatten zwar mit einer Veränderung gerechnet, aber das hatten sie nicht erwartet …

„Ich glaube nicht, dass irgendjemand es kommen sah, dass sie das dominierende Team der Liga über mehrere Jahre hinweg werden würden", erinnert sich der 70-jährige Perkins in einem Interview mit NewJersey.com. „Sie hatten einige wirklich großartige Sportler und spielten in den nächsten vier, fünf, sechs Jahren wirklich großartigen Football. Wir haben das sicher nicht kommen sehen, aber das war das eine Spiel, das ihren Erfolg begründet hat."

Ein paar Monate zuvor, vor Beginn der Saison 1981, hatten sich die 49ers auf einen weiteren Anlauf zur Super-Bowl-Unsterblichkeit vorbereitet. Als sich die Offense um Montana endlich komplett anfühlte, begann Coach Bill Walsh, seine Defense in eine Festung aus Muskeln und Stahl zu verwandeln. Er erneuerte seine Secondary mit den Rookies Ronnie Lott, Eric Wright und Carlton Williamson, bevor er dem erfahrenen Safety Dwight Hicks eine wichtigere Rolle zuwies. Nach diesen Veränderungen hatten die Niners einen etwas wackeligen Start mit Niederlagen gegen die Detroit Lions und die Atlanta Falcons in den ersten drei Spielen der Saison. Doch schon bald darauf kamen die Dinge ins Rollen. Montana warf einen abgeschlossenen Pass nach dem anderen, und Hicks und der Rest der Defence begannen, die Offensivspielzüge wie ein schwarzes Loch zu verschlingen.

Das Team gewann (bis auf ein Spiel) die nächsten 13 Spiele und schlug ihre Gegner in einer wirklich spektakulären Weise. Die Konzentration der Niners auf das Kurzpassspiel und Montanas perfekte Pässe verhalfen ihnen dazu, die reguläre Saison mit einer Bilanz von 13:3 zu beenden, die NFC West zu gewinnen und sich einen Platz gegen die Giants im Heimstadion der 49ers, im Candlestick Park, zu sichern.

In diesem Spiel boten die Niners gegen die Giants alles auf, was sie hatten. Montana und Co. waren als Team bekannt, das sich aus dem Rückstand zum Sieg kämpft, aber hier begannen sie bei einem 7:7-Unentschieden im ersten Viertel und dominierten New York dann völlig. Im zweiten Viertel betrug der Vorsprung 17:10, der sich bis zur Halbzeit zu einer 24:10-Führung vergrößerte.

Montana warf Kurzpass um Kurzpass und Wide Receiver Dwight Clark fing den Ball wie sie es trainiert hatten. Die Niners ließen nicht locker, und Montana attackierte die Giants-Defense bis zum Schlusspfiff, bis der 38:24-Sieg feststand. Clark war mit fünf Pässen für 104 Yards und einem Touchdown mit Abstand Montanas bester Receiver. Nächste Station: die Dallas Cowboys. Nächster Halt: „The Catch".

Jener erfolgreiche Pass von Montana zu Clark in den letzten Sekunden des NFC-Meisterschaftsspiels vom 10. Januar 1982 ist unter Spielern, Zuschauern, Coaches und Fans zur Legende geworden. Als Clark den Verteidiger Everson Walls übersprang und den Ball in der Dallas-Endzone zum siegbringenden Touchdown abfing, war dies ein elektrisierender Moment, der das Schicksal von Montana und dem Rest der 49ers für immer veränderte.

Vor diesem letzten Drive war das Spiel ein Hin und Her, das Dallas kräftezehrend langsam für sich entscheiden konnte. Es war nicht schön, aber sie erreichten ihr Ziel. Schon früh hatte Montana einen beeindruckenden 17-Yard-Pass zu Charle Young und einen noch beeindruckenderen 24-Yard-Pass zu Lenvil Elliott geworfen, bevor Wide Receiver Freddie Solomon mit einem Acht-Yard-Pass über die Linie trabte und einen Touchdown erzielte. Der Cowboys-Quarterback Danny White antwortete mit einem 20-Yard-Pass, bevor er ein 44-Yard-Field Goal erzielte. Und die hart erkämpfte Führung der Niners wurde bald wieder zunichte gemacht, als ein Fumble an der 29-Yard-Linie White einen 24-Yard-Touchdown ermöglichte.

Im zweiten Viertel kam es dann noch schlimmer, als ein Pass von Montana in der Endzone abgefangen wurde. Doch der anschließende Drive der Cowboys wurde schließlich gestoppt, und es dauerte nicht lange, bis Montana sein bevorzugtes Paar Hände ausgemacht und einen schönen 20-Yard-Touchdown-Pass zu Clark warf. Damit stand es 14:10. Dallas schlug jedoch bald zurück. Nach einer umstrittenen Interception-Strafe, die den Cowboys 35 Yards mehr Raumgewinn bescherte, reichte ein Fünf-Yard-Lauf über die Linie, um die Führung zurückzuerobern.

Montana schien im dritten Viertel die Fassung zu verlieren: ein Pass zu Runningback Elliott entglitt, doch eine Interception durch Niners-Linebacker Bobby Leopold machte diese Peinlichkeit wett. Montana machte dann eine simple Übergabe an den leichtfüßigen Runningback Johnny Davis, um mit 21:17 wieder in Führung zu gehen.

DIE STEVE YOUNG-QUARTERBACK-KONTROVERSE

Nachdem er mehr als ein Jahrzehnt die Offense der Niners angeführt hatte, zog sich Montana eine Ellbogenverletzung zu, die ihn für die restliche Saison 1991 außer Gefecht setzte. Die Verletzung war so schwer, dass sich Montana auch fast die gesamte nächste Saison schonen musste, bevor er im letzten Spiel der regulären Saison gegen die Detroit Lions spielen durfte. Trotz seiner fast zweijährigen Auszeit bewies Montana, dass er es immer noch draufhatte, und führte das Team zu einem weiteren Sieg.

Der zweite Quarterback Steve Young war in der Zwischenzeit in Montanas Fußstapfen getreten und hatte sich bewährt, obwohl die Niners 1991 nicht in die Playoffs kamen. Young startete auch in der folgenden Saison, aber viele dachten, seine Tage seien gezählt, da immer mehr Berichte über einen genesenden Montana auftauchten. Doch das wachsende Selbstvertrauen und die Leistungen des Stellvertreters entschieden schließlich den Wettkampf. Montana wurde zu den Chiefs transferiert.

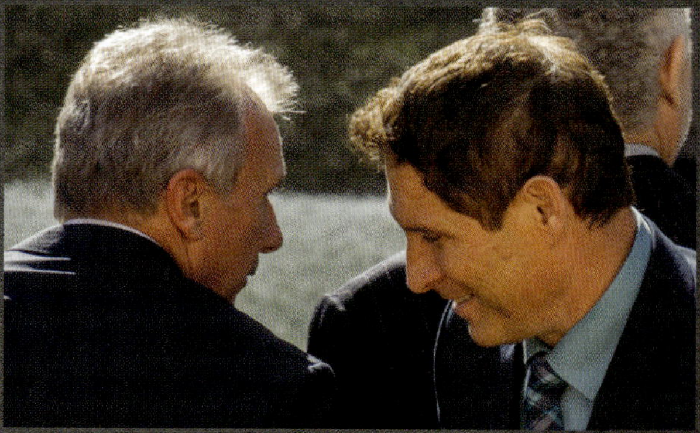

„Dieser Pass in den letzten Sekunden der NFC-Meisterschaft ist legendär geworden."

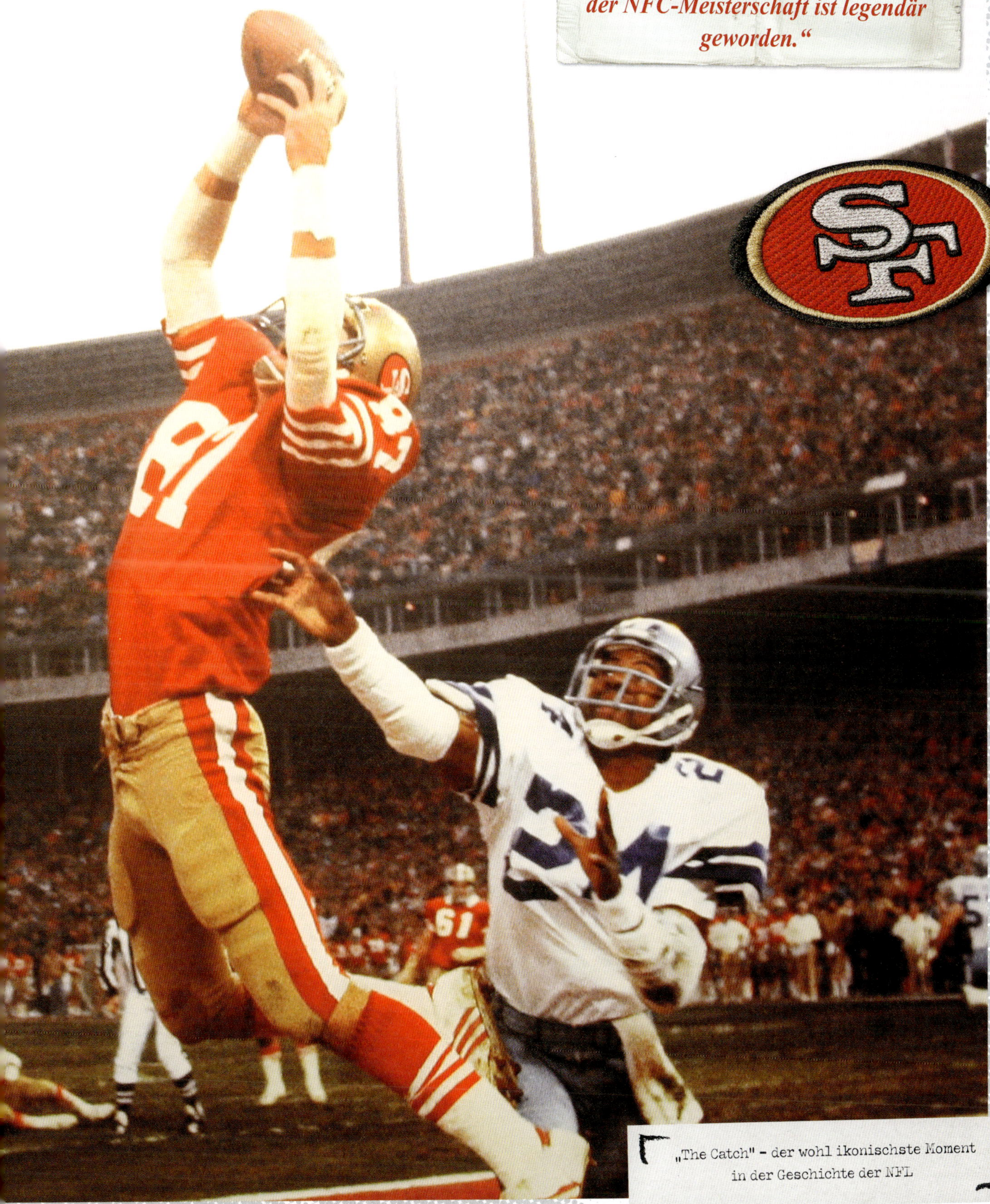

„The Catch" – der wohl ikonischste Moment in der Geschichte der NFL

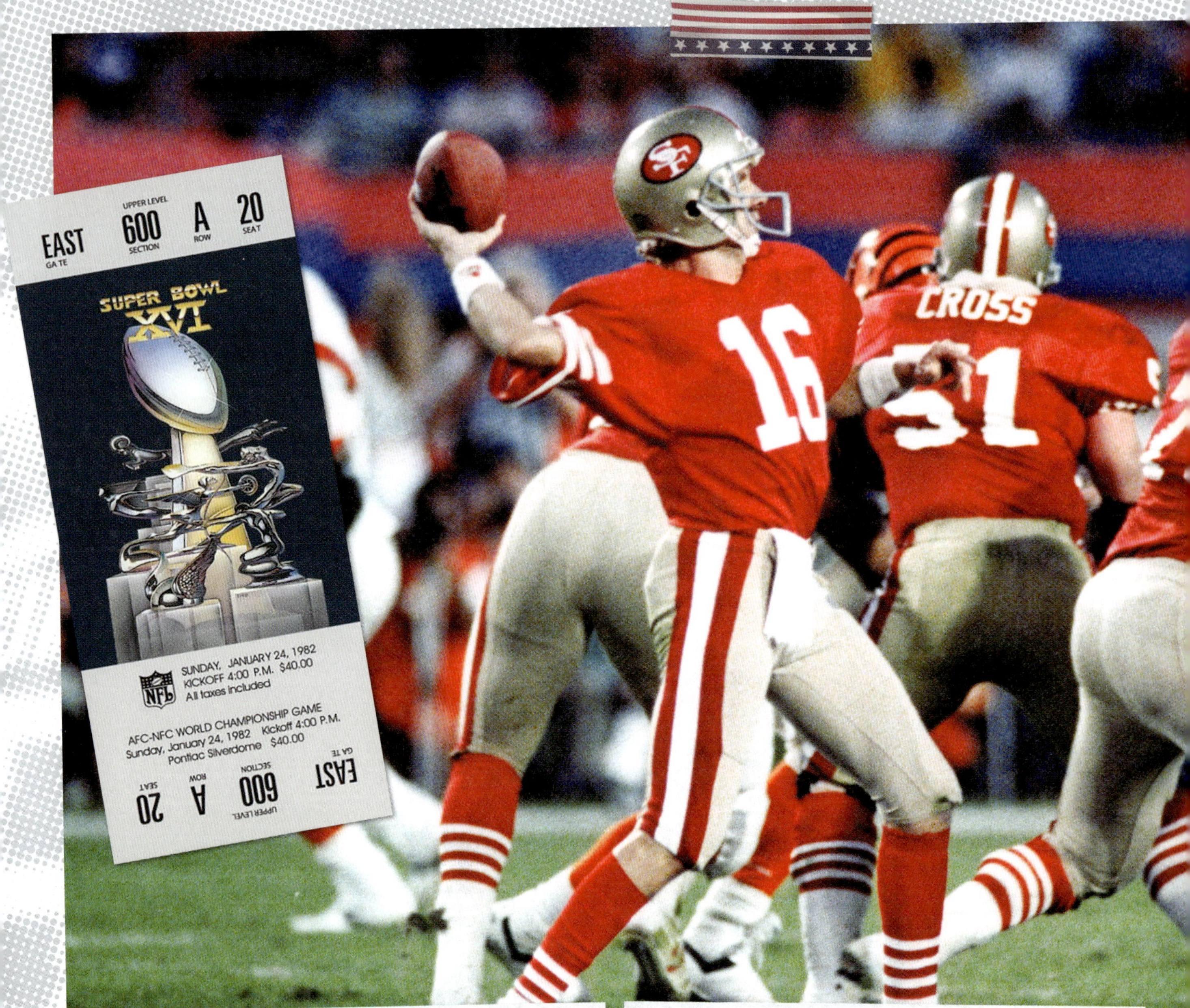

Dies waren eindeutig nicht die Cowboys von früher, ihre Ära der Dominanz neigte sich dem Ende zu, aber es handelte sich immer noch um ein Team, das bereit war, für den Sieg Blut und Schweiß zu geben. Nach einer Minute im vierten Spielviertel lief alles für Montana und die Niners schief. Ein 22-Yard-Field Goal ließ ihre Führung schrumpfen, und dann ermöglichte ein Fumble von Runningback Walt Easley White einen einfachen 21-Yard-Touchdown-Pass zu Doug Cosbie, der die Cowboys mit 21:27 in Führung brachte. Mit weniger als fünf Minuten auf der Uhr hatten Montana und sein Team noch einigen Boden gutzumachen.

Montana warf sich ins Zeug und startete einen 83-Yard-Drive, der die Niners bis an die 6-Yard-Linie der Cowboys brachte. Der Quarterback behielt einen kühlen Kopf. Er vertraute auf die Verstärkung durch seine Offensivlinie und wich den Verteidigern aus, die das Glück hatten, durchzubrechen. Keine Interceptions mehr. Fokus auf Pässe.

Als Nächstes kam „der Spielzug“, denn hinter jedem großartigen Fang steht ein Spielzug, der diesen ermöglicht. Noch 58 Sekunden auf der Uhr. Beim dritten Down und drei Yards nahm Montana den Snap und bereitete sich auf eine „Sprint Right Option“ vor, die einen Pass zu Freddie Solomon ermöglicht hätte. Doch Solomon rutschte aus und Montana verlor sein eigentliches Ziel. Ein Pass-Rush hatte auch die Offensivmauer zum Einsturz gebracht, und zwei Verteidiger stürzten sich auf Montana. Er geriet nicht in Panik – er wusste genau, wo Clark sein würde, obwohl er die Endzone nicht sehen konnte. Montana sprintete zur Seitenlinie und warf einen fast verzweifelten, hohen Pass über die heranstürmenden Verteidiger. Als nächstes wurde

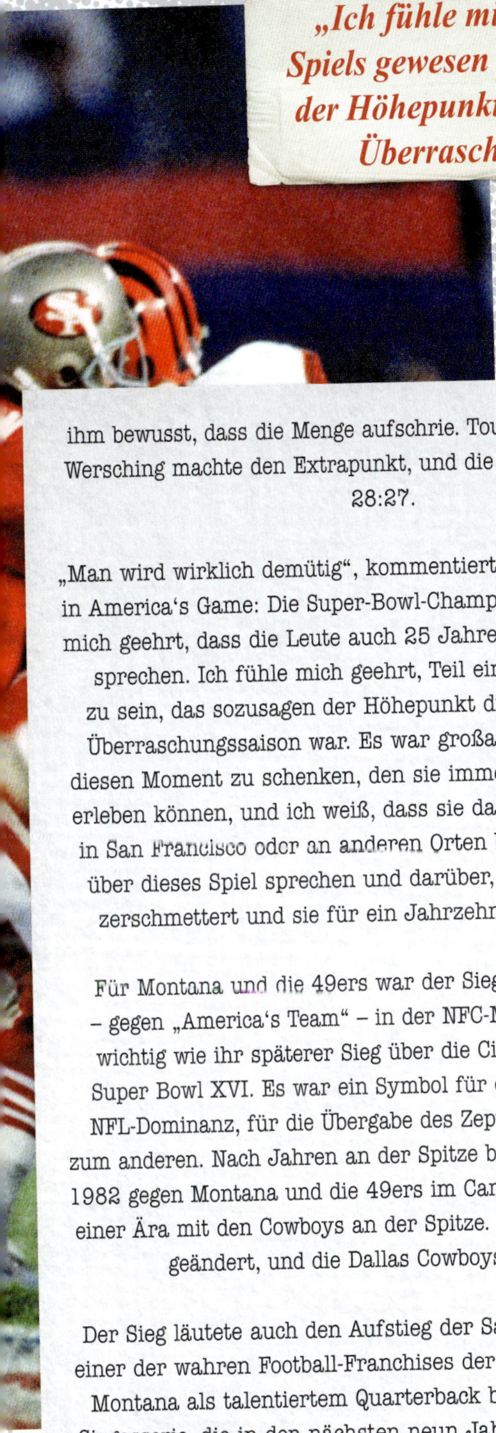

„Ich fühle mich geehrt, Teil eines Spiels gewesen zu sein, das sozusagen der Höhepunkt dieser unglaublichen Überraschungssaison war.“

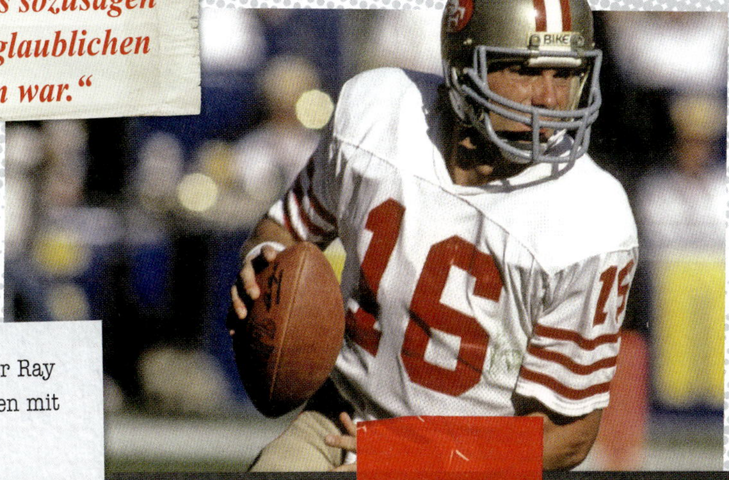

ihm bewusst, dass die Menge aufschrie. Touchdown. Kicker Ray Wersching machte den Extrapunkt, und die 49ers gewannen mit 28:27.

„Man wird wirklich demütig“, kommentierte Clark in „The Catch in America‘s Game: Die Super-Bowl-Champion-Doku.“ „Ich fühle mich geehrt, dass die Leute auch 25 Jahre später noch darüber sprechen. Ich fühle mich geehrt, Teil eines Spiels gewesen zu sein, das sozusagen der Höhepunkt dieser unglaublichen Überraschungssaison war. Es war großartig, den 49er-Fans diesen Moment zu schenken, den sie immer und immer wieder erleben können, und ich weiß, dass sie das tun, denn wenn ich in San Francisco oder an anderen Orten bin, wollen die Leute über dieses Spiel sprechen und darüber, wie es die Cowboys zerschmettert und sie für ein Jahrzehnt bezwungen hat.“

Für Montana und die 49ers war der Sieg gegen die Cowboys – gegen „America‘s Team“ – in der NFC-Meisterschaft ebenso wichtig wie ihr späterer Sieg über die Cincinnati Bengals im Super Bowl XVI. Es war ein Symbol für die Verschiebung der NFL-Dominanz, für die Übergabe des Zepters von einem Team zum anderen. Nach Jahren an der Spitze bedeutete die Niederlage 1982 gegen Montana und die 49ers im Candlestick Park das Ende einer Ära mit den Cowboys an der Spitze. Die Karten hatten sich geändert, und die Dallas Cowboys waren raus.

Der Sieg läutete auch den Aufstieg der San Francisco 49ers zu einer der wahren Football-Franchises der 1980er Jahre ein. Mit Montana als talentiertem Quarterback begann das Team eine Siegesserie, die in den nächsten neun Jahren zu insgesamt vier Super Bowl-Siegen führen sollte.

Montana veränderte das Team, und manch einer würde sagen, die gesamte Liga, für immer mit seinem Pocket-Passing, seiner „Niemals aufgeben“-Einstellung und seinem brennenden Verlangen zu gewinnen. Während seiner glänzenden Karriere bei den Niners (und später bei den Chiefs) führte Montana seine Teams zu 31 Siegen, die er jeweils im vierten Viertel aus einem Rückstand errang. Nur wenige Spitznamen sind so wohlverdient wie „The Comeback Kid“.

RUHESTAND: WAS FOOTBALL WIRKLICH KOSTET

Joe Montana ist 1995, im Alter von 38 Jahren, in den Ruhestand gegangen, nachdem er 14 Jahre bei den San Francisco 49ers und zwei Jahre bei den Kansas City Chiefs gespielt hatte, aber all die Jahre voller Blut, Ruhm und Kampf forderten ihren Tribut – etwas, worüber Montana seitdem immer wieder nachdenkt.

„Mental war es anfangs schwierig, als ich mich zurückzog“, sagte Montana gegenüber „USA Today“. „Weil es so schnell geht – kalter Entzug, das Spiel vorbei. Dann holt dich die körperliche Belastung ein.“

Seit seinem Rücktritt leidet Montana unter extremen Schmerzen der Handmuskulatur, ein Knie, lässt sich nach vier verschiedenen Operationen nicht mehr strecken und der Nacken musste bereits dreimal gesichert werden – eine vierte Operation steht bevor. Neben einer weiteren Operation an seinem Ellbogen hat Montana auch einen Nervenschaden in einem Auge; das schmerzhafte Erbe einer Karriere in der NFL.

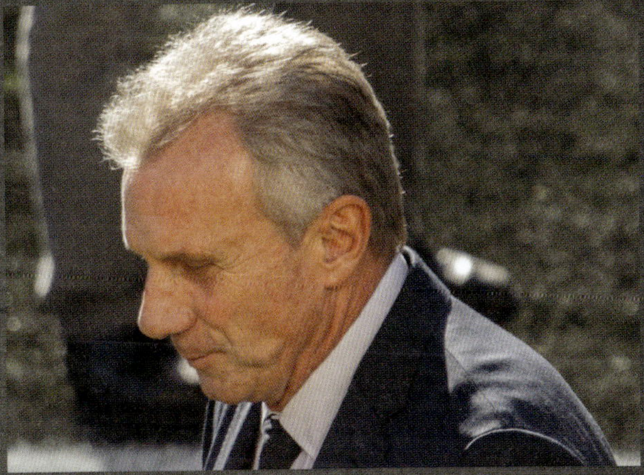

TOTALE DOMINANZ

Jim Brown, der Kraft und Schnelligkeit in sich vereinte, glänzte mit seinem unvergleichlichen Talent, bevor Hollywood anrief.

JIM BROWN

POSITION: Fullback
NFL DRAFT: 1957/Runde 1/Pick 6
TEAM: Cleveland Browns (1957-1965)

••••

KARRIEREHÖHEPUNKTE:
NFL Champion (1964)
9 X Pro Bowl (1957-1965)
3 X NFL Most Valuable Player (1957, 1958, 1965)
8 x Meiste erlaufene Yards in der NFL (1957–1961, 1963–1965)
NFL 75th Anniversary All-Time Team
NFL 1960s All-Decade Team

Jim Browns Fall ist eine Besonderheit Er gilt als einer der größten Football-Spieler aller Zeiten – wenn nicht sogar als der Größte aller Zeiten –, obwohl nur ein Bruchteil der heutigen NFL-Fans seine Karriere miterlebt hat.

Er spielte in jeder seiner neun NFL-Saisons bei den Cleveland Browns als Fullback – damals die Spielerposition, die primär den Ball trug – und führte das Team 1964 zur NFL-Meisterschaft. Brown wurde in jeder Saison, in der er spielte, zum Pro Bowl eingeladen. Jedes Mal wurde er (bis auf eine Ausnahme) als bester All-Pro auf dieser Position gewählt. In acht dieser Saisons führte er die NFL bei den erlaufenen Yards an und wurde von den Pressorganisationen dreimal zum Most Valuable Player der Liga gewählt – unter anderem 1957, seiner Rookie-Saison. Jim Brown war ein wahrer Ballspieler.

Aber das andere Bemerkenswerte an Brown, dem Sohn eines Profiboxers und einer Hausfrau, ist, dass er sich auf dem Höhepunkt seiner Leistungsfähigkeit, im Alter von 29 Jahren, zurückzog, um eine Karriere als Filmstar und Sozialaktivist zu verfolgen. Bei der Ankündigung seines Rücktritts auf einer Pressekonferenz im Vereinigten Königreich am Set des Films „The Dirty Dozen", in dem er die Hauptrolle spielte, erklärte er, dass er einfach alles erreicht habe, was er wollte. „Ich habe nie zurückgeblickt", sagte er später.

Wie der chinesische Philosoph Lao Tzu sagte, brennt die Flamme, die doppelt so hell brennt, auch nur halb so lang. Der Grund für den Rücktritt war zum Teil auch die Tatsache, dass sein Film im Zeitplan zurücklag. Außerdem war er auf der Suche nach einem „geistig anregenderen" Beruf und hatte bereits begonnen, sich offiziell in der afroamerikanischen Bürgerrechtsbewegung zu engagieren.

Browns vorzeitiges Ausscheiden aus dem Profi-Football wirft die Frage auf, was wahre Größe ist. Wird sie an Meisterschaftsringen gemessen? Wenn ja, dann wird Größe in diesem Sport durch die gezielte und beständige Anhäufung von Titeln verkörpert, wie Joe Montana oder Tom Brady heute. Oder wird sie von Spielern wie Brett Favre definiert, die seltene, aber unvergessliche Glanzmomente bieten? Was ist mit jenen, die wie Brown, den Sport selbst veränderten, indem sie sowohl ihre Position als auch ihre Liga – wenn auch nur für kurze Zeit – vollständig beherrschen?

Sicherlich, Brown – den man heute als Runningback bezeichnen würde – spielte auf seiner Position wie kein zweiter. Auf den Aufnahmen der Highlight Reels sieht es so aus, als würde er gegen Teenager spielen. Als Mann mit außergewöhnlichen körperlichen Fähigkeiten war er sowohl blitzschnell als auch in der Lage,

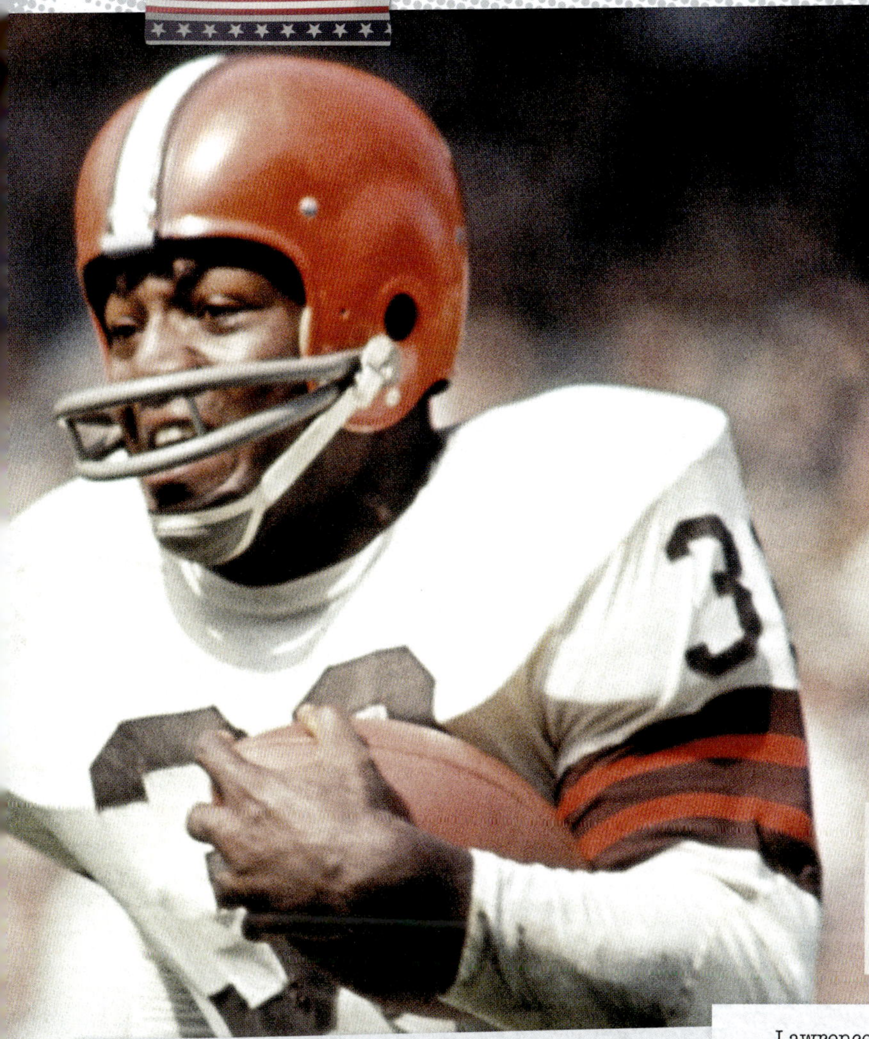

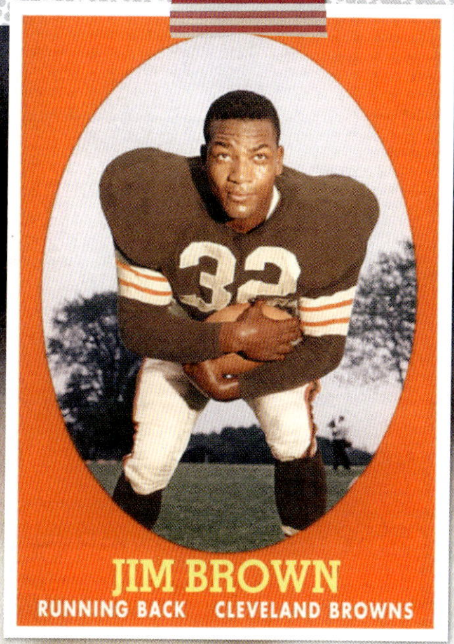

Jim Brown spielte in jeder seiner neun NFL-Saisons bei den Cleveland Browns und gewann dreimal den Most Valuable Player-Award.

Verteidiger zu überrennen. Häufig waren drei oder vier gegnerische Spieler nötig, um ihn zu Fall zu bringen. Einige seiner Läufe sind einfach unglaublich. Es gibt Filmmaterial, in dem Brown drei Verteidiger abschüttelt und seine Füße aus dem morastigen Spielfeld zieht, bevor er sich umdreht und an den Verfolgern vorbeirennt. Im Kontext der Ära, in der er gespielt hat, verschlägt es einem die Sprache.

In Anbetracht der Fortschritte im Profisport – und insbesondere im Profi-Football – sagt es viel aus, dass der Jim Brown von Mitte der 1960er Jahre physisch so aussah, als könnte er auch in der NFL der 2020er spielen. Oder wie Peter King, der NFL-Autor, gegenüber der „New York Daily Post „ sagte: „Er dominierte mehr als jeder andere Quarterback es je konnte, und das in einer Zeit, in der das Laufspiel entscheidend war. Er war so groß wie ein Linebacker und so schnell wie ein Receiver. Stellen Sie sich vor, Sie schaffen in Ihrer Karriere im Durchschnitt ein 100-Yard-Spiel. Er kam auf durchschnittlich 104,3 Yards."

Lawrence Taylor, der Hall of Fame-Linebacker der New York Giants und langjährige Freund von Brown, drückte es noch unverblümter aus und beschrieb ihn als ein „Biest, gebaut wie ein verdammtes Backsteinhaus".

Während seiner 118 Spiele umfassende Karriere im Profi-Football erzielte Brown durchschnittlich 5,2 Yards pro Carry – eine Zahl, die keiner der anderen Spieler auf dieser Position erreichen konnte. Walter Payton kam auf 88 Yards pro Spiel, Brown auf 104,3 und 4,4 Yards pro Carry, während Emmitt Smith 81,2 Yards pro Spiel und 4,2 Yards pro Carry erzielte. Seine Saison 1963, in der er durchschnittlich 133 Yards pro Spiel erlief, wurde nur von O. J. Simpson 1973 übertroffen. Browns sechs Karrierespiele, in denen er vier Touchdowns erzielte, bleiben ein NFL-Rekord; LaDainian Tomlinson und Marshall Faulk haben jeweils fünf.

Als er die Liga verließ, war Brown der Rekordhalter für meisten erlaufenen Yards in einer Saison

(1.863) und innerhalb einer Karriere (12.312) – und damit der Rekordhalter für Rushing Touchdowns, Gesamt-Touchdowns und Gesamt-Yards. Wie der Mann selbst es ausdrückte: „Wenn Runningbacks zusammen in einem Raum sitzen, streiten sie nicht darüber, wer der Beste ist."

Auch wenn die meisten von Browns Rekorden inzwischen gebrochen wurden, darf man nicht vergessen, dass die Rusher in der NFL heute 16 reguläre Saisonspiele pro Jahr bestreiten; Brown absolvierte 12 in seinen ersten vier und 14 in seinen letzten fünf Saisons. Das Sahnehäubchen auf Browns Karriere war zweifellos das NFL-Meisterschaftsspiel 1964, das die Browns gegen die Baltimore Colts im Cleveland Stadium gewannen. Die als Favoriten eingeschätzten Colts wurden von Don Shula angeführt, der in seiner zweiten Saison zum NFL-Coach des Jahres gewählt wurde, und mit Johnny Unitas hatten sie einen der besten Quarterbacks der Liga in ihren Reihen.

Das Spiel selbst fand unter widrigen Bedingungen statt; beim Anpfiff peitschte der Wind vom Lake Erie mit bis zu 50 km/h über das Stadion. Die erste Halbzeit verlief ohne Punkte, da sich beide Offenses nichts schenkten. Obwohl alle Augen auf Brown gerichtet waren – nicht zuletzt die der Colts-Verteidiger – hatte er einen für seine Verhältnisse ruhigen Tag. Ein schwaches Spiel endete mit 27:0 für die Browns.

Aber das spielte keine Rolle, denn dies war eindeutig Jim Browns Team. Er hatte sie mit einer Reihe von übermenschlichen Leistungen zum Titelgewinn geführt, und sein Schatten ragte noch hoch über Cleveland auf. Die Browns haben seitdem keinen Titel mehr gewonnen, und die Stadt sollte erst 52 Jahre später wieder einen sportlichen Triumph erleben, als die Cavaliers von LeBron James 2016 die NBA-Meisterschaft gewannen. Im folgenden Jahr erreichte das Team das NFL-Meisterschaftsspiel, sie wurden aber von Vince Lombardis Green Bay Packers im Lambeau Field mit 65:12 geschlagen. Lombardi, der Meisterstratege, entwickelte einen Plan, um Brown auszuschalten, indem er den Middle Linebacker Ray Nitschke den ganzen Tag über auf Clevelands Starspieler ansetzte. Lombardi betonte auch die Bedeutung der Ballkontrolle und erlaubte den Gegnern nur 38 Offense-Spielzüge. Es war Browns letztes Profispiel und ein trauriges Ende der vielleicht größten NFL-Karriere aller Zeiten. Sechs Monate später gab er offiziell seinen Rücktritt bekannt, da sich der Ruf Hollywoods' als zu lockend erwies.

Dick LeBeau, der Pro Bowl-Defensive Back der Detroit Lions, der später als Mastermind hinter zwei Super-Bowl-Siegen der Pittsburgh Steelers berühmt werden sollte, sagte: „Jim Brown hatte eine Kombination aus Schnelligkeit und Kraft wie kein anderer, der jemals Football gespielt hat. Du wusstest einfach nicht, ob du einen schweren Zusammenstoß haben wirst oder dich an seinen Schnürsenkeln festhalten musst", sagte er.

Einen körperlichen und mentalen Giganten wie Brown wird es in der Liga vielleicht nie wieder geben – sie ist durch das Vermächtnis des Fullbacks deutlich geprägt worden. Nachdem er sich von einem angesehenen Bürgerrechtler zu einem ungewöhnlichen Unterstützer Donald Trumps entwickelt hat, ist Browns politischer Einfluss in letzter Zeit zweifellos abgeebbt, aber was bleibt, ist die Erinnerung an eine echte NFL-Größe.

Das vielleicht Überraschendste an Brown war seine Selbstwahrnehmung. Im Gegensatz zu den Fans, hielt er sich nicht für ein besonderes Talent, sondern führte seinen Erfolg auf schiere Willenskraft zurück und sagte, er habe in keinem seiner 118 Profispiele „jemals aufgegeben". „Ich habe neun Saisons gespielt und kein einziges Spiel verpasst", sagte er. „Ich habe vielleicht nicht die größten Fähigkeiten von allen, aber wenn es Zeit war zu spielen, war ich da."

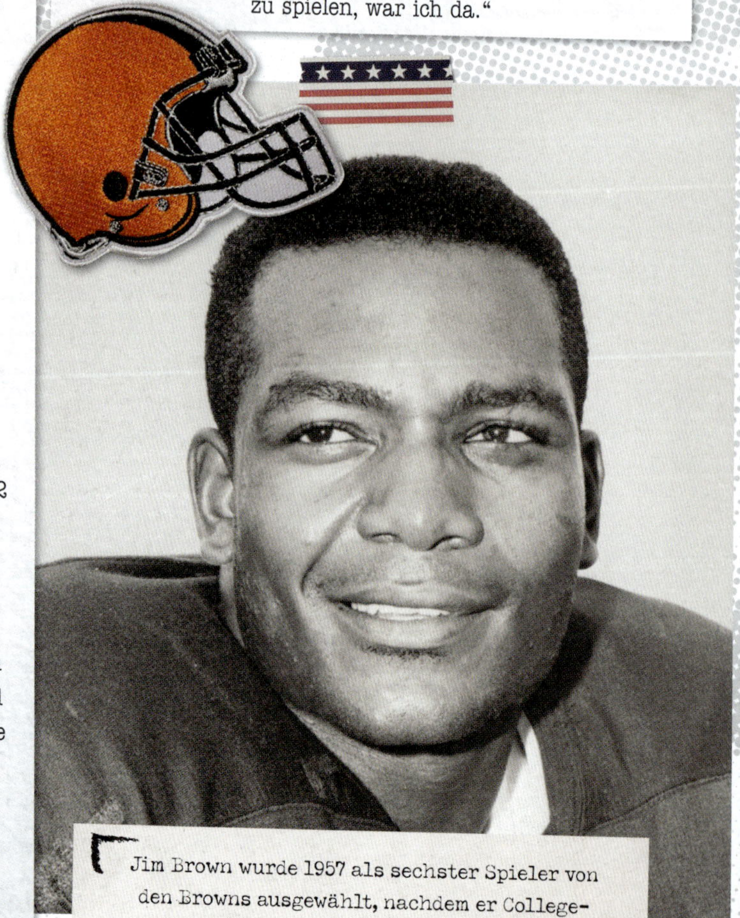

Jim Brown wurde 1957 als sechster Spieler von den Browns ausgewählt, nachdem er College-Football an der Syracuse University gespielt hatte.

AMERICAN ALL-STAR

All-Star in Baseball und Football und ein College-Leichtathletik-Superstar – ist Bo Jackson der größte Sportler aller Zeiten?

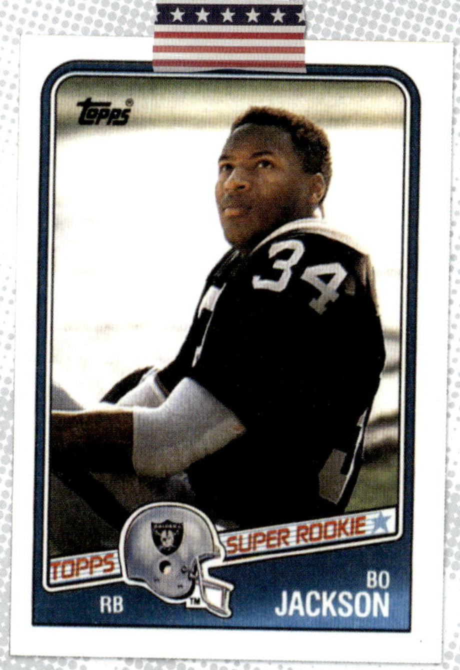

BO JACKSON

POSITION: Running Back
NFL DRAFT: 1986/Runde 1/Pick 1
TEAM: Los Angeles Raiders (1987-1990)

····

KARRIEREHÖHEPUNKTE:
Pro Bowl (1990)
5,4 Yards pro Carry

Wenn man jemanden nach dem größten Sportler fragt, den die Welt je gesehen hat, erhält man eine Reihe von Antworten: Pelé, Muhammad Ali, Steffi Graf, Usain Bolt. Namen, die auf der ganzen Welt bekannt sind. Aber es gibt noch einen Namen, der zweifellos auf der Liste stehen sollte; einen, den Sportfans außerhalb der USA vielleicht noch nicht gehört haben. Diejenigen, die den Namen Bo Jackson kennen, verstehen sicherlich, warum der Mann aus Alabama als der größte Sportler der Geschichte bezeichnet wird.

Schon in jungen Jahren bewies Bo Jackson Talent in der Leichtathletik, im Baseball und im Football, und am Ende seiner Karriere war er der erste Spieler in der Geschichte, der in beiden Sportarten zum All-Star ernannt wurde. Eine Geschichte, die dank Jacksons erstaunlicher Leistungen oft übersehen wird, ist die, dass er sich beinahe dazu entschlossen hätte, seine Football-Karriere ganz aufzugeben.

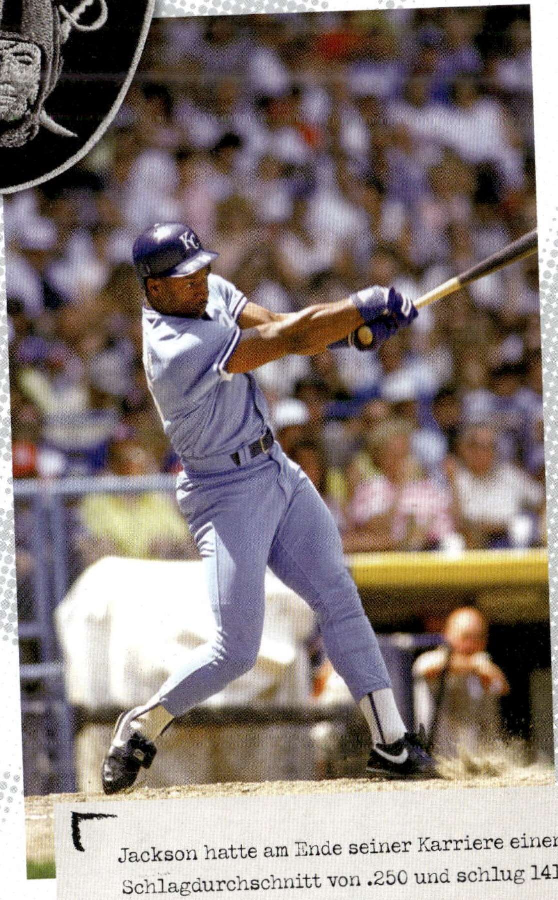

Jackson hatte am Ende seiner Karriere einen Schlagdurchschnitt von .250 und schlug 141 Homeruns.

Es war eine dramatische Zeit für Jackson, der seit seiner frühen Highschool-Zeit sowohl Baseball als auch Football gespielt hatte und dabei herausragende Leistungen erzielte. Nachdem er in seinem Abschlussjahr die Heisman Trophy für seine außergewöhnlichen Leistungen im College-Football gewonnen hatte, wurde Jackson von den Tampa Bay Buccaneers gedraftet. Das Team-Management lud ihn zu einem Besuch nach Florida ein – und flog ihn mit dem Privatjet des Franchise-Besitzers Hugh Culverhouse ein. Berichten zufolge versicherte das Team Jackson, dass man sich mit der National Collegiate Athletics Association (NCAA) in Verbindung gesetzt habe und dass die Reise, die ihn seine College-Zulassung hätte kosten können, genehmigt worden sei. Jackson wurde auch gesagt, dass falls er sich dazu entschied, für die Bucs zu unterschreiben, müsste er seine Baseball-Ambitionen ganz aufgeben und sich auf eine Sportart konzentrieren – eine schwierige Entscheidung für einen jungen Mann mit so außergewöhnlich viel Talent.

Als Jackson an die Auburn University zurückkehrte, wurde er jedoch von seinem Baseball-Coach darüber informiert, dass die NCAA die Reise nicht genehmigt hatte und sie als einen Regelverstoß wertete. Jackson wurde sofort für den Rest der Baseball-Saison gesperrt, und trotz aller Bemühungen der Bucs, ihm zu helfen, Widerspruch dagegen einzulegen, blieb er erfolglos.

Jackson hat sich inzwischen zu der Situation geäußert und erklärt, dass er dachte, die Bucs hätten versucht, ihn damit zu zwingen, seine Baseballkarriere aufzugeben und für ihr Team zu unterschreiben – dass er, wenn sie ihm Baseball wegnehmen würden, gezwungen wäre, sich auf Football zu konzentrieren. Er war davon überzeugt, weil er eine so beeindruckende Baseball-Saison hinter sich hatte. Daher könnte das NFL-Team denken, dass er Football aufgeben würde, um sich nur noch auf Baseball zu konzentrieren – alle ihre Maßnahmen wären nur ein verzweifelter Versuch, um ihn davon abzuhalten.

Jackson war verständlicherweise wütend, dass Culverhouse ihn angelogen hatte, und schwor, dass er sich weigern würde zu unterschreiben, wenn die Buccaneers ihn drafteten. Er löste sein Versprechen noch im selben Jahr ein, sodass die Rechte der Buccaneers vor dem Ende des Drafts 1987 verfielen.

Glücklicherweise war Jacksons sportliche Karriere noch lange nicht vorbei. Im Jahr 1986 wurde Jackson, trotz der Tatsache, dass er für eine halbe Saison gesperrt worden war, von einem MLB-Team, den Kansas City Royals, gedraftet. Er unterschrieb bei ihnen und schaffte es nach einem Jahr bei den Memphis Chicks (der Minor-League-Tochter der Royals) 1987 in den Kader der Royals.

Endlich konnte er auf dem Spielfeld zeigen, was er draufhatte. Jackson, der von seinen Erfahrungen mit den Bucs geprägt worden war, schien sich darauf festgelegt zu haben, nur eine Sportart auszuüben. Doch bevor der NFL-Draft 1987 zu Ende ging, wurde Bo erneut gedraftet – diesmal von den Los Angeles Raiders. Neugierig geworden, traf er sich mit dem Besitzer der Raiders, Al Davis, und sie kamen zu einer Einigung, die es Jackson erlaubte, weiterhin Baseball zu spielen und gleichzeitig in der NFL aktiv zu sein. Es wurde ein Vertrag ausgehandelt, der es Jackson erlaubte, die gesamte Baseball-Saison bei den Royals zu absolvieren, bevor er für den Rest der Football-Saison zu den Raiders wechselte. Darüber hinaus bot Davis Jackson auch ein äußerst attraktives Gehalt an. Für Bo war dies das perfekte Szenario – er konnte nicht nur seine Baseballkarriere fortsetzen, sondern auch sein Talent im Profi-Football unter Beweis stellen. In seiner ersten Saison bei den Royals schlug Jackson als Left-Field-Spieler 22 Homeruns, erzielte 53 Runs und stahl zehn Bases. Kein schlechter Start für seine erste Saison in der Major League, aber erst in der Saison 1989 konnte er seine Stärken richtig zur Geltung bringen. In jenem Jahr wurde Jackson in die Startelf der American League All-Stars gewählt – ein Team, das aus den besten Spielern der Liga bestand. Das Team trat dann gegen die National League an, und nachdem er einen Line Drive gefangen hatte, um zwei Fieldruns zu retten, schlug Jackson einen 137-Meter-Homerun, um das erste Inning seiner Mannschaft zu eröffnen. Am Ende des Spiels wurde er einstimmig zum Most Valuable Player ernannt, weil er sowohl in der Offense als auch in der Defense hervorragend gespielt hatte.

EINE KARRIERE DER MÖGLICHKEITEN

Als ob es nicht schon genug wäre, in zwei großen US-Sportarten Profi zu werden, hatte Jackson noch eine weitere Option, die er hätte verfolgen können: eine Karriere in der Leichtathletik. Er nahm am Zehnkampf teil und war zweimal der Landesmeister in diesem Wettbewerb. Beide Male baute er vor der letzten Disziplin (dem 1500-Meter-Lauf) einen so großen Punktevorsprung auf, dass er gar nicht mehr zum Lauf antreten musste und trotzdem die Goldmedaille gewinnen konnte. Außerdem stellte er Landesrekorde im Hoch- und Weitsprung auf.

Obwohl seine Profi-Karriere als Footballer vorzeitig durch eine Verletzung beendet wurde, war Jackson der erste Spieler, der in zwei Sportarten zum All-Star ernannt wurde.

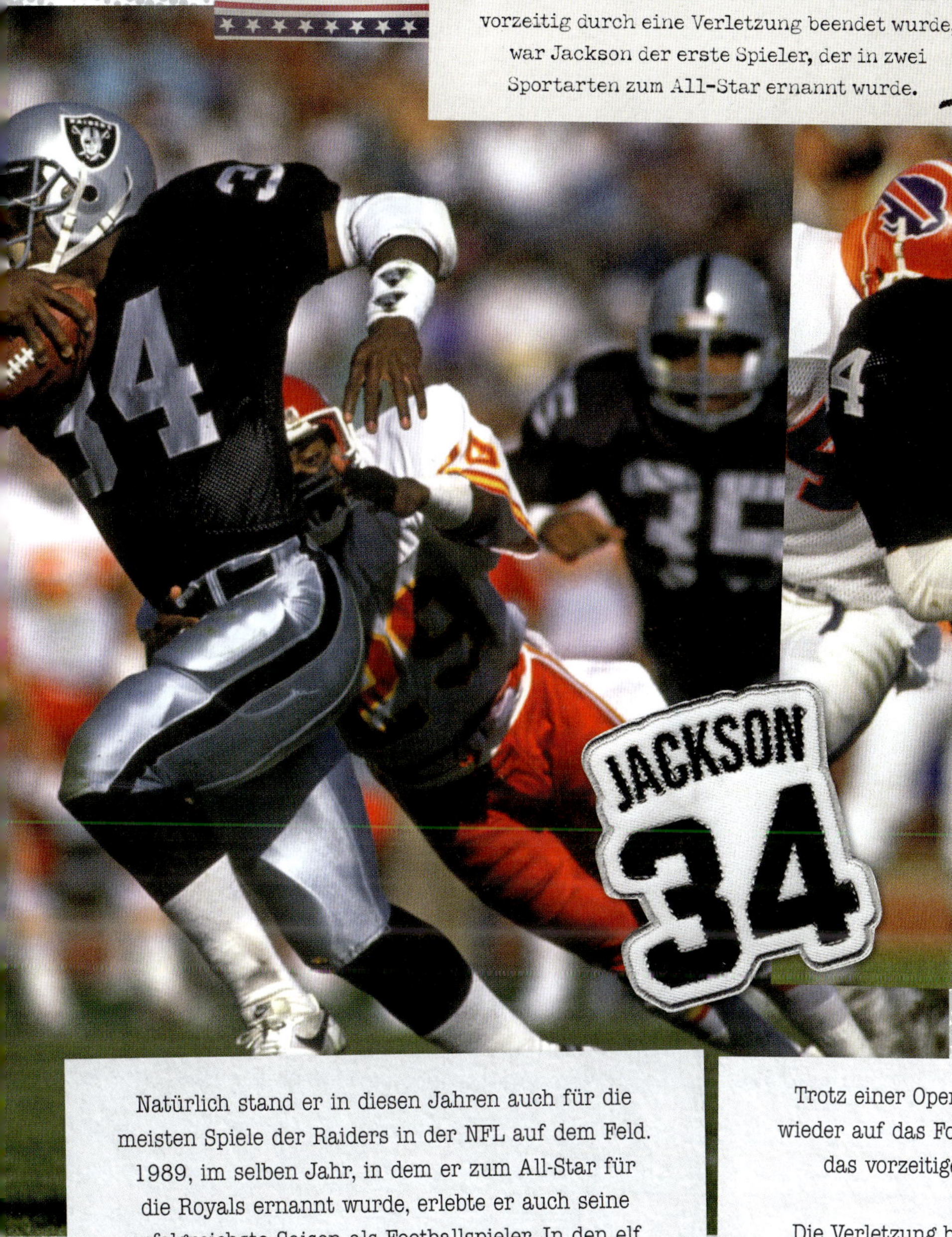

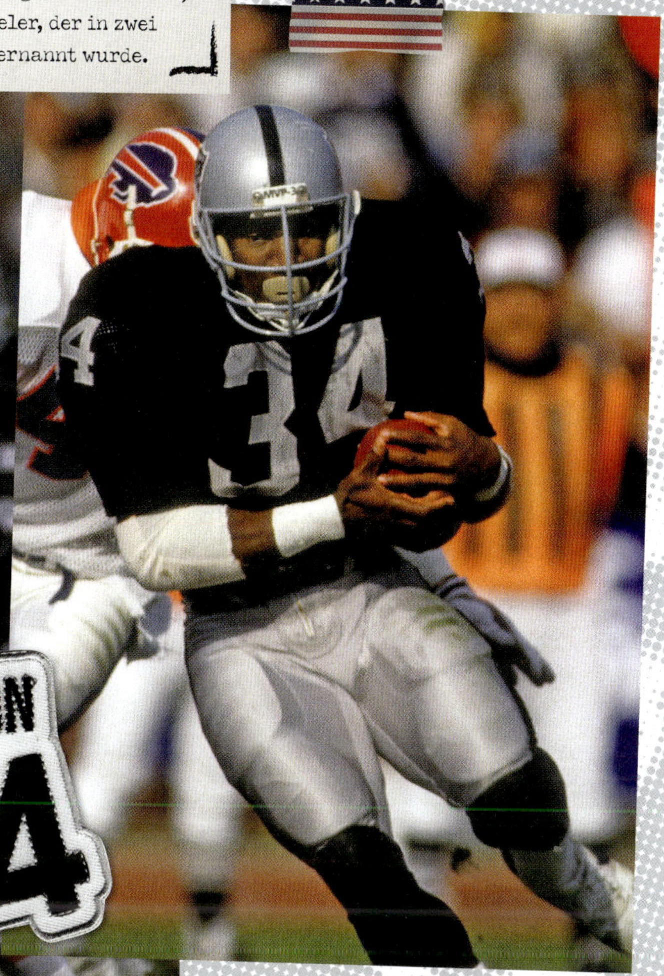

Natürlich stand er in diesen Jahren auch für die meisten Spiele der Raiders in der NFL auf dem Feld. 1989, im selben Jahr, in dem er zum All-Star für die Royals ernannt wurde, erlebte er auch seine erfolgreichste Saison als Footballspieler. In den elf Spielen, an denen er teilnahm, erlief Jackson 950 Yards und erzielte vier Touchdowns als wichtigster Runningback des Teams. Im Jahr darauf erzielte er in zehn Spielen 698 Yards und fünf Touchdowns und wurde in die Pro Bowl gewählt. Damit war er der erste Spieler in der Geschichte, der in den zwei großen US-Sportarten in ein All-Star-Team berufen wurde. Er war in beiden Sportarten ganz vorne mit dabei.

Im Januar 1991 kam es jedoch zu einer Katastrophe. Während eines Playoff-Spiels der Raiders wurde Jackson am Ende eines 34-Yard-Laufs von einem scheinbar routinemäßigen Tackle getroffen, der ihn an der Hüfte verletzte und seine Karriere beendete.

Trotz einer Operation 1992 konnte Jackson nie wieder auf das Footballfeld zurückkehren – es war das vorzeitige Ende seiner NFL-Karriere.

Die Verletzung beendete sein Leben als Sportler jedoch nicht völlig. Jackson kehrte 1991 triumphal zum Baseballfeld zurück, wo er zwei Saisons bei den Chicago White Sox spielte und insgesamt 108 Spiele bestritt. Einem Interview mit ESPN zufolge, versprach Jackson seiner Mutter, dass er für sie einen Homerun schlagen würde, sobald er sich von seiner Hüftoperation erholt habe. Leider verstarb sie, bevor er zurückkehren konnte. Aber gleich in seinem ersten Spiel nach der Operation schlug Jackson einen Homerun ins rechte Feld. Er erzählte später, dass er den Ball in der Kommode im Zimmer seiner Mutter eingeschlossen hatte. 1994, nach nur sieben Jahren als Profi, gab er seine Karriere endgültig auf – sein Status als Bester aller Zeiten Great war ihm sicher.

DER REVOLVERHELD

Ein Action-Star, der – sowohl auf dem Spielfeld als auch abseits – ein echter Kassenschlager war

BRETT FAVRE

POSITION: Quarterback
NFL DRAFT: 1991/Runde 2/Pick 33
TEAMS: Atlanta Falcons (1991)
Green Bay Packers (1992-2007)
New York Jets (2008)
Minnesota Vikings (2009-10)

....

KARRIEREHÖHEPUNKTE:
Super Bowl Champion (XXXI)
11 x Pro Bowl (1992, 1993, 1995-1997, 2001-2003, 2007-2009)
3 x NFL Most Valuable Player (1995-1997)
71.838 geworfene Yards
297 Spiele ohne Unterbrechungen als Starter
(321 einschließlich Playoffs)
Erster Spieler, der alle 32 NFL-Teams geschlagen hat
Aufnahme in die Pro Football Hall of Fame 2016

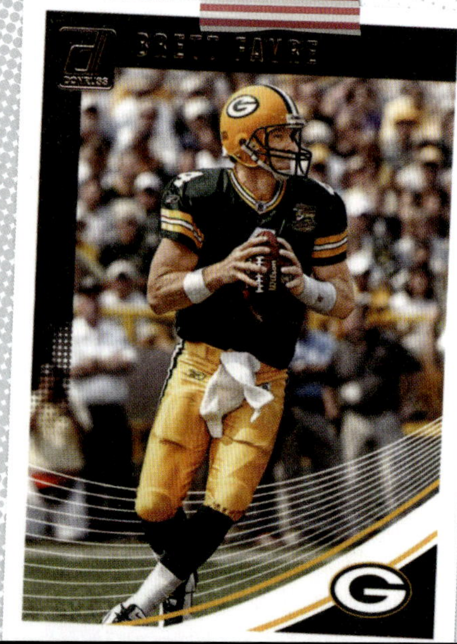

Von improvisierten Scrambles bis hin zu Würfen, die den Fängern im Training die Finger brachen – der tabakkauende Revolverheld hatte einen scharfgeladenen rechten Arm und den mörderischen Football-Nerv.

Als einziger Spieler, der in drei aufeinanderfolgenden Spielzeiten (1995–1997) zum Most Valuable Player ernannt wurde, wurde Brett Favre in die Hall of Fame aufgenommen, nachdem er die Zukunft eines stolzen, aber angeschlagenen Franchises zum Besseren verändert hatte.

Bevor er 1992 von den Atlanta Falcons nach Green Bay wechselte, hatten die Packers nur zweimal in 24 Jahren die Playoffs erreicht. Mit Favre erreichten sie die Nachsaison 11 Mal in 15 Jahren. Sie erreichten in zwei aufeinanderfolgenden Saisons den Super Bowl und gewannen den ersten 1997.

Als eiserner Mann mit dem Herzen eines Löwen, absolvierte Favre 297 Spiele als Starter in Folge, bzw. 321 einschließlich der Playoffs. Favre betrat sogar am Tag nach dem plötzlichen Tod seines Vaters das Spielfeld und zeigte im Dezember 2003 in Oakland die beste Leistung seiner Karriere.

Sein jährlicher Flirt mit dem Ruhestand wurde zum Running Gag, aber in der Saison 2007, seiner letzten in Green Bay, führte Favre die Packers zu einer Niederlage in der Verlängerung gegen die New York Giants im NFC Championship Game. Favre verließ Lambeau Field in einer schwierigen Phase und verbrachte eine Saison bei den New York Jets, bevor er 2009 zu den Minnesota Vikings wechselte. Im tiefsten Wisconsin hat man ihm bis heute nicht verziehen.

Die erste seiner beiden Spielzeiten bei den Vikings war magisch: Er führte sie mit über 4.000 Yards zu einem 12:4-Erfolg. 19 Sekunden vor Schluss und in Field-Goal-Reichweite warf ein angeschlagener Favre im NFC-Meisterschaftsspiel eine Interception und damit gewannen die New Orleans Saints in der Verlängerung. Nach einem von Verletzungen geprägten Jahr verabschiedete er sich 2010 schließlich mit vielen Rekorden und Fans im Rücken in den Ruhestand.

Brett Favre von den Green Bay Packers geht nach dem Spiel gegen die Minnesota Vikings vom Spielfeld.

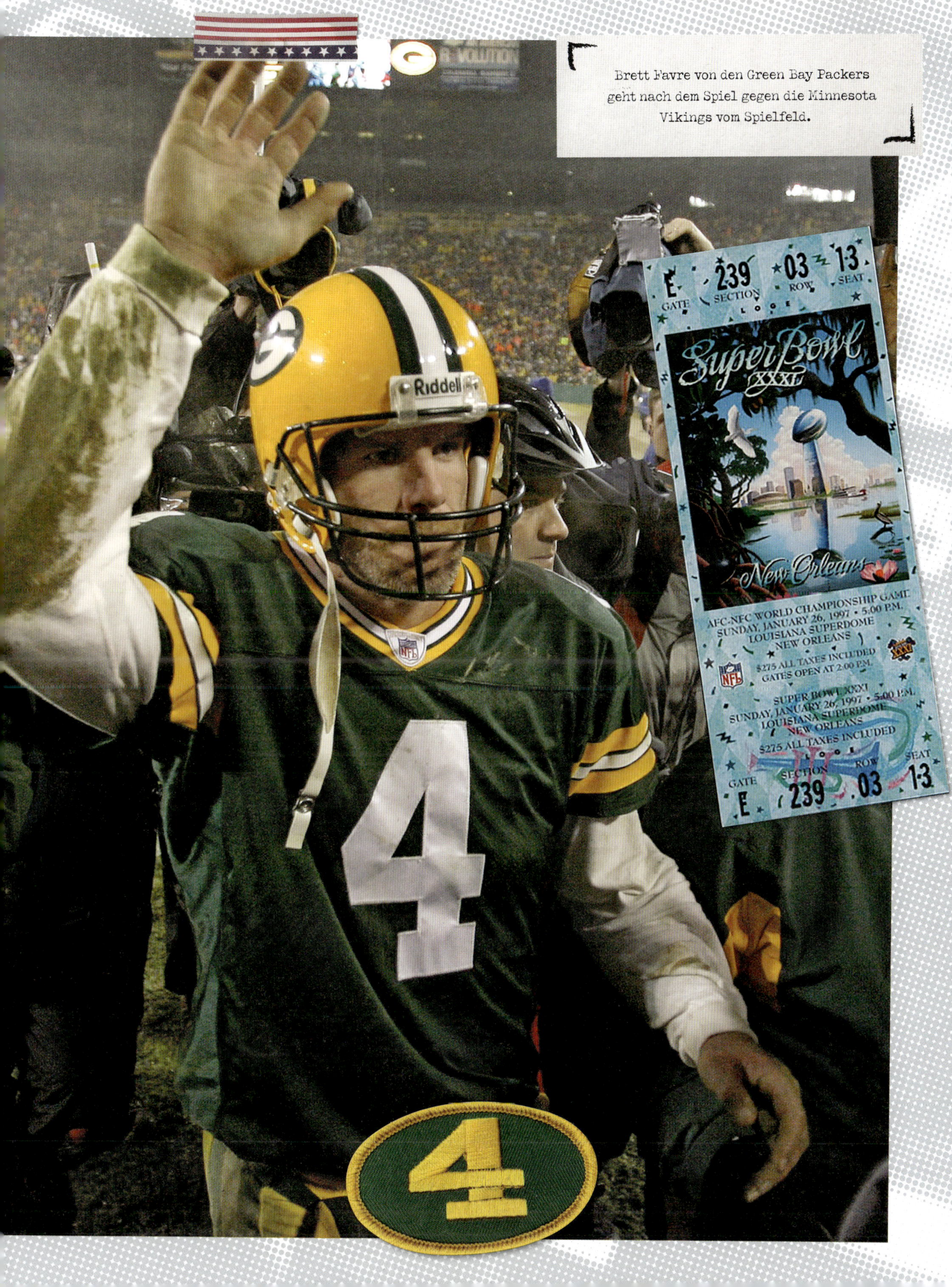

DER KÖNIG VON MIAMI

Dan Marino war der unaufhaltsame Passspezialist der Dolphins – ein begnadeter Quarterback der die Defence mit chirurgischer Präzision zerlegte

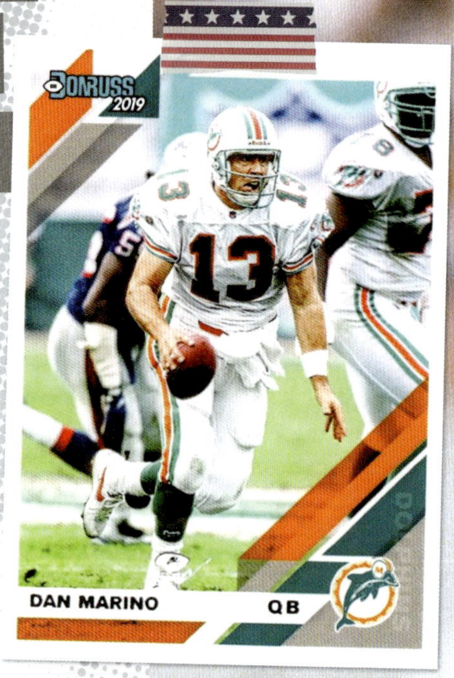

DAN MARINO

POSITION: Quarterback
NFL DRAFT: 1983/Runde 1/Pick 27
TEAM: Miami Dolphins (1983-1999)

••••

KARRIEREHÖHEPUNKTE:

9 x Pro Bowl
(1983-1987, 1991, 1992,
1994, 1995)
NFL Most Valuable Player (1984)
61.361 geworfene Yards
(fünftbester Spieler aller Zeiten)
420 Touchdowns (fünftbester Spieler aller Zeiten)
13 x 3.000-Yards-Saison
(zweitbester Spieler aller Zeiten)
Erster Spieler, der in einer einzigen Saison über 5.000 Yards passte
Aufnahme in die Pro Football Hall of Fame 2005

Ist Dan Marino der beste Quarterback, der nie einen Super Bowl gewonnen hat? Mit ziemlicher Sicherheit. Aber war er auch der beste Quarterback der NFL aller Zeiten?!

Wenn man sich den Prototyp eines Signal Callers wünschen könnte, dann hätte Marino alle Attribute, die es dafür braucht: groß, auch unter Druck gelassen, mental und physisch stark, mit einem blitzschnellen Wurf und einem lasergenauen rechten Arm. Was das reine Passspiel angeht, gibt es keinen Besseren.

Marino war ein verbissener Kämpfer, der das Schicksal der Miami Dolphins lenkte, obwohl er in seinen 17 Spielzeiten nur ein einziges Mal mit einem 1.000-Yard-Rusher zusammenspielte. Es lag zum Teil an Miamis überwiegend passiver Offense, dass Marino die Dolphins nur zehn Mal in die Nachsaison führte, aber es ist umso bemerkenswerter, weil er sich während dieser Zeit nur vier Spielzeiten lang auf eine Top-10-Defense stützen konnte.

Als geborener Anführer inspirierte Marino seine Mitspieler und spornte sie zu Höchstleistungen an, um sein gesamtes Team noch stärker zu machen. Er begann, zu den „Marks Brothers" – Clayton und Duper – zu werfen, die beide zu Pro-Bowl-Spielern wurden. Der andere Pro-Bowl-Receiver in Miamis Kader in der gesamten der Marino-Ära war Irving Fryar. Was die Konstanz betrifft, waren nur wenige so zuverlässig. Marino bestritt 145 Spiele in Folge – ein Rekord, der erst 1993 beendet wurde, als er sich in

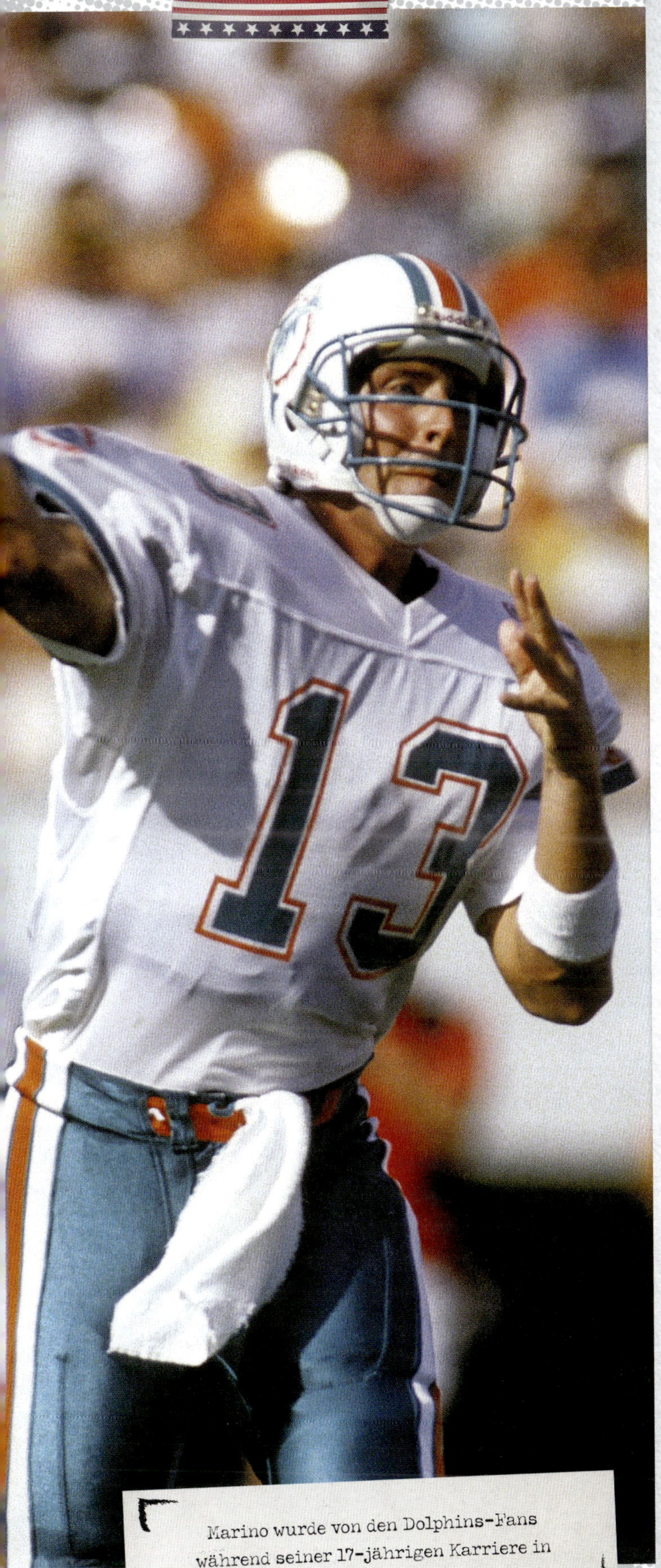

Marino wurde von den Dolphins-Fans während seiner 17-jährigen Karriere in Miami verehrt.

Cleveland die rechte Achillessehne riss. Aber er erholte sich und wurde 1994 zum Comeback-Spieler des Jahres gewählt, nachdem er 4.453 Yards und 30 Touchdowns geworfen hatte.

Marinos Mantra war einfach: „Es gibt keine Verteidigung gegen den perfekten Pass. Ich kann den perfekten Pass werfen." Er baute sich seinen Ruf an der Universität von Pittsburgh auf und gewann den Rose Bowl Monate vor dem Draft, aber sein Ansehen sank aufgrund mysteriöser – und unbegründeter – Gerüchte über einen Drogenkonsum. Fünf Quarterbacks, darunter auch die zukünftigen Hall of Famer Jim Kelly und John Elway, wurden ausgewählt, bevor sich die Dolphins Marino als 27. Pick der ersten Runde noch schnappten.

Der muskulöse Youngster machte sofort Eindruck und beeindruckte mit seiner Ausstrahlung und seinem Können den Hall of Fame-Coach Don Shula. Die Verbindung zwischen Shula und Marino sollte nicht unterschätzt werden.

„Von dem Moment an, in dem er hereinkam, mochte man alles, was man sah. Er ist einfach ein bodenständiger Typ aus Pittsburgh, ein Arbeiter, ein herzlicher Mensch", sagte Shula der New York Times 1984. „Ich verglich ihn von der Persönlichkeit her mit Larry Csonka: Er ist immer in der Umkleidekabine, wie ‚Zonk' in unseren Super Bowl-Jahren; er genießt es einfach, mit den anderen Spielern zusammen zu sein."

Nach einem vielversprechenden Trainingslager brauchte Marino sechs Spiele, um David Woodley als Starter zu verdrängen, und er begann, einen Rekord nach dem anderen zu brechen – so wie er Pass Rusher in den Tagen seiner goldenen Karriere wegschob. Seine Rookie-Saison zeigte schon einen Blick in seine Zukunft: Der selbstbewusste Marino führte Miami zu einem 12:4-Sieg und zum Gewinn der AFC East. Er warf 20 Touchdowns auf dem Weg zur ersten seiner neun Pro Bowl-Auswahlen.

Marino ging im Alter von 22 Jahren in seine zweite Saison, in der er wieder einmal die Quarterback-Rekorde brach und eine der besten Leistungen der NFL-Geschichte hinlegte. Als Most Valuable Player führte Marino die Dolphins in den Super Bowl und war damit der erste Quarterback, der die 5.000-Yard-Grenze überschritt – mit seinen 5.084 Yards lag er um 470 Yards weiter vorn als sein nächster Konkurrent. Marino führte die Dolphins zu einem 14:2-Erfolg und warf einen (damaligen) NFL-Rekord von 48 Touchdowns – 16 mehr als sein nächster Konkurrent. Im AFC Championship Game warf der aus

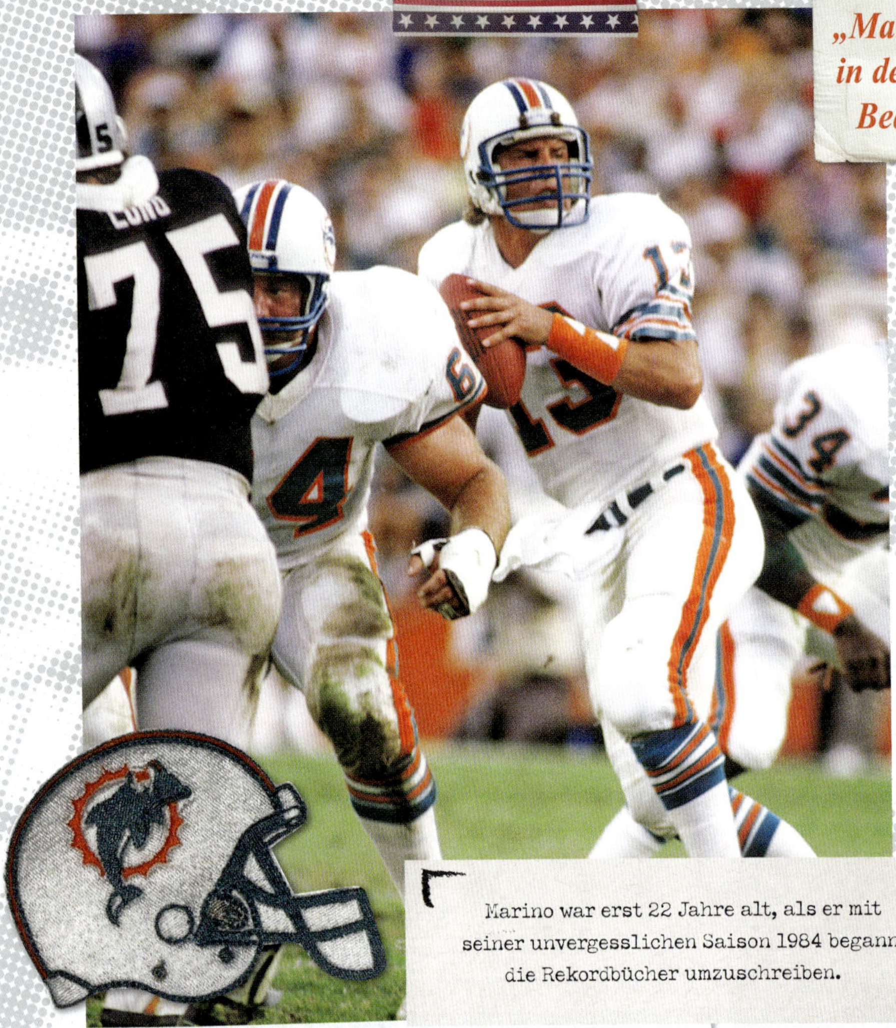

„Marino war der einzige Quarterback, der in der Lage war, die wilden '85er Chicago Bears zu überlisten und auszuspielen."

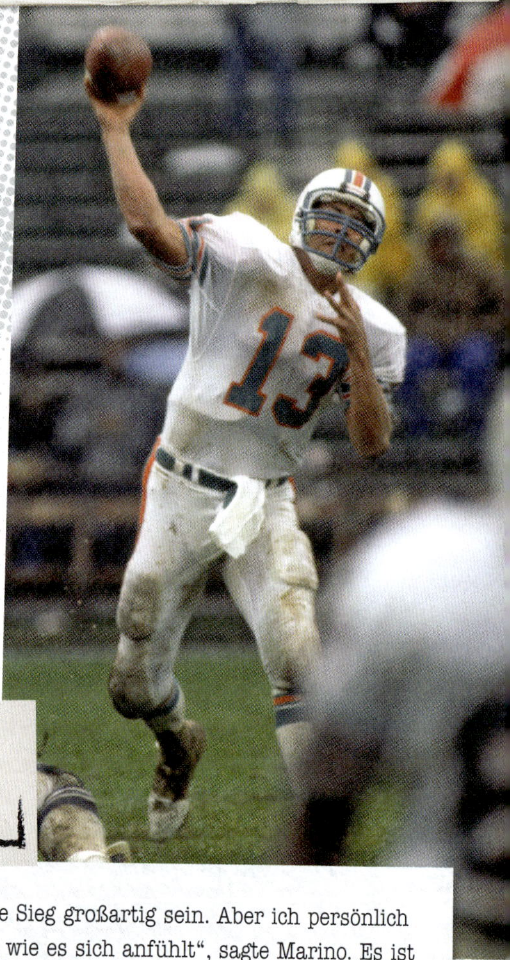

Marino war erst 22 Jahre alt, als er mit seiner unvergesslichen Saison 1984 begann, die Rekordbücher umzuschreiben.

Steel City stammende Marino gegen die Pittsburgh Steelers rekordverdächtige 421 Yards und vier Touchdowns und sicherte sich mit einem 45:28-Sieg seine erste – und einzige – Teilnahme am Super Bowl. Es bleibt bis heute das Spiel mit den meisten Punkten im AFC Championship Game.

Und so ging es nach Stanford, wo die dezimierten Dolphins auf eines der besten Teams aller Zeiten trafen. In einem Spiel, das praktisch ein Heimspiel für die 49ers war, übertraf Joe Montana Marino, der 29 von 50 Pässen für 318 Yards beendete, einen Touchdown erzielte und zwei Interceptions abfing. Da die 49ers über eine starke Defense, solide Special Teams und eine gut funktionierende Offense verfügten, konnte Marino es nicht allein mit ihnen aufnehmen. Durch eine fragwürdige Offensivlinie wurde er viermal gesackt, während die Dolphins nur neun Laufspielzüge ansetzen konnten – so unberechenbar war es.

Die 38:16-Niederlage war hart für Marino, der sich geschworen hatte, auf die größte Bühne des Games zurückzukehren. „Ich möchte wissen, wie es ist, im Super Bowl zu spielen und einen zu gewinnen. Meine Karriere wird auch ohne Sieg großartig sein. Aber ich persönlich möchte wissen, wie es sich anfühlt", sagte Marino. Es ist eine sportliche Tragödie, dass der größte Preis des Games Marino entgangen ist, aber das sollte seinen Platz im Pantheon der NFL-Helden nicht schmälern.

„Er hat es geschafft, eine bessere Saison zu spielen als jeder andere, der jemals Football gespielt hat", sagte Roger Staubach, der ebenfalls in die Hall of Fame aufgenommen wurde, „Quarterbacks, Wide Receiver und alle anderen Spieler eingeschlossen. Er war unglaublich." Auch wenn Marinos beeindruckender Lebenslauf den größten Preis des Games vermissen lässt, so war er doch der einzige Quarterback, der in der Lage war, die wilden 1985er-Chicago Bears auszutricksen und auszuspielen.

Nachdem Head Coach Mike Ditka die Quarterbacks nach seinem Willen geformt und zu einem 12:0 gegen die Bears geführt hatte, fuhren die Dolphins am 22. Dezember 1985 zu einem mit Spannung erwarteten Montagabendspiel nach Miami. Der Defense-Koordinator Buddy Ryan und seine sagenhafte 46er-Defense hatten in 13 Vierteln keinen einzigen Touchdown kassiert, und auch Chicago hatte seine drei letzten Gegner mit 104:3 besiegt.

Vier Spiele noch davon entfernt, das zweite Team zu sein, das in der regulären Saison ungeschlagen blieb, saßen die Mitglieder des ungeschlagenen 1972er-Miami-Teams auf der Tribüne. Kein Druck also. Während für Chicago viel auf dem Spiel stand, war es für Miami nicht anders: Nach einer Serie von drei siegreichen Spielen brauchten die Dolphins einen Sieg, um die New England Patriots und die New York Jets im Rennen um die offene AFC East auf ihre Plätze zu verweisen. Gegen die unablässigen Blitzangriffe nutzte Marino seine zügige Ballabgabe, seine schnelle Entscheidungsgabe und seinem lasergeneauen Wurf bei Eins-gegen-Eins-Fehlpässen aus, um Chicago regelrecht auseinander zu nehmen.

In den vorangegangenen sechs Spielen hatte Chicago insgesamt 29 Gegenpunkte zugelassen. Bis zur Halbzeitpause hatten die Dolphins bereits 31 Punkte erzielt. Ditka und Ryan stritten sich über den Einsatz – oder das Fehlen – eines Nickelbacks, um Miamis schnelle Angriffe zu kontern und Nat Moore als Extra-Receiver einzusetzen. Marino beendete das Spiel mit 14 von 27 erfolgreichen Pässen und einem Raumgewinn von 270 Yards, drei Touchdowns und einer Interception, womit er die Führung der Dolphins zu 9-4 ausbaute. Sie gewannen, holten sich den AFC-East-Titel und stürmten ins AFC-Championship Game, aber die Patriots verhinderten eine Revanche gegen die Super Bowl-erprobten Bears. Wieder war Marino ausgebremst worden.

Ein weiteres Mal gelangte er ins AFC Championship Game, nachdem er 1993 gegen die Buffalo Bills verlor, aber näher würde er der Vince Lombardy Trophy nicht mehr kommen. Marino stellte weiterhin Passing-Rekorde auf und löste 1995 den Hall of Fame-Spieler Fran Tarkenton als Rekordhalter bei Pass-Versuchen, -Abschlüssen, Yards und Touchdowns ab.

1996 wurde Shula von Jimmy Johnson abgelöst, und ein Mentalitätswandel führte dazu, dass Miami das Laufspiel wieder forcierte, sodass die Dolphins in ihren letzten vier Spielzeiten weniger auf Marino angewiesen waren. Sein letztes Spiel, eine 62:7-Niederlage gegen die Jacksonville Jaguars in den Playoffs von 1999, war kein guter Abgang für einen so guten Spieler, aber so ist Sport manchmal.

2005 wurde Marino in die Hall of Fame aufgenommen und beendete seine Karriere mit 61.361 geworfenen Yards, 420 Touchdown-Pässen, 252 Interceptions und einem Quarterback-Rating von 86,4. Zwar hat er keinen Super Bowl gewonnen, aber seine beeindruckenden Karriereleistungen haben die NFL revolutioniert. Die Verteidiger wussten, dass er passen würde – sie konnten ihn aber nicht aufhalten.

DER FAKE-SPIKE

Dan Marino warf 420 Touchdown-Pässe, aber es gibt keinen Zweifel daran, welcher der denkwürdigste war. Als die Dolphins (7-6) Ende November 1994 gegen die New York Jets (6-5) antraten, hatten sie bereits zwei Spiele verloren und lagen gegen Ende des dritten Viertels mit 24-6 im Rückstand.

Doch dann bekam Marino seine große Chance, und die größte Zuschauermenge in der Geschichte der Jets wurde mit einem der großartigsten Spielzüge der NFL zum Schweigen gebracht. Vierter Down an der Acht-Yard-Linie der Jets – 22 Sekunden auf der Uhr. Marino brüllt: „Uhr! Uhr! Uhr!" und täuscht mit seiner rechten Hand einen Spike an. „Er hat noch ein Timeout. Das hebt er sich für das Field Goal auf", sagt NBC-Analyst Paul Maguire.

Aber der Dolphins Receiver Mark Ingram wusste genau, was Marino durch den Kopf ging. Die Jets wussten es nicht. Nur drei Verteidiger bewegten sich, darunter Rookie Cornerback Aaron Glenn, der mit dem Rücken zum Spielfeld stand. Es war zu spät, Ingram lief bis in die Endzone, um seinen vierten Touchdown der Halbzeit zu erzielen und damit einen 28:24-Sieg zu erringen. Daraufhin brach die Hölle los.

Die Jets erholten sich von dieser Niederlage jahrelang nicht, ihre Saison geriet in eine Abwärtsspirale. Zudem wurde der beliebte Cheftrainer Pete Carroll in der Nebensaison entlassen. Das Spiel verlieh der Saison der Dolphins Auftrieb. In Don Shula's vorletztem Jahr als Head Coach gewannen sie die AFC East.

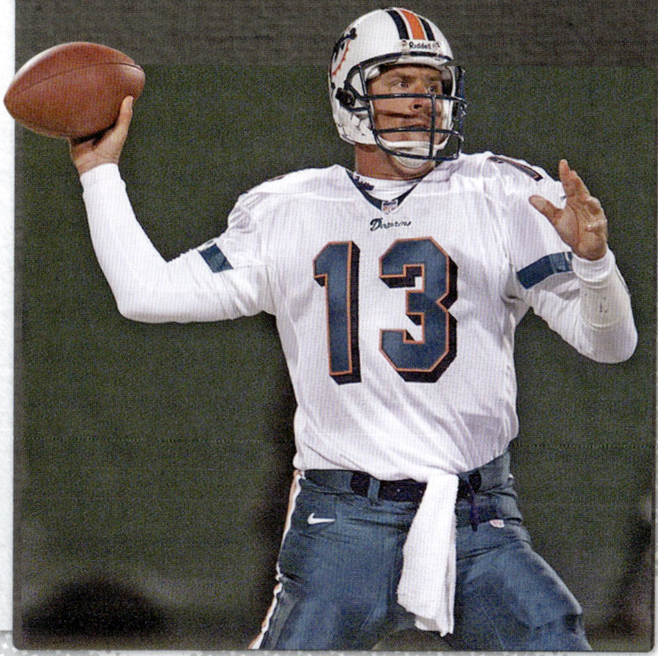

THE MINISTER OF DEFENSE

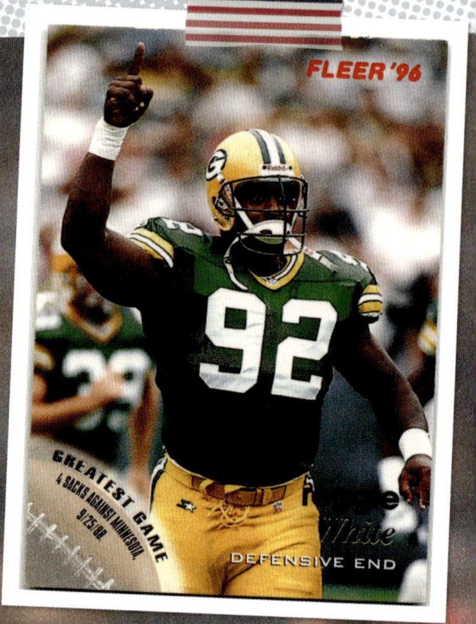

Wirklich große Spieler heben nicht nur sich selbst empor, sondern auch die Menschen um sie herum. Reggie White hat nicht nur gut gespielt – er hat sein ganzes Team dazu gebracht, sich zu verbessern.

REGGIE WHITE

POSITION: Defensive End
NFL DRAFT: 1984 Supplemental/Runde 1/Pick 4
TEAMS: Memphis Showboats (1984-1985)
Philadelphia Eagles (1985-1992)
Green Bay Packers (1993-1998)
Carolina Panther (2000)

KARRIEREHÖHEPUNKTE:
Super Bowl Champion (XXXI)
13 x Pro Bowl (1986-1998)
2 x Defensive Player of the Year (1987, 1998)
2 x meiste Sacks in der NFL (1987, 1988)
NFL 1980s All-Decade Team
NFL 1990s All-Decade Team
NFL 75th Anniversary All-Time Team
198 Sacks (zweitbester Spieler aller Zeiten)
Aufnahme in die Pro Football Hall of Fame 2006

Es ist gar nicht so leicht, die Position des Defensive-End sexy erscheinen zu lassen. Die meisten Männer, die in einer Drei-Punkte-Haltung hocken, sind weit über zwei Meter groß und wiegen über 130 Kilo.

Aber wer sich die Aufzeichnung des Spiels Super Bowl XXXI anschaut, kann sich Reggie White kaum entziehen.

White hatte sich in Philadelphia einen Namen gemacht, aber nachdem sein Vertrag ausgelaufen war, war er ein ungebundener Spieler. Der Trainer der Green Bay Packers, Mike Holmgren, hatte es während seiner ersten Saison im Football-verrückten Wisconsin nicht geschafft, die Playoffs zu erreichen und erkannte, dass er sich in der Zeit, die er für die Planung von Whites Einsätzen verbringen musste, ihn gleich unter Vertrag nehmen konnte.

Aber Holmgren wusste, dass er alle Register ziehen musste, um diesen Spieler zu bekommen, da er in der NFL als einer der besten Verteidiger galt. Obwohl er wusste, dass White ein gläubiger Christ und ordinierter Baptistenpfarrer (engl. Minister) war, ging Holmgren ein kleines Risiko ein. Er rief ihn an und hinterließ ihm eine Nachricht auf seinem Anrufbeantworter: „Hier ist Gott. Ich möchte, dass du in Green Bay spielst."

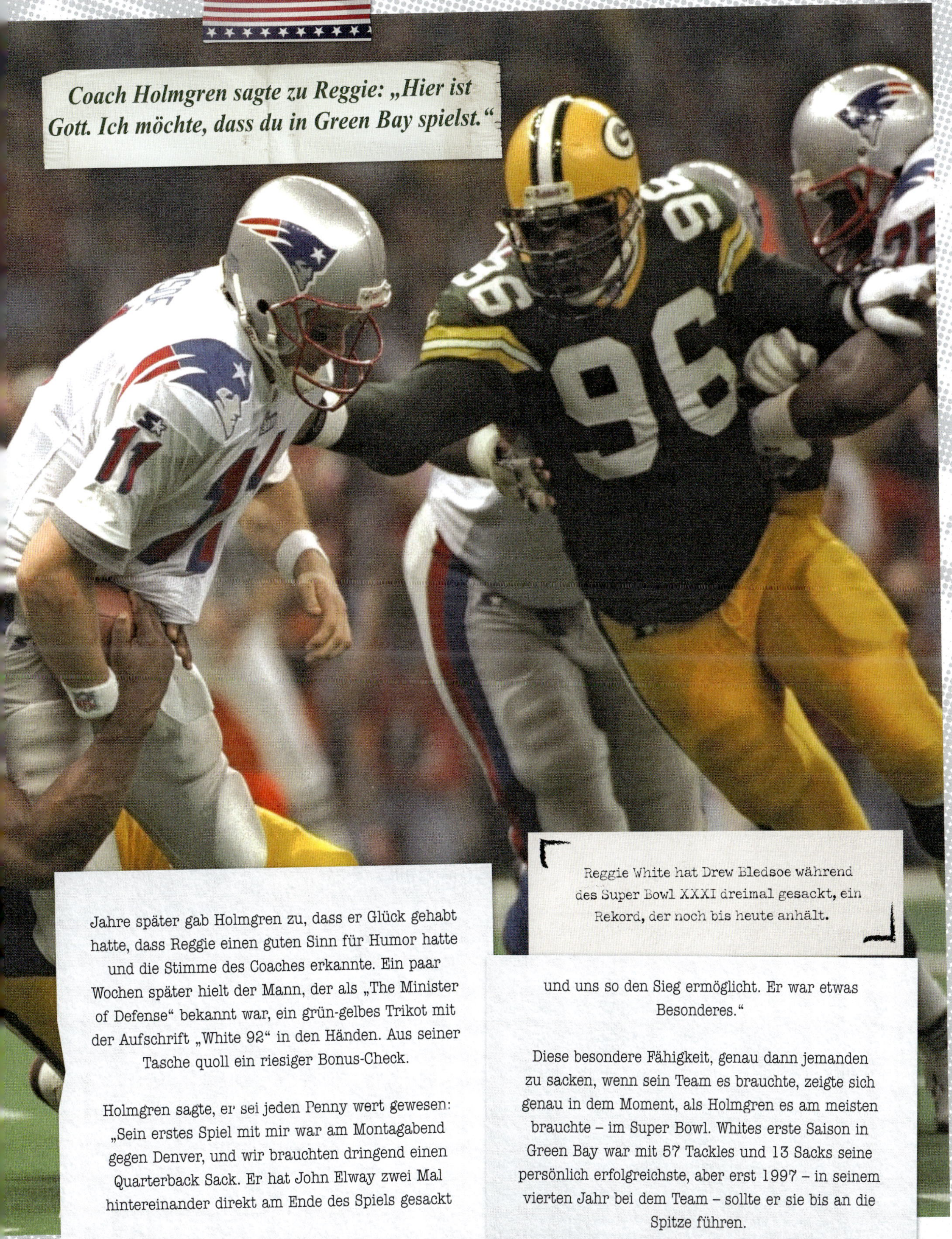

Coach Holmgren sagte zu Reggie: „Hier ist Gott. Ich möchte, dass du in Green Bay spielst."

Reggie White hat Drew Bledsoe während des Super Bowl XXXI dreimal gesackt, ein Rekord, der noch bis heute anhält.

Jahre später gab Holmgren zu, dass er Glück gehabt hatte, dass Reggie einen guten Sinn für Humor hatte und die Stimme des Coaches erkannte. Ein paar Wochen später hielt der Mann, der als „The Minister of Defense" bekannt war, ein grün-gelbes Trikot mit der Aufschrift „White 92" in den Händen. Aus seiner Tasche quoll ein riesiger Bonus-Check.

Holmgren sagte, er sei jeden Penny wert gewesen: „Sein erstes Spiel mit mir war am Montagabend gegen Denver, und wir brauchten dringend einen Quarterback Sack. Er hat John Elway zwei Mal hintereinander direkt am Ende des Spiels gesackt und uns so den Sieg ermöglicht. Er war etwas Besonderes."

Diese besondere Fähigkeit, genau dann jemanden zu sacken, wenn sein Team es brauchte, zeigte sich genau in dem Moment, als Holmgren es am meisten brauchte – im Super Bowl. Whites erste Saison in Green Bay war mit 57 Tackles und 13 Sacks seine persönlich erfolgreichste, aber erst 1997 – in seinem vierten Jahr bei dem Team – sollte er sie bis an die Spitze führen.

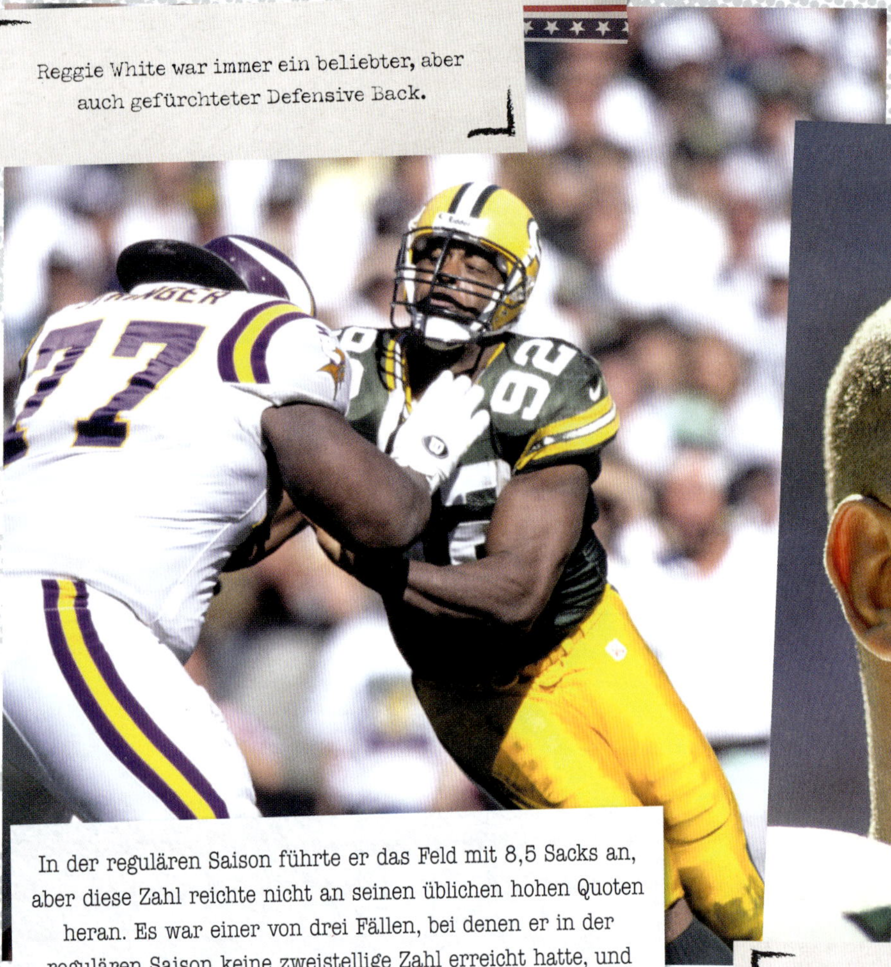

Reggie White war immer ein beliebter, aber auch gefürchteter Defensive Back.

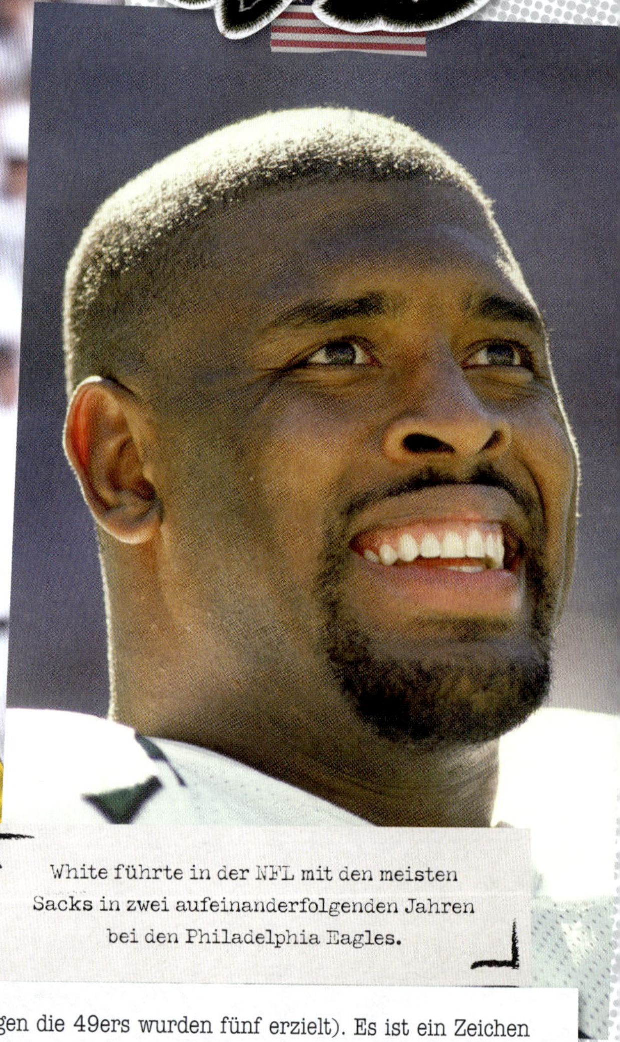

White führte in der NFL mit den meisten Sacks in zwei aufeinanderfolgenden Jahren bei den Philadelphia Eagles.

In der regulären Saison führte er das Feld mit 8,5 Sacks an, aber diese Zahl reichte nicht an seinen üblichen hohen Quoten heran. Es war einer von drei Fällen, bei denen er in der regulären Saison keine zweistellige Zahl erreicht hatte, und einer davon lässt sich auf seine Rückkehr aus dem Ruhestand mit den Carolina Panthers im Jahr 2000 zurückführen.

Auch in den Playoffs blieb er ohne einen Sack. Das lag vielleicht daran, dass die Teams zu diesem Zeitpunkt zumindest eines über die Packers-Verteidigung wussten: Dass man sich von Reggie White fernhalten musste. Aber genau wie an jenem Montagabend gegen Denver machte Reggie seine Sache außerordentlich gut ...

Die New England Patriots hatten sich den Weg zum Super Bowl gebahnt, angeführt von Quarterback Drew Bledsoe und geschützt durch eine Verteidigung, die in ihren beiden Playoff-Spielen nur neun Punkte zuließ. Sie hatten auch 48 Punkte erzielt und verfügten über eine Variation von Offensivangriffen, aber keine davon ermöglichten ihnen eine Chance, um Reggie Whites Green Bay Packers zu schlagen.

Holmgren hatte eine fitte, gewinnhungrige Maschine geformt. Obwohl White nicht in statistisch herausragender Form war, hatte Green Bay weniger Punkte zugelassen als jedes andere Team, wobei der enorme Druck der Defensivlinie leicht Möglichkeiten für Turnover schuf (im Divisions-Playoff-Game gegen die 49ers wurden fünf erzielt). Es ist ein Zeichen ihres Könnens, dass Quarterback Brett Favre in diesem Spiel nur 79 Yards warf, aber die Packers erzielten trotzdem 35 Punkte. Den Panthers im NFC-Meisterschaftsspiel erging es ähnlich.

Das bedeutete, dass Green Bay mit 14 Punkten bei den Vegas-Quotenmachern der große Favorit für den Super Bowl gegen die Patriots waren. Nach Meinung der Medien waren die Patriots nicht stark genug, aber sie zeigten allen, dass mehr in ihnen steckt. Nach einem 0:10-Rückstand lagen sie am Ende des ersten Viertels in Führung.

Sie gerieten erneut in Rückstand, doch ein weiterer Touchdown von Runningback Curtis Martin verkürzte den Abstand auf sieben Punkte, und obwohl Desmond Howard mit einem 99-Yard-Kick-Off-Return 18 Minuten vor Spielende die Zwei-Punkte-Führung wiederherstellte, glaubte Green Bay nicht an den Sieg zuhause und ließ nach. Bledsoe konnte zu seinen Mitspielern mit erschreckender Regelmäßigkeit passen und White musste den Quarterback erst noch erreichen.

Und als sie noch 92 Yards brauchten, um zu siegen, sackte er ihn auf spektakuläre Weise.

Er stellte sich gegenüber vom rechten Tackle Max Lane auf, der in den 1990er Jahren fester Bestandteil der Offensivlinie der Patriots war. White täuschte an, nach außen zu laufen, schwenkte dann aber nach rechts und stürmte am Blocker vorbei, um Bledsoe innerhalb von Sekunden nach dem Ballabwurf zu erreichen. Der Quarterback erhob sich vom Kunstrasen; er war etwas mitgenommen, aber immer noch bereit, einen spielrettenden Drive anzuführen, auch wenn er dafür noch ein paar Yards aufholen musste.

Dann stoppte White ihn wieder.

Lane, der verzweifelt versuchte, nicht noch einmal von der gleichen Seite angegriffen zu werden, drängte White nach außen, wo er seine Schnelligkeit und Kraft ausnutzen konnte, um dem Block zu entgehen, und damit zu verhindern, dass White mehrere Sacks hintereinander erzielen konnte. Bledsoe bliebt nichts anderes übrig, als zu Boden zu gehen, um zu verhindern, dass White ihm den Ball aus der Hand riss. Beim vierten Down und 19 Yards waren die Patriots gezwungen, den Ball zu punten, und Green Bay‘s Defense-Chef kam zum Zug.

Und 15 Minuten später machte White den Sack zu. In den letzten zwei Minuten und bei einem Rückstand von 14 Punkten ließ sich Bledsoe zurückfallen, eher in der Hoffnung, einen freien Spieler zu finden, als in der Erwartung einen zu finden und traf erneut auf White. Er beförderte ihn mit einem lässigen einarmigen Schlag auf den Rücken, bevor er den Quarterback an den Knien packte und sich seinen dritten Sack und damit den Super Bowl-Rekord sicherte. Die Bilder von ihm, wie er anschließend in die Endzone sprintet und die Trophy in den Himmel hält, werden lange in Erinnerung bleiben.

Seine professionelle Football-Karriere hatte in der Sommersaison der USFL, einen Fehlstart hingelegt, der drei Jahre lang nachhallte. White hatte dort zwei Jahre lang gespielt, bevor er von den Philadelphia Eagles unter Vertrag genommen wurde, wo er so etwas wie ein Talent unter dem Radar war. Aber das hielt nicht lange an.

In seinen ersten drei Spielzeiten in der Liga erzielte er 52 Sacks und wurde 1987 zum NFL Defensive Player of the Year gewählt, weil er in nur 12 Spielen 21 Mal den Quarterback erreicht hatte. Er wurde in Philadelphia zur Legende und 2008 in einer ESPN-Fanumfrage zu ihrem besten Spieler aller Zeiten gewählt.

Doch eine von Whites herausragenden Qualitäten war nach Ansicht seiner Trainer, nicht nur sein Talent: Sobald er sich als defensiver Fels etabliert hatte, begannen die gegnerischen Offense-Koordinatoren, ihre verzweifelten rechten Tackles zu unterstützen, und im Rest der Line taten sich Lücken auf. Letztlich war White ein Teamplayer, den es einfach nur glücklich machte, Spiele zu gewinnen.

Heute sollte er als einer der größten Footballspieler verehrt werden, auch wenn er seine Sonntage wahrscheinlich eher in der Kirche als auf seinem geliebten Footballplatz verbringen würde. Nach seiner Pensionierung lernte er Hebräisch und unternahm eine Pilgerreise nach Israel.

Doch im Alter von nur 43 Jahren forderte seine Herz- und Lungensarkoidose, mit der White seit einigen Jahren lebte, ihren tragischen Tribut.

DIE UNITED STATES FOOTBALL LEAGUE (USFL)

Seit dem Zusammenschluss von NFL und AFL im Jahr 1970 hatte der American Football unter relativ stabilen Bedingungen stattgefunden, ohne Konkurrenz.

Doch der Geschäftsmann David Dixon aus Louisiana hatte eine Marktlücke gesehen: eine gähnende Sommerpause, in der monatelang kein Football gespielt wurde. Im 20. Jahrhundert wurde diese Lücke durch 24-Stunden-Nachrichtensendungen und endlose Spekulationen gefüllt, aber Dixon wollte diese Lücke mit Football füllen.

Und das tat er auch. Die Idee entstand Mitte der 60er Jahre, wurde aber erst in der Saison 1983 verwirklicht, als zwischen März und Juli in drei Divisions mit je vier Mannschaften 18 Spiele ausgetragen wurden. Die Michigan Panthers gewannen die allererste Meisterschaft im Mile High Stadium in Denver, die landesweit live auf ABC übertragen wurde. Sogar Donald Trump wollte mitmischen und kaufte die New Jersey Generals.

Ein Jahr später erhielt der Star der University of Tennessee, Reggie White, die Chance, in dem Bundesstaat, in dem er zum Helden geworden war, Profi-Football zu spielen. Er konnte nicht widerstehen und unterschrieb bei den Memphis Showboats.

Obwohl die Boats alles andere als weltklasse waren – in seinen zwei Spielzeiten gab es 18 Siege und 18 Niederlagen – etablierte sich White als einer der besten Pass-Rusher des Landes, bevor die Liga 1986 zusammenbrach.

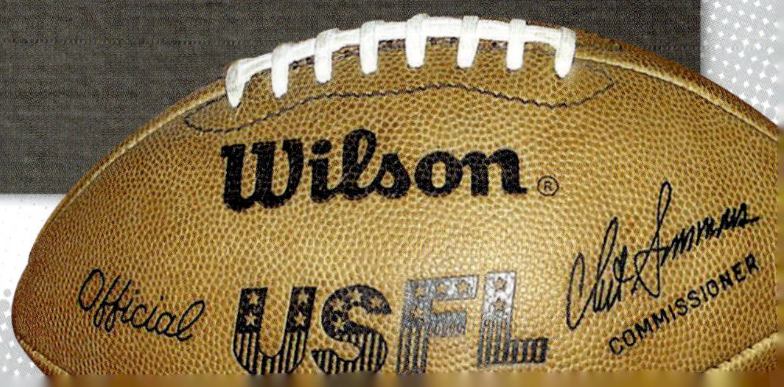

DIE LEGENDE ELWAY

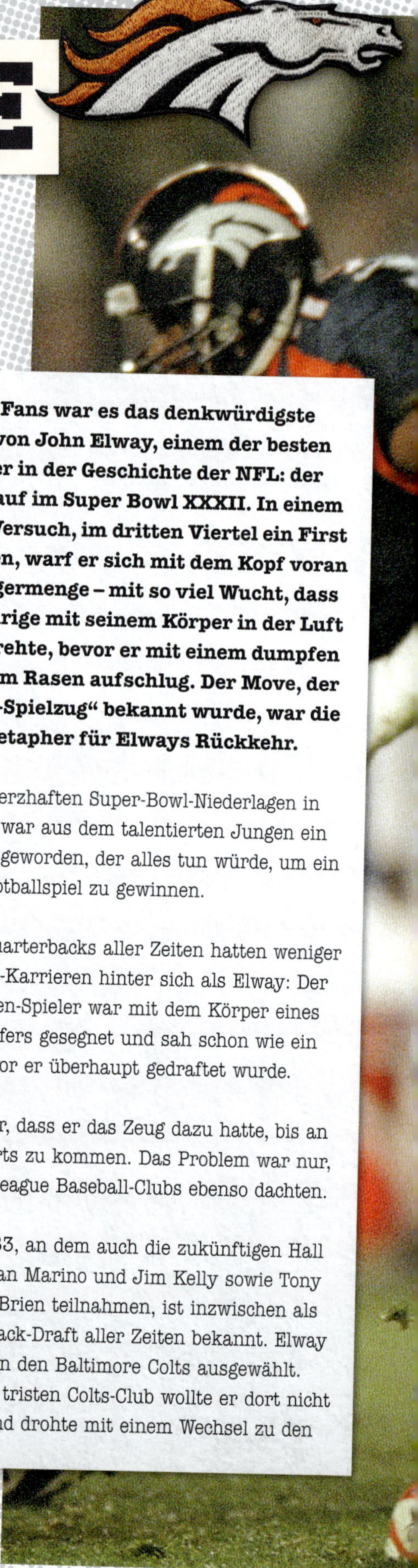

Nachdem er dreimal an der letzten Hürde gescheitert war, schien John Elway nicht dazu bestimmt, Super Bowl-Ruhm zu ernten. Aber die Ikone der Broncos hatte andere Pläne …

JOHN ELWAY

POSITION: Quarterback
NFL DRAFT: 1983/Runde 1/Pick 1
TEAM: Denver Broncos (1983-1998)

••••

KARRIEREHÖHEPUNKTE:
2 x Super Bowl Champion (XXXII, XXXIII)
Super Bowl MVP (XXXIII)
9 x Pro Bowl (1986, 1987, 1989, 1991, 1993, 1994, 1996-1998)
NFL Most Valuable Player (1987)
NFL 1990s All-Decade Team
51.475 geworfene Yards
(sechstbester Spieler aller Zeiten)
Aufnahme in die Pro Football Hall of Fame 2004

Für viele Fans war es das denkwürdigste Spiel von John Elway, einem der besten Passer in der Geschichte der NFL: der Third-Down-Lauf im Super Bowl XXXII. In einem verzweifelten Versuch, im dritten Viertel ein First Down zu erzielen, warf er sich mit dem Kopf voran in die Verteidigermenge – mit so viel Wucht, dass sich der 37-Jährige mit seinem Körper in der Luft um 180 Grad drehte, bevor er mit einem dumpfen Aufprall auf dem Rasen aufschlug. Der Move, der als „Helicopter-Spielzug“ bekannt wurde, war die perfekte Metapher für Elways Rückkehr.

Nach drei schmerzhaften Super-Bowl-Niederlagen in seiner Glanzzeit war aus dem talentierten Jungen ein abgebrühter Profi geworden, der alles tun würde, um ein Footballspiel zu gewinnen.

Viele der besten Quarterbacks aller Zeiten hatten weniger glanzvolle College-Karrieren hinter sich als Elway: Der blonde Westküsten-Spieler war mit dem Körper eines Kurzstreckenläufers gesegnet und sah schon wie ein Profi aus, bevor er überhaupt gedraftet wurde.

Es war sonnenklar, dass er das Zeug dazu hatte, bis an die Spitze des Sports zu kommen. Das Problem war nur, dass viele Major League Baseball-Clubs ebenso dachten.

Der Draft von 1983, an dem auch die zukünftigen Hall of Fame-Spieler Dan Marino und Jim Kelly sowie Tony Jason und Ken O'Brien teilnahmen, ist inzwischen als der beste Quarterback-Draft aller Zeiten bekannt. Elway wurde zuerst von den Baltimore Colts ausgewählt. Unbeeindruckt vom tristen Colts-Club wollte er dort nicht unterschreiben und drohte mit einem Wechsel zu den

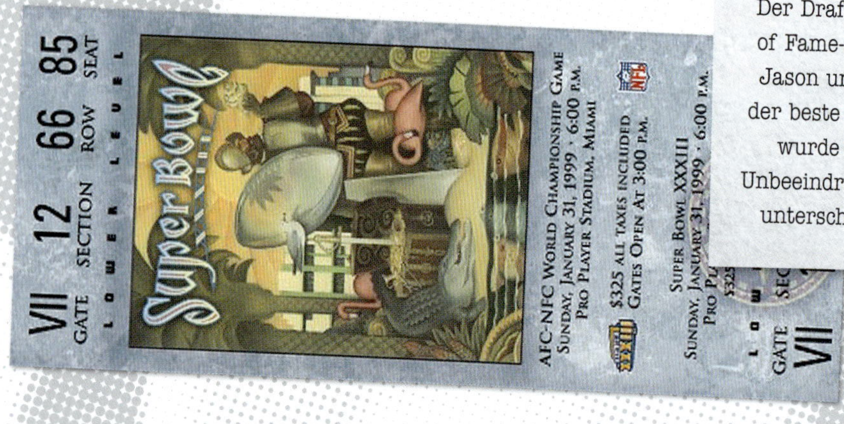

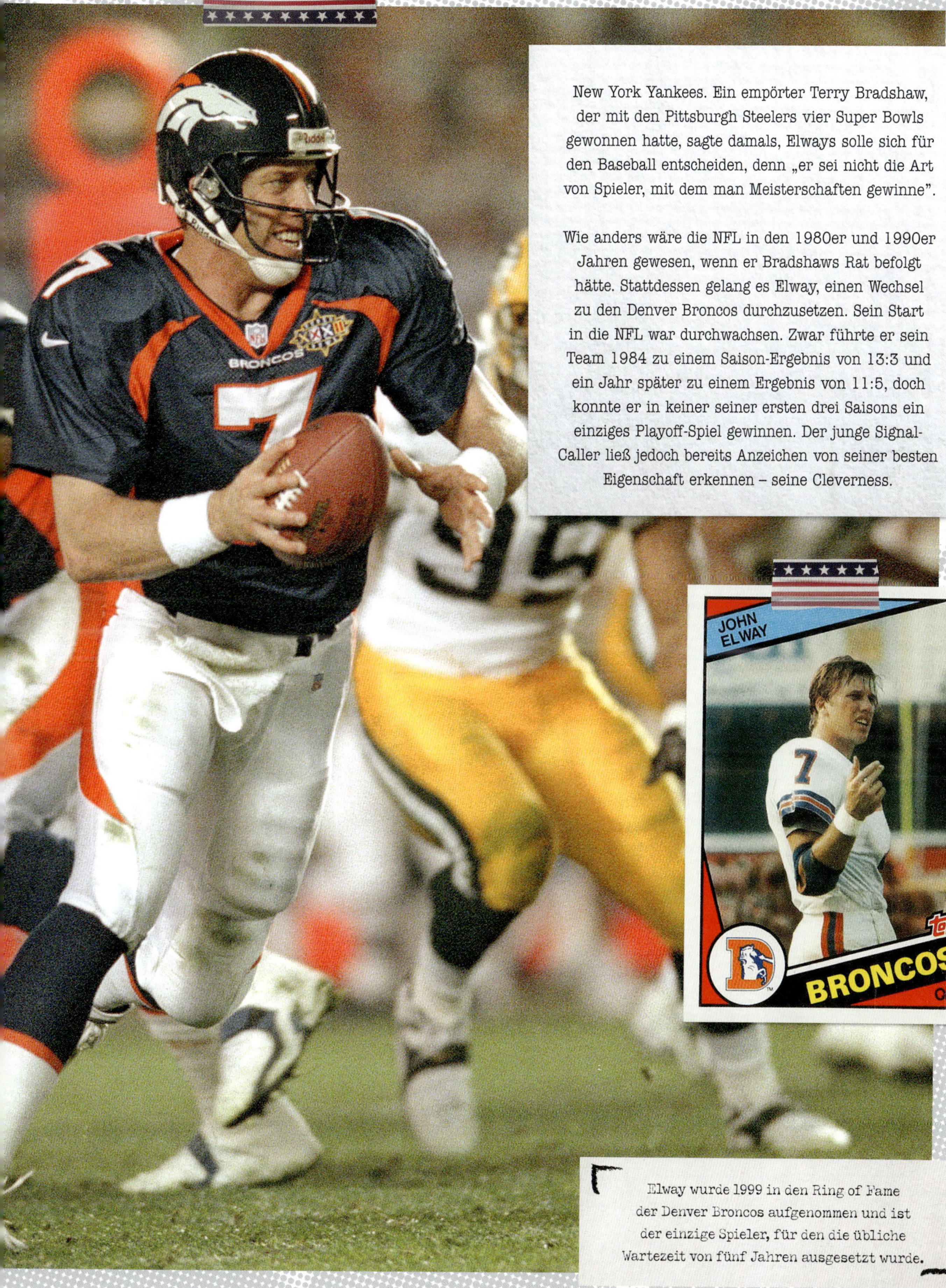

New York Yankees. Ein empörter Terry Bradshaw, der mit den Pittsburgh Steelers vier Super Bowls gewonnen hatte, sagte damals, Elways solle sich für den Baseball entscheiden, denn „er sei nicht die Art von Spieler, mit dem man Meisterschaften gewinne".

Wie anders wäre die NFL in den 1980er und 1990er Jahren gewesen, wenn er Bradshaws Rat befolgt hätte. Stattdessen gelang es Elway, einen Wechsel zu den Denver Broncos durchzusetzen. Sein Start in die NFL war durchwachsen. Zwar führte er sein Team 1984 zu einem Saison-Ergebnis von 13:3 und ein Jahr später zu einem Ergebnis von 11:5, doch konnte er in keiner seiner ersten drei Saisons ein einziges Playoff-Spiel gewinnen. Der junge Signal-Caller ließ jedoch bereits Anzeichen von seiner besten Eigenschaft erkennen – seine Cleverness.

Elway wurde 1999 in den Ring of Fame der Denver Broncos aufgenommen und ist der einzige Spieler, für den die übliche Wartezeit von fünf Jahren ausgesetzt wurde.

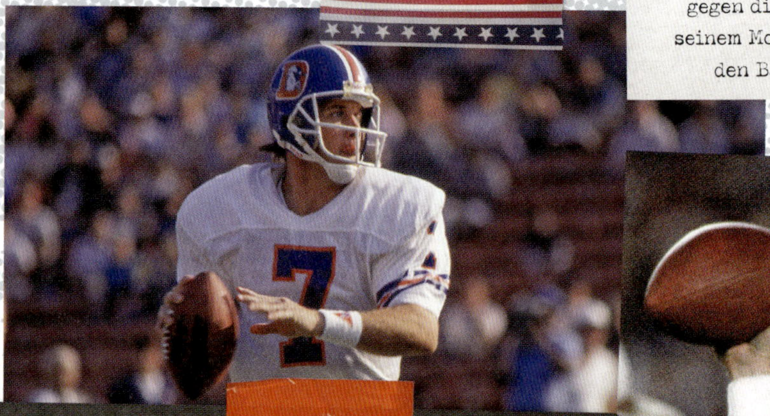

Elway bereitet sich während eines Spiels gegen die Los Angeles Raiders im Jahr 1987, seinem Most Valuable Player-Jahr, darauf vor, den Ball weit über das Feld zu werfen.

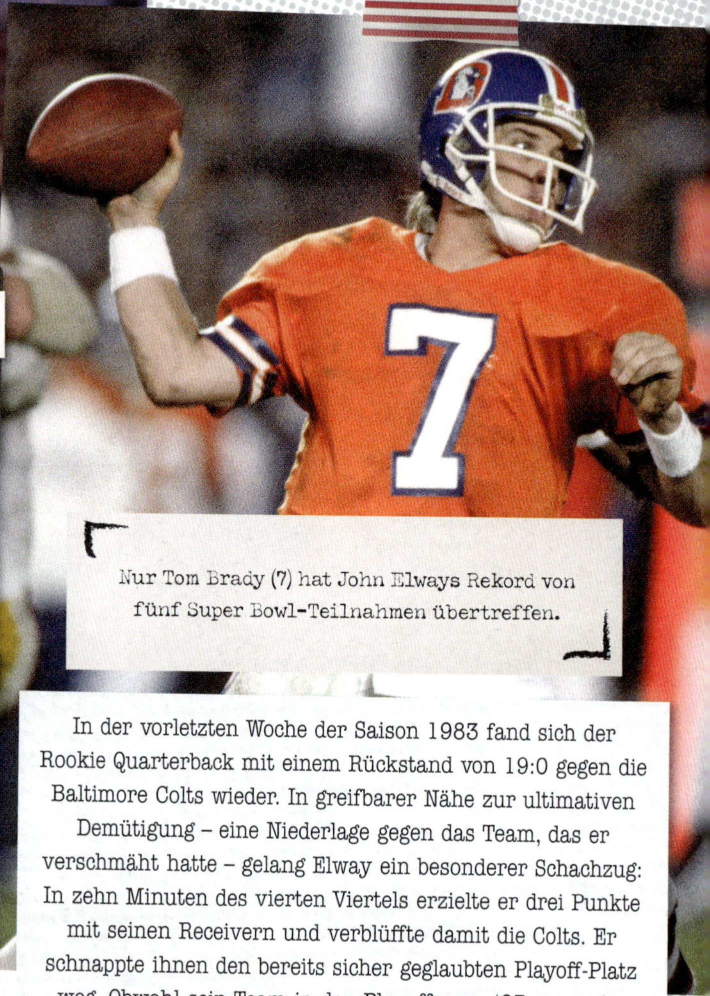

Nur Tom Brady (7) hat John Elways Rekord von fünf Super Bowl-Teilnahmen übertreffen.

ELWAY, DER BASEBALL-STAR

John Elway, einer der talentiertesten Allrounder in der Geschichte der NFL, war nach seinem College-Abschluss ein begehrter Kandidat – und das nicht nur wegen seines Spiels als Quarterback.

1981 schnappten sich die New York Yankees den kalifornischen Goldjungen mit dem letzten Pick der zweiten Runde. Er erhielt einen Bonus von 140.000 Dollar – mehr als Mike Moore, der erste Pick des Drafts. Der spätere Hall of Famer Tony Gwynn, der zwischen 1982 und 2001 eine steile Karriere bei den San Diego Padres hingelegt hat, wurde sechs Picks später ausgewählt.

'82 spielte Elway nur eine Saison in den Minor Leagues, in der Class A mit Oneonta, wo er eine durchschnittliche Schlagkraft von .318 erreichte, mit 4 Homeruns in 151 At Bats. Es war kein Sport aus Zeitvertreib; der spätere Quarterback der Hall of Fame war ein echter Baseballspieler und hätte leicht eine Profikarriere einschlagen können, wenn er es gewollt hätte. Er gehörte zu einer ganzen Reihe von Sportlern, die sowohl von der NFL als auch von den Major League Baseball Franchises unter Vertrag genommen wurden, darunter Bo Jackson, Deion Sanders und Russell Wilson.

Einige Kommentatoren haben Elways Ausflug in den Baseball als Teil seines Versuchs gewertet, einen Wechsel von den Baltimore Colts nach Denver zu erreichen. Letztendlich scheint es, dass seine Entscheidung, beim Football zu bleiben, die richtige war.

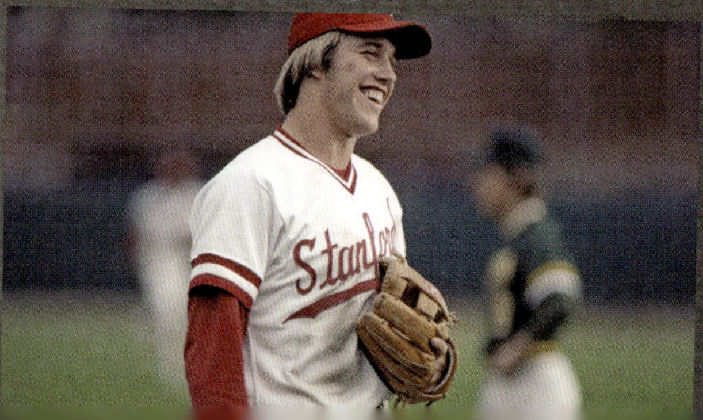

In der vorletzten Woche der Saison 1983 fand sich der Rookie Quarterback mit einem Rückstand von 19:0 gegen die Baltimore Colts wieder. In greifbarer Nähe zur ultimativen Demütigung – eine Niederlage gegen das Team, das er verschmäht hatte – gelang Elway ein besonderer Schachzug: In zehn Minuten des vierten Viertels erzielte er drei Punkte mit seinen Receivern und verblüffte damit die Colts. Er schnappte ihnen den bereits sicher geglaubten Playoff-Platz weg. Obwohl sein Team in den Playoffs von '83 gegen die Seattle Seahawks im AFC Wildcard Game unterlag, gab es dennoch Hoffnung.

Letztendlich erzählen Zahlen nur die halbe Wahrheit. Einer der Gründe, warum man sich an Elway so gerne erinnert, ist, dass seine 16-jährige Karriere mit einigen wirklich herzzerreißenden Momenten gespickt war. Einem Quarterback Drive über die ganze Länge des Spielfelds zuzusehen, um schließlich den entscheidenden Punkt zu erzielen, gehört zu den größten Highlights, die der Sport zu bieten hat. Elways Fähigkeit, die Niederlage in letzter Minute in einen Sieg zu verwandeln, gehörte in den 1980er Jahren ebenso bezeichnend zur NFL wie die berühmt-berüchtigten „Orange Crush"-Trikots seines Teams.

Die berühmteste dieser Aktionen, einfach als „The Drive" bezeichnet, fand 1986 während der AFC-Championship statt.

Als sie gegen die Cleveland Browns mit 20:13 zurücklagen und noch fünf Minuten auf der Uhr zu spielen waren, begann Elway an seiner Zwei-Yard-Linie und starrte auf die 98 Yards Rasen, die ihn von der Endzone der Browns trennten. Broncos-Guard Keith Bishop wandte sich an seine Teamkollegen und sagte zu ihnen: „Wir haben sie genau da, wo wir sie haben wollen.“ Eine kurze Completion zu Runningback Sammy Winder, gefolgt von einem kurzen Lauf, brachten Denver beim dritten Down an der eigenen Zehn-Yard-Linie in Bedrängnis. Timeout.

Winder machte mühevoll drei Yards gut, um die Situation zu lösen, was die Denver-Fans mit einem Seufzer aufatmen ließ. Sie waren noch im Spiel. Elway war nicht mehr von der eigenen Endzone begrenzt und begann mit mehr Freiraum zu agieren. Einem 11-Yard-Quarterback-Lauf folgten Pässe für 22 und 12 Yards. Doch so schnell, wie sich die Broncos einen Hoffnungsschimmer erkämpft hatten, war er auch schon wieder vorbei. Ein nicht angekommener Pass und ein Acht-Yard-Sack und Denver war beim Third Down und 18 in Clevelands Hälfte mit einem Timeout bei zwei Minuten Restspielzeit.

Mit unbeirrbarer Ruhe passte Elway 20 Yards weit zu Rookie Wide Receiver Mark Jackson. Mit zwei weiteren Spielzügen – einem Pass und einem Quarterback-Scramble – konnte Elway große Raumgewinne verzeichnen. An Clevelands Fünf-Yard-Linie visierte Elway ein weiteres Mal Jackson an – diesmal in der Endzone – um das Spiel zu entscheiden. Sie gewannen das Spiel mit einem 33-Yard-Field-Goal in der Verlängerung.

In der aktuellen Zeit, die von nervenstarken Spielern wie Tom Brady und Aaron Rodgers dominiert wird, vergisst man leicht, wie selten Quarterbacks eine solche Gelassenheit in den entscheidenden Momenten an den Tag legten. Es sollte noch zwei Jahre dauern, bis Joe Montana mithilfe seines John-Candy-Spruchs und einem 92-Yard-Game-Winning-Drive den Super Bowl XIII gewann.

Auf den Höhepunkt des Cleveland-Spiels folgte eine knappe 39:20-Niederlage gegen die New York Giants im Super Bowl XXI. Es war die erste von drei Super-Bowl-Niederlagen innerhalb von vier Jahren für Elway und sein Team. Die Niederlagen gegen die Washington Redskins und die San Francisco 49ers fielen deutlich aus. Doch Elway ließ sich nicht beirren und die Sternstunde des Quarterbacks kam mit dem Saisonende 1997.

Knappe Playoff-Siege gegen die Kansas City Chiefs und die Pittsburgh Steelers führten die Broncos zum Super Bowl im Qualcomm Stadium von San Diego. Es war ein kleines Wunder, aber nur wenige hatten erwartet, dass sie den amtierenden Champions, die Green Bay Packers, schlagen würden. Mit Brett Favre hatten sie den besten Spieler der Liga im Team und die Buchhalter sahen sie mit 11 Punkten in der Favoritenrolle. Als das dritte Viertel bei einem Stand von 17:17 unentschieden endete, war Elways berühmtes „Helikopter-Manöver“ vielleicht das entscheidende Zünglein an der Waage. Es war gerade genug, um die Dinge ins Rollen zu bringen, und der daraus resultierende Touchdown verschaffte Denver die Führung.

Dass der ältere Quarterbacks wie eine Stoffpuppe durch die Gegend geschleudert wurde, war für alle Beteiligten schmerzhaft – nicht nur für die Zuschauer. Aber John, der Goldjunge aus Kalifornien, war jetzt Elway, der Profispieler. Mit einem Schrei sprang er auf. Ein Touchdown-Lauf im vierten Viertel von Terrell Davis, dem Most Valuable Player des Spiels, entschied das Spiel, aber es war Elway, der die letzte Hürde endlich genommen hatte. Nach drei Super-Bowl-Niederlagen hätte seine Karriere ohne den Sieg in einem schlechten Licht dagestanden. Im nächsten Jahr folgte ein weiterer Super Bowl-Sieg gegen die Atlanta Falcons, bei dem er auch die Auszeichnung für den Most Valuable Player erhielt. Es war sein letztes Spiel in der Welt des Profifootball.

Aber als ob diese Ringe nicht schon genug wären, gilt Elway auch als Architekt von Denvers Super Bowl 50-Sieg, indem er Peyton Manning davon überzeugte, sich für die Broncos und gegen die 49er und die Tennessee Titans zu entscheiden, um dem Team den letzten Push zum Super Bowl zu geben. Elway, der General Manager der Broncos war, sagte Peyton, dass er genau wisse, wie es sich anfühle, ein Jahr vor dem Ende seiner Profikarriere nach einem Ring zu streben. Keiner von beiden hat es sich leicht gemacht, aber am Ende haben sie beide beim Super Bowl 50 gewonnen.

Elway schaut während eines Vorsaison-Spiels gegen die Detroit Lions über das Spielfeld.

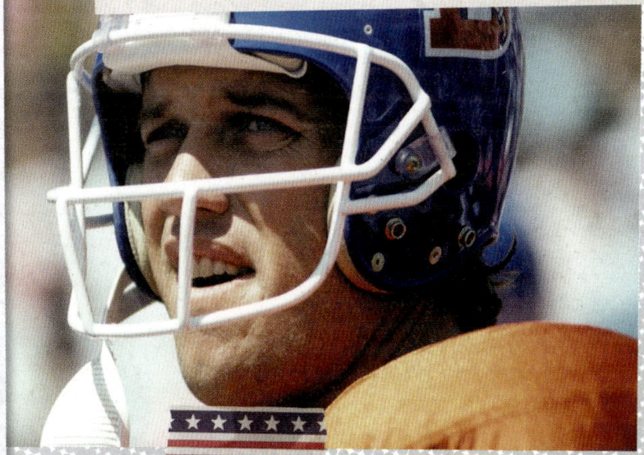

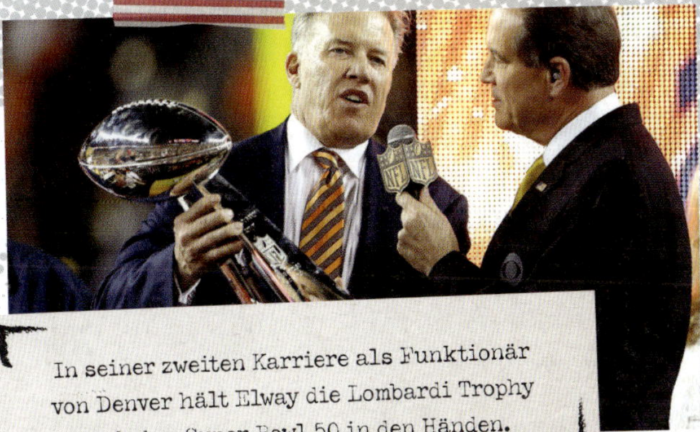

In seiner zweiten Karriere als Funktionär von Denver hält Elway die Lombardi Trophy nach dem Super Bowl 50 in den Händen.

WELCOME TO PRIMETIME

Im Jahr 1989 entfernte sich die NFL von ihrer Sporttradition und wurde zu einem weltweiten Spektakel. Nur wenige Spieler haben diese Zeit so sehr geprägt wie Deion Sanders.

DEION SANDERS

POSITION: Cornerback
NFL DRAFT: 1989/Runde 1/Pick 5
TEAMS: Atlanta Falcons (1989-1993)
San Francisco 49ers (1994)
Dallas Cowboys (1995-1999)
Washington Redskins (2000)
Baltimore Ravens (2004-2005)

KARRIEREHÖHEPUNKTE:
2 x Super Bowl Champion (XIXX, XXX)
8 x Pro Bowl
(1991-1994, 1996-1999)
NFL Defensive Player of the Year (1994)
NFL 1990s All-Decade Team
19 Defensive Touchdowns (zweitbester Spieler aller Zeiten)
Aufnahme in die Pro Football Hall of Fame 2011

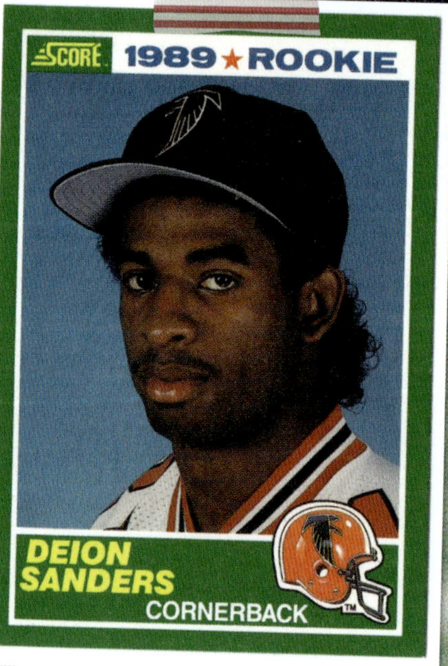

Seit dem Beginn seiner Karriere in der National Football League bei den Atlanta Falcons hat Deion Sanders für Gesprächsstoff gesorgt. Sanders, der wohl beste Cornerback, den dieser Sport jemals gesehen hat, war eine Persönlichkeit, die die NFL für alle zugänglich machte. Sein Spitzname „Primetime“ passte gut in eine Zeit, in der sich das Spiel von seinen Wurzeln entfernte, und die Leute schalteten oft nur ein, um den Verteidiger aus Florida zu sehen, der schnell zum Star wurde.

Auftritte können Kultstatus erreichen, und der von Sanders‘ lieferte genau das: Unterhaltung. Als sich die Idee eines NFL-Sonntags, an dem über den ganzen Nachmittag und Abend Spiele übertragen wurden, zu reifen begann, wurde er oft beim Aufwärmen gezeigt – mit seinem deutlich sichtbaren Bandana. Diese Aufnahmen waren niemals zuvor interessant gewesen, bis das Publikum ihn liebte.

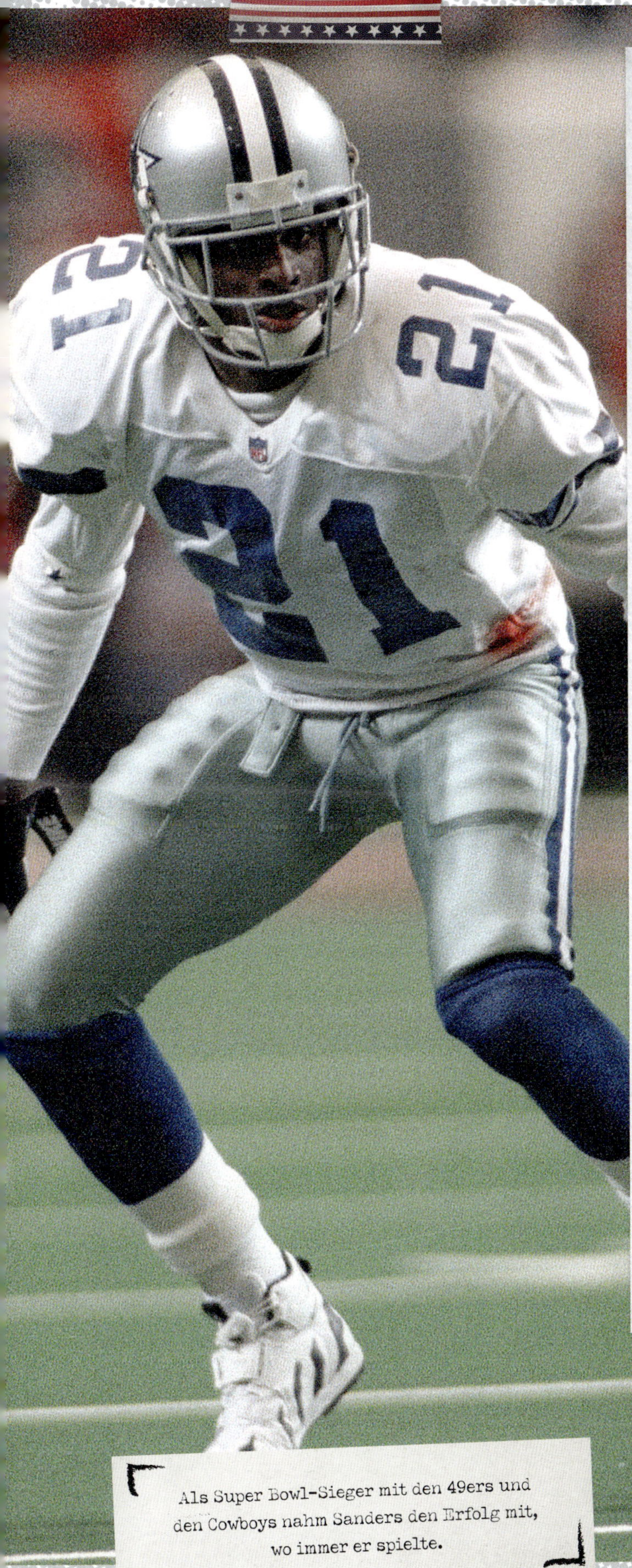

Sport-Persönlichkeiten sind nur beliebt, wenn sie Talent haben, und niemand könnte behaupten, dass der College-Star aus Florida nicht überaus begabt war. Was Sanders unvergesslich machte, war die Tatsache, dass er anders war. Er war einzigartig und ließ das Footballspiel gleichermaßen unterhaltsam und einfach erscheinen. Was seinen Ruf jedoch wirklich nachhaltig im Laufe der Zeit sicherte, war seine Leistung auf dem Spielfeld.

Nach einiger Zeit dominierte Deion Sanders alle großen Receiver seiner Ära, selbst Jerry Rice hatte regelmäßig Probleme mit dem flinken Verteidiger. Sanders war äußerst athletisch und sein Spiel profitierte davon. Er konnte es sich leisten, mit seinem Stellungsspiel Risiken einzugehen, indem er einen Receiver glauben ließ, er hätte einen Vorsprung von einem Yard, um dann unerwartet einen Spielzug auszuführen. Die Würfe, die scheinbar für andere bestimmt waren, wurden im letzten Moment von ihm abgefangen.

Im Laufe seiner Karriere verzeichnete er insgesamt 53 Interceptions, eine Zahl, die noch viel höher ausgefallen wäre, wenn es die gegnerischen Offense nicht einfach vermieden hätte, auf seine Seite des Spielfeldes zu werfen. Macht man eine kurze Bestandsaufnahme der besten Cornerbacks in der NFL 2017, so hat sich jeder einzelne etwas vom ehemaligen Verteidiger der Dallas Cowboys abgeschaut. Das ist sein sportliches Vermächtnis; andere haben das, was er auf dem Spielfeld gezeigt hat, für ihren eigenen Erfolg genutzt.

Viele jüngere Zuschauer werden Richard Shermans Cornerback-Spiel in der berühmten „Legion of Boom" der Seattle Seahawks in höchsten Ehren halten. Auf seine spielentscheidende Interception im NFC Championship Game gegen die San Francisco 49ers im Jahr 2013 folgte eine spektakuläre Schimpftirade vor der Kamera über Wide Receiver Michael Crabtree und darüber, dass Sherman sich selbst zum „besten Corner im Spiel" ernannte.

Als Super Bowl-Sieger mit den 49ers und den Cowboys nahm Sanders den Erfolg mit, wo immer er spielte.

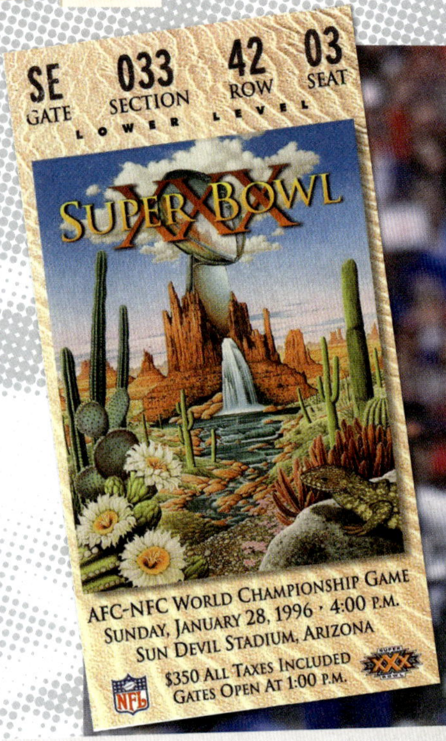

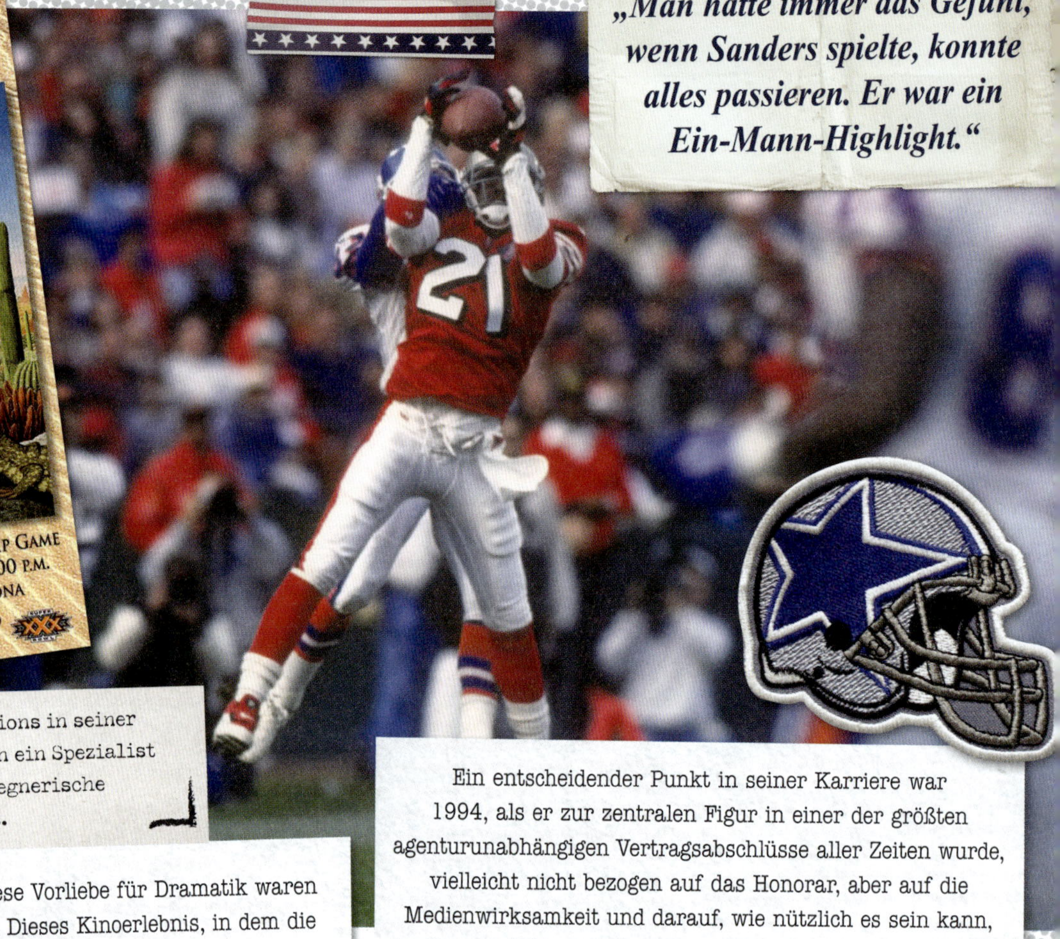

„Man hatte immer das Gefühl, wenn Sanders spielte, konnte alles passieren. Er war ein Ein-Mann-Highlight."

Mit insgesamt 53 Interceptions in seiner Karriere war Primetime darin ein Spezialist und ein Albtraum für gegnerische Quarterbacks.

Dieses Selbstvertrauen, diese Vorliebe für Dramatik waren typisch für Deion Sanders. Dieses Kinoerlebnis, in dem die Defensivspieler eine so gewichtige Rolle spielten, wurde von Sanders in den 1990er Jahren vorbereitet.

Man hatte immer das Gefühl, wenn Sanders spielte, konnte alles passieren. Er war ein Ein-Mann-Highlight. Er ist einer von nur zwei Spielern in der Geschichte des Footballs, die auf jede erdenkliche Art einen Touchdown erzielt haben. Gelegentlich wurde er in der Offense als Receiver aufgestellt. Diese Erfahrung trug nicht nur zur Verbesserung seines persönlichen Status als Spieler bei, sondern beeinflusste auch direkt seine Fangfähigkeiten auf der Cornerback-Position.

Ein gemeinsames Thema bei allen Legenden ist, dass ihr natürliches Talent durch eine unglaubliche Trainingsmoral ergänzt wird. Deion Sanders war ein akribischer Filmstudent. Er studierte in seiner Freizeit Spiele und nahm sogar einen tragbaren DVD-Player mit Spiel-Highlights auf längere Flüge mit, was zum Zeitpunkt seines Drafts noch lange nicht üblich war. Sein Einblick in das Spiel half ihm: Er studierte nicht nur die gegnerischen Spieler, sondern auch die gegnerischen Offense-Koordinatoren. Er erkannte Muster bei den Spielzugentscheidern, die schon eine Weile in der Liga waren und davon ausgingen, dass sie noch jahrelang auf ihren Positionen bleiben würden. Er sammelte Wissen, das er immer wieder abrufen konnte.

Ein entscheidender Punkt in seiner Karriere war 1994, als er zur zentralen Figur in einer der größten agenturunabhängigen Vertragsabschlüsse aller Zeiten wurde, vielleicht nicht bezogen auf das Honorar, aber auf die Medienwirksamkeit und darauf, wie nützlich es sein kann, im Rampenlicht zu stehen. Nach fünf Saisons in Atlanta ließ Sanders' schierer Hunger nach einem Meisterschaftssieg ihn für eine Saison bei den San Francisco 49ers unterschreiben, einem echten Powerhouse-Team. Unter Headcoach George Seifert und mit Quarterback Steve Young hatten die Niners alles, was für einen Super Bowl-Erfolg notwendig war. Doch zwei aufeinanderfolgende Niederlagen in der Conference Championship gegen die Dallas Cowboys, die das Triplet anstrebten, hatten bei den Menschen in der Bay Area einen bitteren Beigeschmack hinterlassen. Die Lösung? Für satte 1,2 Millionen Dollar nahm man Deion Sanders unter Vertrag.

Sanders liebte das Rampenlicht und zeigte stets ordentliche Leistungen. Er wurde von den Spielern in San Francisco so sehr geschätzt, dass einige der etablierten Stars des Teams Gehaltskürzungen bei ihren eigenen Jahresgehältern akzeptierten, nur um sicherzustellen, dass dieser Deal über die Bühne gehen konnte. Die 49ers hatten nun endlich einen Shutdown-Corner, der es mit Michael Irvin und Alvin Harper aufnehmen konnte. In der Saison 1994 waren alle Augen auf Sanders gerichtet und er erwies, dass diese seine beste in der Liga werden würde: Er erreichte sechs Interceptions, spielte beim Sieg über die Cowboys im NFC Championship Game die Hauptrolle und gewann anschließend seinen ersten Super Bowl.

Außerhalb des Spielfelds nahm Sanders ein Album auf und moderierte Saturday Night Live, aber das war Deion: Er konnte mühelos in mehrere Rollen schlüpfen und händeln. Seine Leistungen auf dem Spielfeld blieben konstant hoch und er hatte nun den Super Bowl-Championtitel, den er mit seinem Einsatz errungen hatte. Primetime half nicht nur bei der Modernisierung des gesamten Sports, er revolutionierte auch seine eigene Position auf dem Spielfeld. Verteidiger werden nie die wahren Stars des Football sein – Quarterbacks werden immer diesen Ruf innehaben – aber Sanders hat es möglich gemacht, dass ein Cornerback als ein entscheidender Spieler angesehen werden kann, der den Unterschied machen kann.

Seine Fähigkeit, eine Seite des Feldes komplett abzuriegeln, sorgte für eine Wende in der Defense-Strategie. In den 1990er Jahren, als Spieler wie Joe Montana, Dan Marino und der bereits erwähnte Steve Young die Liga dominierten, hatten viele Defense-Koordinatoren zu viel Angst, eine Mann-zu-Mann-Deckung einzusetzen. In Teams mit Sanders auf dieser Position war es das genaue Gegenteil: Er war in Eins-gegen-Eins-Spielen so dominant, dass seine Defense-Koordinatoren die Politik der Zonenverteidigung einfach aufgaben, und ihm erlaubten, die Receiver zu unterstützen.

Es gibt zwei „Deion Sanders-Regeln": die erste entstand, als er 1989 am Sugar Bowl teilnahm, obwohl er in diesem Semester an der Florida State University keinen einzigen Kurs besucht hatte. Die örtlichen Bildungsbeauftragten machten es bald darauf zum Gesetz, dass die Teilnahme an Bowl-Spielen nicht ohne die Belegung von Kursen erfolgen durfte. Die zweite bezieht sich auf seinen Vertrag mit Jerry Jones' Cowboys aus dem Jahr 1995: Um die Gehaltsobergrenze zu umgehen, bekam er ein minimales Grundgehalt und einen Abschlussbonus von fast 13 Millionen Dollar. Die Liga entschied daraufhin, dass der Bonus mit der Gehaltsobergrenze anteilig verrechnet werden müsse.

2011 wurde er in der ersten Wahl in die Hall of Fame aufgenommen, sein sportliches Erbe wurde in Canton geehrt; seine Erfolge für alle sichtbar ausgestellt. Es ist leicht, sich an Deion Sanders als besten Cornerback der Welt zu erinnern, aber das Gesamtpaket ist es, was ihn zu einem solchen Geschenk für die NFL machte. Wie er selbst einmal sagte, brachte er die Leute dazu, den Sport anzuschauen und zu den Spielen zu kommen, obwohl sie das normalerweise nicht vorhatten. „Niemand wird dafür bezahlt, bescheiden zu sein. Einige Leute kommen, um zu sehen, ob ich mich gut schlage, andere kommen, um zu sehen, ob ich stürze, aber ob sie mich lieben oder hassen, sie kommen."

Seine 14-jährige Karriere, wenn auch mit einer kurzen Unterbrechung, wird als eine der größten aller Zeiten in die Geschichte eingehen, und das zu Recht. Die Art und Weise, wie er spielte, hat den Weg für so viele andere geebnet; ein Platz in der Hall of Fame ist für diese wahre NFL-Legende mehr als verdient.

DER DOPPEL-SPORT-STAR

Auch wenn es heute schwer vorstellbar ist, da die NFL das ganze Jahr über allgegenwärtig ist, war Deion Sanders auf professioneller Ebene eigentlich in zwei Sportarten ein Star. Neben seiner Footballkarriere war er auch im Baseball in der Major League erfolgreich und nahm 1992 mit den Atlanta Braves sogar an der World Series teil.

Seine Popularität verband zwei Zielgruppen und beide Sportarten profitierten davon. Die Fans des Cornerbacks schalteten ein, um ihn als Center Fielder zu sehen und umgekehrt. Er war ein Kassenschlager und sein natürliches Talent bedeutete, dass es sich nicht nur ein netter Werbegag war. Er war in beiden Sportarten ein außergewöhnlicher Spieler. Noch erstaunlicher ist jedoch, dass er beide Sportarten gleichzeitig betrieb. Sanders spielte sonntags Football und nahm während der MLB-Playoffs unter der Woche an Baseball-Matches teil.

In seiner neunjährigen Karriere, in der er für die New York Yankees, Atlanta Braves, Cincinnati Reds und die San Francisco Giants spielte, absolvierte Sanders 641 Spiele mit 558 Treffern und 39 Homeruns. Seine sportliche Begabung verhalf ihm dazu, 186 Bases zu stehlen. Zwei Sportarten zu vermischen, ist nicht unbedingt so aufsehenerregend, aber in beiden Sportarten beruflich auf einem so professionellen Level zu spielen, schon. Primetime nahm es einfach hin, seine Mission war es, auf jede Art und in jedem Stadion seine Höchstleistung abzuspulen, und genau das tat er während seiner gesamten Doppel-Sport-Karriere.

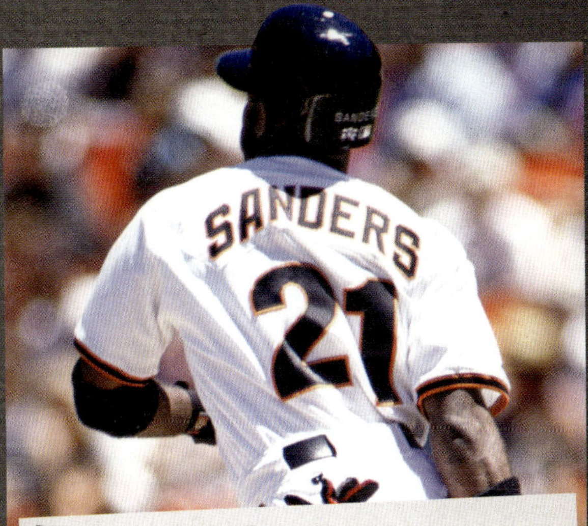

Deion Sanders verzeichnete acht Treffer bei 15 At Bats in der World Series 1992.

DER PASS MASTER

Was macht Peyton Manning zu einem der besten Spieler aller Zeiten? Jeder, der mit ihm gespielt hat, hat eine ganze Reihe von Antworten …

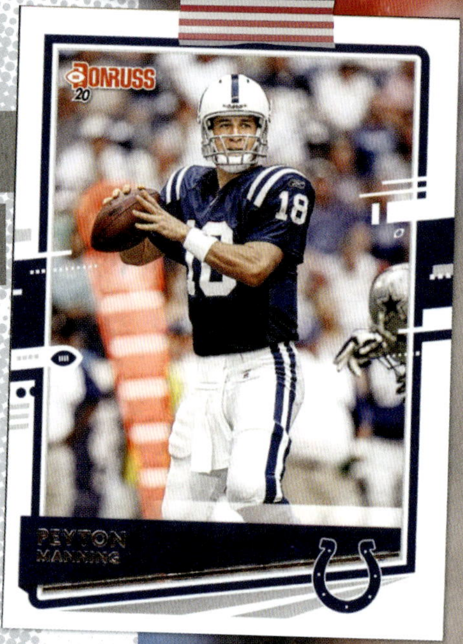

PEYTON MANNING

POSITION: Quarterback
NFL DRAFT: 1998/Runde 1/Pick 1
TEAMS: Indianapolis Colts (1998-2011)
Denver Broncos (2012-2015)

••••

KARRIEREHÖHEPUNKTE:
2 x Super Bowl Champion (XLI, 50)
14 x Pro Bowl (1999, 2000, 2002-2010, 2012-2014)
5 x NFL Most Valuable Player (2003, 2004, 2008, 2009, 2013)
NFL 2000s All-Decade Team
Meiste gepasste Yards (5.477) in einer Saison (2013)
Meiste gepasste Touchdowns (55) in einer Saison (2013)
71.940 geworfene Yards
(bester Spieler aller Zeiten)
539 geworfene Touchdowns (bester Spieler aller Zeiten)

„Seine Bälle sind so präzise – manchmal fühlt es sich wie eine einfache Übergabe an.“ „Er lebt, isst, atmet, raucht, schnupft, kaut Football. Er ist einfach eine Maschine.“ „Er spielt auf Meister-Niveau. Er ist in der Lage, alle Schritte vorauszusehen.“

Alle diese Männer haben mit Peyton Manning gespielt und alle haben versucht, zu erklären, warum der in New Orleans geborene Quarterback als einer der größten Spieler aller Zeiten in die Geschichte eingeht. Keiner von ihnen hat die gleiche Antwort gegeben – was bedeutet, dass es wahrscheinlich keine einheitliche Antwort gibt. Er ist so nah am perfekten Quarterback, wie niemand in der heutigen Zeit des American Football.

Das vielleicht größte Kompliment, das Manning in der Vergangenheit gemacht wurde, wurde in einem seiner dunkelsten Momente geäußert. Nachdem er 2011 von den Indianapolis Colts, bei denen er insgesamt 13 Jahre gespielt hatte, per Franchise-Tag kurzfristig vertraglich gebunden worden war, unterzeichnete Manning nur wenige Wochen vor einer erneuten Nackenoperation wegen einer anhaltenden Verletzung einen neuen Fünfjahres-Vertrag im Wert von rund 90 Millionen Dollar.

Während des Vor-Saison-Trainings und der Rehabilitation beklagte er sich jedoch darüber, dass er nicht mehr in der Lage war, seine gewohnte Wurfbewegung auszuführen, und dass er Kraft eingebüßt hatte. Der Arm war sein Kapital, seine Stärke, sein Ein und Alles. Ohne seinen Arm war er nichts. Die Ärzte sagten ihm, dass er eine zweite Operation benötigen würde, die ihn für die gesamte Saison 2011 außer Gefecht setzen würde.

Mit gebrochenem Herzen erhält er eine Nachricht von Tom Brady, seinem Weggefährten und langjährigen Rivalen. Die beiden werden immer wieder in langen Diskussionen einander gegenübergestellt, die auf Barhockern in ganz Amerika und in aller Welt bis ins Unendliche ausgetragen werden.

„Für mich ist er der Größte aller Zeiten“, sagte Brady. „Er ist ein Freund und jemand, den ich immer beobachte und

„Wenn Sie mich nicht draften, verspreche ich, dass ich zurückkomme und Ihnen in den Hintern trete.“

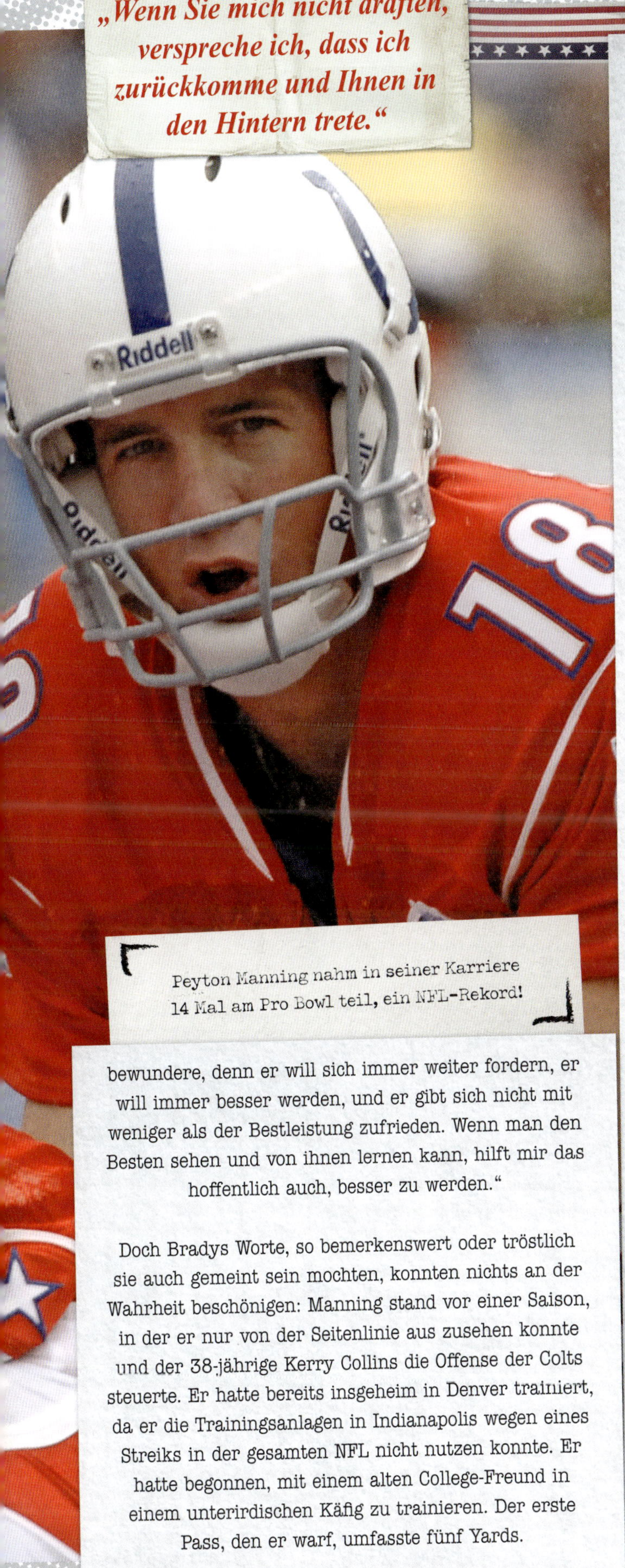

Peyton Manning nahm in seiner Karriere 14 Mal am Pro Bowl teil, ein NFL-Rekord!

bewundere, denn er will sich immer weiter fordern, er will immer besser werden, und er gibt sich nicht mit weniger als der Bestleistung zufrieden. Wenn man den Besten sehen und von ihnen lernen kann, hilft mir das hoffentlich auch, besser zu werden.“

Doch Bradys Worte, so bemerkenswert oder tröstlich sie auch gemeint sein mochten, konnten nichts an der Wahrheit beschönigen: Manning stand vor einer Saison, in der er nur von der Seitenlinie aus zusehen konnte und der 38-jährige Kerry Collins die Offense der Colts steuerte. Er hatte bereits insgeheim in Denver trainiert, da er die Trainingsanlagen in Indianapolis wegen eines Streiks in der gesamten NFL nicht nutzen konnte. Er hatte begonnen, mit einem alten College-Freund in einem unterirdischen Käfig zu trainieren. Der erste Pass, den er warf, umfasste fünf Yards.

Aber seine Bemühungen, das Werfen des Balls wieder zu erlernen, waren vergeblich, und auch nach der zweiten Operation verbesserte er sich nicht. Dennoch sagte er, dass er auch nach einem Jahrzehnt noch etwas über sich selbst gelernt habe: „Dass ich durchhalten kann.“ Und das musste er auch. Im März 2012 wurde Manning bei den Colts entlassen, bevor sie ihm einen Bonus von 28 Millionen Dollar hätten zahlen müssen. Damit hatten sie auch gleichzeitig die Chance, Andrew Luck als ersten Spieler zu draften. Manning, damals 35 Jahre alt, konnte seine Emotionen bei seiner letzten Pressekonferenz mit dem Team kaum zurückhalten.

„Danke, dass ich euer Quarterback sein durfte“, sagte er zu den Colt-Fans, die mit ansehen mussten, wie das Team ohne ihn eine schlechte 2-14-Saison hinlegte. Daran waren sie aus den vorangegangenen Saisons unter Mannings Einfluss‘ nicht gewöhnt.

Bevor er 1998 gedraftet wurde, hatte es in der NFL Gerüchte über seine mangelnde Wurfkraft und seine eingeschränkte Beweglichkeit geben, und dass es daher ein Fehler sei, ihn im Draft zuerst zu wählen. Ryan Leaf von der Washington State habe weitaus mehr Potenzial, ein generationenprägender Quarterback zu werden. Scouts in der Liga nährten diese Meinung, die Sports Illustrated treffend zusammenfasste: „Es war populär, Manning als sichere Wahl darzustellen und Leaf als potenzielle Geheimwaffe“. Aber es war bezeichnend, dass keiner der Insider, die Manning kritisierten, sich öffentlich äußerte, vielleicht aus Angst, dass wenn sich ihre warnenden Worte als falsch rausstellen und noch jahrelang zitiert werden würden. Aber eine Woche vor der Bekanntgabe der Wahl hatte sich der neue General Manager der Colts, Bill Polian, noch immer nicht entschieden. Der Druck war hoch für den Mann, der die Carolina Panthers in ihrer zweiten Saison fast bis zum Super Bowl-Sieg geführt hatte. Die Colts hatten im letzten Jahr nur drei Spiele gewonnen und Polian, der die Dinge wieder in Ordnung bringen sollte, stand vor der schwierigen Entscheidung zwischen Leaf und Manning. Manning beschloss, den Einsatz zu erhöhen. „Wenn Sie mich nehmen, verspreche ich Ihnen, dass wir die Meisterschaft gewinnen“, sagte er Polian unter vier Augen. „Wenn nicht, verspreche ich Ihnen, dass ich zurückkomme und Ihnen in den Hintern trete.“ Sie nahmen ihn, aber nach einem Jahr fragte sich Polian wahrscheinlich, ob er genug von den richtigen Leuten um Manning herum aufstellen konnte, um jene Ringe zu liefern, die er versprochen hatte. Der 3-13-Rekord aus dem Jahr 1997 wiederholte sich 1998, als die Verteidigung fast 30 Punkte pro Spiel zuließ – aber Manning blieb ein heller Lichtblick. Er brach fünf verschiedene Rookie-Rekorde,

OMAHA!

Manning approached the line of scrimmage with a play already Manning näherte sich der Line of Scrimmage mit einem Spielzug, der bereits vom Coach ausgewählt worden war, wobei jedes Element im Voraus geplant wird, um ihm zu ermöglichen, das Feld abzuschätzen und den perfekten Pass zu spielen.

Doch damit endet die Spielplanung noch lange nicht, und im Fall von Manning, war dies der Punkt, an dem die Magie begann.

Der Quarterback wurde für seine Fähigkeit berühmt, die Verteidigung zu scannen und Lücken zu finden, noch bevor der Ball geworfen wurde, indem er an der Linie Kommandos gab, um sein Team in eine bessere Position zu manövrieren und diese auch ausnutzen zu können.

Der Ruf „Omaha, Omaha", gefolgt von einer Reihe von Wörtern und Zahlen, wurde zu einem vertrauten Ruf für die Indianapolis- und NFL-Fans. Meistens folgte darauf die Ansage „Touchdown Colts!".

Aber das Geheimnis, was genau Manning mit seinen „Omaha"-Rufen meinte, wurde mit seiner Berühmtheit immer rätselhafter, bis er sich schließlich bereit erklärte, es auf einer Pressekonferenz zu lüften.

„‚Omaha' ist eine Laufspielanweisung, aber es kann auch ein Passspiel oder eine Kombination aus beidem ankündigen, was von einigen Faktoren abhängt: vom Wind, von der Richtung, in die wir spielen, vom Viertel oder den Trikots, die wir tragen."

Ja, einige Dinge bleiben unbeantwortet und das macht das Geheimnis noch interessanter.

darunter die meisten Touchdown-Pässe in einer Saison (26) und die meisten Spiele mit mehr als 300 Passing Yards (vier). Nur in einem Spiel innerhalb eines Jahres schaffte er es nicht, die Endzone zu erreichen.

Die Liga war reif für einen Wechsel auf der Quarterback-Position. Manche nannten 1998 das „letzte Hurra" der großen Generation der Signal Caller aus den 1980er-Jahren: Vinny Testaverde, Randall Cunningham, Steve Young, Dan Marino und John Elway waren alle weit über 30, während Troy Aikman 32 Jahre alt war. Manning schien bereit, die Führung zu übernehmen, was er auch erfolgreich tat: Nach 28 Picks und 13 Niederlagen im Jahr 1998 beendete er das Jahr 1999 mit nur 15 Picks und 13 Siegen in der regulären Saison und führte die Colts zum AFC-East-Titel, zur Nummer 2 der Tabelle und zum allerersten Playoff-Spiel in Indianapolis. Außerdem übertraf er zum ersten Mal die 4.000-Yard-Marke, was ihm nach diesem ersten Mal in jeder kompletten Saison gelang, ein Beweis für seine Beständigkeit und Verlässlichkeit. Manning verlor in den Playoffs 1999 ein knappes Spiel gegen Tennessee, aber es gab allen Grund, optimistisch in die Zukunft zu blicken. Die 13 Siege dieser Saison waren ein Meilenstein für Mannings erste sieben Jahre bei den Colts, auch wenn nicht viel im Vergleich zu seiner eigenen Leistung war.

Der Wechsel von der AFC East zur AFC South im Jahr 2002 hätte die Dinge einfacher machen sollen, und zwei aufeinanderfolgende 12-4-Saisons sicherten Manning aufeinanderfolgende Division-Titel und Most Valuable Player-Auszeichnungen – aber dennoch konnte er sein Team nicht in die Playoffs bringen. In beiden Saisons wurde er von seinem großen Rivalen Brady eliminiert, und die Frage nach seiner körperlichen Verfassung wurden erneut aufgeworfen.

Beide Playoff-Niederlagen ereigneten sich im Gillette Stadium in Massachusetts und beide Male bei eisigen Temperaturen. Die Probleme mit seiner Armstärke, die Scouts im College heimlich festgestellt hatten, waren auf eine angeborene Schwäche in seinem Nacken zurückzuführen, die von Ärzten entdeckt wurde, nachdem Peytons ältester Bruder Cooper als Teenager wegen einer degenerativen Veränderung im Wirbelkanal mit dem Football aufhören musste. Obwohl die Nackenprobleme des jüngeren Manning in seiner Karriere erst spät auftraten, war diese offensichtliche Unfähigkeit, mit der Kälte und ihren Auswirkungen auf seinen Wurfarm umzugehen, besorgniserregend.

Es war also ein weiterer Beweis für Mannings Fähigkeiten, dass er, nachdem er sechs Mal in Folge gegen Brady verloren hatte, darunter auch in zwei aufeinanderfolgenden Play-off-Spielen gegen die Patriots und wieder im Gillette, die Hoffnung nicht aufgab. Der zweite Sieg folgte in der Saison von 2006, als Manning trotz der Minusgrade in Topform war. In zwei aufeinanderfolgenden 300-Yard-Spielen bewies der Colts-Quarterback, dass er es bei jedem Wetter schaffen konnte, und brachte sein Team auf eine 8-0-Saison. Obwohl er letztendlich auf 12-4 abrutschte, blickte Manning in diesem Jahr kaum zurück. Nach zwei Most Valuable Player-Titeln ohne Ring, war er entschlossen, sein damaliges Versprechen gegenüber Polian einzulösen. Und als er im AFC-Championship Game erneut auf die Patriots traf, fand dieses im RCA Dome statt. Es war Mannings erstes Aufeinandertreffen mit den Patriots auf heimischem Boden nach der Saison und das Spiel wurde später von den NFL Greatest Games als „Peytons Rache" bezeichnet. Es erwies sich als absoluter Thriller, da die Colts zur Halbzeit mit 21:6 zurücklagen und im vierten Viertel sogar mit 28:18. In dieser zweiten Hälfte gelangen Manning

„Danke Colt-Fans, dass ich euer Quarterback sein durfte."

BEI DEN MANNINGS SIND ALLE CHAMPIONS

Im Haushalt der Mannings werden wahrscheinlich viele Geschichten über sportliche Erfolge ausgetauscht. Peyton und Eli haben unter sich allein vier Super Bowls gesichert, Vater Archie war ein zweiter NFL-Draft-Pick.

Der älteste Manning-Bruder, Cooper, hätte es als vielversprechender Basketball- und Footballkandidat ebenfalls geschafft, wenn bei ihm nicht schon als Teenager eine Veränderung im Wirbelkanal diagnostiziert worden wäre.

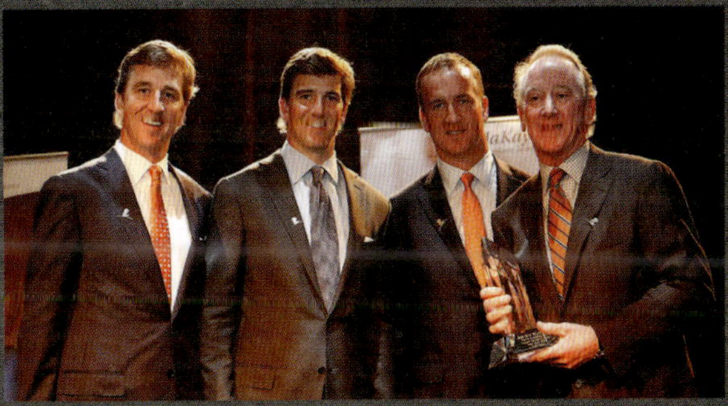

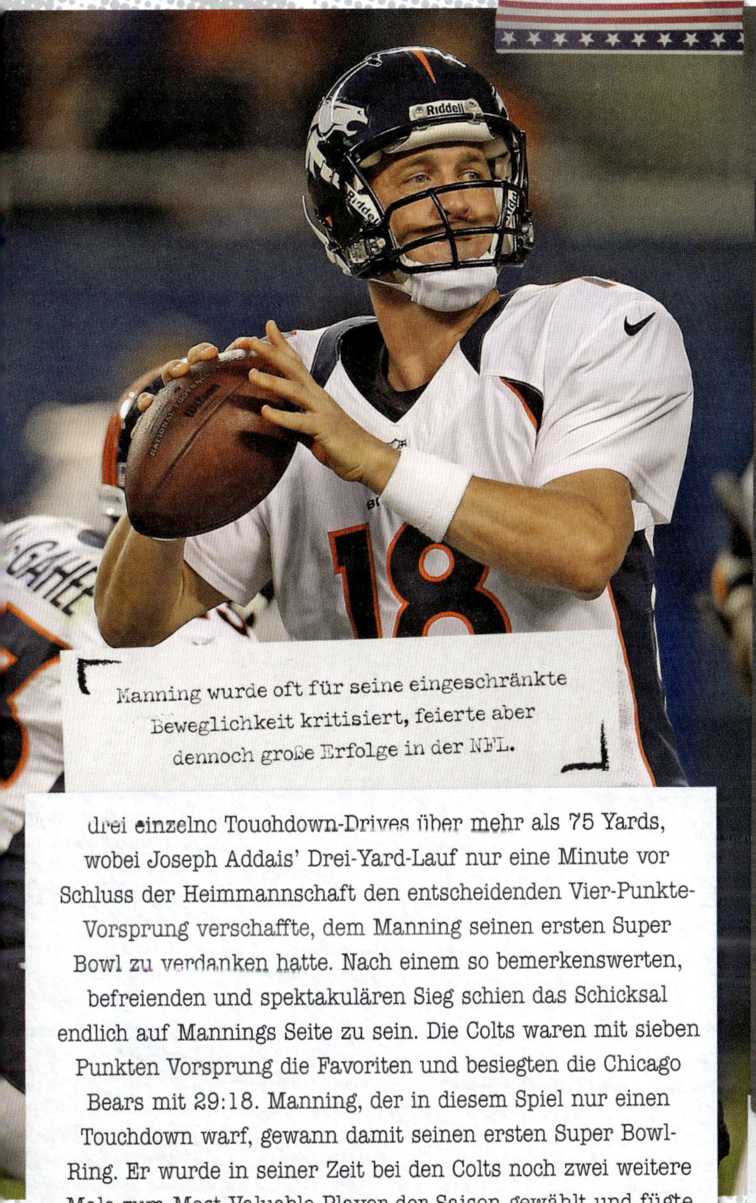

Manning wurde oft für seine eingeschränkte Beweglichkeit kritisiert, feierte aber dennoch große Erfolge in der NFL.

drei einzelne Touchdown-Drives über mehr als 75 Yards, wobei Joseph Addais' Drei-Yard-Lauf nur eine Minute vor Schluss der Heimmannschaft den entscheidenden Vier-Punkte-Vorsprung verschaffte, dem Manning seinen ersten Super Bowl zu verdanken hatte. Nach einem so bemerkenswerten, befreienden und spektakulären Sieg schien das Schicksal endlich auf Mannings Seite zu sein. Die Colts waren mit sieben Punkten Vorsprung die Favoriten und besiegten die Chicago Bears mit 29:18. Manning, der in diesem Spiel nur einen Touchdown warf, gewann damit seinen ersten Super Bowl-Ring. Er wurde in seiner Zeit bei den Colts noch zwei weitere Male zum Most Valuable Player der Saison gewählt und fügte seiner Trophäensammlung drei weitere Division-Titel hinzu, aber er konnte diese ungeahnten Höhen nie wieder erreichen. 2009 war er nah dran, verlor aber im Super Bowl 44 gegen New Orleans, wo er die Rolle des Bösewichts gegen die nach Hurrikan Katrina heldenhaft spielenden Saints innehatte.

Aber für Manning war es noch nicht vorbei. Nachdem er 2012 einen Vertrag mit den Denver Broncos unterschrieben hatte, ließ sich Manning in jenem Bundesstaat nieder, in dem er zum ersten Mal das volle Ausmaß seiner Nackenverletzung erfasst hatte. Und dort bewies er, dass sich zwar einige Dinge ändern, andere aber beim Alten bleiben. Er führte die Broncos zum Super Bowl 48, wo die Seattle Seahawks sie mit 43:8 besiegten. In seinen ersten vier Jahren erzielte er jeweils zweistellige Siege. Und 2015 gelang ihm dies schließlich erneut beim Super Bowl 50.

Aber ausnahmsweise war Peyton nicht der Star der Show. Denver hatte es dank der besten Verteidigung der Liga in die Playoffs geschafft, während Manning in den neun Spielen, in denen er spielte, nur neun Touchdowns geworfen hatte. Seine Verletzung zeigte erneut ihr hässliches Gesicht und er verpasste fast die Hälfte der regulären Saison. Aber als die Playoffs anstanden, war Manning wieder in Topform. Mit einem weiteren Sieg in der Nachsaison gegen Brady sicherte er sich einen Platz im Super Bowl 50, warf zwei Touchdowns und, was entscheidend war, keine Interceptions und siegte mit 20:18. Auch in seinem letzten Spiel war seine Statistik unspektakulär: Er vervollständigte nur 13 Pässe für 141 Yards, während seine Verteidiger und Runningback CJ Anderson beim 24:10-Sieg über Cam Newton und die Carolina Panthers die Punkte erzielten. Aber das spielte keine Rolle – Manning verließ das Feld als Champion.

Letztendlich wird man sich an Manning für Vieles erinnern – meist Positives und manchmal Negatives –, aber man wird sich in jedem Fall an ihn erinnern. Es gab vielleicht noch nie einen größeren Taktiker im Pocket.

„SWEETNESS“ UND KAMPFGEIST

Ein Monster auf dem Spielfeld und ein Gentleman außerhalb des Feldes – Walter Payton brachte den Stiff-Arm wieder in Mode und die Bears erneut zu Ruhm.

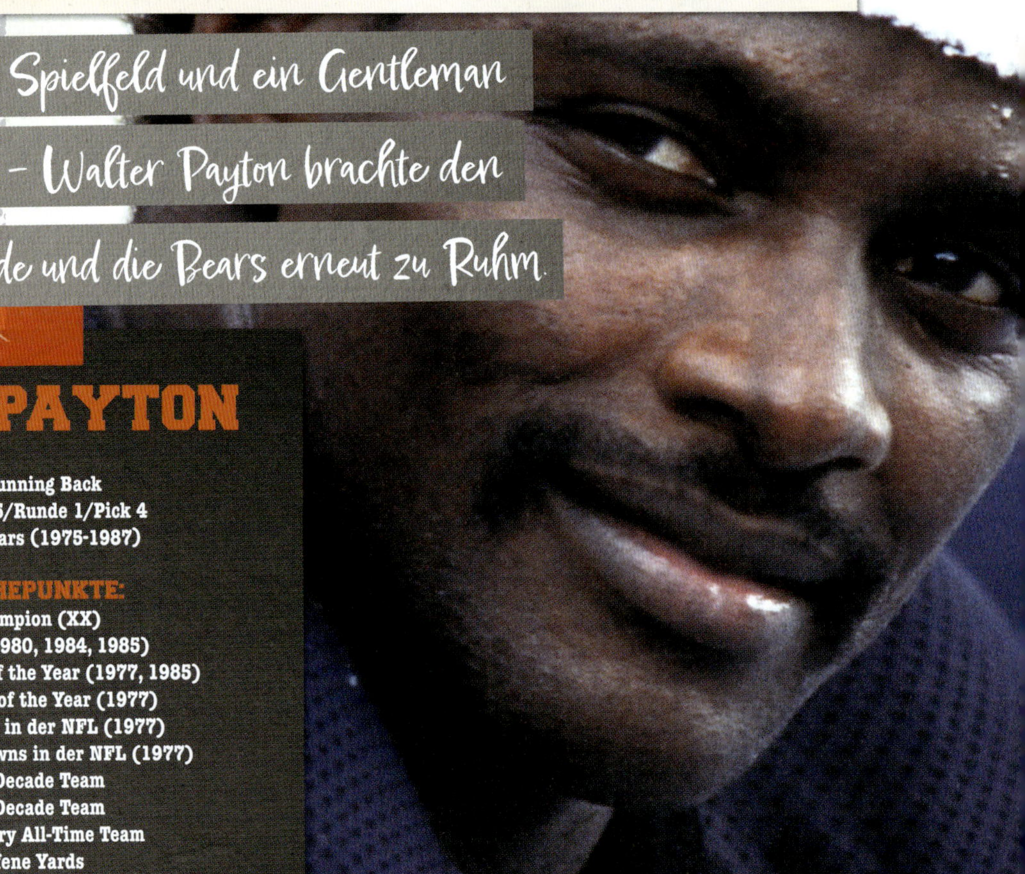

WALTER PAYTON

POSITION: Running Back
NFL DRAFT: 1975/Runde 1/Pick 4
TEAM: Chicago Bears (1975-1987)

....

KARRIEREHÖHEPUNKTE:
Super Bowl Champion (XX)
9 x Pro Bowl (1976-1980, 1984, 1985)
2 x NFC Offensive Player of the Year (1977, 1985)
NFL Offensive Player of the Year (1977)
Meiste erlaufene Yards in der NFL (1977)
Meiste erlaufene Touchdowns in der NFL (1977)
NFL 1970s All-Decade Team
NFL 1980s All-Decade Team
NFL 75th Anniversary All-Time Team
16.726 erlaufene Yards
110 erlaufene Touchdowns
15 gefangene Touchdowns
Aufnahme in die Pro Football Hall of Fame 1993

Runningbacks gehören in der High School im Allgemeinen zwei Kategorien an: Sie sind entweder wendige Läufer oder geradlinige Bowlingkugeln, die mit Fleischermessern gespickt sind. Walter Payton war beides. Er rannte bei jedem Spielzug, hörte nie auf, seine Arme zu bewegen und seine Knie zu beanspruchen. Seinen steifen Arm, der in der Footballpraxis etwas aus der Mode gekommen war, hatte er in den staubigen Ebenen von Jefferson, Mississippi, entwickelt und mit ihm konnte er gegnerische Verteidiger leicht außer Gefecht setzen.

Ein zufriedener Walter Payton an der Seitenlinie im Oktober 1985.

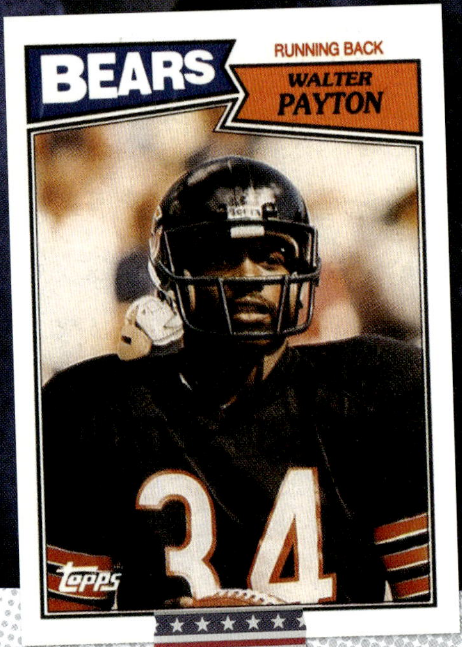

Der steife Arm gewann durch „Sweetness" wieder an Bedeutung.

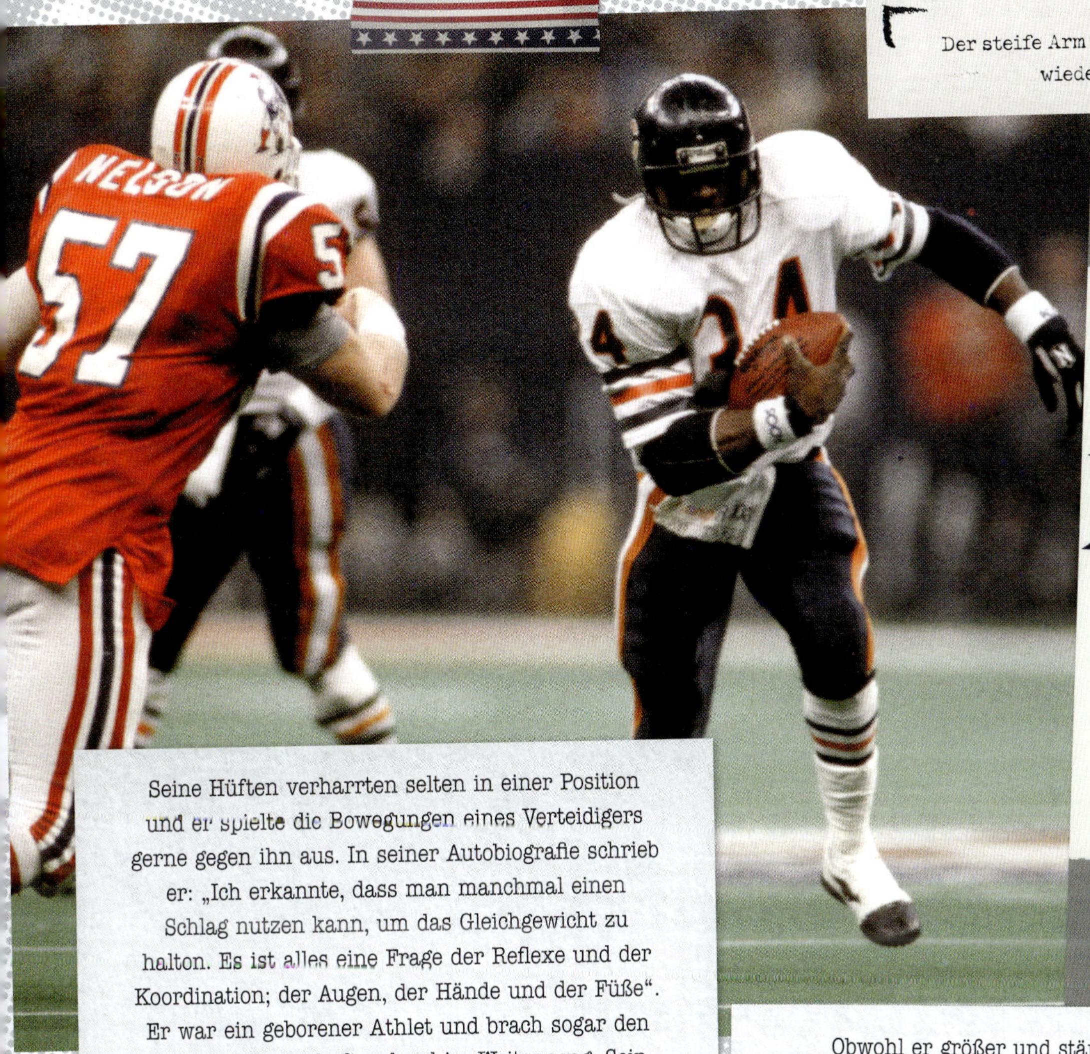

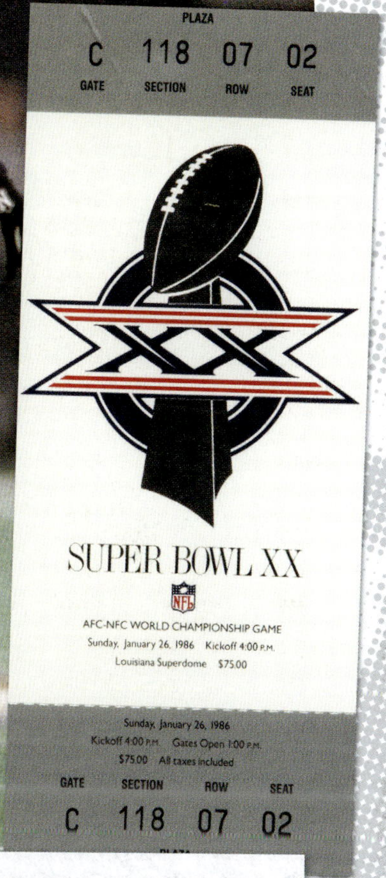

Seine Hüften verharrten selten in einer Position und er spielte die Bewegungen eines Verteidigers gerne gegen ihn aus. In seiner Autobiografie schrieb er: „Ich erkannte, dass man manchmal einen Schlag nutzen kann, um das Gleichgewicht zu halten. Es ist alles eine Frage der Reflexe und der Koordination; der Augen, der Hände und der Füße". Er war ein geborener Athlet und brach sogar den Landesmeisterschaftsrekord im Weitsprung. Sein Adonis-gleicher Torso, die langen Arme, die dicken Waden- und die Oberschenkelmuskeln waren ein Geschenk der Götter – trotzdem brauchte er das Training.

Robert Hill war als Head Coach ein wahrer Drill-Sergeant, der im Dezember 1970 an die Jackson State University berufen wurde. Payton wusste von seinem Ruf als Hitzkopf und hatte deshalb gemischte Gefühle, als er zum Training ging. Seine Mitspieler gaben ihm den Spitznamen „Thirst" – Blutdürstender.

Doch zwei Dinge müssen Hill zugeschrieben werden: Er brachte Payton bei, wie man blockt und wie man läuft. Nachts, wenn die anderen Spieler zu Hause waren, um TV zu schauen oder zu lernen, schleppte Hill Payton in die Sporthalle der Jackson State, wo er einen Dummy an einen Stahlträger aufgehangen hatte. Payton schlug so lange auf den Dummy ein, bis er zerschlissener aussah wie er selbst.

Obwohl er größer und stärker war als sein älterer Bruder Eddie, der als Back spielte und zuerst rekrutiert wurde, um anschließend seinen talentierten jüngeren Bruder von der Colombia High School abzuwerben, neigte Walter dazu, Bälle direkt per Handoff zu übergeben und nach außen auszubrechen. Das funktionierte in der High School, wo er schneller als die meisten Cornerbacks und Safeties war, aber im College würde er damit nicht immer durchkommen. Hill ärgerte sich über Walters Neigung, nach außen zu brechen. Eines Tages unterbrach Hill das Training und rief nach Willie Swinning, dem Team-Trainer. In Hörweite von Walter reichte er Swinning einen Sack und rief: „Füllen Sie den mit drei bis vier Ziegelsteinen."

Als niemand hinsah, steckte Swinning vier Fußbälle in den Sack und gab ihn Hill, der eine Übung mit einem Handoff vom Quarterback zum Runningback anordnete. Wie ein Uhrwerk stürmte Walter wieder nach außen. Hill sprang nach vorn und schwenkte den Sack wild auf Paytons Kopf zu. „Zurück nach

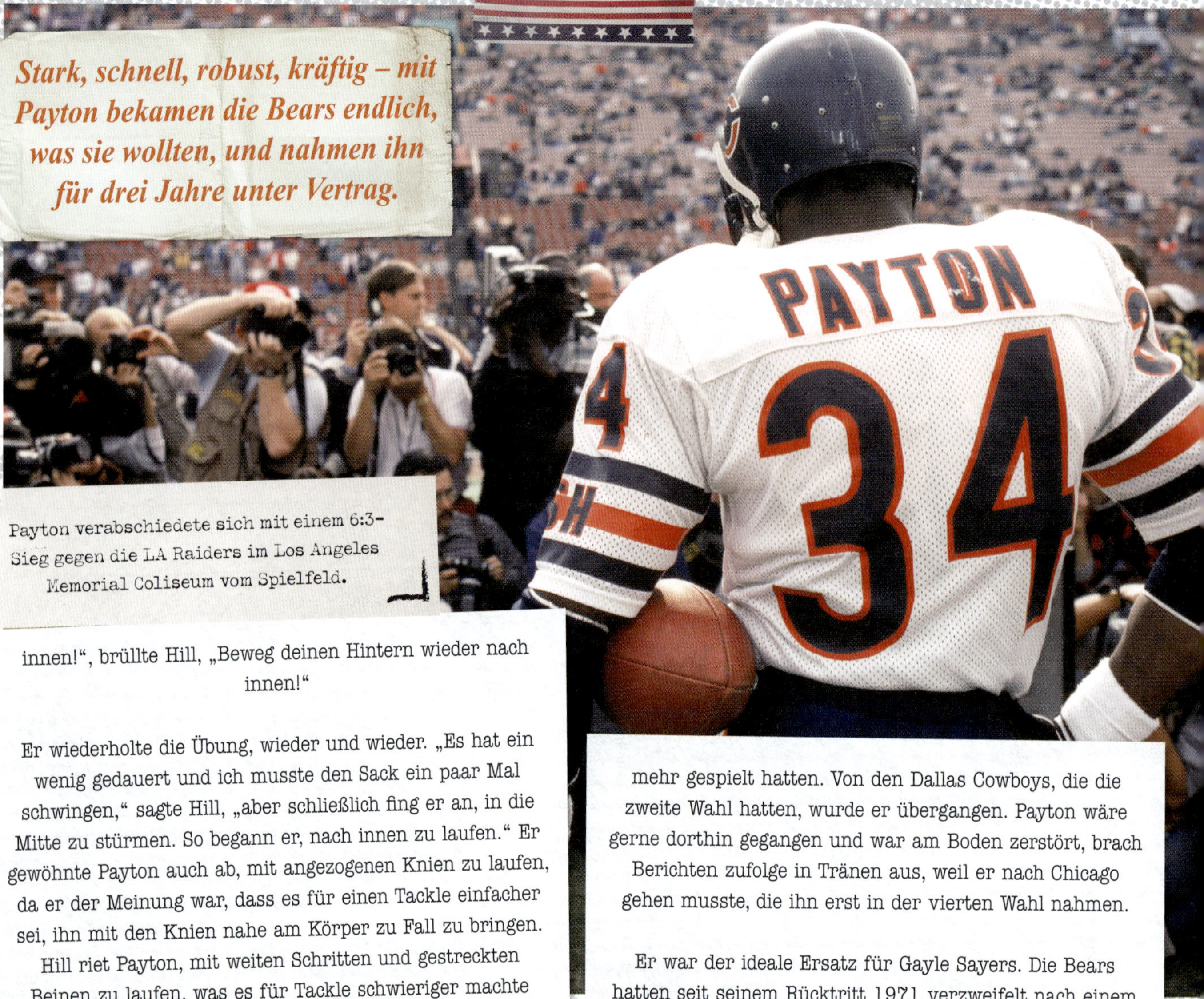

Stark, schnell, robust, kräftig – mit Payton bekamen die Bears endlich, was sie wollten, und nahmen ihn für drei Jahre unter Vertrag.

Payton verabschiedete sich mit einem 6:3-Sieg gegen die LA Raiders im Los Angeles Memorial Coliseum vom Spielfeld.

innen!“, brüllte Hill, „Beweg deinen Hintern wieder nach innen!“

Er wiederholte die Übung, wieder und wieder. „Es hat ein wenig gedauert und ich musste den Sack ein paar Mal schwingen,“ sagte Hill, „aber schließlich fing er an, in die Mitte zu stürmen. So begann er, nach innen zu laufen.“ Er gewöhnte Payton auch ab, mit angezogenen Knien zu laufen, da er der Meinung war, dass es für einen Tackle einfacher sei, ihn mit den Knien nahe am Körper zu Fall zu bringen. Hill riet Payton, mit weiten Schritten und gestreckten Beinen zu laufen, was es für Tackle schwieriger machte und zu mehr explosionsartigen Läufen führte. Sein weit ausholender Gang wurde hauptsächlich durch seine Hüften ermöglicht. Sein Ruf wuchs mit sieben Touchdowns bei einem 72:0-Sieg gegen das Lane College in Paytons zweitem Studienjahr, bei dem er mit 279 erlaufenen Yards einen neuen Rekord für Jackson State aufstellte.

Payton schloss sein Undergrade-Studium nach drei Jahren ab und begann sein Senior-Jahr 1974 mit Gelassenheit, denn die Tigers verfügten über ein unglaubliches Talent, kehrten mit 38 Spielern und einer völlig intakten Offensivlinie zurück. Obwohl er 1.029 Yards erlief, 13 Touchdowns erzielte, ein Field Goal schoss und sechs Extrapunkte erzielte, beendeten die Tigers das Jahr mit einer Bilanz von 7-3 und Payton belegte im Rennen um die Heisman Trophy nur den 14. Platz. Er beendete seine Zeit an der Jackson State mit 3.563 Yards und 464 Punkten, wo er sich wegen seines geschmeidigen Laufstils auch den Namen „Sweetness“ verdiente. 1975 wurde Payton von den Chicago Bears (4-10) gedraftet, die seit 1967 keine erfolgreiche Saison mehr gespielt hatten. Von den Dallas Cowboys, die die zweite Wahl hatten, wurde er übergangen. Payton wäre gerne dorthin gegangen und war am Boden zerstört, brach Berichten zufolge in Tränen aus, weil er nach Chicago gehen musste, die ihn erst in der vierten Wahl nahmen.

Er war der ideale Ersatz für Gayle Sayers. Die Bears hatten seit seinem Rücktritt 1971 verzweifelt nach einem neuen Runningback gesucht. Stark, schnell, robust, kräftig – mit Payton bekamen die Bears endlich, was sie wollten: Vier Monate nach dem Draft unterzeichneten sie einen Dreijahresvertrag mit einem Jahresgehalt von 150.000 Dollar und einem Bonus von 126.000 Dollar.

Die Offensivlinie der Bears war jedoch nur mittelmäßig, und Payton erzielte bei der 35:7-Niederlage gegen die Colts am Eröffnungstag bei acht Carries 0 Yards. Umringt von Zweite-Wahl-Talenten erzielte er 679 Yards und sieben Touchdowns, wobei er in seinem letzten Saisonspiel gegen die New Orleans Saints 134 Yards erlief. Allmählich besserte sich die Lage für Payton und die Bears. 1976, in seiner zweiten Saison, wurde er mit 1.390 Yards und 13 Touchdowns in den Pro Bowl gewählt und war im darauffolgenden Jahr mit 16 Touchdowns der führende Punktemacher der Liga, wobei er seine Karrierebestleistung von 1.852 Yards erzielte. Seine beste Leistung in einem Einzelspiel zeigte er am 20. November 1977, als er gegen die Minnesota Vikings unglaubliche 275 Yards erlief.

Während seiner 13 Seasons bei den Bears fesselte Payton die Zuschauer mit seinem spektakulären Spiel. Er hatte die Schnelligkeit, nach außen zu laufen, und die Kraft, in der Mitte zu spielen. Außergewöhnlich ausdauernd, verpasste er in seiner Rookie-Saison nur ein einziges Spiel und absolvierte danach 186 Spiele in Folge. Seine erstaunliche Ausdauer half ihm, NFL-Rekorde für Carries (3.838), gewonnene Yards (16.726) und erlaufene Touchdowns (110) aufzustellen. Als Allrounder war er ein verheerender Blocker und fing 492 Pässe für 4.538 Yards und 15 Touchdowns. Trotz der Aufmerksamkeit und der Auszeichnungen, die ihm während seiner außergewöhnlichen Karriere zuteilwurden – gekrönt vom 46:10-Sieg im Super Bowl XX über New England –, behielt Payton immer seine bodenständige Haltung bei. Als er von seiner Wahl in die Hall of Fame erfuhr, sagte er bescheiden: „Ich bin begeistert, aber auch etwas beschämt. Ich wurde dafür bezahlt, dass ich ein Kinderspiel spiele, und das habe ich genossen."

Obwohl er ein hervorragender Läufer war, hat Payton nur selten die Spielfeldgrenzen verlassen. Er erläuterte: „Mein Trainer an der Jackson State, Bob Hill, hat immer gesagt, dass man, wenn man verliert, kämpfend untergehen soll und niemals einfach aufgeben sollte."

Sein Tod am 1. November 1999, im zarten Alter von 45 Jahren, durch ein Cholangiokarzinom (Gallengangkrebs) war ein schwerer Schlag.

Doch sein Vermächtnis ist groß, es umfasst den Walter Payton Award für den besten Offensivspieler in der Division 1 Football Championship Subdivision (ehemals 1-AA) im College-Football und den Walter Payton NFL Man of the Year-Award, der jedes Jahr verliehen wird, um das ehrenamtliche Engagement und die Wohltätigkeitsarbeit eines Spielers zu ehren.

Payton verließ selten die Spielfeldgrenzen, sondern zog es vor, seine Gegner zu attackieren.

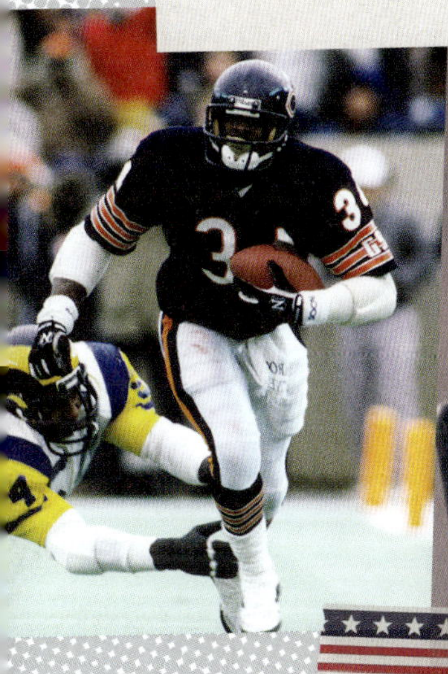

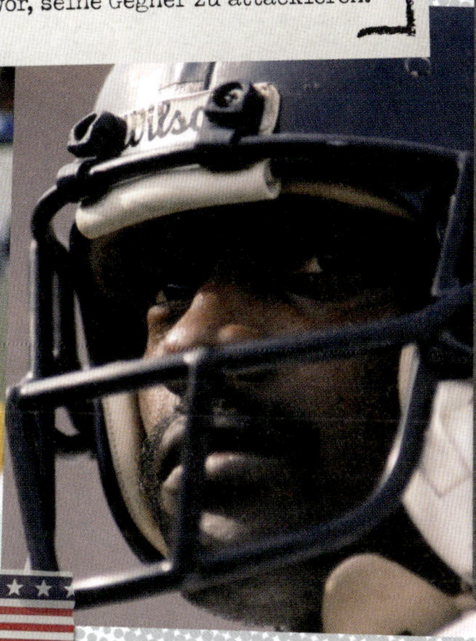

IN DER COUCH VERSCHWUNDEN

Walter Payton liebte schnelle Autos. Mehr als 50-mal war er in Chicago wegen zu schnellen Fahrens angehalten worden, doch er kam fast immer mit einer Verwarnung davon. Doch im Herbst 1992 wurde er von einem unbeugsamen Richter zu sechs Monaten gemeinnütziger Arbeit verurteilt. Er tauchte an der Hoffman Estates High School auf und bot an, die Hawks-Basketballmannschaft zu unterstützen. Payton war stolz darauf, kein typischer Spitzensportler zu sein, und setzte diese Zusammenarbeit fort. In den Jahren 1995–96 erreichten die Hawks das Class-AA-State-Turnier in Peoria. Bevor die Mannschaft zum Finale aufbrach, hielt Payton einen Vortrag über Zusammengehörigkeit und Treue und darüber, was es bedeutet, ein Champion zu sein. Am Ende legte er seinen Super Bowl-Ring ab und übergab ihn an Center Nick Abruzzo. Er sagte: „Nick, ich möchte, dass du den Ring über das Wochenende aufbewahrst. Ich vertraue dir, so wie ihr einander vertrauen müsst."

An diesem Abend gab Abruzzo in seinem Haus eine Party für sein Team, und der Ring ging verloren. Payton tat sein Bestes, um den Vorfall herunterzuspielen. Dennoch war er untröstlich. Zwei Jahre später zog die Familie Abruzzo um und verkaufte ihre alten Möbel, und Philip Hong, ein Student, nahm die Couch mit. Eines Abends, im Jahr 2001, riss sein Hund auf der Suche nach einem Ball den Bezug an der Couchunterseite auf. Hong steckte seinen Arm aus, um das Spielzeug zu greifen, erwischte aber stattdessen Paytons Super Bowl-Ring. Er gab ihn seiner Witwe zurück und sie schenkte ihm dafür ein gerahmtes Foto ihres verstorbenen Mannes.

Walter Payton verlor den Super Bowl XX-Ring, den er gewonnen hatte, als die Bears die Patriots am 26. Januar 1986 im Superdome mit 46:10 besiegten.

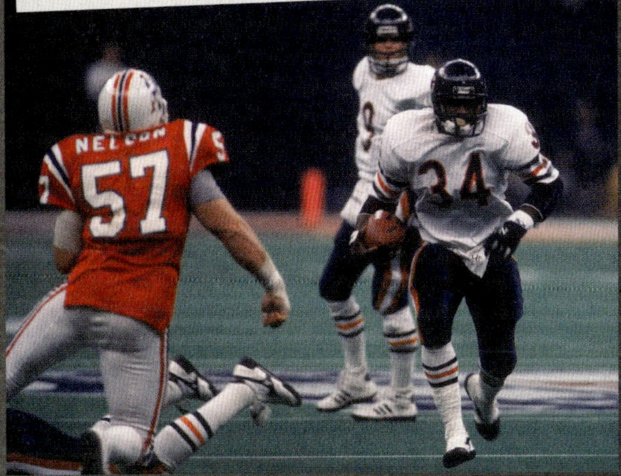

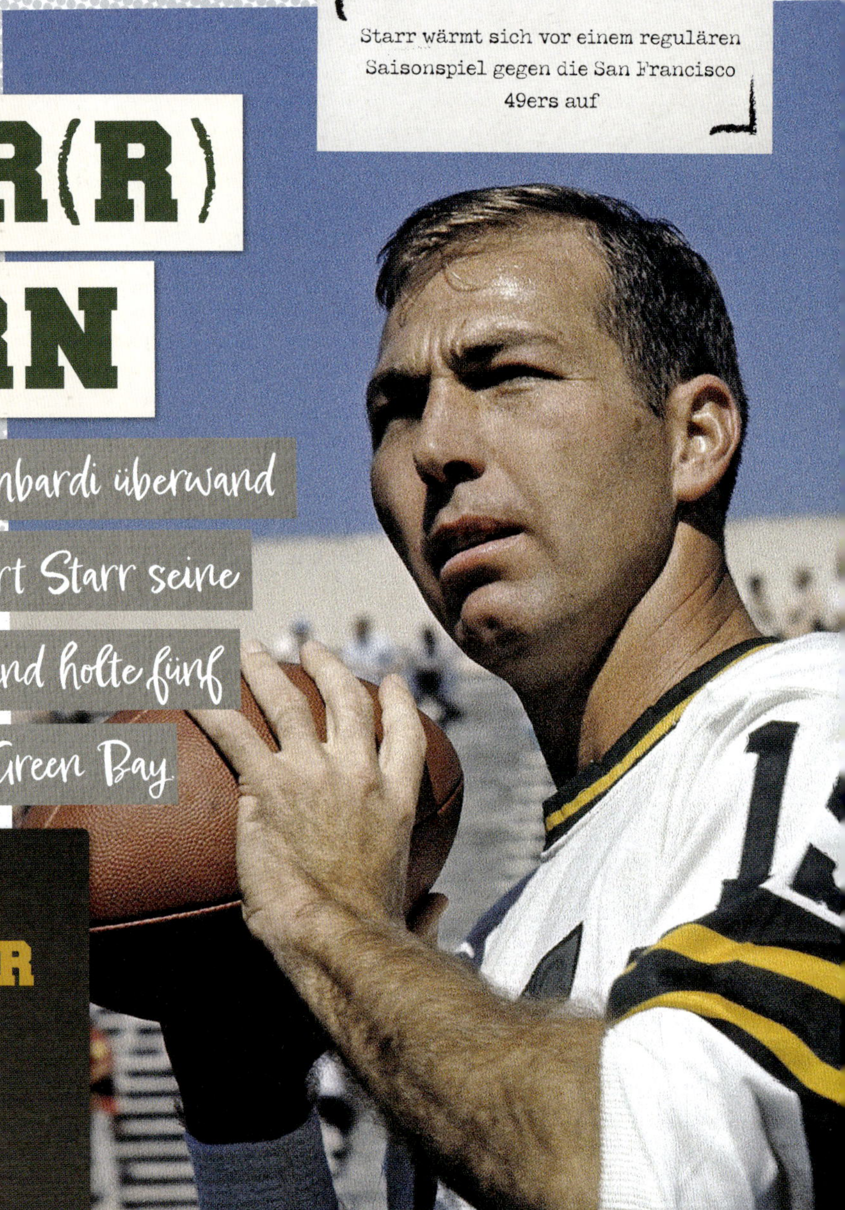

Starr wärmt sich vor einem regulären Saisonspiel gegen die San Francisco 49ers auf

A STAR(R) IS BORN

Gemeinsam mit Coach Vince Lombardi überwand der legendäre Quarterback Bart Starr seine schmerzhafte Vorverletzung und holte fünf Meisterschaftssiege nach Green Bay

BRYAN BARTLETT STARR

POSITION: Quarterback
NFL DRAFT: 1956/Runde 17/Pick 200
TEAMS: Green Bay Packers (1956-1971, Spieler)
Green Bay Packers (1975-1983, Coach)

KARRIEREHÖHEPUNKTE:
2 x Super Bowl Champion (I, II)
3 x NFL Champion (1961, 1962, 1967)
2 x Super Bowl MVP (I, II)
4 x Pro Bowl (1960-1962, 1966)
NFL MVP (1966)
5 x Höchstes Passer-Rating in der NFL (1962, 1964, 1966, 1968, 1969)
NFL 1960s All-Decade Team
1.808 angekommene Pässe
Touchdowns-Interceptions: 152-138
24.718 geworfene Yards
Aufnahme in die Pro Football Hall of Fame 1977

Bart Starr hat 62 Jahre lang mit einem Geheimnis gelebt: Während seiner gesamten Laufbahn litt er wegen einer durch Mobbing ausgelösten Schlägerei unter starken chronischen Schmerzen. Er wurde an der Universität von Alabama so hart schikaniert – mit einem hölzernen Paddel geschlagen, bis sein Rücken nur noch rohes Fleisch war – dass es seine College-Karriere behinderte, ihn vom Militärdienst

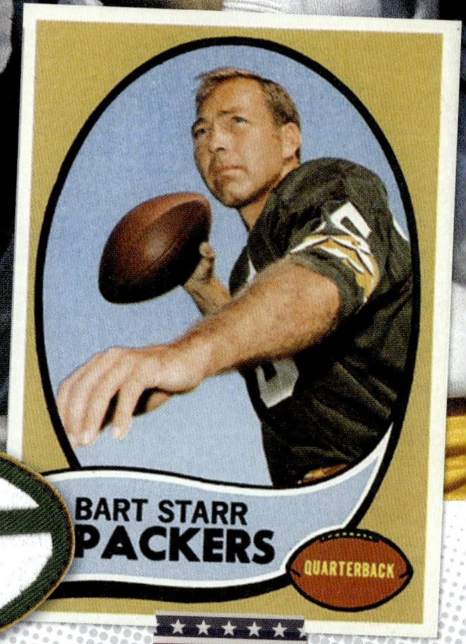

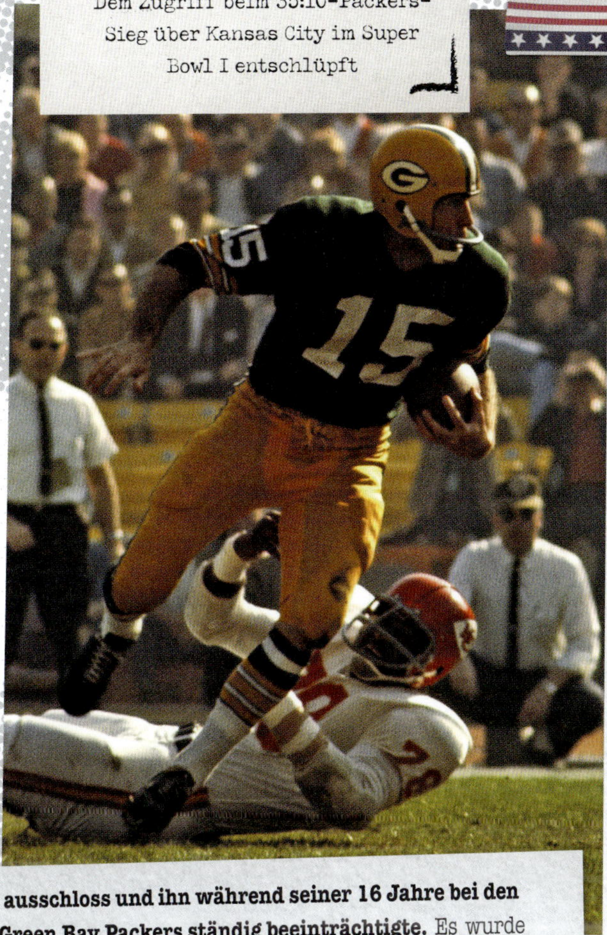

Dem Zugriff beim 35:10-Packers-Sieg über Kansas City im Super Bowl I entschlüpft

ausschloss und ihn während seiner 16 Jahre bei den Green Bay Packers ständig beeinträchtigte. Es wurde lange Zeit angenommen, dass Starr sich beim Training am Rücken verletzt hatte. Fünf Biografien und eine Autobiografie, die 1987 veröffentlicht wurde, befassten sich mit diesem Ereignis. Doch Starr verbarg den wahren Grund für seine Verletzung aus dem Jahr 1954 und seine schrecklichen Prügelerfahrungen durch die A-Club-Bruderschaft, die ihn eine Woche lang im Streckverband aufhingen, weil sie dachten, so seine Frau Cherry, „dass er dadurch schlechter aussehen würde".

„Sein Rücken erholte sich nie davon", sagte sie. „Es war furchtbar. Es war keine Football-Verletzung, sondern eine Verletzung, die er sich durch das Mobbing zugezogen hatte. Es war so brutal."

So machte Starr, nur wenige Monate, nachdem er mit Cherry durchgebrannt war (beide waren gerade 20 Jahre alt), vor seiner Junior-Saison das Schlimmste durch. Im Jahr 1954 pflegten die Teams, Stipendien für Verheiratete zu streichen oder zu kürzen, aber er war trotzdem so mutig, ein Mädchen aus Auburn zu heiraten und sie nach Tuscaloosa zu bringen. Er musste sie viermal fragen, bevor sie endlich ja sagte, und als sie unterwegs waren, zog sie an einer Tankstelle im ländlichen Mississippi ihr Hochzeitskleid an.

Es hat sich das Bild manifestiert, dass er während seiner gesamten Karriere in Alabama zu kämpfen hatte und sich nie zu einem guten Quarterback entwickelte, bis Vince Lombard 1959 nach Green Bay kam. Starr begann seine zweite Saison, verhalf Alabama zur SEC-Meisterschaft und wurde in seiner Junior-Saison von seinem Trainer Harold „Red" Drew als der wahrscheinlich beste Passer in der Geschichte der Crimson Tide gefeiert.

Nachdem Starr entweder ausgefallen war oder unter Schmerzen spielen musste, beendete Alabama das Jahr 1954 mit einer Bilanz von 4-5-2 und blieb in den letzten sechs Spielen ohne Sieg. In der folgenden Saison wurde Drew durch Jennings Whitworth ersetzt, der einen laufintensiven Angriff befürwortete.

Starr sah den größten Teil seiner Junior-Saison von der Bank zu, und Alabama spielte mit 0-10 die schlechteste Saison in der Geschichte der Crimson Tide. Dennoch gab es zwei entscheidende Momente, die Starrs Karriere in Green Bay vorbereiteten: Erstens wurde er in der 17. Runde (als 200. Pick) auf Empfehlung von Alabas Basketballtrainer Johnny Dee gedraftet, der ein Freund von Jack Vainisi, dem Personalchef der Packers, war. Vainisi, der den Vorstand überredet hatte, Lombardi 1958 von den New York Giants zu verpflichten, holte auch sieben spätere Hall of Fame-Spieler nach Wisconsin, darunter Starr, Paul Hornung, Jim Taylor, Ray Nitschke, Forrest Gregg und Jim Ringo. Im November 1960 starb Lombardi plötzlich im Alter von 33 Jahren an einer chronischen rheumatischen Erkrankung, die sein Herz auf die zweifache Größe anschwellen ließ. Keine Frage, er hatte eine der am meisten unterschätzten und außergewöhnlichsten Karrieren im Pro-Football.

Der zweite und vielleicht erstaunlichere Aspekt von Starrs Karriere könnte folgender sein: Er wurde bei der Prügelei so schwer verletzt, dass er die medizinische Untersuchung für die Air Force fiel und im Frühjahr 1957 nach seiner Rookie-Saison in Green Bay als medizinisch untauglich eingestuft und entlassen wurde.

Wäre Starr fit gewesen, wäre er noch mindestens zwei Jahre in der Air Force geblieben. Mit Glück und Zielstrebigkeit spielte er stattdessen 15 weitere Jahre in der NFL und gewann fünf Meisterschaften, darunter die ersten beiden Super Bowls, und wurde in beiden zum Most Valuable Player ernannt.

DER ICE-BOWL-HELD

Die Temperatur im Lambeau Field betrug zum Zeitpunkt des Spiels etwa -26 °C, zusammen mit dem Wind gefühlte -44 °C. CBS-Kommentator Frank Gifford sagte live: „Ich werde jetzt einen Bissen von meinem Kaffee nehmen." Sieben Mitglieder der La Crosse-Blaskapelle der Universität von Wisconsin wurden mit Unterkühlungen ins Krankenhaus gebracht. Die Instrumente froren an ihren Lippen fest. Ein älterer Zuschauer starb an den Folgen der Kälte. Das NFL Championship Game 1967, das am 31. Dezember ausgetragen wurde, fand zwischen den Dallas, den East Conference-Gewinnern, und den Packers, den Western Conference-Gewinnern statt. Es ging um einen Platz im Super Bowl II. Es handelte sich um eine Neuauflage des Titelspiels aus dem Vorjahr und wurde als „Ice Bowl" bezeichnet; es war das Spiel, das Bart Starrs Karriere prägte. Mit ihrem letzten Offensivangriff waren die Packers nach einem 17:14-Rückstand 4:50 Minuten vor Spielende an ihrer eigenen 32-Yard-Linie in Ballbesitz. Starr, der alle Spielzüge leitete, brachte sein Team mit kurzen Pässen und 16 Sekunden vor Ende der Spielzeit an der Dallas-Endzone in Position und begab sich zur Seitenlinie, um sich mit Vince Lombardi zu beraten.

Nach Angaben von Starr sagte er: „Coach, die Linemen können ihre Geschwindigkeit für eine Keilbildung erreichen, aber die Backs rutschen aus. Ich bin gleich da, ich kann mich einfach reinstürzen." Ein durchgefrorener Lombardi sagte zu Starr: „Lauf und dann nichts wie weg hier!" „Brown Right 31 Wedge" war ein Spielzug für einen Fullback, aber Starr sagte seinen Mitspielern nicht, dass er den Ball behalten würde, und führte den Zug perfekt aus. Er stürzte sich nach vorn. Der Extrapunkt brachte das 21:17 – die Packers gewannen und besiegten anschließend die Oakland Raiders mit 33:14 im Super Bowl II.

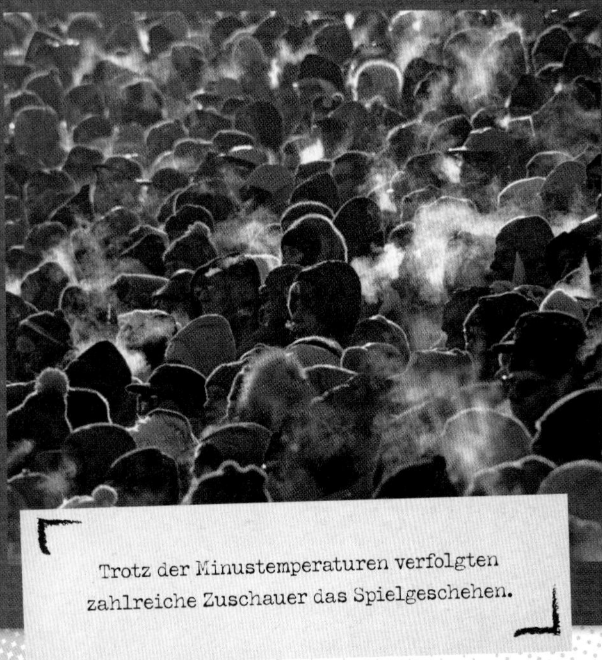

Trotz der Minustemperaturen verfolgten zahlreiche Zuschauer das Spielgeschehen.

Lombardis erste Einschätzung von Starr war, dass „er wahrscheinlich ein wenig zu nett und vielleicht auch ein wenig zu zurückhaltend war, um der wirklich mutige und harte Quarterback zu werden, der er in der National Football League sein muss". Starr sah das anders und war entschlossen, sich bei Lombardi zu beweisen, egal wie lange es dauern würde. „Ich sah ein, Tag für Tag, Woche für Woche, dass dies ein langwieriger Prozess sein würde, denn Vertrauen und Respekt sollte man nicht einfach so jedem schenken, man muss sich ihn verdienen", sagte Starr später. Je mehr Starr Lombardis Spielidee lernte, desto mehr hatte er das Gefühl, dass er darin hineinwachsen könnte. Endlose Stunden Spielanalyse im Klassenraumatmoshphäre machten Starr Spaß: „Ich habe es geliebt. Ich liebte diese Meetings. Ich habe mich nie in irgendeiner Sitzung mit Lombardi gelangweilt oder Anzeichen von Ermüdung gezeigt. Ich schätze, was er zu versuchte zu vermitteln. Er hat die Messlatte immer höher gelegt."

Wenn jemand mit Lombardis Methoden umgehen konnte, dann war es Bart Starr. Nach dem, was er zu Hause mit seinem Vater durchgemacht hatte, erschien ihm Lombardis Vorgehensweise als geradezu sanft. Ben Starr war ein strenger Militärsoldat, der seinen Söhnen Bryan Bartlett „Bart" und Hilton „Bubba" Gehorsam und Respekt vor Älteren beibrachte. So sehr er sich auch bemühte, hatte Bart nie das Gefühl, dass er die Liebe und den Respekt seines Vaters gewinnen konnte, und Bubba wurde offensichtlich als Objekt der väterlichen Ambitionen und ganzer Stolz behandelt. Es kam noch schlimmer für Bart, als Bubba im Alter von 13 Jahren starb: Er hatte barfuß auf einem Feld gespielt und sich an einem alten Hundeknochen an der Ferse verletzt. Drei Tage später starb er an Tetanus, und seine Mutter wurde von Schuldgefühlen zerfressen, weil sie sich geweigert hatte, ihn für eine Spritze zum Arzt zu bringen, die ihm sein Leben gerettet hätte.

Starr hatte in Lombardis erstem Jahr einige brilliante Momente gehabt, wenn er die Chance bekam, als Quarterback zu spielen, zog sich aber wieder zurück und wurde nach der Niederlage gegen die Bears am Eröffnungstag 1960 wieder auf die Bank verfrachtet. „Das war ein echter Weckruf für mich", sagte Starr. „Ich hatte ihn im Stich gelassen, daher war ich noch bestrebter, um sein Vertrauen zurückzugewinnen."

Als es dann soweit war und die Packers zur Pressekonferenz fuhren, war Starr mental und körperlich bereit. Es half ihm, dass er Lombardi die Stirn geboten hatte, nachdem dieser ihn vor den Augen seiner Mannschaftskameraden nach einer Inception im Training angeschrien hatte. Starr erklärte, der Ball sei gekippt worden, und der Trainer habe einen Fehler

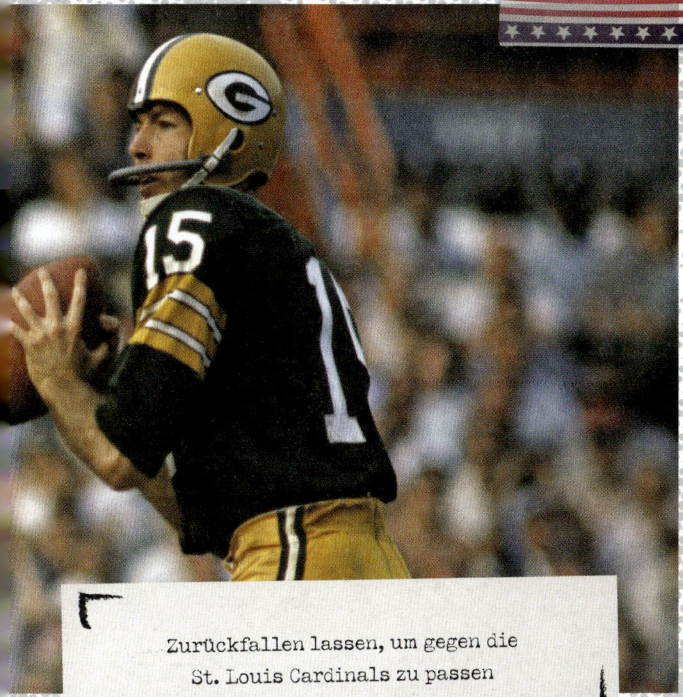

Zurückfallen lassen, um gegen die St. Louis Cardinals zu passen

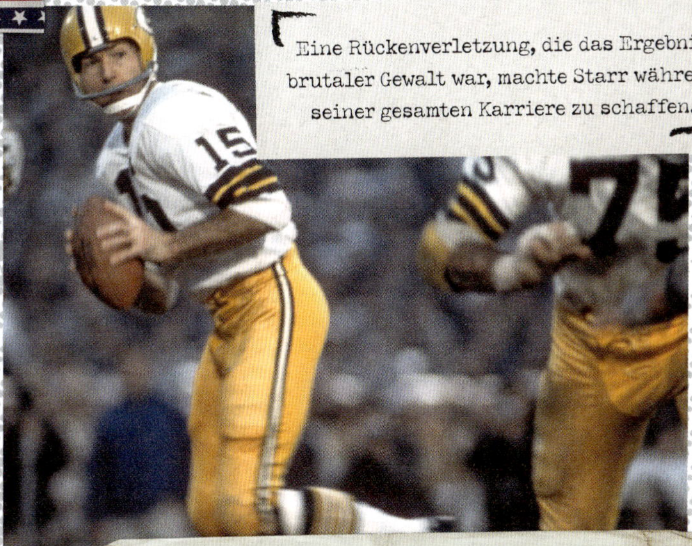

Eine Rückenverletzung, die das Ergebnis brutaler Gewalt war, machte Starr während seiner gesamten Karriere zu schaffen.

„Starr schätzte Lombardis Ordnungssinn und Football-Kenntnisse, und Lombardi wusste, dass er einen in jeder Hinsicht loyalen Quarterback hatte.“

gemacht, als er „mir vor dem Team den Arsch aufriss“, vor ebenjenem Team, von dem er wollte, dass ich es anführte. Es hatte funktioniert. Lombardi kritisierte ihn nie wieder vor der Mannschaft. Starr sagte später: „Von da an hatten wir eine unglaublich gute Beziehung. Ich denke nicht, dass die Beziehung vorher so schlecht war, aber danach erreichte sie eine andere Ebene.“

Starr schätzte Lombardis Ordnungssinn und Football-Kenntnisse, und Lombardi wusste, dass er einen in jeder Hinsicht loyalen Quarterback hatte. Gemeinsam bauten sie eine Dynastie von Siegern auf. 1960 erreichten die Packers das NFL-Meisterschaftsspiel, verloren aber gegen die Philadelphia Eagles, Lombardis einzige Niederlage als Coach in der Nachsaison. 1961 und 1962 kehrten sie in den Kampf um den Titel zurück und gewannen beide Male gegen die New York Giants.

Danach gewannen sie als einziges Team drei Titel in Folge, 1965–67, den letzten im Super Bowl II gegen die Oakland Raiders. Lombardi trat danach als Coach zurück. Auch Starr hatte ursprünglich geplant, nach dem Super Bowl-Sieg im Januar 1968 in den Ruhestand zu gehen, aber ohne einen klaren Nachfolger und einen neuen Coach blieb er beim Team (obwohl er später durch Ellbogenoperationen beeinträchtigt war) und hörte erst nach der Saison von 1971 auf, obwohl er das zweitbeste Passer-Rating seiner Karriere von 80,5 erzielt hatte.

Es gibt eine Vorgeschichte: Nachdem er sich als Coach der Packers im Jahr 1983, nach neun weitgehend erfolglosen Jahren (die ersten fünf davon als sein eigener General Manager), verabschiedet hatte, zogen Cherry und Bart nach Birmingham, Alabama. Zu diesem Zeitpunkt wurde in einem von Starrs Wirbeln eine kleine Fissur, ein fast unentdeckbarer Riss, festgestellt. Cherry zufolge war der Riss „im Grunde nicht zu sehen“ und befand sich auf der Vorderseite der Wirbelsäule. Starr ließ sich operieren, um „einen Splitter zu entfernen“, und die chronischen Schmerzen, die ihn seit seinem 20. Lebensjahr plagten, verschwanden. Starrs gefeierte Karriere ist daher umso bemerkenswerter, weil er aller Wahrscheinlichkeit nach mit gebrochenen Rücken gespielt hatte.

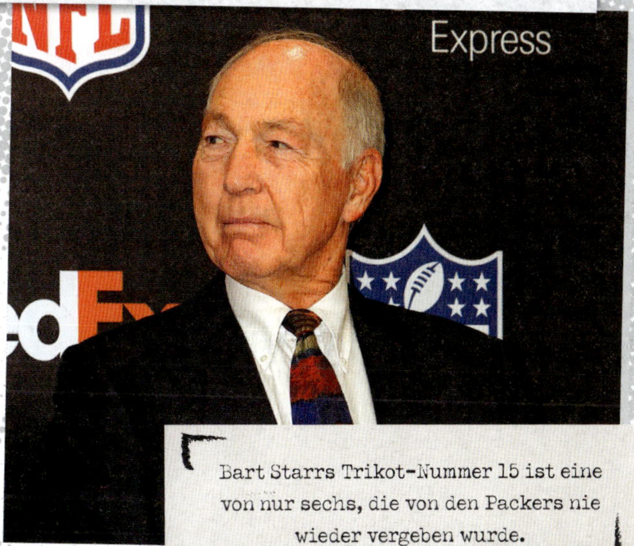

Bart Starrs Trikot-Nummer 15 ist eine von nur sechs, die von den Packers nie wieder vergeben wurde.

DER ERFINDER

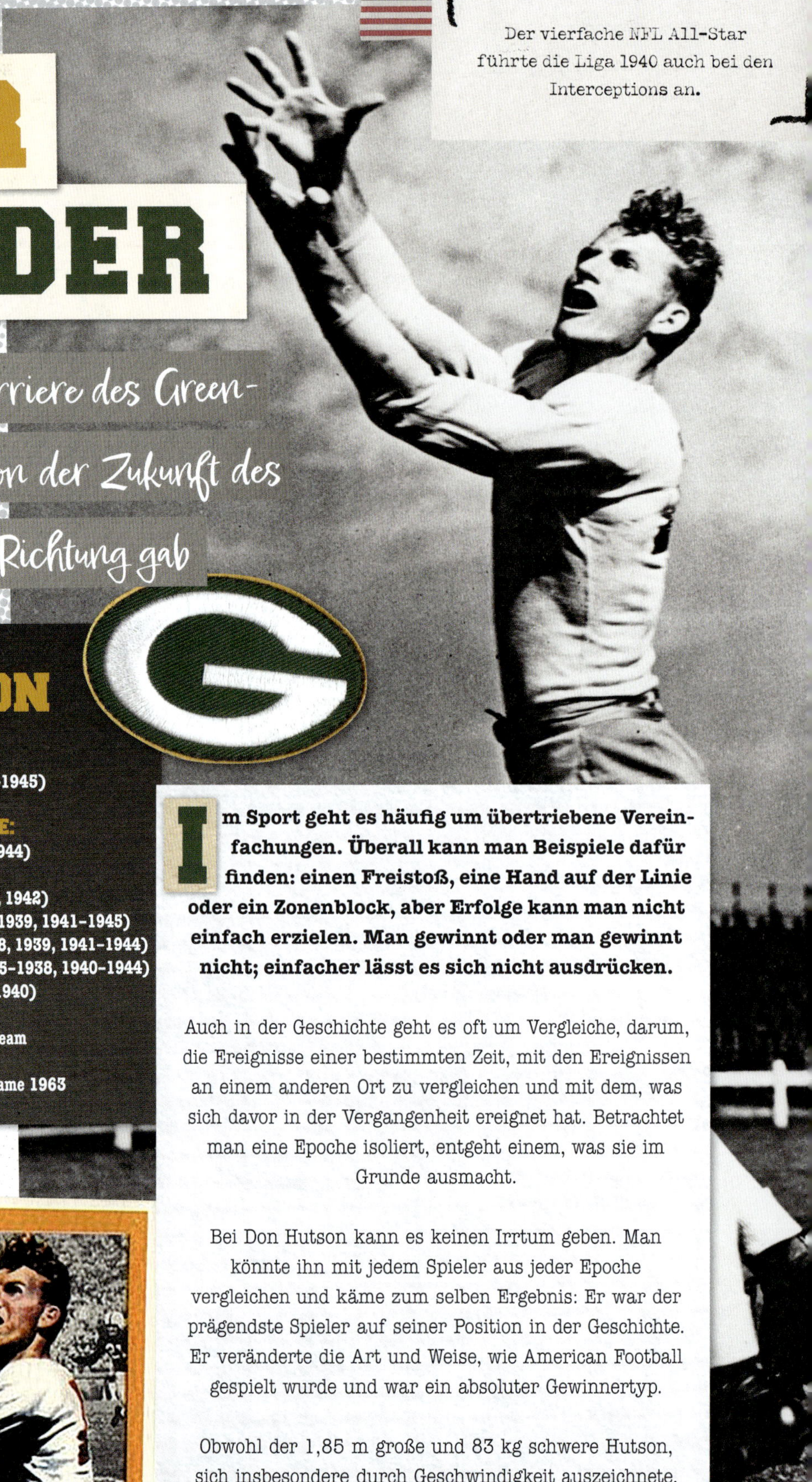

Der vierfache NFL All-Star führte die Liga 1940 auch bei den Interceptions an.

Wie die unerwartete Karriere des Green-Bay-Receivers Don Hutson der Zukunft des Footballs eine neue Richtung gab

DON HUTSON

POSITION: Split End
TEAM: Green Bay Packers (1935-1945)

KARRIEREHÖHEPUNKTE:
3 x NFL Champion (1936, 1939, 1944)
4 x NFL All-Star (1939-1942)
2 x NFL Most Valuable Player (1941, 1942)
8 x Meiste Receptions in der NFL (1936, 1938, 1939, 1941-1945)
7 x Meiste gefangene Yards in der NFL (1936, 1938, 1939, 1941-1944)
9 x Meiste gefangene Touchdowns in der NFL (1935-1938, 1940-1944)
Meiste Interceptions in der NFL (1940)
99 gefangene Touchdowns
NFL 75th Anniversary All-Time Team
NFL 1930s All-Decade Team
Aufnahme in die Pro Football Hall of Fame 1963

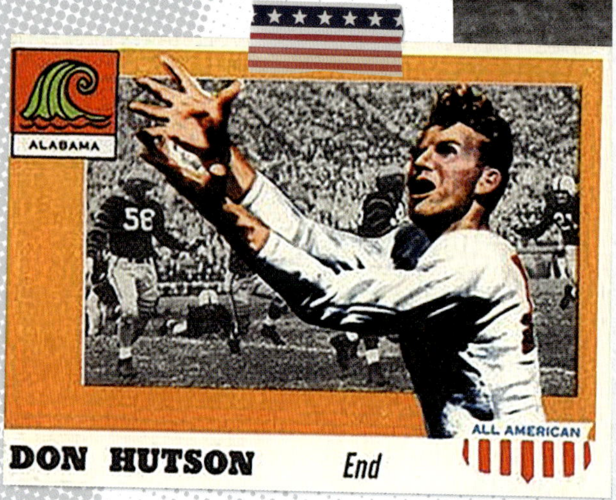

Im Sport geht es häufig um übertriebene Vereinfachungen. Überall kann man Beispiele dafür finden: einen Freistoß, eine Hand auf der Linie oder ein Zonenblock, aber Erfolge kann man nicht einfach erzielen. Man gewinnt oder man gewinnt nicht; einfacher lässt es sich nicht ausdrücken.

Auch in der Geschichte geht es oft um Vergleiche, darum, die Ereignisse einer bestimmten Zeit, mit den Ereignissen an einem anderen Ort zu vergleichen und mit dem, was sich davor in der Vergangenheit ereignet hat. Betrachtet man eine Epoche isoliert, entgeht einem, was sie im Grunde ausmacht.

Bei Don Hutson kann es keinen Irrtum geben. Man könnte ihn mit jedem Spieler aus jeder Epoche vergleichen und käme zum selben Ergebnis: Er war der prägendste Spieler auf seiner Position in der Geschichte. Er veränderte die Art und Weise, wie American Football gespielt wurde und war ein absoluter Gewinnertyp.

Obwohl der 1,85 m große und 83 kg schwere Hutson, sich insbesondere durch Geschwindigkeit auszeichnete, war er auch ein hartarbeitender Spieler. Der ruhige, einfallsreiche Split End sagte dazu einmal: „Für jeden Pass, den ich im Spiel fange, habe ich Tausend im Training gefangen."

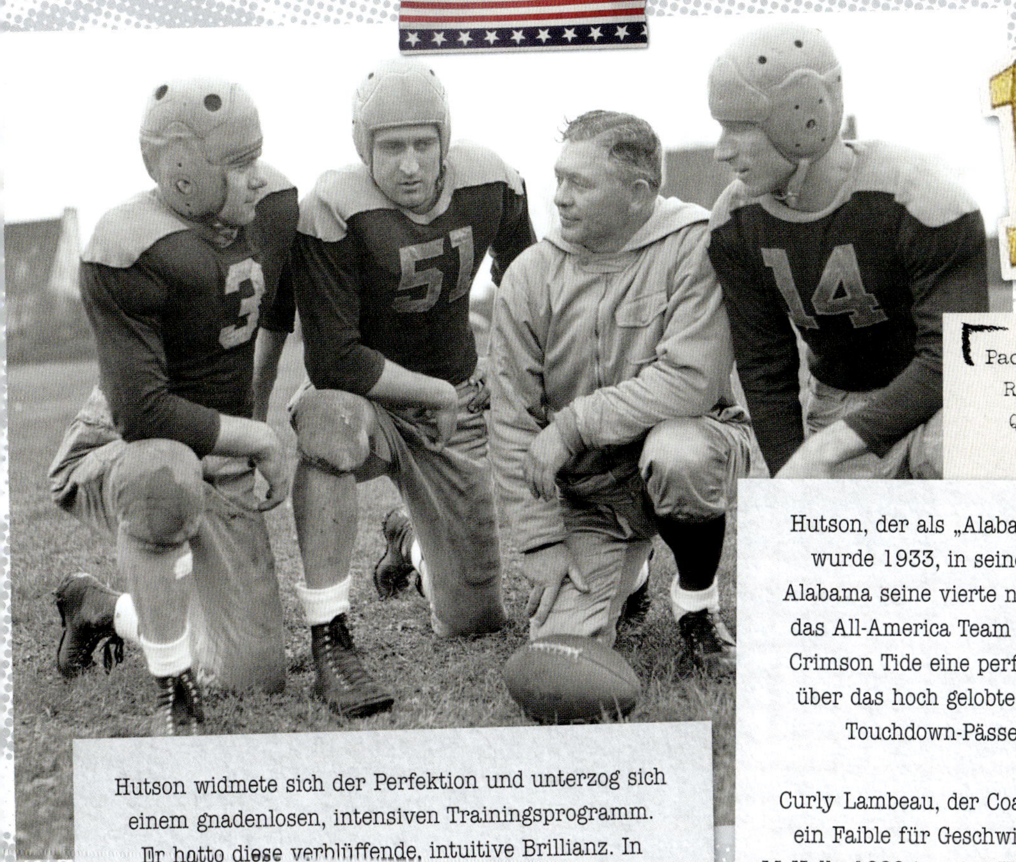

Packers-Coach Curly Lambeau mit Runningback Tony Canadeo (3), Quarterback Irv Comp (51) und Hutson (14).

Hutson widmete sich der Perfektion und unterzog sich einem gnadenlosen, intensiven Trainingsprogramm. Er hatte diese verblüffende, intuitive Brillianz. In einer brenzligen Situation auf dem Spielfeld konnte man sich auf ihn verlassen – und ebenso auf einer Cocktailparty.

Nur wenige Sportler haben Football über einen so langen Zeitraum geprägt. Starr hat praktisch das moderne Receiving-Spiel erfunden und damit die Ära des Pass-Spiels im Pro-Football eingeläutet. Andere Split Ends liefen direkt zu einem spezifischen Punkt und warteten dann auf den Pass. Hutson schuf Z-Outs, Button-Hooks, Hook-and-Go und eine ganze Reihe von Pass-Routen und angetäuschten Routen. Kein anderer Spieler beeinflusste Football so sehr wie Donald Montgomery Hutson.

Der am 31. Januar 1913 in Pine Bluff, Arkansas, geborene Hutson spielte in der High School nur ein Jahr lang Football und studierte nur deshalb an der University of Alabama, weil Bob Seawall, ein Teammitglied aus der High School, sich weigerte, dort zu spielen, wenn sie nicht auch Hutson aufnehmen würden. Während Seawall das Team nach zwei Jahren verließ, wurde Hutson zu einer Ikone, berühmter als Starting End Paul „Bear" Bryant, der später zu einem der legendärsten Football-Coaches wurde. Die beiden waren nicht nur auf dem Spielfeld Partner, sondern auch abseits des Feldes Geschäftspartner als Betreiber eines Campus-Reinigungsdienstes.

Hutson, der als „Alabama Antelope" bezeichnet wurde, wurde 1933, in seinem Junior-Jahr, und 1934, als Alabama seine vierte nationale Meisterschaft errang, in das All-America Team berufen. Im Rose Bowl beendete Crimson Tide eine perfekte 10:0-Saison mit einem Sieg über das hoch gelobte Stanford, wobei der 21-Jährige Touchdown-Pässe für 50 und 59 Yards fing.

Curly Lambeau, der Coach der Green Bay Packers, hatte ein Faible für Geschwindigkeit. Er hatte John „Blood" McNally 1929 in seine Heimat Wisconsin zurückgeholt, und der Halfback war acht Jahre lang ein wichtiges Mitglied von vier World Championship Teams. Blood war einer der schnellsten Footballspieler, mit der gleichen Fähigkeit zu unmittelbaren Richtungswechseln, die Red Grange zu einem so faszinierenden Läufer machten. Lambeau sah Ähnlichkeiten zu dem leichtfüßigen Hutson, der 100 Meter in 9,7 Sekunden laufen konnte, und hatte auch das nötige Kleingeld, um ihn unter Vertrag zu nehmen. Er wurde die perfekte Ergänzung zu Blood und dem starken Quarterback Arnie Herber, der 1930 zu Green Bay stieß.

Herber erreichte seine Bestform im Jahr 1935 mit Hutson. Der erste echte Wide-Receiver der Liga setzte mit seiner ersten professionellen Reception ein Zeichen – einem 83-Yard-Touchdown-Pass von Herber im ersten Spiel, als die Packers die Chicago Bears mit 7:0 schlugen. George Halas, der Coach der Bears, sagte: „In den nächsten zehn Jahren hat Hutson so etwas mit jedem Team in der National Football League gemacht. Ich gönnte ihm zwei Touchdowns pro Spiel und hoffe, dass wir mehr Punkte erzielen würden."

Hutsons erste Saison war bemerkenswert. Er stellte mit 34 gefangenen Pässen, 526 gefangenen Yards und acht Touchdowns neue Rekorde auf, welche er schon bald selbst überbieten sollte. Er verhalf Herber zu einem Rekord von 177 Pässen für 1.239 Yards und 11 Touchdowns. Die Packers beendeten die Saison mit 10-1-1 und nahmen

„Er hat praktisch das moderne Receiving-Spiel erfunden und damit die Ära des Pass-Spiels im Pro-Football eingeläutet.“

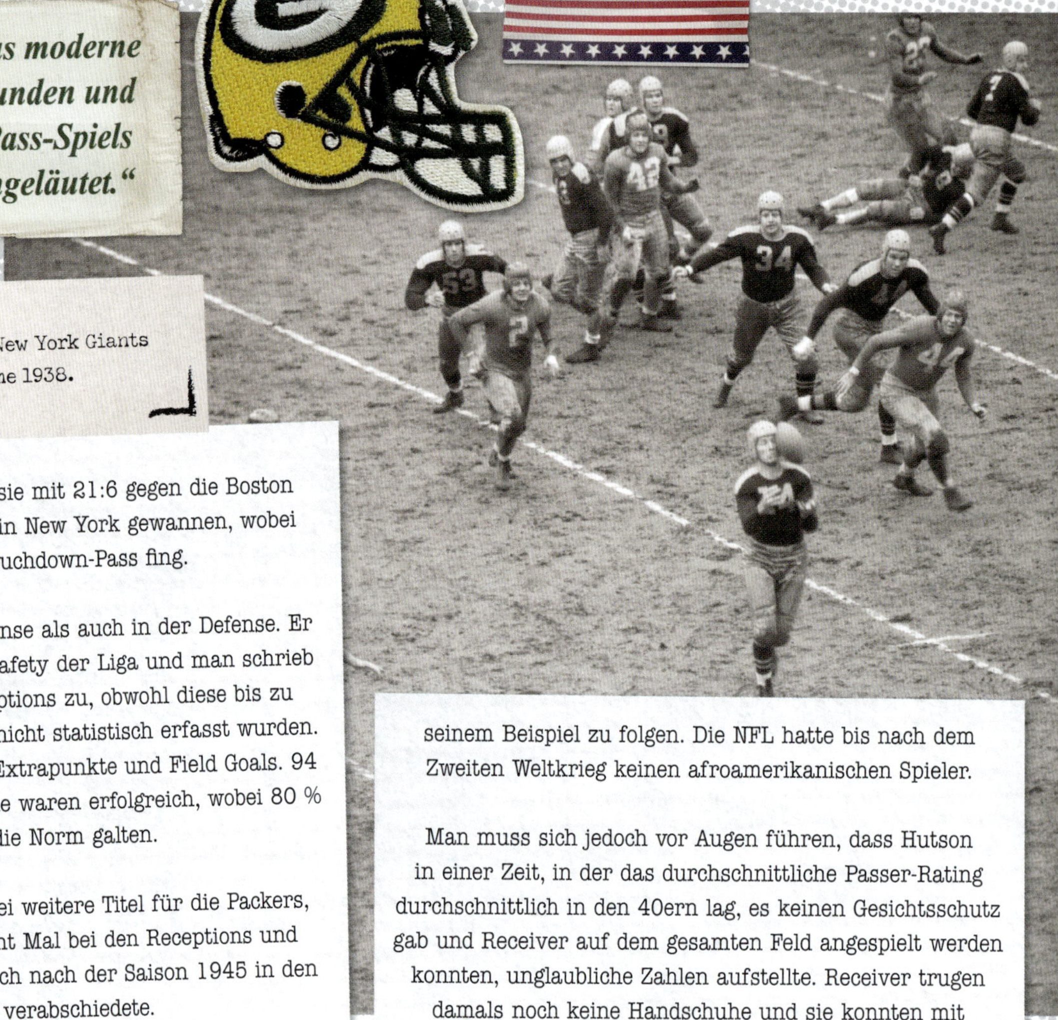

Hutson in Aktion gegen die New York Giants im Championship Game 1938.

am NFL-Titelspiel teil, das sie mit 21:6 gegen die Boston Redskins im Polo Grounds in New York gewannen, wobei Hutson einen Touchdown-Pass fing.

Er spielte sowohl in der Offense als auch in der Defense. Er galt gemeinhein als bester Safety der Liga und man schrieb ihm insgesamt 30 Interceptions zu, obwohl diese bis zu seiner sechsten NFL-Saison nicht statistisch erfasst wurden. Ab und zu erzielte er auch Extrapunkte und Field Goals. 94 % seiner Point-after-Versuche waren erfolgreich, wobei 80 % damals als die Norm galten.

1939 und 1944 folgten zwei weitere Titel für die Packers, und er führte die Liga acht Mal bei den Receptions und Touchdowns an, bevor er sich nach der Saison 1945 in den Ruhestand verabschiedete.

Hutson war neunmaliger All-Pro und gewann in elf Saisons mit den Packers zwei Most Valuable Player-Auszeichnungen.

Obwohl er in Saisons spielte, die in den meisten Jahren nur 11 oder 12 Spiele umfassten, ist Hutson immer noch unter den Top 100 der NFL-Geschichte vertreten: bei den gefangenen Yards (7.991, 93. Platz), gefangenen Yards pro Spiel (68,9, 29. Platz), den Yards pro Reception (16,4, 85. Platz), den erzielten Punkten (823, 88.Platz), den Touchdown-Receptions (99, 11. Platz) und den Gesamt-Touchdowns (105, 21. Platz).

Allerdings ist ein wenig Kontext zu Hutsons bemerkenswerter Karriere erforderlich: Die Weltwirtschaftskrise hatte den Rassismus und die Rassentrennungsdiskussion im ganzen Land angeheizt. Von 1934 bis 1945 gab es keine schwarzen Spieler in der Liga. Die Sperrung afroamerikanischer Spieler kann auch auf den Einstieg von George Preston Marshall in die Liga im Jahr 1932 zurückgeführt werden. Er lehnte es offen ab, afroamerikanische Sportler in seinen Teams Boston Braves/Washington Redskins zu akzeptieren, und setzte Berichten zufolge den Rest der Liga unter Druck, seinem Beispiel zu folgen. Die NFL hatte bis nach dem Zweiten Weltkrieg keinen afroamerikanischen Spieler.

Man muss sich jedoch vor Augen führen, dass Hutson in einer Zeit, in der das durchschnittliche Passer-Rating durchschnittlich in den 40ern lag, es keinen Gesichtsschutz gab und Receiver auf dem gesamten Feld angespielt werden konnten, unglaubliche Zahlen aufstellte. Receiver trugen damals noch keine Handschuhe und sie konnten mit Stickum auch nicht für zusätzliche Griffkraft sorgen. Es war auch eine Ära, in der die Teams oft nur beim dritten Down passten, und auch nur dann, wenn sie einen langen Laufweg für ein erstes Down benötigten.

Vergleiche mit aktuellen Spielern sind daher schwierig. Man kann Hutson nur mit den Spielern der ersten 25 Jahre der NFL-Geschichte vergleichen, in denen er die anderen in puncto Schnelligkeit, Leistung, Härte und Vielseitigkeit bei weitem überragte. 44 Jahre lang hielt er den Rekord für die meisten gefangenen Touchdowns in der NFL, bis Steve Largent ihn 1989 brach. Jeder andere Spieler, der heute in den Top 10 der gefangenen Touchdowns steht, begann seine Karriere nach 1984.

Und einer von Hutsons 4,9 Receptions führte zu einem Touchdown. Zum Vergleich: Jerry Rice, der 197 gefangene Touchdowns erzielte, punktete bei einem von 7,8 Catches.

Hutson war zu Recht stolz auf die 18 Rekorde, die er bis zu seinem Ruhestand aufgestellt hatte, und 2017 hält er immer noch die Rekorde für: die meisten Saisons, in denen er die Liga bei den Receptions anführte (8), für die meisten aufeinanderfolgenden Saisons, in denen er bei den

Receptions führend war (5), für die meisten Saisons, in denen er bei den Touchdowns führend war (8), für die meisten Saisons, in denen er bei den Punkten führend war (5), und für die meisten in einem Viertel erzielten Punkte (29). Dennoch behauptete er: „Ich liebe es, wenn meine Rekorde gebrochen werden, das tue ich wirklich – man bekommt die Chance, die ganze Erfahrung erneut zu durchleben."

Als er seine aktive Karriere beendete, hatte er dreimal so viele Touchdowns erzielt wie jeder andere Receiver in den ersten 25 Jahren des Pro-Football und verdiente 15.000 Dollar im Jahr, eine enorme Summe. Seine Fähigkeiten waren immer noch beträchtlich, aber er sagte: „Es war das Spielen in der Defense, das mich ausgezehrt hat."

Er war zwei Jahre lang Assistenzcoach bei den Packers und wurde dann ein wohlhabender Besitzer eines Autohauses und mehrerer Bowlingbahnen in Racine, Wisconsin. 1963 wurde er als Gründungsmitglied in die Pro Football Hall of Fame aufgenommen. Nach 1951 vergaben die Packers sein Trikot mit der Nummer 14 nie wieder und eine Straße wurde nach ihm benannt. Nach seinem Rückzug aus den Geschäften zog Hutson nach Rancho Mirage, Kalifornien, und starb dort am 26. Juni 1997 im Alter von 84 Jahren.

Ron Wolf, der General Manager der Packers, hat vielleicht sogar noch untertrieben, als er sagte: „Er war mit Sicherheit der beste Spieler in der Geschichte der Packers."

Don Hutson ist wohl der beste Spieler in der Geschichte des American Football.

Hutson (links) und Dixie Howell werden 1933 mit der All-America-Ehrung ausgezeichnet.

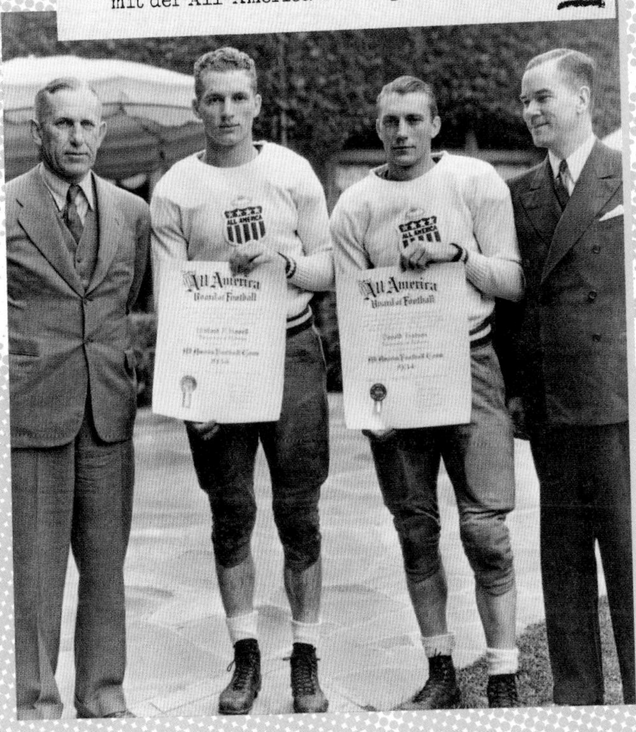

ZWEI VERTRÄGE, EIN DRAFT

Wenn nur ein Spieler für die Entscheidung eines NFL-Draft verantwortlich gewesen wäre, dann wäre es Hutson. Im Dezember 1934, vor dem Rose Bowl zwischen Alabama und Sanford, leerten sich die gut gefüllten Hosentaschen der Green Bay Packers plötzlich.

Jedes Jahr fuhr Coach Lambeau nach Pasadena, Kalifornien, um beim Titelspiel des College-Footballs, dem Rose Bowl, nach Talenten Ausschau zu halten. Diesmal durfte Lambeau beim geheimen Training von Alabama nicht zuschauen, also kletterte er auf eine Mauer, um doch zuzusehen, und riss sich dabei die Hose auf.

Lambeau war von dem, was er sah, angemessen beeindruckt, und Hutson bestätigte Lambeaus Eindruck, als er am Neujahrstag 1935 beim 29:13-Sieg von Alabama über Stanford sieben Pässe fing, zwei für Touchdowns. Hutson erhielt schnell Angebote, um in die Profiliga aufzusteigen.

Er sagte: „Ich bekam Briefe von etwa zehn Profiteams. Am Ende ging ich nach Green Bay, weil die Packers mir das meiste Geld boten – 300 Dollar pro Spiel. Das war weit mehr als sie jedem anderen Spieler gezahlt hatten."

Jim „Shipwreck" Kelly, Miteigentümer der Brooklyn Dodgers, brachte Hutson dazu, einen ähnlichen Vertrag wie den von Lambeau abzuschließen. Joe Carr, der Präsident der NFL, entschied, dass das Team, das den Vertrag zuerst einreichte, Hutson schließlich bekommen würde. Lambeau gewann aufgrund des Poststempels. Ein Jahr später beschloss die NFL, zum ersten Mal einen Draft durchzuführen, um zu vermeiden, dass Spieler für zwei Teams unterschrieben.

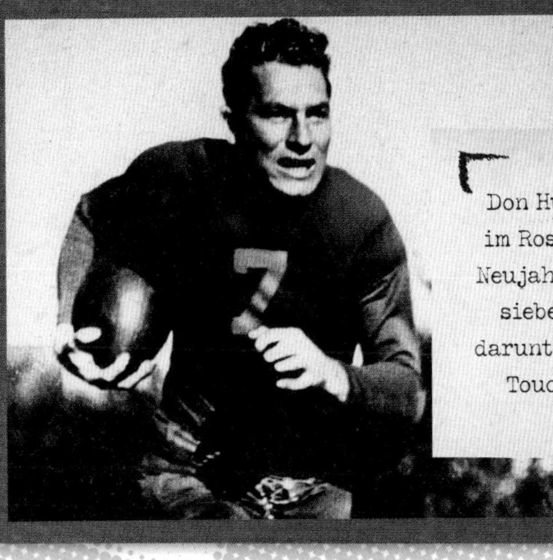

Don Hutson fing im Rose Bowl am Neujahrstag 1935 sieben Pässe, darunter zwei für Touchdowns.

DER RETTER

Der Revolverheld für das Triplet war alles, wovon die Cowboys geträumt hatten

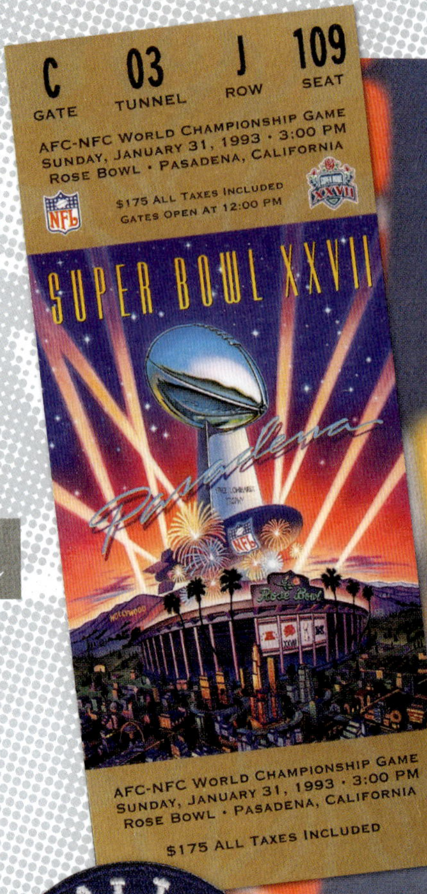

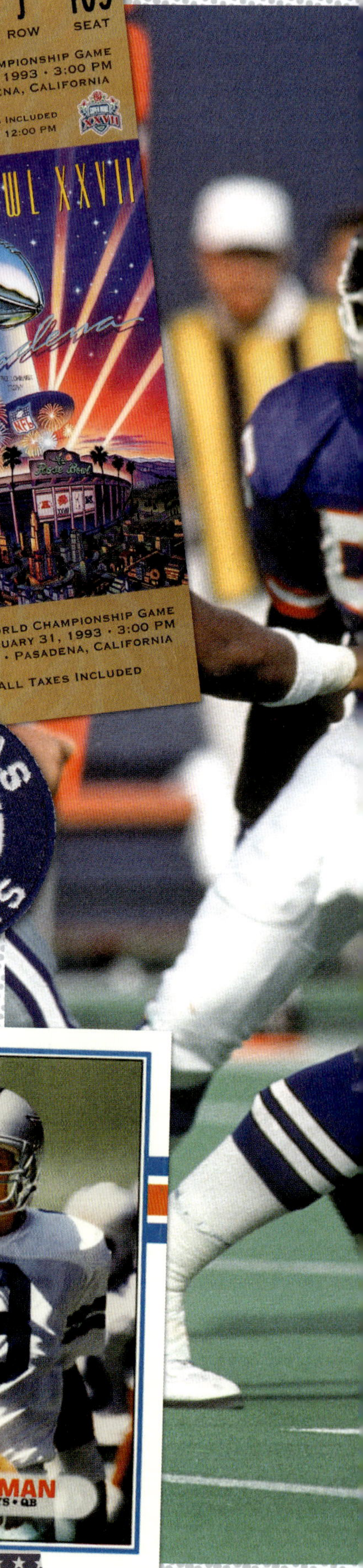

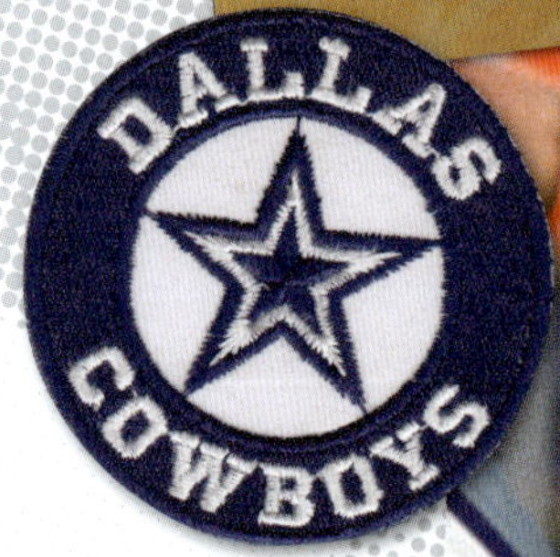

TROY AIKMAN

POSITION: Quarterback
NFL DRAFT: 1989/Runde 1/Pick 1
TEAM: Dallas Cowboys (1989-2000)

....

KARRIEREHÖHEPUNKTE:

3 x Super Bowl Champion (XXVII, XXVIII, XXX)
Super Bowl MVP (XXVII)
6 x Pro Bowl (1991-1996)
NFL Man of the Year (1996)
Touchdowns-Interceptions: 165-141
32.942 geworfene Yards
61,5 % angekommene Pässe
Aufnahme in die Pro Football Hall of Fame 2006

Nicht jeder Pick 1 eines Drafts ist auch später als Spieler erfolgreich. Beispiele dafür sind Tim Couch, David Carr, Aundray Bruce, Courtney Brown, Tom Cousineau, JaMarcus Russell und Ki-Jana Carter. Troy Aikman jedoch, der 1989 als Top-Wahl des Drafts und als erste Wahl des Teams unter Besitzer Jerry Jones und Coach Jimmy Johnson nach Dallas ging, brachte alles mit, was das Team brauchte. Später wurde er als Retter des Teams bezeichnet und trug sicher dazu bei, dass die Cowboys wieder zum beliebtesten und gleichzeitig gefürchtetsten Team der NFL wurden. Aikman war der Revolverheld in einer Offense, zu der auch der Runningback Emmitt Smith und Receiver Michael Irvin gehörten.

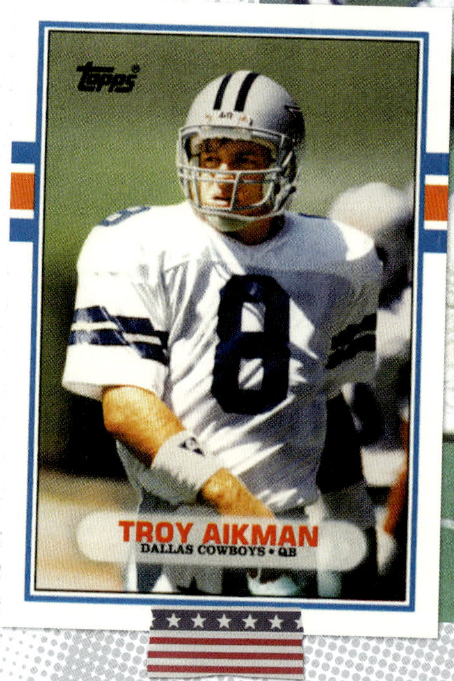

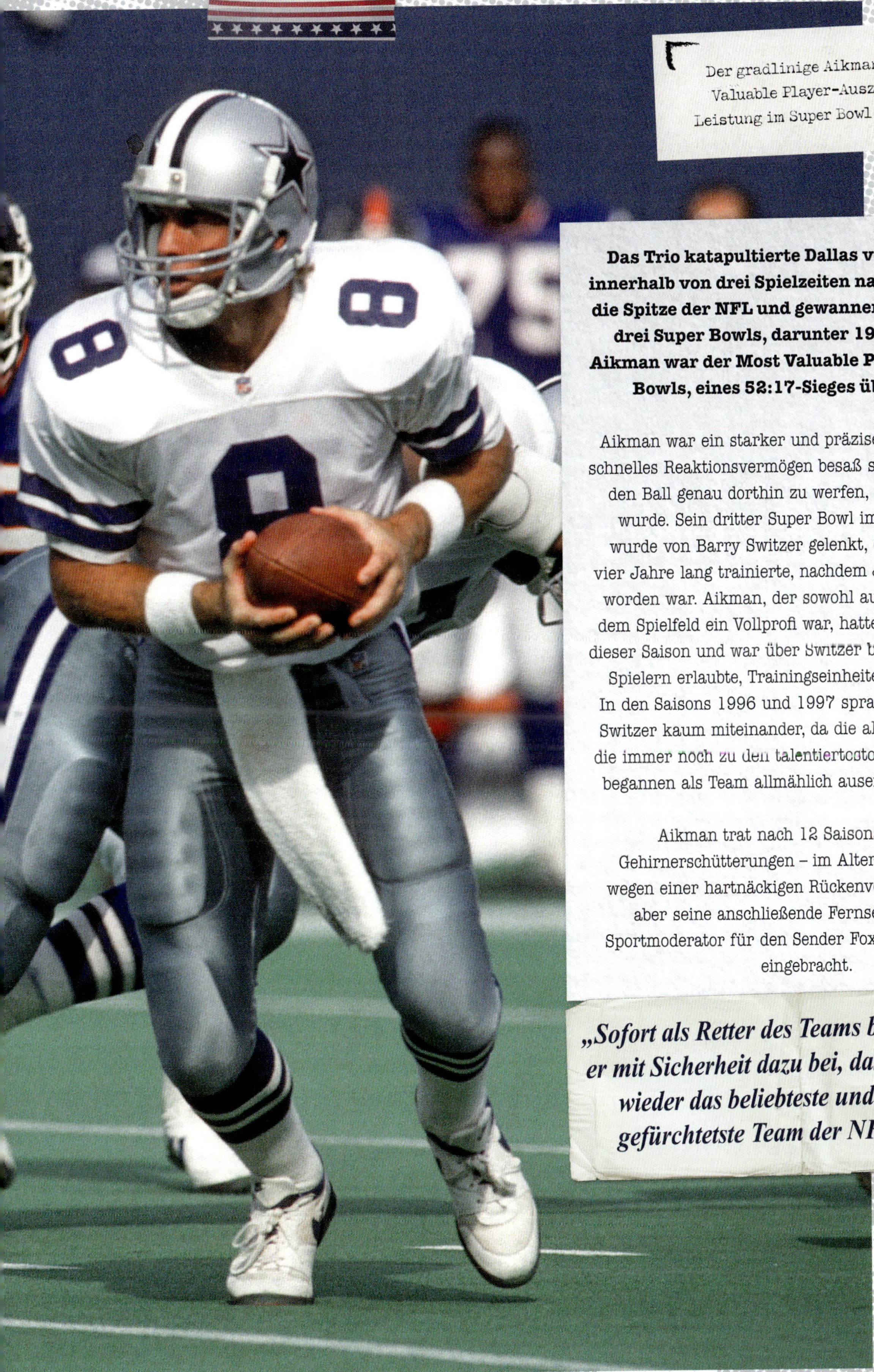

Der gradlinige Aikman gewann einen Most Valuable Player-Auszeichnung für seine Leistung im Super Bowl XXVII gegen Buffalo.

Das Trio katapultierte Dallas von ganz unten innerhalb von drei Spielzeiten nach ganz oben an die Spitze der NFL und gewannen in vier Jahren drei Super Bowls, darunter 1992 und 1993. Aikman war der Most Valuable Player des ersten Bowls, eines 52:17-Sieges über Buffalo.

Aikman war ein starker und präziser Passer, der ein schnelles Reaktionsvermögen besaß sowie die Fähigkeit, den Ball genau dorthin zu werfen, wo er gebraucht wurde. Sein dritter Super Bowl im Januar 1996, wurde von Barry Switzer gelenkt, der die Cowboys vier Jahre lang trainierte, nachdem Johnson entlassen worden war. Aikman, der sowohl auf als auch neben dem Spielfeld ein Vollprofi war, hatte kaum Freude an dieser Saison und war über Switzer bestürzt, der seinen Spielern erlaubte, Trainingseinheiten zu verpassen. In den Saisons 1996 und 1997 sprachen Aikman und Switzer kaum miteinander, da die alternden Cowboys, die immer noch zu den talentiertesten Teams gehörten, begannen als Team allmählich auseinander zu fallen.

Aikman trat nach 12 Saisons – und 10 Gehirnerschütterungen – im Alter von 34 Jahren wegen einer hartnäckigen Rückenverletzung zurück, aber seine anschließende Fernsehkarriere als Sportmoderator für den Sender Fox hat ihm viel Lob eingebracht.

„Sofort als Retter des Teams bezeichnet, trug er mit Sicherheit dazu bei, dass die Cowboys wieder das beliebteste und gleichzeitig gefürchtetste Team der NFL wurden."

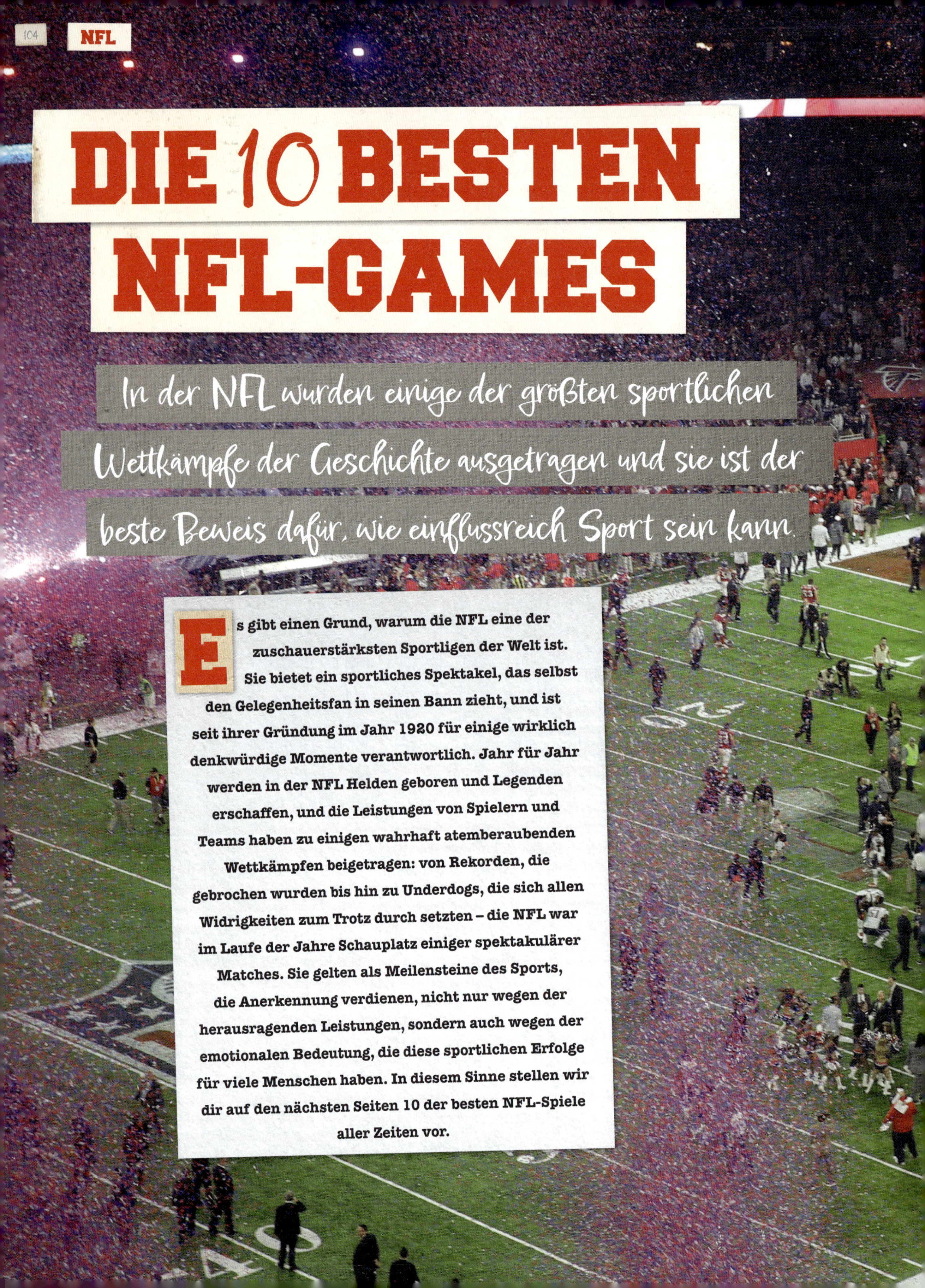

DIE 10 BESTEN NFL-GAMES

In der NFL wurden einige der größten sportlichen Wettkämpfe der Geschichte ausgetragen und sie ist der beste Beweis dafür, wie einflussreich Sport sein kann.

Es gibt einen Grund, warum die NFL eine der zuschauerstärksten Sportligen der Welt ist. Sie bietet ein sportliches Spektakel, das selbst den Gelegenheitsfan in seinen Bann zieht, und ist seit ihrer Gründung im Jahr 1920 für einige wirklich denkwürdige Momente verantwortlich. Jahr für Jahr werden in der NFL Helden geboren und Legenden erschaffen, und die Leistungen von Spielern und Teams haben zu einigen wahrhaft atemberaubenden Wettkämpfen beigetragen: von Rekorden, die gebrochen wurden bis hin zu Underdogs, die sich allen Widrigkeiten zum Trotz durch setzten – die NFL war im Laufe der Jahre Schauplatz einiger spektakulärer Matches. Sie gelten als Meilensteine des Sports, die Anerkennung verdienen, nicht nur wegen der herausragenden Leistungen, sondern auch wegen der emotionalen Bedeutung, die diese sportlichen Erfolge für viele Menschen haben. In diesem Sinne stellen wir dir auf den nächsten Seiten 10 der besten NFL-Spiele aller Zeiten vor.

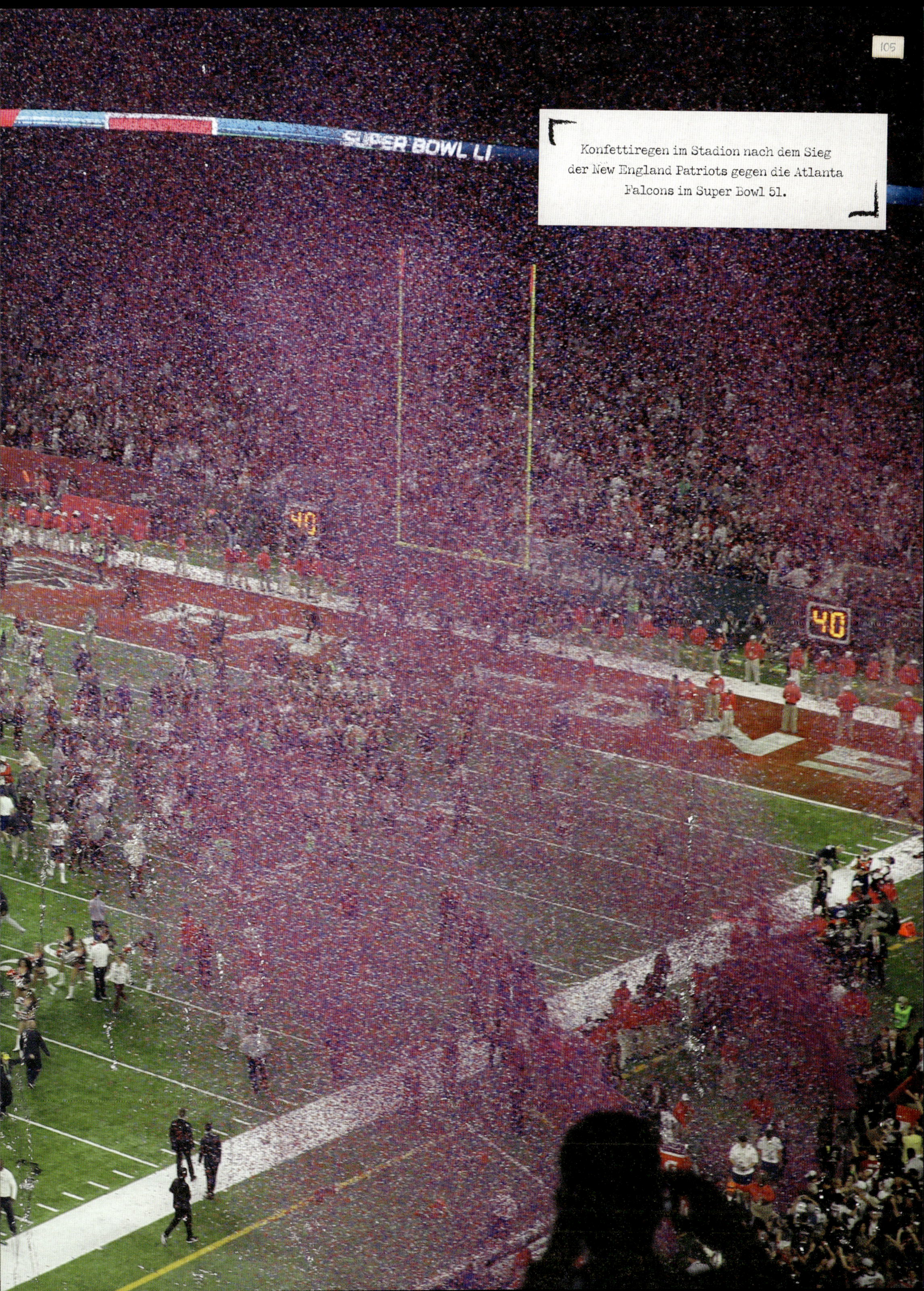

Konfettiregen im Stadion nach dem Sieg der New England Patriots gegen die Atlanta Falcons im Super Bowl 51.

THE GREATEST GAME EVER PLAYED

01 **Wenn ein Spiel als „das größte aller Zeiten“ bezeichnet wird, ist diese Aussage natürlich mit Vorsicht zu genießen.** Glücklicherweise haben die Baltimore Colts und die New York Giants bei Ihrem Aufeinandertreffen im NFL-Meisterschaftsspiel 1958 mehr als genug getan, um solche Lobeshymnen zu verdienen. Ironischerweise sah es gleich zu Beginn schlecht aus, als Colts-Quarterback Johnny Unitas im ersten Spielzug sich einen Fumble leistete. Bis zum Ende des zweiten Viertels hatte sich Baltimore jedoch eine 14:3-Führung erarbeitet. Was dann folgte, war besser als jeder Hollywood-Film: Als New York sich endlich aufrappelte und 17 Punkte erzielte, schien das Spiel mit nur noch sieben verbleibenden Sekunden vorbei zu sein – bis der Kicker der Colts, Steve Myhra, mit einem 20-Yard-Field Goal den Ausgleich erzielte und dafür sorgte, dass das Spiel zum ersten Mal in der Geschichte der Playoffs in die Verlängerung ging. Vor den Augen von Millionen von Fernsehzuschauern erzielte Baltimores Runningback Alan Ameche einen One-Yard-Touchdown und sicherte seinem Team damit den Sieg. Bis heute wird behauptet, dass dies der Moment war, indem die Bekanntheit der NFL schlagartig nach oben schnellte.

ERGEBNIS: Baltimore Colts 23 – 17 New York Giants
SPIEL: NFL Championship
DATUM: 28. December 1958
AUSTRAGUNGSORT: Yankee Stadium, New York

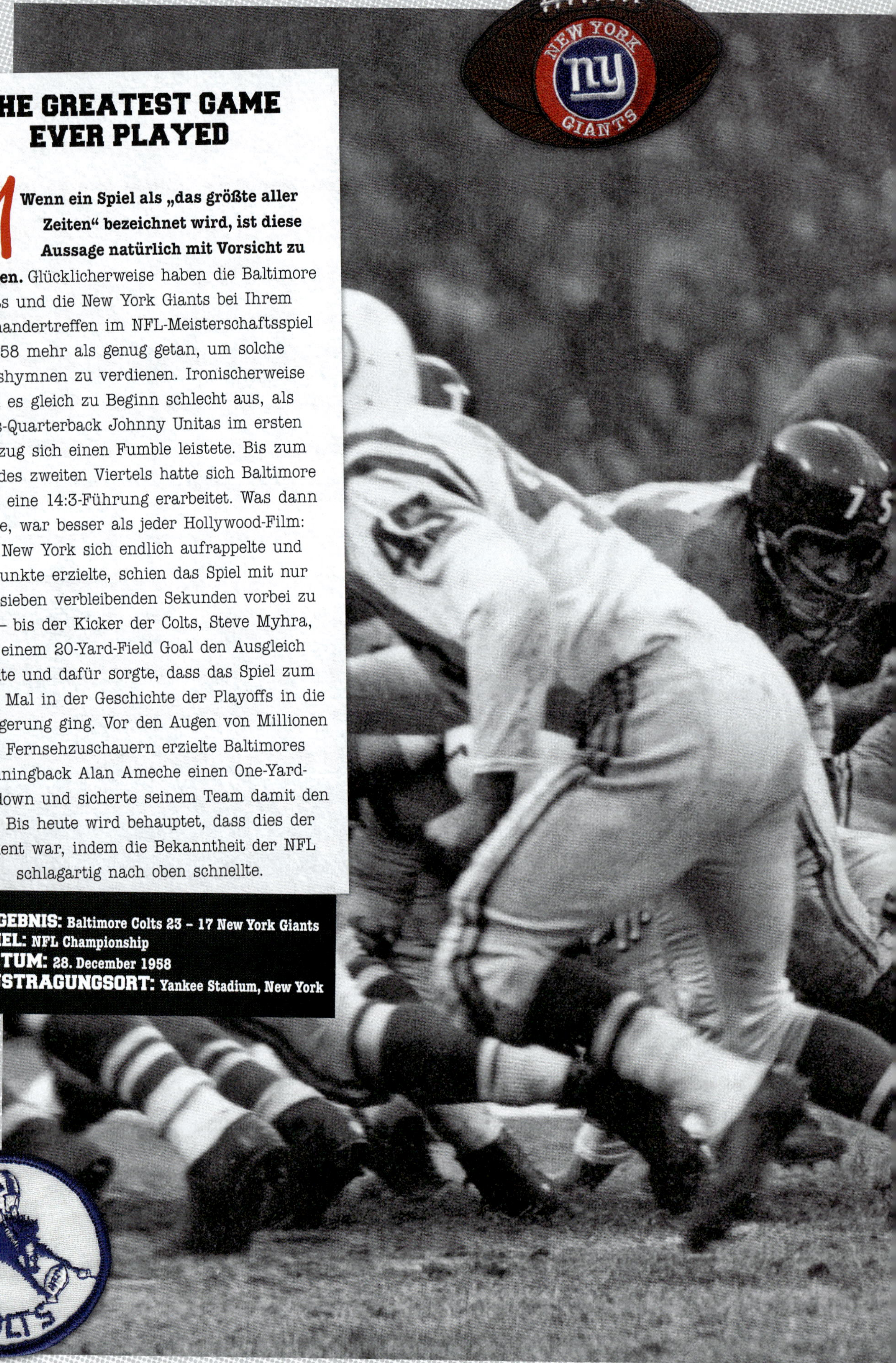

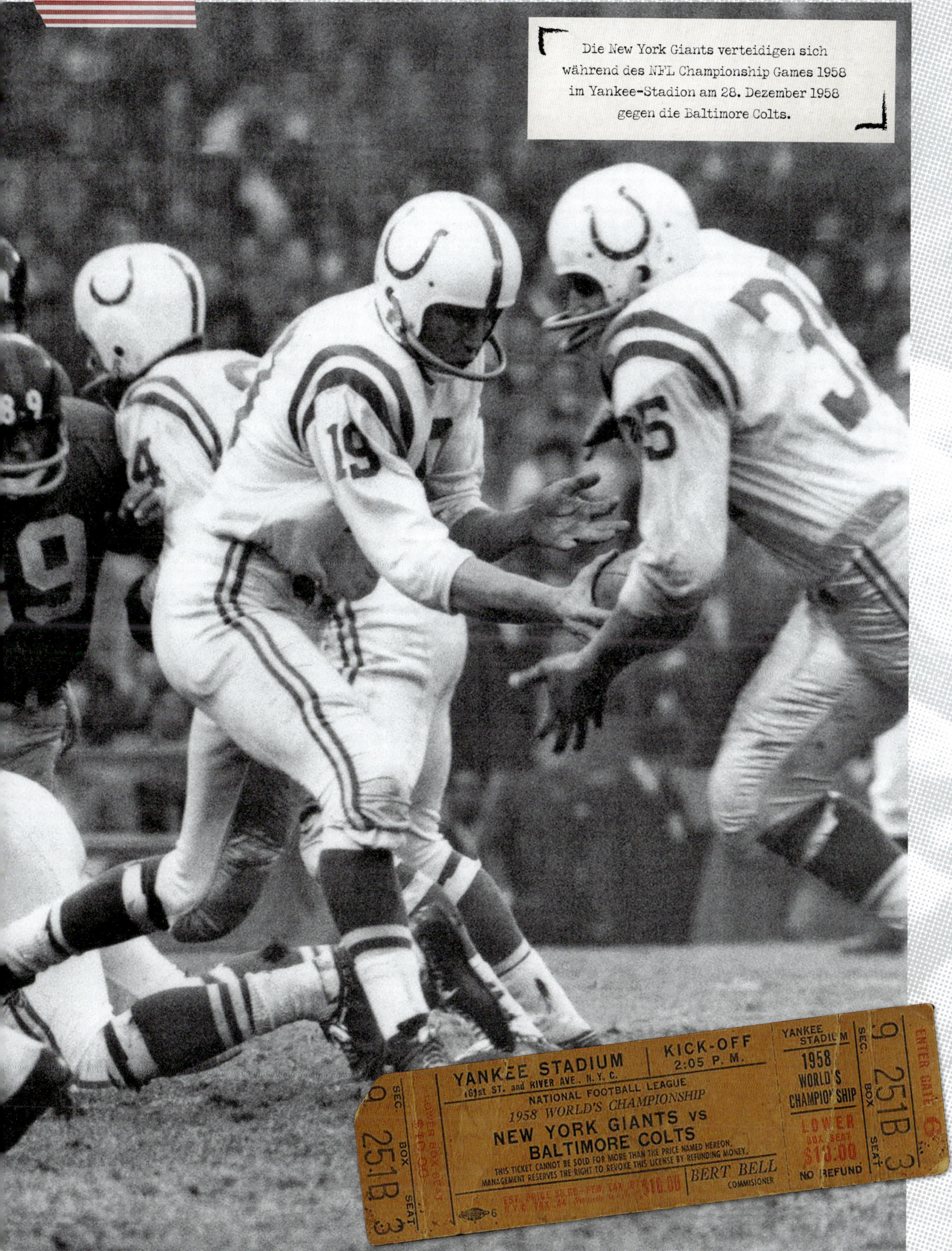

Die New York Giants verteidigen sich während des NFL Championship Games 1958 im Yankee-Stadion am 28. Dezember 1958 gegen die Baltimore Colts.

DIE 100-YARD-INTERCEPTION

02 Rekorde sind dazu da, um gebrochen zu werden, aber 2009, während des Super Bowl XLIII, stellte der Outside Linebacker der Pittsburgh Steelers, James Harrison, in der dramatischsten Art und Weise einen neuen Rekord auf. Nachdem ein verunglückter Pass vom Quarterback der Arizona Cardinals, Kurt Warner, in den Armen von Harrison und in seiner eigenen Endzone gelandet war, rannte er 100 Yards, ein damals rekordverdächtiger Interception Return, um einen Touchdown zu erzielen. Dies unterstrich nicht nur, wie eingespielt die Steelers als Team waren – jeder auf dem Feld tat sein Möglichstes, um Harrison den Weg freizumachen –, sondern schickte sie auch mit einer 17:7-Führung in die Halbzeitpause.

Das allein hätte schon ausgereicht, um den Super Bowl XLIII zu einem denkwürdigen Spiel zu machen, doch Arizona kehrte mit neuem Elan auf das Spielfeld zurück. Während sie sich im dritten Viertel schwer taten, ging es im vierten Viertel aufwärts. Warner, der seinen früheren Fehler wiedergutmachen wollte, inspirierte sein Team zu 16 weiteren Punkten, darunter die 64-Yard-Touchdown-Reception von Wide Receiver Larry Fitzgerald. Damit stand es 2:37 Minuten vor Schluss 23:20. Das Spiel entwickelte sich schnell zu einem erbitterten Kampf um die Führung, aber es sollte noch eine weitere Wendung geben, obwohl es so aussah, als ob die Cardinals ihr grandioses Comeback sichern würden.

Steelers-Quarterback Ben Roethlisberger arbeitete nahezu perfekt mit Wide Receiver Santonio Holmes zusammen, den er während eines 78-Yard-Drives viermal den Ball zuspielte. Mit einem Pass, den viele für einen der besten Pässe halten, die jemals in einem Super Bowl geworfen wurden, spielte Big Ben zu Holmes für den spielentscheidenden Touchdown. Mit dem Gewinn des Super Bowl wurde Pittsburgh zum ersten Team in der Geschichte, das sechs Super Bowls gewonnen hat, und fügte damit der Statistik noch einen weiteren Rekord hinzu.

98,7 Millionen Zuschauer verfolgten den Super Bowl XLIII, ein Spiel voller Höhepunkte, die auch heute noch berauschend sind, und machten es zu einem der meistgesehenen Shows in der Geschichte der Fernsehübertragungen – mit Sicherheit ist es eines der besten Finale, die die NFL je erlebt hat.

ERGEBNIS: Pittsburgh Steelers 27 – 23 Arizona Cardinals
SPIEL: Super Bowl XLIII
DATUM: 1. Februar 2009
AUSTRAGUNGSORT: Raymond James Stadium, Tampa, Florida

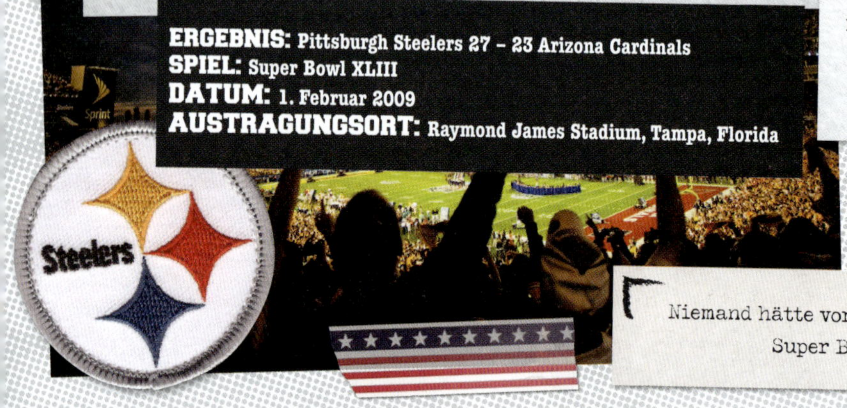

Niemand hätte vorhersagen können, wie intensiv der Super Bowl XLIII werden würde

NAMATHS JETS TROTZEN ALLEN WIDRIGKEITEN

03 Es gibt nichts Besseres als eine gute Außenseitergeschichte. Vor dem Super Bowl III hatte jeder einen haushohen Sieg der Baltimore Colts vorausgesagt. Die Colts, die zur NFL gehörten und damit zur vermeintlich besseren Liga, hatten ihre Gegner in diesem Jahr vernichtend geschlagen und die Saison 1968 mit einer Bilanz von 13:1 abgeschlossen. Auf der anderen Seite standen die New York Jets aus der AFL. Die Jets, die sich ihren Weg ins Finale mit Glück erkämpft hatten, konnten es dank eines 27:23-Sieges über die Oakland Raiders bis zum Super Bowl schaffen. Im Bezug auf die Zahlen konnte es in diesem Jahr nur einen Champion geben. Als Jets-Quarterback Joe Namath drei Tage vor dem Spiel großspurig verkündete, dass sein Team gewinnen würde, dachten sich wohl alle: Große Worte eines Mannes, der weiß, dass sein Team keine Chance hat. Wie sich herausstellte, hatte er recht.

Die Jets kontrollierten nicht nur den größten Teil des Spiels, sondern hatten sich auch im vierten Viertel eine 16:0-Führung aufgebaut. Noch erstaunlicher war, dass sie während des gesamten Spiels nur einen Touchdown erzielten, der von Quarterback Matt Snell ausgeführt wurde – ein Super Bowl-Final-Rekord, der auch heute noch von bedeutsam ist (die restlichen Punkte der Jets wurden durch drei Field Goals von Kicker Jim Turner erzielt). Obwohl Colts-Runningback Jerry Hill in den Schlussminuten einen Touchdown erzielte, war das Spiel bereits entschieden.

Namath ging als Most Valuable Player des Spiels vom Platz. Er vervollständigte 17 von 28 Pässen für insgesamt 206 Yards, obwohl er im letzten Viertel keinen einzigen Pass mehr warf, denn er wusste, dass es besser war, auf Nummer sicher zu gehen, als diesen bedeutenden Vorsprung aufzugeben. Die Jets hatten systematisch Löcher in die Verteidigung der Colts gerissen. Es war ein historischer Abend für alle Beteiligten und ein Spiel, das sich jeder Fan ansehen sollte.

ERGEBNIS: New York Jets 16 – 7 Baltimore Colts
SPIEL: Super Bowl II
DATUM: 12. Januar 1969
AUSTRAGUNGSORT: Orange Bowl, Miami, Florida

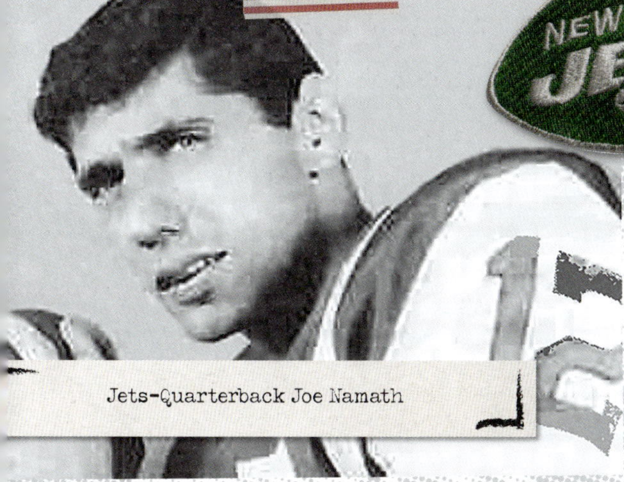

Jets-Quarterback Joe Namath

EIN PERFEKT-UNPERFEKTER REKORD

04 **Es schien alles aussichtslos für die New York Giants:** Nicht nur, dass ihr Super-Bowl-Gegner, die New England Patriots, in der gesamten Saison mit einer Bilanz von 18:0 ungeschlagen geblieben waren, sondern die Patriots waren auch der haushohe Favorit im Super Bowl. Als es gegen Ende des vierten Viertels 14:10 für die Patriots stand, setzte New York zu einem Drive an, der ihnen nicht nur den damaligen Super Bowl einbrachte, sondern auch als das überraschendste Spiel in der Geschichte der NFL gilt.

Mit dem Ball an der eigenen 17-Yard-Linie und nur noch 2:37 Minuten auf der Uhr kämpften sich die Giants fast über die gesamte Länge des Spielfelds. Wide Receiver Plaxico Burress schleuderte den Ball 35 Sekunden vor Schluss auf den Boden und erzielte damit den entscheidenden Touchdown. 97,5 Millionen Menschen verfolgten das Spiel, das viele für einen der besten Super Bowls der Geschichte halten.

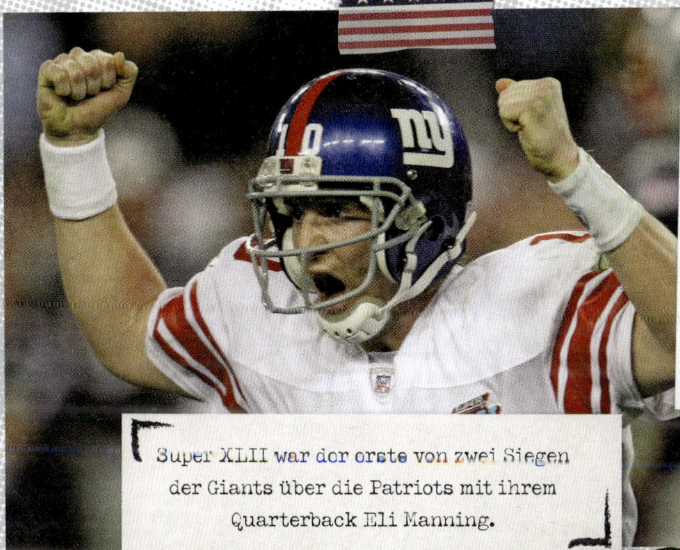

Super XLII war der erste von zwei Siegen der Giants über die Patriots mit ihrem Quarterback Eli Manning.

ERGEBNIS: New York Giants 17 – 14 New England Patriots
SPIEL: Super Bowl XLII
DATUM: 3. Februar 2008
AUSTRAGUNGSORT: University of Phoenix Stadium, Arizona

Patrick Mahomes wurde zum zweiten Mal in Folge Super Bowl MVP – aber die meiste Aufmerksamkeit galt Travis Kelce und seiner neuen Freundin im Anschluss an das Match

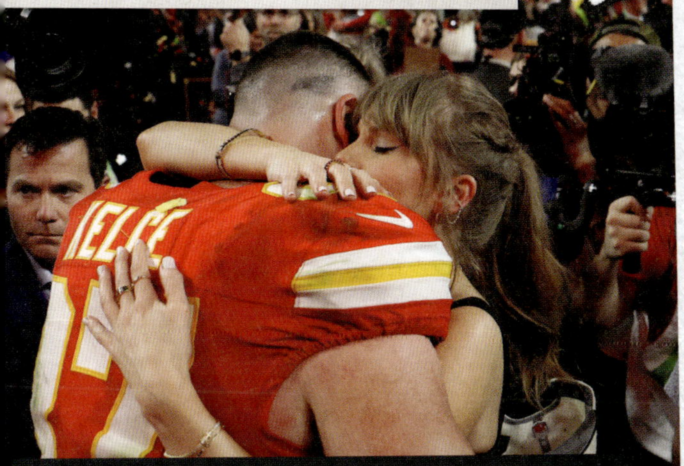

ERGEBNIS: Kansas City Chiefs 38 – 35 Philadelphia Eagles
SPIEL: Super Bowl LXVII
DATUM: 12. Februar 2023
AUSTRAGUNGSORT: State Farm Stadium, Glendale, Arizona

SWIFTIE BOWL

05 **Eine neue Generation von Fans schaute sich den Super Bowl LVIII nur dank einer Person an** – und diese war nicht einmal ein Teil des Spiels. Dank der aufblühenden Romanze zwischen Taylor Swift und Kansas City Chiefs-Tight End Travis Kelce, sahen Horden von Swifties zu, wie Taylor ihren Freund bei seinem dritten Super-Bowl-Sieg anfeuerte und sich die Chiefs den San Francisco 49ers widersetzten. Die neuen Chiefs-Fans bekamen einen Klassiker zu sehen. Die 49ers gingen vor der Halbzeitpause in Führung, ehe beide Teams in der zweiten Halbzeit versuchten, sich einen Vorteil zu verschaffen. Das Spiel ging in den letzten Sekunden durch ein Field Goal von Harrison Butker, dem Kicker der Chiefs, in die Verlängerung, und ein Touchdown-Catch von Mecole Hardman entschied den Bowl für Kansas City. Quarterback Patrick Mahomes vervollständigte 34 von 36 Pässen für 33 Yards, und dank der Swifties war der Super Bowl LVIII die meistgesehenste Übertragung in der Fernsehgeschichte der USA.

EINE PERFEKTE RECEPTION

06 **Diese Reception ist einer der berühmtesten Spielzüge in der Geschichte der NFL.** Warum? Vor allem, weil er auch heute noch kontrovers diskutiert wird. Als die Oakland Raiders in den letzten Sekunden des vierten Viertels in Führung gingen, schien das AFC Division-Playoff 1972 bereits entschieden. Doch als Steelers-Quarterback Terry Bradshaw einen Pass auf Runningback John Fuqua warf, änderte sich alles.

Je nachdem, wem man Glauben schenkt, prallte der Ball entweder von Fuqua, vom Boden oder von Raiders Safety Jack Tatum ab. Die Schiedsrichter entschieden, dass es letzteres war, sodass Pittsburghs Fullback Franco Harris sich den Ball schnappen und in die Endzone laufen konnte, um einen Touchdown zu erzielen und das Spiel zu gewinnen.

Einige Fans sind immer noch der Meinung, dass entweder Fuqua oder der Rasen zuerst getroffen wurden. Wäre das der Fall gewesen, hätte der Pass als unvollständig gewertet werden müssen. Angesichts der Kontroverse bleibt es ein Vergnügen, dieses Duell zu sehen, und sei es nur, um den spielentscheidenden Spielzug zu verfolgen und sich zu fragen, was hätte passieren können, wenn damals anders entschieden worden wäre.

Unabhängig von der Diskussion, bescherte diese Entscheidung den Steelers ein Wunder. Es sicherte ihnen nicht nur ihren ersten Playoff-Sieg, sondern verhalf ihnen auch noch vor dem Ende des Jahrzehnts zu vier Super-Bowl-Siegen. Wäre die Entscheidung anders ausgefallen, wer weiß, welches Schicksal die „Men of Steel" erwartet hätte …

ERGEBNIS: Oakland Raiders 7 – 13 Pittsburgh Steelers
SPIEL: AFC Division-Playoff
DATUM: 23. Dezember 1972
AUSTRAGUNGSORT: Three Rivers Stadium, Pittsburgh, Pennsylvania

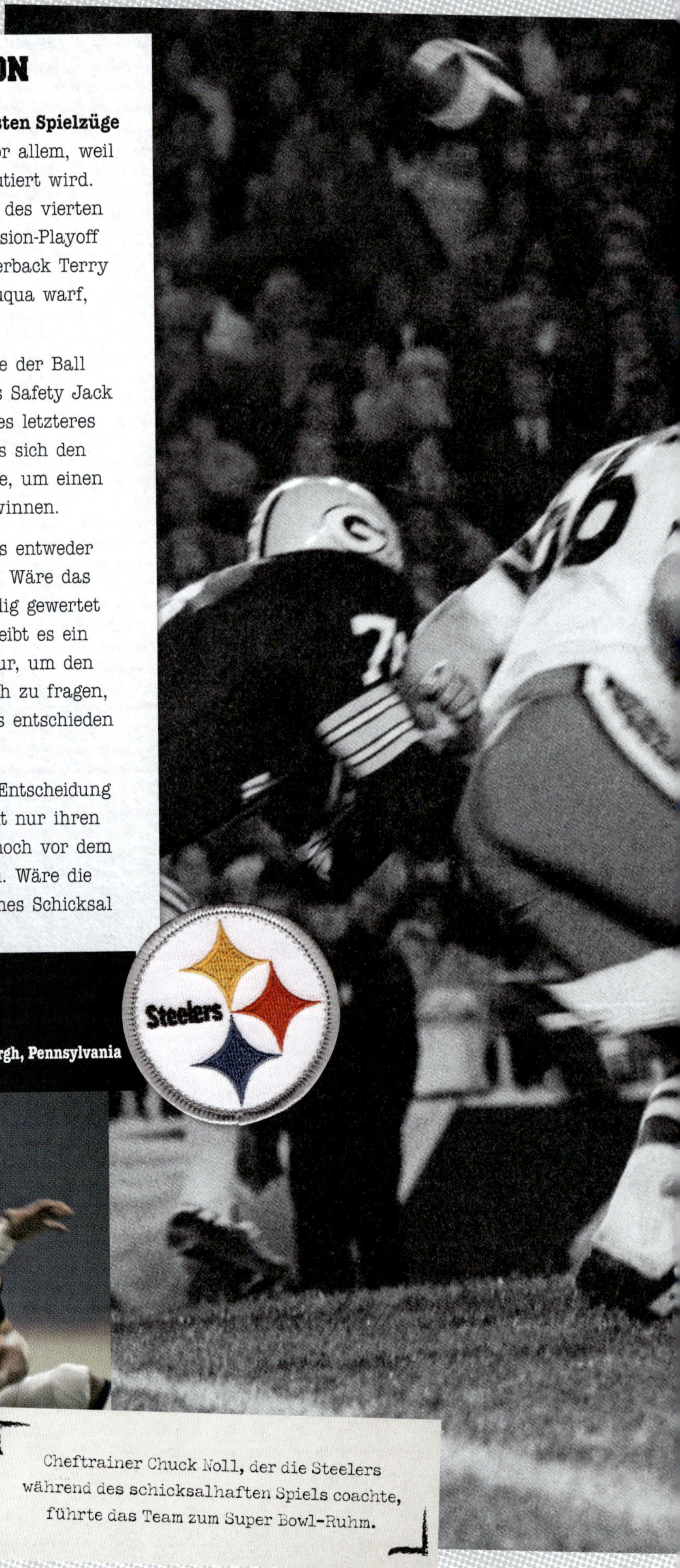

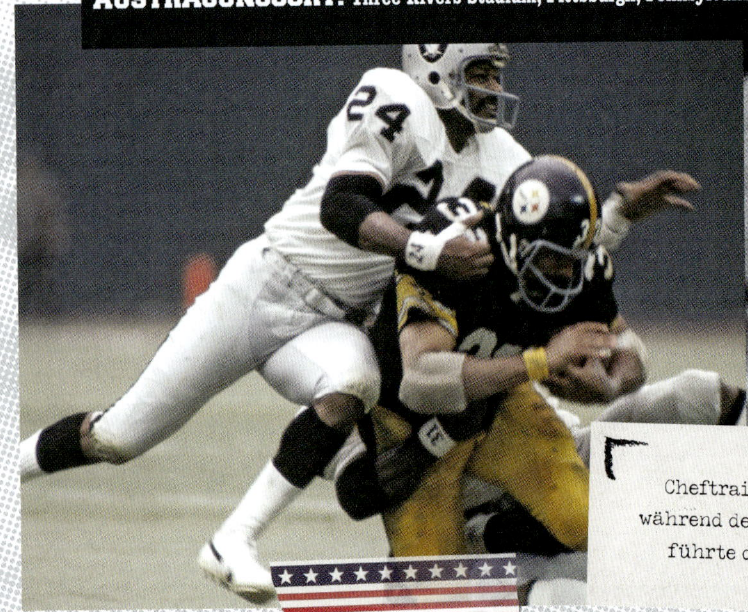

Cheftrainer Chuck Noll, der die Steelers während des schicksalhaften Spiels coachte, führte das Team zum Super Bowl-Ruhm.

Die Bedingungen während des Championship Game 1967 waren so schlecht, dass die Spieler danach emotional erschöpft waren.

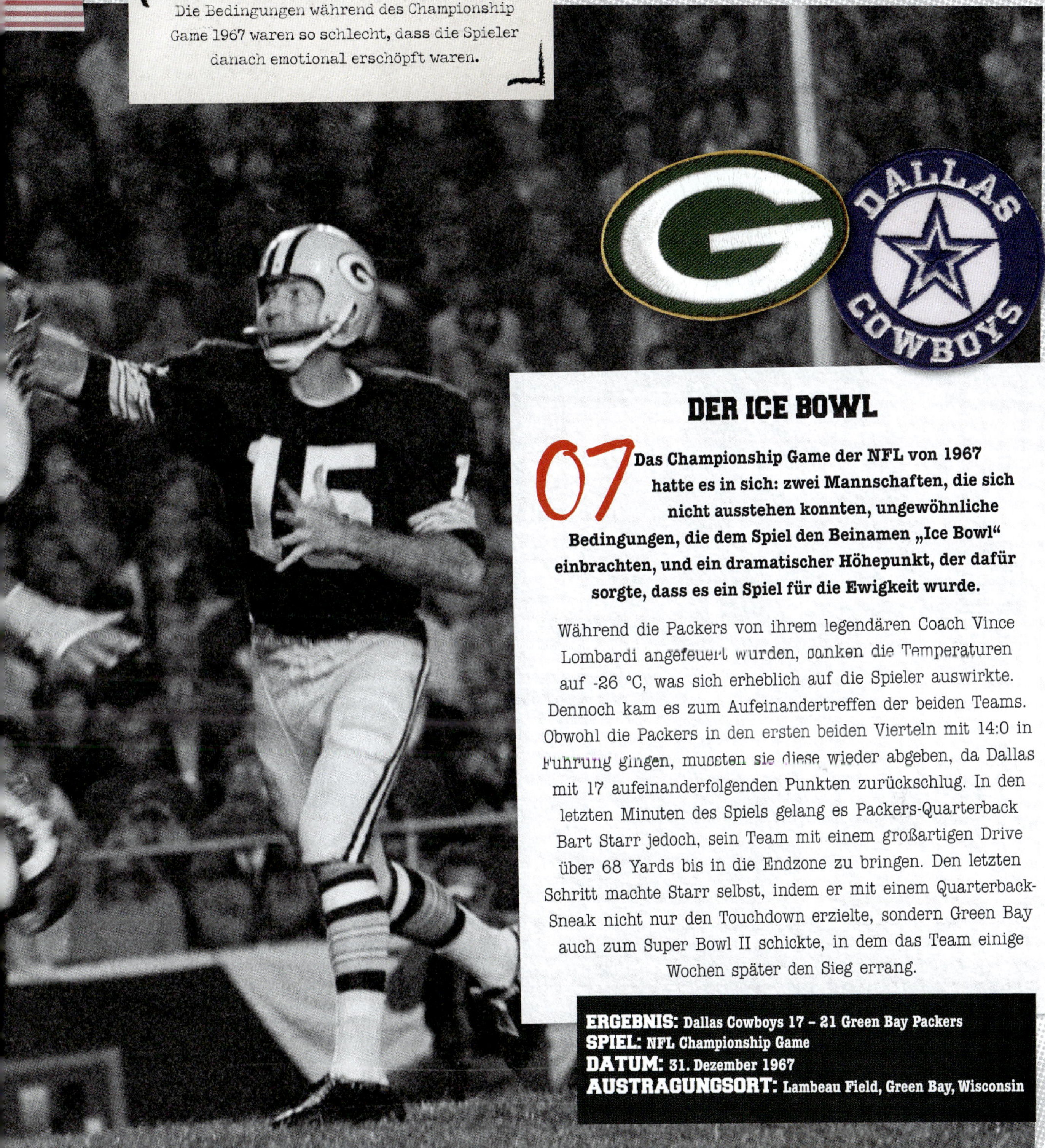

DER ICE BOWL

07 **Das Championship Game der NFL von 1967 hatte es in sich: zwei Mannschaften, die sich nicht ausstehen konnten, ungewöhnliche Bedingungen, die dem Spiel den Beinamen „Ice Bowl" einbrachten, und ein dramatischer Höhepunkt, der dafür sorgte, dass es ein Spiel für die Ewigkeit wurde.**

Während die Packers von ihrem legendären Coach Vince Lombardi angefeuert wurden, sanken die Temperaturen auf -26 °C, was sich erheblich auf die Spieler auswirkte. Dennoch kam es zum Aufeinandertreffen der beiden Teams. Obwohl die Packers in den ersten beiden Vierteln mit 14:0 in Führung gingen, mussten sie diese wieder abgeben, da Dallas mit 17 aufeinanderfolgenden Punkten zurückschlug. In den letzten Minuten des Spiels gelang es Packers-Quarterback Bart Starr jedoch, sein Team mit einem großartigen Drive über 68 Yards bis in die Endzone zu bringen. Den letzten Schritt machte Starr selbst, indem er mit einem Quarterback-Sneak nicht nur den Touchdown erzielte, sondern Green Bay auch zum Super Bowl II schickte, in dem das Team einige Wochen später den Sieg errang.

ERGEBNIS: Dallas Cowboys 17 – 21 Green Bay Packers
SPIEL: NFL Championship Game
DATUM: 31. Dezember 1967
AUSTRAGUNGSORT: Lambeau Field, Green Bay, Wisconsin

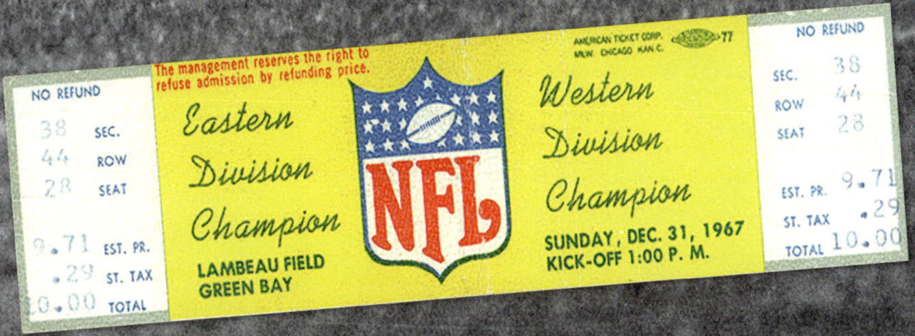

SAN DIEGO CHARGERS

Der Kick von Garo Yepremian sicherte den Dolphins schließlich den Sieg.

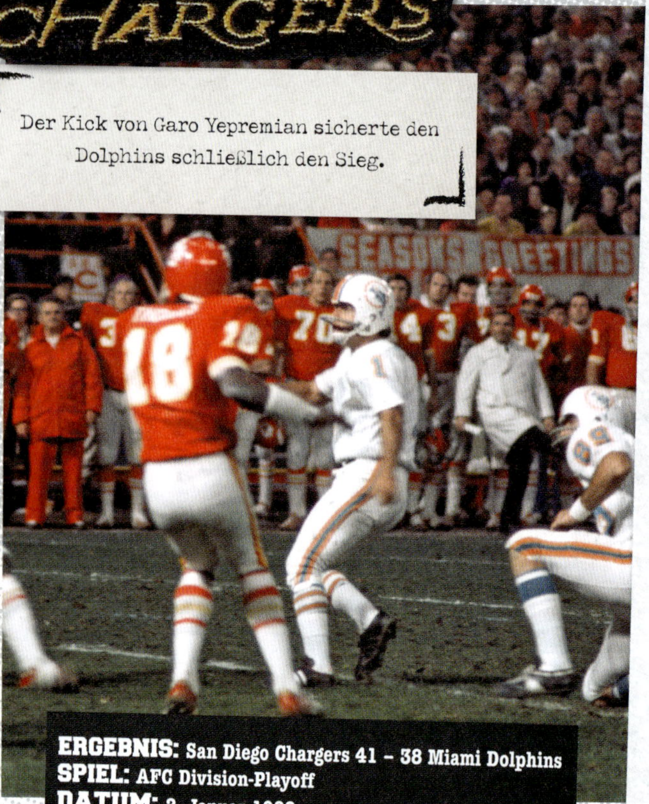

ERGEBNIS: San Diego Chargers 41 – 38 Miami Dolphins
SPIEL: AFC Division-Playoff
DATUM: 2. Januar 1982
AUSTRAGUNGSORT: Orange Bowl, Miami, Florida

DAS MÄRCHEN VON MIAMI

08 **Am Ende des ersten Viertels lagen die San Diego Chargers in ihrem AFC-Division-Playoff gegen die Miami Dolphins bereits mit 24:0 in Führung.** Zu sagen, dass die Welt die Dolphins zu diesem Zeitpunkt schon abgeschrieben hatte, wäre eine Untertreibung. Im Orange Bowl empfand man peinliche Bestürzung – bis zum zweiten Viertel, zumindest. Nachdem der Coach der Dolphins, Don Shula, den Quarterback David Woodley gegen Don Strock ausgewechselt hatte, nahm das Spiel eine drastische Wendung. Woodley begann mit einem 17-Yard-Pass auf Duriel Harris, und dieser Spielzug führte auch zu den ersten Punkten für Miami, nachdem Kicker Uwe von Schamann ein 34-Yard-Field Goal erzielt hatte. Von da an herrschte Krieg.

Bis zum Ende des dritten Viertels hatten die Dolphins unglaubliche 31 Punkte erzielt. Es bedurfte eines Touchdowns vom Runningback der Chargers, James Brooks, 58 Sekunden vor Schluss, um das Spiel auszugleichen, und, was noch spektakulärer war, eines Field Goal-Blocks in letzter Sekunde vom Tight End der Chargers, Kellen Winslow, um in die Verlängerung zu gehen.

Zwar gewannen die Chargers dieses Division-Playoff-Spiel, doch die schiere Dramatik und die Anzahl der Rekorde, die an einem Abend aufgestellt wurden, sind es, die es zu einem Klassiker machen, der heute noch als als „Märchen von Miami“ bekannt ist.

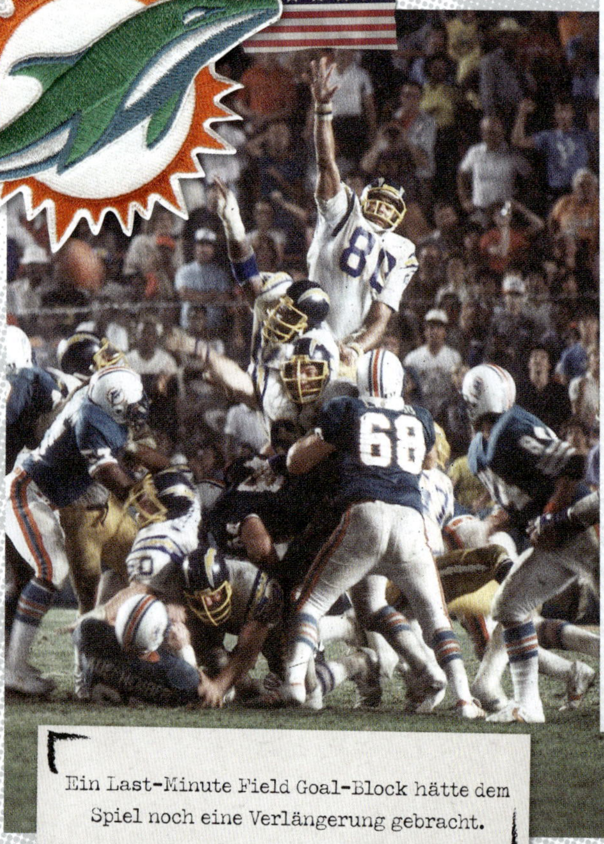

DAS LÄNGSTE SPIEL IN DER GESCHICHTE DER NFL

09 **Die Länge der Spielzeit ist nicht unbedingt ein Indiz für Qualität, aber als die Miami Dolphins die Kansas City Chiefs in den AFC Playoffs 1971 besiegten, stand so viel auf dem Spiel, dass es dazu bestimmt zu sein schien, ein Klassiker zu werden.**

Nachdem die Chiefs im ersten Viertel mit 10:0 in Führung gegangen waren, konterten die Dolphins im zweiten Viertel. Im dritten und vierten Viertel trieben sie sich gegenseitig zu Spitzenleistungen an und erzielten im Abstand von Herzschlägen Touchdowns. So ging das Spiel in die Verlängerung, in der selbst ein abgefangener Pass von Dolphins-Safety Jake Scott die Defense der Chiefs nicht durchbrechen konnte.

Nach 7:40 Minuten in der zweiten Verlängerung machte der Miami-Kicker Garo Yepremian ein Field Goal und sicherte den Dolphins damit den Sieg. Die Uhr wurde bei einer Spielzeit von 82 Minuten und 40 Sekunden gestoppt.

Ein Last-Minute Field Goal-Block hätte dem Spiel noch eine Verlängerung gebracht.

ERGEBNIS: Miami Dolphins 27 – 24 Kansas City Chiefs
SPIEL: AFC Division-Playoff
DATUM: 25. Dezember 1971
AUSTRAGUNGSORT: Municipal Stadium, Kansas City, Missouri

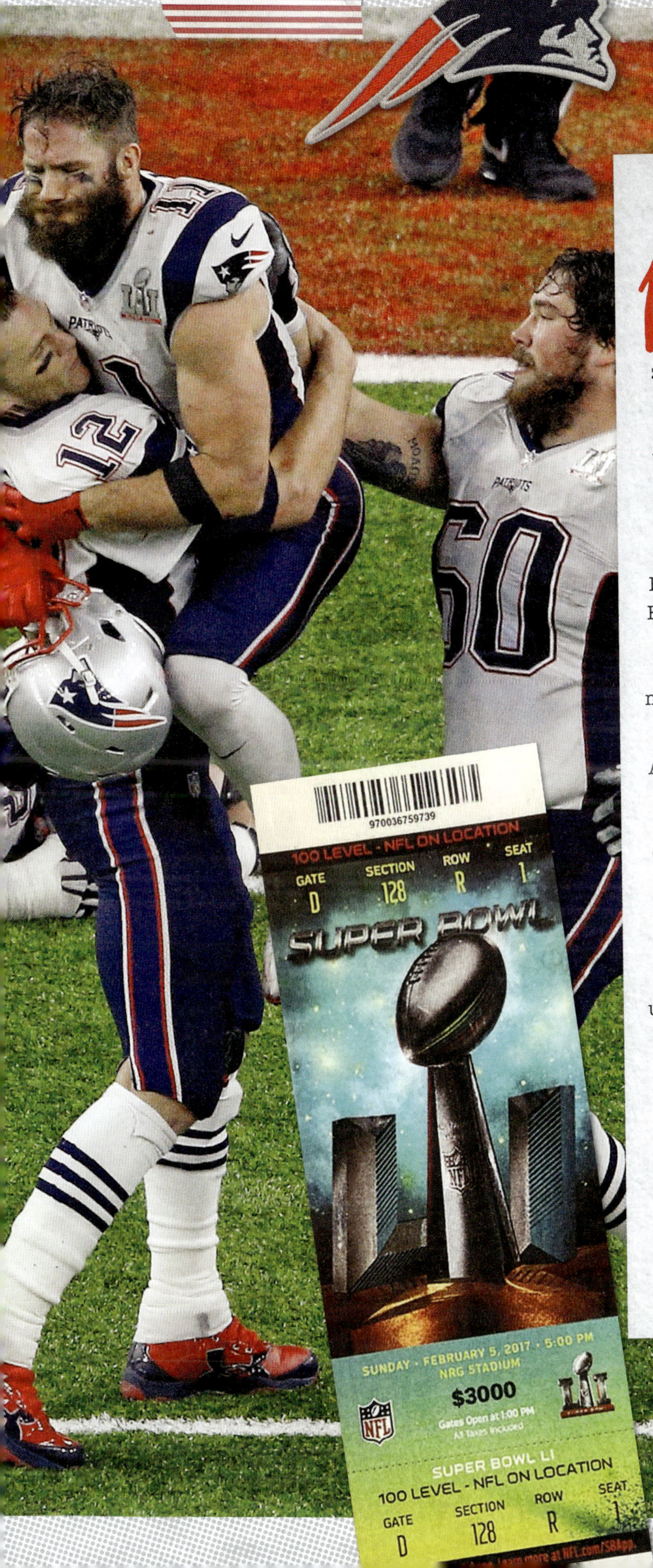

Tom Brady, Julian Edelman und David Andrews feiern den unwahrscheinlichsten Sieg aller Super Bowls.

DAS COMEBACK, UM ALLE COMEBACKS ZU BEENDEN

10 **28:3 ist ein Ergebnis, das jeden Fan der Atlanta Falcons bis ans Ende seiner Tage verfolgen wird.** 28:3 lautete der Spielstand zu Gunsten der Falcons etwas mehr als zwei Minuten vor Ende des dritten Viertels im Super Bowl LI. Die New England Patriots waren nicht in der Lage, die übermächtige Offense der Atlanta Falcons zu stoppen, die vom Most Valuable Player, Matt Ryan, angeführt wurde und sahen der Niederlage ins Auge.

Doch auf einmal hob Vegas die Siegeschancen der Falcons um 99,8 % an. Drei Teams hatten zuvor einen Rückstand von 10 Punkten überwunden und den Super Bowl gewonnen – die Patriots hatten es selbst 2015 geschafft –, aber 25 Punkte aufholen? Das war nicht nur unwahrscheinlich, es war undenkbar, lächerlich. Es war scheinbar unmöglich.

Aber nicht für Bill Belichicks Pats-Team. Nicht für Tom Brady. Zwei Touchdowns von James White, ein Punkt von Danny Amendola, ein Field Goal von Stephen Gostkowski und ein atemberaubender Catch von Julian Edelman später und der Spielstand war ausgeglichen. Zum ersten Mal überhaupt wurde der Super Bowl in der Verlängerung entschieden.

Von diesem Punkt an, erschien das Ergebnis unausweichlich. Brady und White arbeiteten zusammen, um einen 75-Yard-Drive abzuschließen und White erlief sich seinen dritten Touchdown an diesem Abend und sicherte ihnen damit den Sieg. Es war das erste Mal, dass die Patriots das Spiel so dominiert hatten.

Der Super Bowl LI stellte Rekorde auf, die höchstwahrscheinlich noch Jahrzehnte Bestand haben werden. Die Erinnerung daran mag noch frisch sein, aber das Spiel hat bereits den Status eines Mythos erreicht. Nur wenige würden bestreiten, dass es das größte Spiel in der Geschichte der NFL war.

ERGEBNIS: New England Patriots 34 – 28 Atlanta Falcons
SPIEL: Super Bowl LI
DATUM: 5. Februar 2017
AUSTRAGUNGSORT: NRG Stadium, Houston, Texas

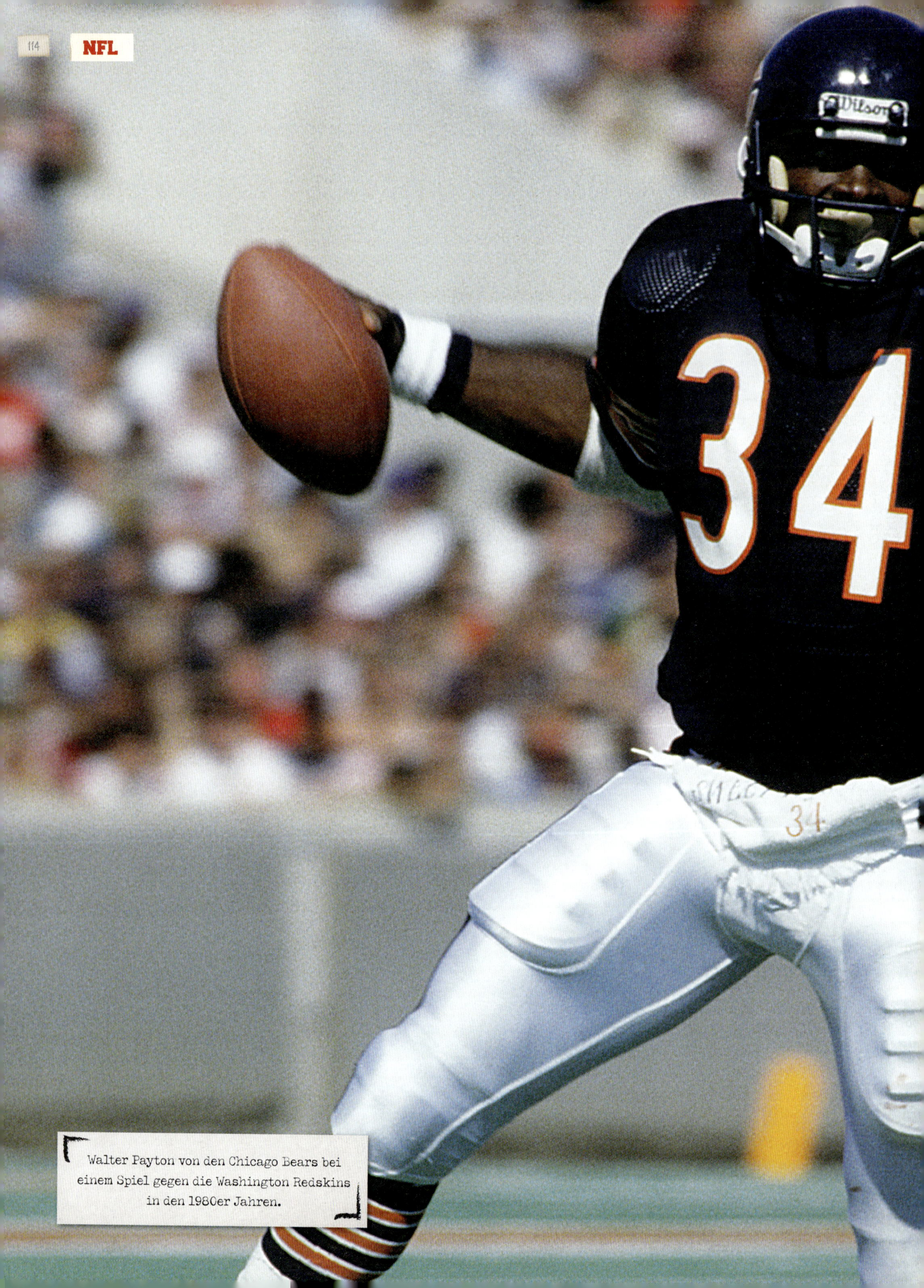

Walter Payton von den Chicago Bears bei einem Spiel gegen die Washington Redskins in den 1980er Jahren.

DIE 50 IKONISCHSTEN NFL-SPIELER

Wir zeigen einige der einflussreichsten Spieler, die jemals in der National Football League gespielt haben, und schauen uns an, was genau sie so besonders gemacht hat.

Um in einem zermürbenden Sport wie Football erfolgreich zu sein, braucht man eine ganze Reihe von Eigenschaften, die man nicht trainieren kann. Sportliches Talent und/oder einen Körperbau, der eine Lokomotive aufhalten kann, sind grundlegend, darüber hinaus erfordert Football Finesse, mentale Stärke und die Fähigkeit, sich in den Kopf des Gegners hineinzuversetzen. Im Laufe der Jahre hat der Sport viele großartige Spieler hervorgebracht, die über diese Fähigkeiten im Überfluss verfügten, und hier stellen wir einige der größten NFL-Stars vor, die jemals das Gridiron betreten haben.

Von lasergenauen Ballwerfern bis hin zu pfeilschnellen Läufern, von unnachgiebigen Linebackern bis zu unerschütterlichen Receivern – es gibt keinen Mangel an Legenden auf jeder Spieler-Position. Und obwohl es Hunderte, vielleicht sogar Tausende von Spielern gibt, die einen Platz in dieser Liste verdient hätten, haben wir versucht, eine Bandbreite von Kandidaten vorzustellen, von denen einige unglaublich gut waren und andere eine überragende Persönlichkeit hatten, die zu ihrem Stellenwert auf dem Spielfeld passte. Außerdem Spieler, die eingesetzt wurden, um Spiele zu gewinnen, bis hin zu Spielern, die eingesetzt wurden, um zu verhindern, dass die Gegner gewannen – koste es, was es wolle. Hier ist unsere Liste der 50 ikonischsten NFL-Spieler.

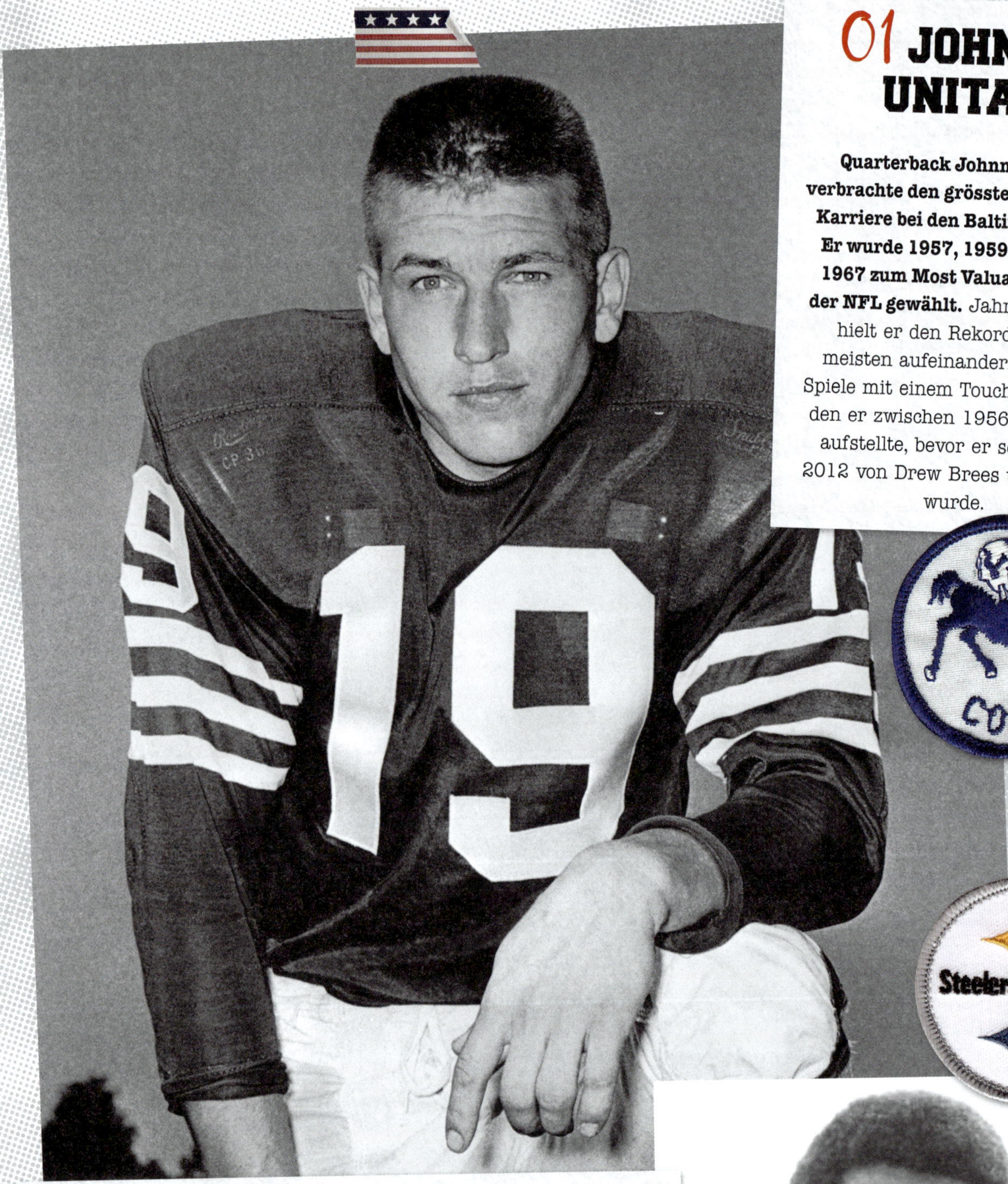

01 JOHNNY UNITAS

Quarterback Johnny Unitas verbrachte den grössten Teil seiner Karriere bei den Baltimore Colts. Er wurde 1957, 1959, 1964 und 1967 zum Most Valuable Player der NFL gewählt. Jahrzehntelang hielt er den Rekord für die meisten aufeinanderfolgenden Spiele mit einem Touchdown-Pass, den er zwischen 1956 und 1960 aufstellte, bevor er schließlich 2012 von Drew Brees übertroffen wurde.

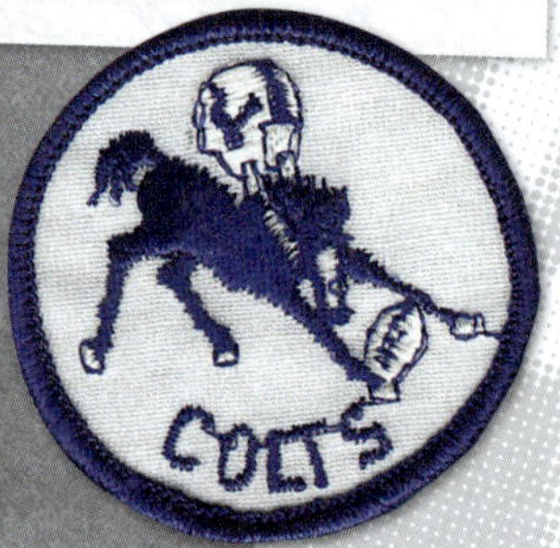

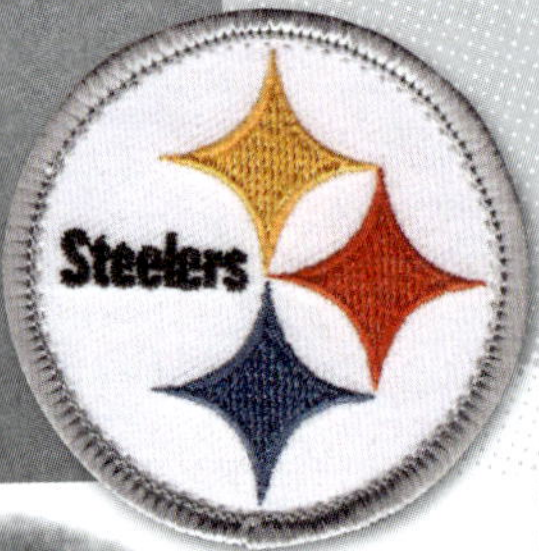

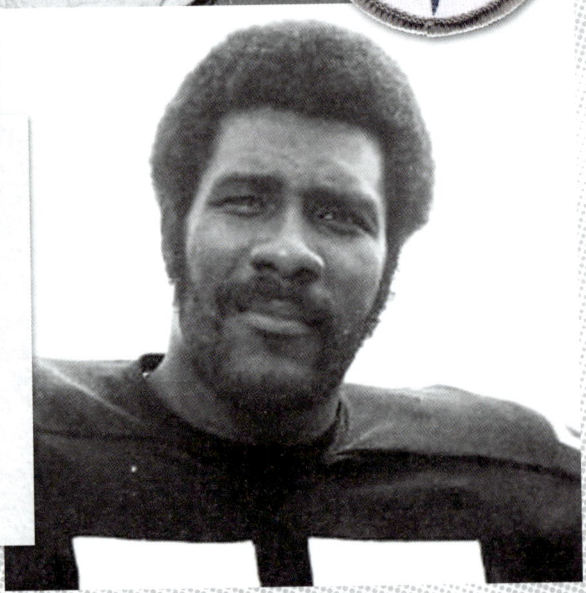

02 JOE GREENE

Greene spielte in den frühen 1970er-Jahren als Defensive Tackle für die Pittsburgh Steelers und war wegen seiner unnachgiebigen Art zu verteidigen als „Mean Joe" Greene bekannt. Greene, der sich nie davor scheute, seine Gegner unter Druck zu setzen, wurde zweimal zum NFL Defensive Player of the Year und fünfmal ins All-Pro Team gewählt. Er gewann außerdem viermal den Super Bowl. Seine Laufbahn gilt als eine der bedeutendsten NFL-Karrieren aller Zeiten.

03 DARRELL GREEN

Der als einer der besten Cornerbacks der NFL geltende Darrell Green verbrachte seine gesamte Spielerkarriere (von 1983 bis 2002) bei den Washington Redskins und war für seine beachtliche Schnelligkeit berühmt. Von seinen Kollegen erhielt er wegen seiner unermüdlichen Leistungen auf dem Spielfeld den Spitznamen „altersloses Wunder". Bis zum Ende seiner Karriere war Green zweimaliger Super Bowl Champion (XXII und XXVI).

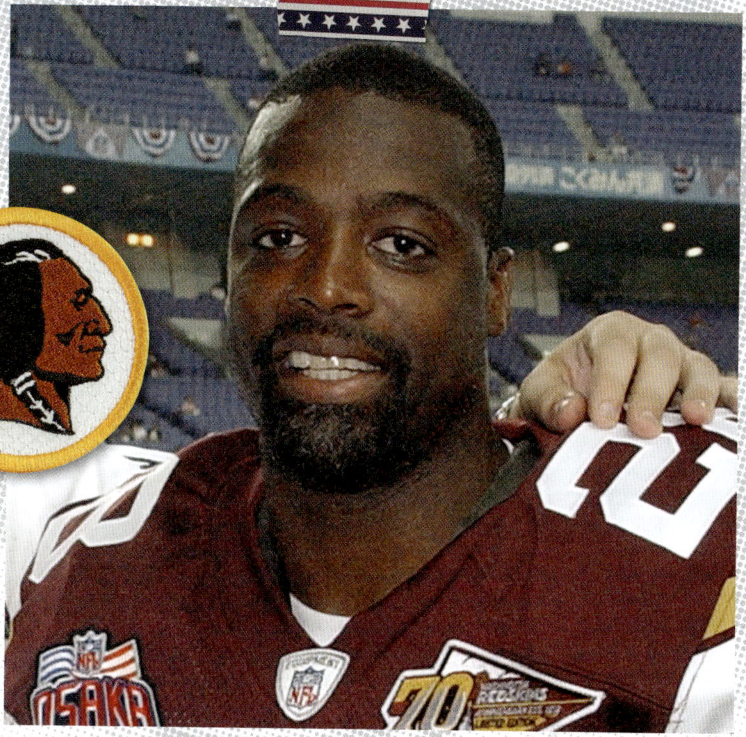

04 RONNIE LOTT

Während seiner 14 Spielzeiten in der NFL (von 1981 bis 1995) spielte Ronnie Lott als Cornerback, Free Safety und Strong Safety für die San Francisco 49ers, Los Angeles Raiders, New York Jets und die Kansas City Chiefs und wurde im Jahr 2000 in die Pro Football Hall of Fame aufgenommen. Er gilt weithin als einer der besten Safeties aller Zeiten. Während seiner NFL-Karriere erzielte er 85 Sacks und 63 Interceptions, wodurch er 730 Yards und 5 Touchdowns errang.

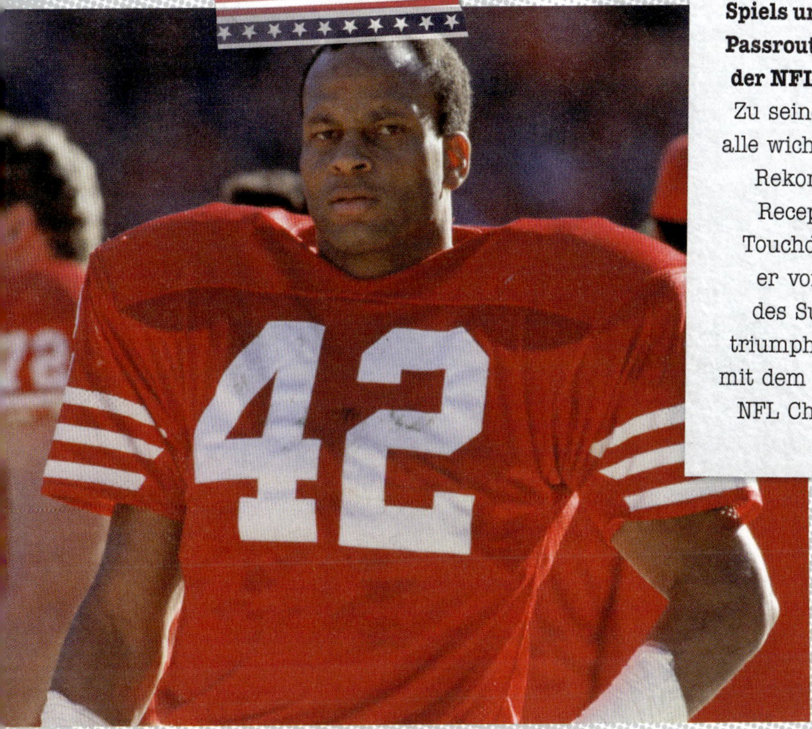

05 DON HUTSON

Nach 11 Saisons bei den Green Bay Packers, von 1935 bis 1945, galt Don Hutson als der erste moderne Receiver des Spiels und als Erfinder vieler Passrouten, die noch heute in der NFL verwendet werden. Zu seiner Zeit hielt Hutson alle wichtigen Wide Receiver-Rekorde, einschließlich Receptions, Yards und Touchdowns. Und obwohl er vor der Einführung des Super Bowl spielte, triumphierte er dreimal im mit dem Bowl vergleichbaren NFL Championship Game.

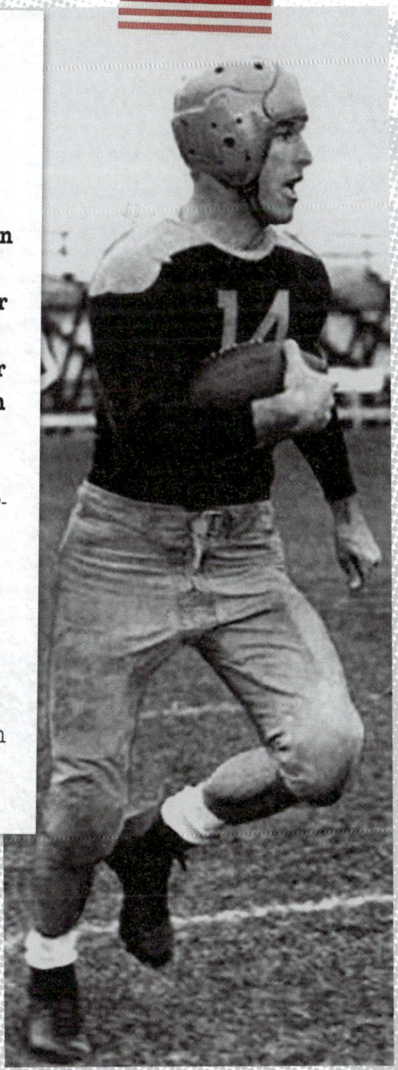

06 EMMITT SMITH

Runningback Emmitt Smith, der die meisten seiner 15 Saisons in der NFL und bei den Dallas Cowboys verbrachte, wurde mit insgesamt 18.355 erlaufenen Yards und 4.409 Carries zum Rekordhalter der Liga und brach damit den bisherigen Rekord von Walter Payton. Smith war Teil von drei Cowboy-Teams, die den Super Bowl gewannen, und ihm wird die beispiellose Ehre zuteil, als einziger Runningback eine Super Bowl, den NFL-Most Valuable Player-Award, die NFL-Rushing-Crown und die Super Bowl-Most Valuable Player-Auszeichnung in einer Saison (1993) zu gewinnen. Er führte die Liga beim Laufspiel an und gewann außerdem insgesamt dreimal den Super Bowl (zusätzlich 1992 und 1995). Er ist einer von nur zwei Nicht-Kickern, die in ihrer NFL-Karriere mehr als 1.000 Punkte erzielten.

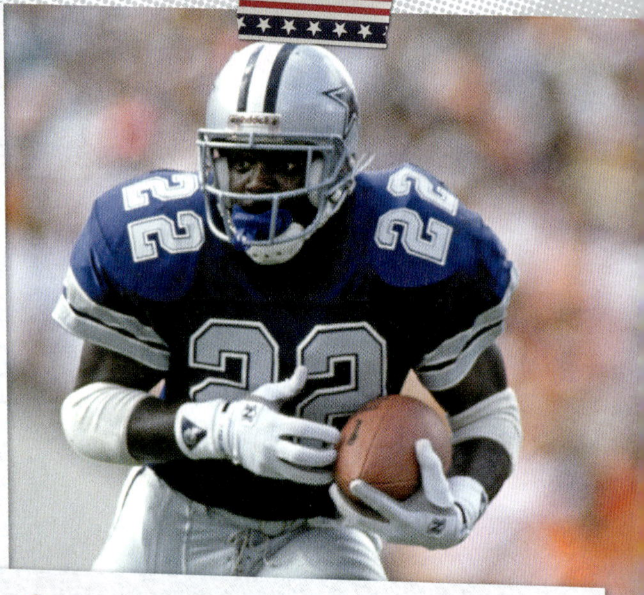

07 TERRY BRADSHAW

Terry Bradshaw, der 14 Saisons für die Pittsburgh Steelers spielte, war der erste Quarterback, der vier Super Bowls (1974, 1975, 1978 und 1979) gewann und die Steelers zu acht AFC Central-Championships führte. Der starke Bradshaw, dessen Arm einen Satelliten in den Weltraum hätte schießen können, ging 1983, mit einem Rekord von 2.025 angekommenen Pässen von 3.901 Versuchen, darunter 212 Touchdown-Pässen, in den Ruhestand. Obwohl dieser Rekord nur einem Completion-Rating von 51,9 % entspricht, waren es Bradshaws kombinierte Leistungen, einschließlich seiner Führungsqualitäten auf dem Spielfeld, die ihn zu einer Steelers-Legende machten. Nach dem Football begann er mit der Schauspielerei und hatte mehrere Gastauftritte in Filmen wie *Das ausgekochte Schlitzohr ist wieder auf Achse.*

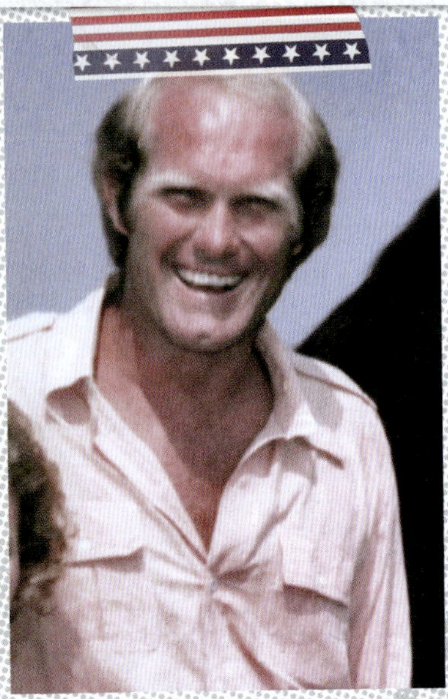

08 TRAVIS KELCE

Als einer der besten Tight Ends in der Geschichte der NFL hat Kelce dazu beigetragen, die Position als Passfänger und Angriffsspieler neu zu definieren. Er erreichte insgesamt 10.000 gefangene Yards – schneller als jeder andere Tight End – und wurde zum wichtigsten Anspielpartner von Patrick Mahomes, wenn sich die Kansas City Chiefs in einer Pattsituation befanden – eine Fähigkeit, die Kelce half, Jerry Rice als Spieler mit den meisten Fängen in der Nachsaison zu übertreffen. Trotz seines unbestrittenen Talents auf dem Spielfeld erlangte Travis 2023 internationalen Ruhm, als die Nachricht von seiner Beziehung zum Musik-Superstar Taylor Swift durchsickerte und Taylor von einer Asien-Tournee zurückkehrte, um rechtzeitig zu sehen, wie ihr neuer Freund den Super Bowl LVIII gewann.

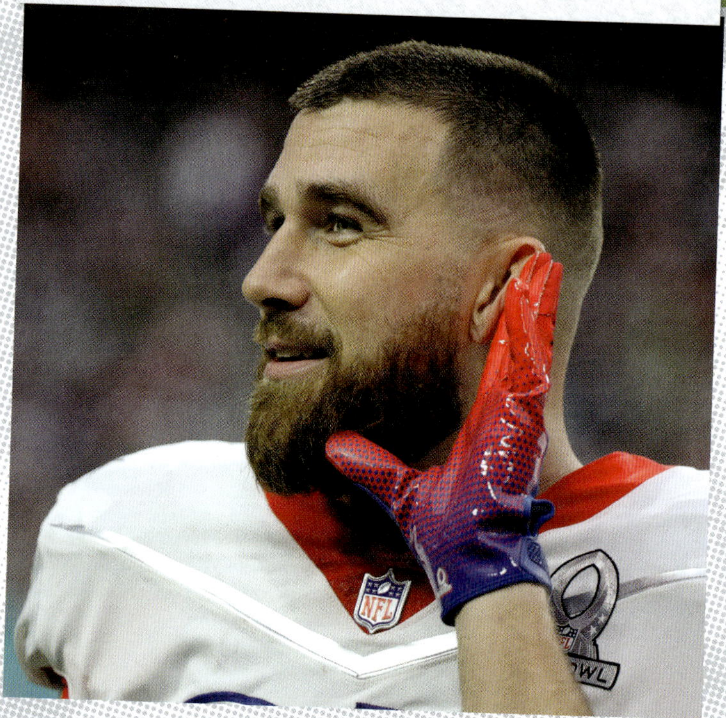

09 MORTEN ANDERSEN

Der in Kopenhagen geborene Morten Andersen (Spitzname „Der grosse Däne") hält sowohl den Rekord für die meisten Spiele in der NFL (382) als auch den Titel als bester Punktemacher in der Geschichte der NFL. Und nicht nur das, er ist auch der beste Punktemacher aller Zeiten in zwei verschiedenen Teams – den New Orleans Saints und den Atlanta Falcons. Als Austauschschüler kam er 1977 zum ersten Mal in die Vereinigten Staaten und beeindruckte als Kicker des Ben Davis High School-Teams in Indianapolis so sehr, dass er ein Stipendium für die Michigan State University erhielt. Andersen, der dafür bekannt ist, barfuß zu schießen, erzielte für die Saints überragende 302 Field Goals, darunter einen 60-Yard-Kick gegen Chicago im Jahr 1991. 1994 wechselte er zu den Falcons und war der erste Spieler, der in einem Spiel drei Field Goals aus über 50 Yards Entfernung schoss.

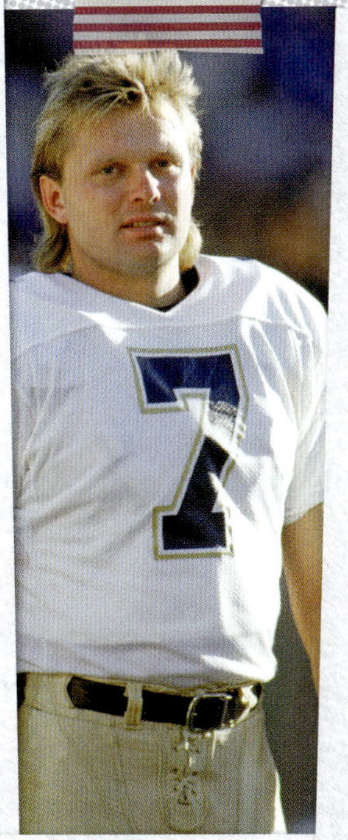

10 LARRY ALLEN

Als einer der stärksten Männer, die jemals in der NFL Profi-Football gespielt haben (er stemmte beim offiziellen Bankdrücken 320 kg und 410 kg bei einem Squat), arbeitete Larry Allen unermüdlich als Guard für die Dallas Cowboys (1994–2005) und die San Francisco 49ers (2006–2007). Er gilt als einer der besten Offense-Linemen aller Zeiten in der NFL und konnte dank seiner physischen Stärke im Laufe seiner Karriere auf fast allen Positionen in der Offensive Line spielen konnte. So spielte er als Right Tackle, Right Guard, Left Tackle und Left Guard, und siegte auch im Super Bowl XXX, in dem sein Cowboys-Team über die Pittsburgh Steelers triumphierte. Nachdem er 12 Spielzeiten bei den Cowboys verbracht hatte, spielte Allen seine letzten beiden Saisons bei den 49ers, bevor er zurückkehrte und einen Ein-Tages-Vertrag bei Dallas unterzeichnete, damit er bei dem Team, das ihn gedraftet hatte, auch seine Karriere beenden konnte.

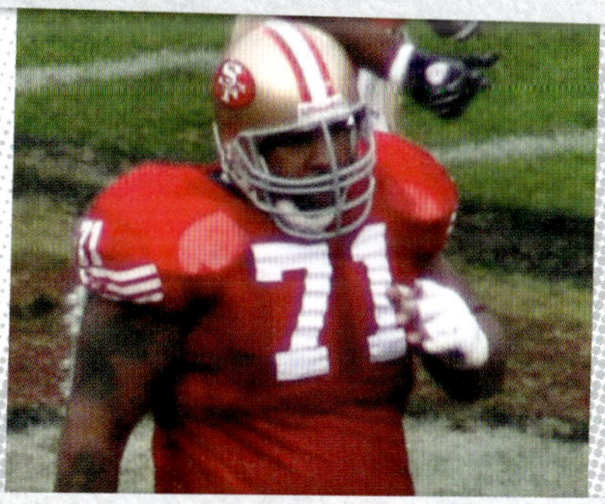

11 WALTER PAYTON

Runningback Walter Payton begann seine NFL-Karriere 1975 bei den Chicago Bears und spielte 13 Saisons im Soldie Field. Während dieser Zeit hielt Payton die Rekorde für di meisten erlaufenen Yards, Touchdowns, Carries, Yards ab der Line of Scrimmage (um nur wenige zu nennen). Er tru dazu bei, dass die Bears 1985 den Super Bowl XX gegen die New England Patriots gewannen, und sicherte sich im Laufe seiner Karriere zwei NFL-Most Valuable Player-Auszeichnungen. Zudem sammelte er mehr als 16.726 erlaufene Yards. Paytons Motto lautete „Never Die Easy" (Stirb niemals leicht), was er während der Spiele in die Tat umsetzte, indem er es Tacklern nicht leicht machte, ihn zu Fall zu bringen, indem er ins Aus lief. Er ging 1987 in den Ruhestand und verstarb 1999.

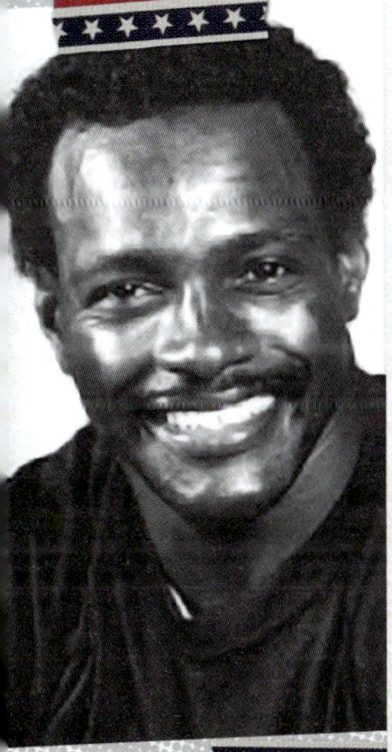

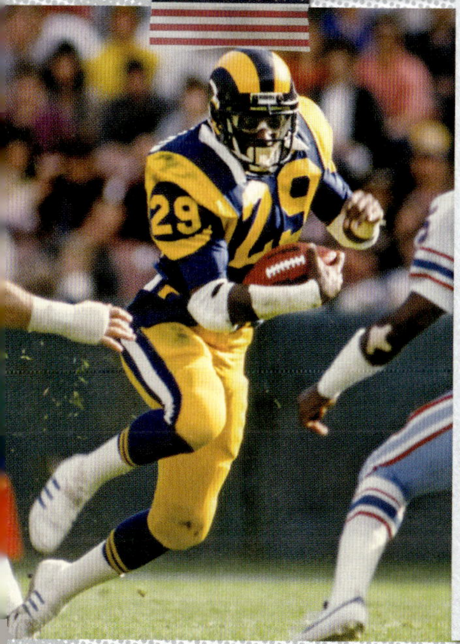

12 ERIC DICKERSON

Eric Dickerson verbrachte in den 1980er- und 1990er-Jahren elf Saisons in der NFL als Runningback, hauptsächlich spielte er bei den Los Angeles Rams (aber auch einige Zeit bei den Indianapolis Colts, den LA Raiders und den Atlanta Falcons). Er hält den Laufspiel-Rekord mit 2.105 Yards in einer einzigen Saison, den er 1984 aufstellte. Nachdem er 1983 auf der Profi-Bildfläche erschienen war, war Dickerson in seiner Rookie-Saison (in der er auch die Auszeichnungen zum NFL-Most Valuable Player und Rookie of the Year erhielt) der NFL-Spieler mit den meisten erlaufenen Yards. Dieses Kunststück wiederholte er 1984, 1986 und 1988. Es überrascht nicht, dass seine Leistungen als Läufer dazu führten, dass er sechs Mal in den Pro Bowl gewählt wurde und fünf Mal ins All-Pro-Team. Während seiner Karriere erlief Dickerson insgesamt 13.259 Yards und erzielte 90 Touchdowns. Das Einzige, was in seiner Spielerlaufbahn noch fehlt, ist ein Super Bowl-Ring. Dickerson spielte bis zu seinem Ruhestand zwar auch für andere NFL-Teams, aber die meisten werden sich daran erinnern, wie er mit Hörner-Helm der LA Rams auf das Feld stürmt.

13 GALE SAYERS

Gale Sayers, der in seiner aktiven Zeit als „The Kansas Comet“ („Der Komet von Kansas“) bekannt war, verbrachte in den 1960er und 1970er Jahren sieben Saisons in der NFL als Runningback für die Chicago Bears. Nach seinen herausragenden Leistungen für die University of Kansas wurde Sayers in die College Football Hall of Fame aufgenommen. 1977 wurde er auch in die Pro Football Hall of Fame aufgenommen und ist bis heute der jüngste Spieler, der dort je aufgenommen wurde. Während seiner Karriere stellte Sayers die Rekorde für die meisten Touchdowns in einer Rookie-Saison (22 im Jahr 1965), die meisten erzielten Touchdowns in einem Game (sechs), den höchsten Kickoff-Return-Durchschnitt seiner Karriere (30,56) und die meisten Return-Touchdowns in einem Spiel (zwei) auf. Nach seinem Ausscheiden aus dem aktiven Spiel wurde Sayers ein erfolgreicher Unternehmer in der IT.

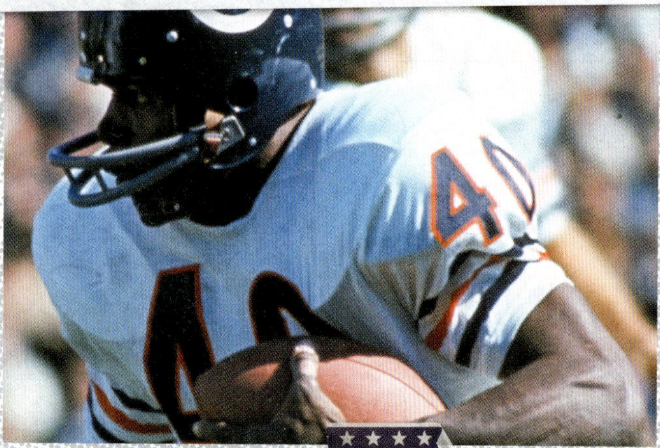

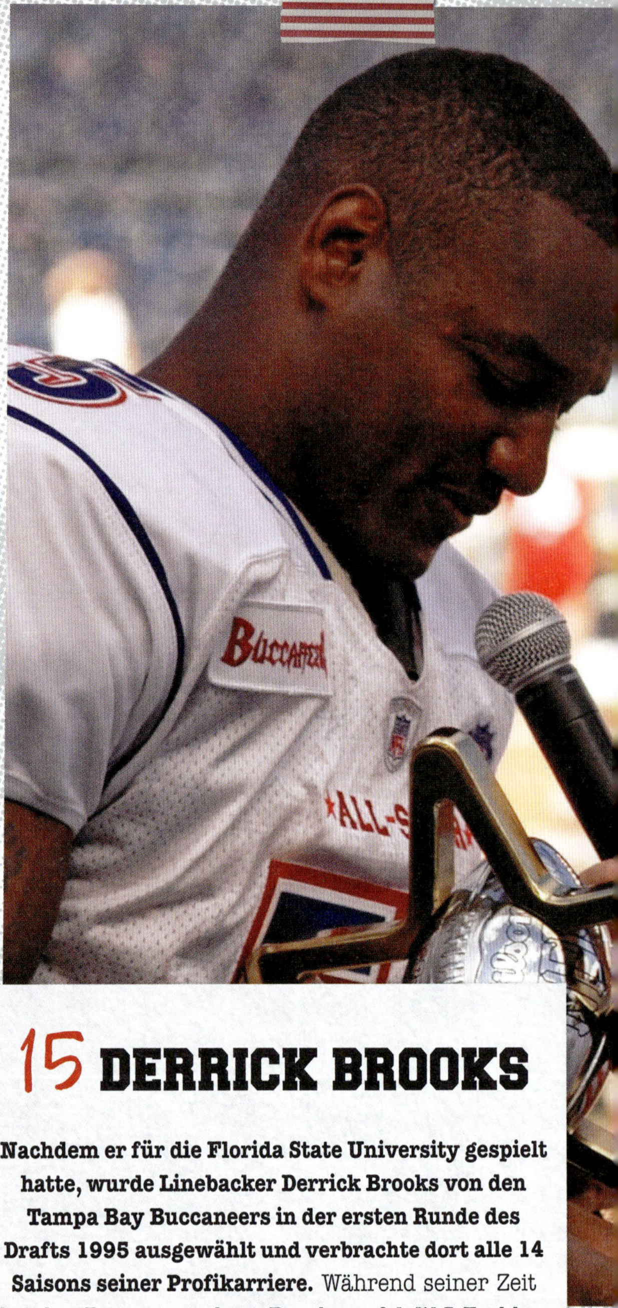

14 MARCUS ALLEN

Allen war ein vielseitiges Talent auf dem Gridiron und spielte hauptsächlich als Runningback für die Los Angeles Raiders (von 1982 bis 1992) und die Kansas City Chiefs (von 1993 bis 1997). Allen, der als einer der besten Goalline- und Short-Yard-Läufer in der Geschichte der NFL gilt, erlief sich insgesamt 12.243 Yards, fing 587 Pässe für insgesamt 5.412 Yards und erzielte 145 Touchdowns. Er war auch ein guter Passer, der 12 von 27 Pässen für 285 Yards und sechs Touchdowns abschloss. Allen gewann einen Super Bowl (XVIII) im Jahr 1983.

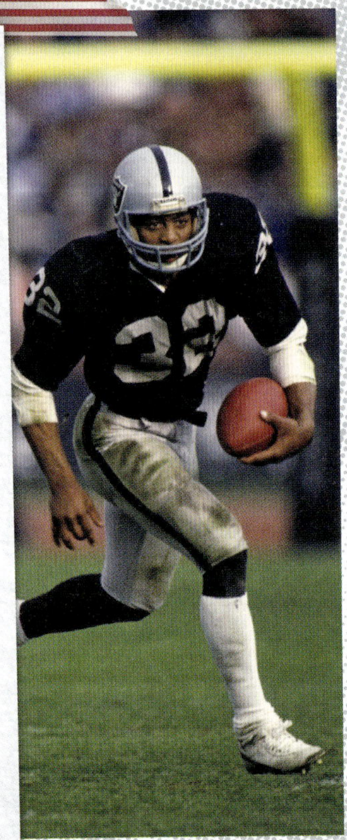

15 DERRICK BROOKS

Nachdem er für die Florida State University gespielt hatte, wurde Linebacker Derrick Brooks von den Tampa Bay Buccaneers in der ersten Runde des Drafts 1995 ausgewählt und verbrachte dort alle 14 Saisons seiner Profikarriere. Während seiner Zeit bei den Buccaneers kam Brooks auf 1.715 Tackles, 13,5 Quarterback-Sacks und 25 Interceptions. Er trug sich auch auf die Punkteiste ein und erzielte sieben Touchdowns – eine beachtliche Anzahl für jemanden, dessen Aufgabe es ist, das gegnerische Team am Punkten zu hindern. Seine Beweglichkeit als Linebacker führte dazu, dass Brooks elfmal für den Pro Bowl ausgewählt und neunmal zum All-Pro gewählt wurde (als einer der besten Spieler auf seiner Position laut dem Voting von Sportjournalisten). Außerdem wurde er 2002 zum All-Pro NFL Defensive Player of the Year ernannt und verhalf den Buccaneers 2003 zum Sieg gegen die Oakland Raiders im Super Bowl XXXVII. 2008 zog sich Brooks aus dem Spielgeschehen zurück.

16 MIKE SINGLETARY

Mike Singletary war Mitte der 1980er Jahre ein so wichtiger Bestandteil der Defensive Line des Super Bowl-Gewinner-Teams, Chicago Bears, dass man ihm den Spitznamen „The Heart of the Defense“ gab. Singletary blieb während seiner gesamten Spielerkarriere (von 1981 bis 1992) bei den Bears und brachte es auf phänomenale 1.488 Tackles, 19 Quarterback-Sacks und sieben Interceptions. Singletary, der 1999 in die Pro Football Hall of Fame aufgenommen wurde, wechselte nach seinem Rücktritt als Spieler ins Coaching und war bei den Baltimore Ravens und den San Francisco 49ers Linebacker-Coach, bevor er bei den 49er zum Coach aufstieg. Leider wurde er dann ein Spiel vor Saisonende 2010 entlassen. Heute ist er immer noch Coach und muss in Chicago vermutlich nie ein Getränk bezahlen.

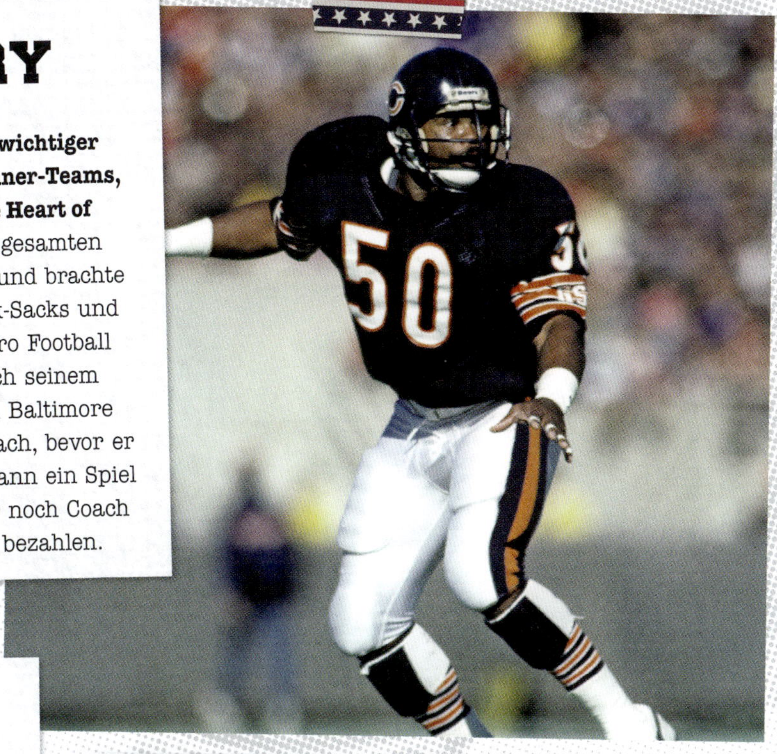

17 JOE NAMATH

Quarterback Namath begann seine NFL-Profikarriere 1965 bei den New York Jets, bei denen er 11 Saisons verbrachte, bevor er seine aktive Zeit als Spieler mit einer Saison bei den Los Angeles Rams beendete. Als Sieger im Super Bowl III warf Namath 173 Touchdowns und erzielte in seiner Karriere 1.886 Pässe für 27.663 Yards. Auch wenn diese Zahlen nicht besonders herausragend sind, wurde er dennoch in die Pro Football Hall of Fame aufgenommen. Während seiner Spielzeit wurde Namath zum ersten echten Medien-Superstar der NFL – was ihm nach seinem Rücktritt vom Pro-Football für den Wechsel zur Schauspielerei wieder zugutekam. Seit den späten 1970er Jahren trat er in zahlreichen Fernsehsendungen auf und ist einer von vielen Sportstars, die in der Serie „Die Simpsons“ verewigt wurden.

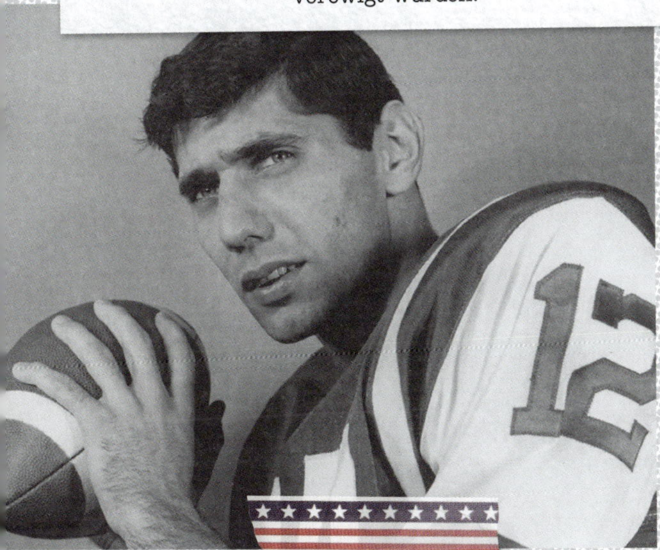

18 EARL CAMPBELL

Earl Campbell war Runningback bei den Houston Oilers. Er wurde 1978 zum Star, weil er in jeder seiner ersten drei NFL-Saisons das Laufspiel anführte und damit der einzige Spieler ist, dem dies jemals gelang. In seiner dritten Saison in der NFL erlief Campbell in vier einzelnen Spielen püber 200 Yards – ein Rekord, der bis heute besteht. Er blieb bis 1984 bei den Oilers und spielte eine Saison bei den New Orleans Saints, bevor er 1985 in den Ruhestand ging. Sein beachtliches Talent brachte ihm zwar keinen Super Bowl-Ring ein, aber er nahm an fünf Pro Bowls teil und erhielt zahlreiche andere Auszeichnungen, darunter dreimal den NFL-Most Valuable Player-Award, NFL Offensive Player of the Year (dreimal) und viele weitere mehr.

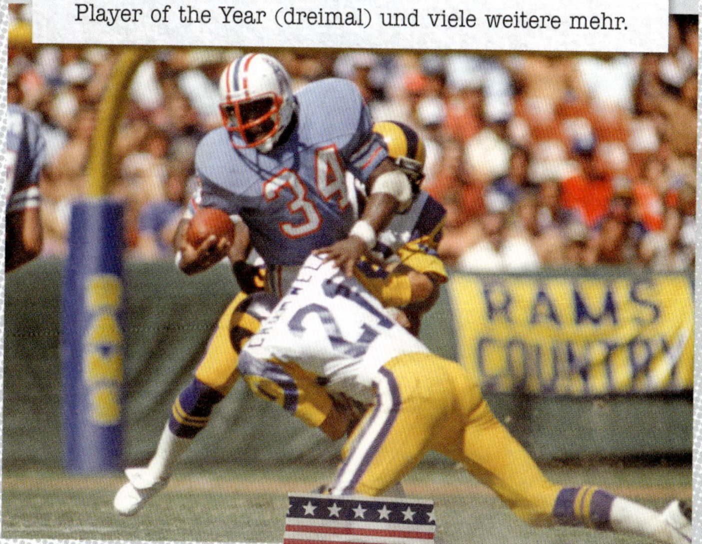

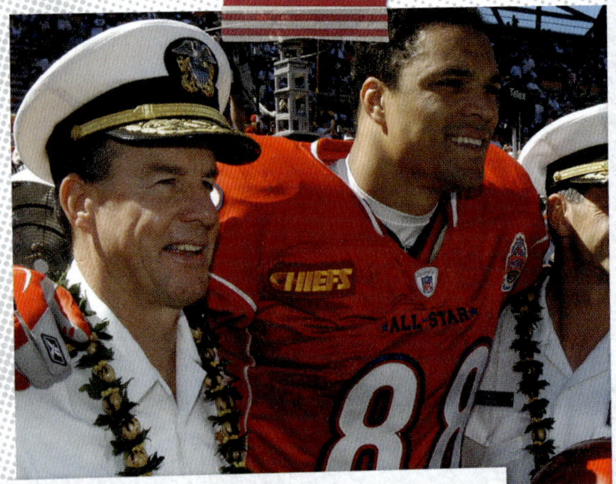

19 TONY GONZALEZ

Tony Gonzalez war langjähriger Tight End bei den Kansas City Chiefs und den Atlanta Falcons. Er verpasste in seiner 17-jährigen NFL-Karriere nur zwei Spiele. Außerdem hält er derzeit die NFL-Rekorde für die meisten Pass-Receptions (1.325), Touchdown-Receptions (111) und die meisten gefangenen Yards (15.127) für seine Spieler-Position. Seit Beginn der Saison 2000 hat Gonzalez 1.145 Receptions mit nur einem Fumble gefangen, was ihn zu einem der sichersten Fänger in der Geschichte der NFL macht. Im Laufe seiner Karriere wurde er in 14 Pro Bowls und sechs All-Pro-Teams gewählt. Nachdem er sich 2013 aus dem Spiel zurückgezogen hatte, wechselte er mühelos in die Rolle des Football-Experten – zuletzt bei FOX in die NFL Kickoff Pregame Show.

20 JIM BROWN

Dieser Fullback verbrachte passenderweise seine gesamte Karriere – von 1957 bis 1965 – bei den Cleveland Browns. Brown war der erste Spieler, der 100 Touchdowns erlief (was seither nur eine Handvoll Spieler geschafft haben), und sein Rekord von 100 Touchdowns in 93 Spielen blieb bis 2006 bestehen.

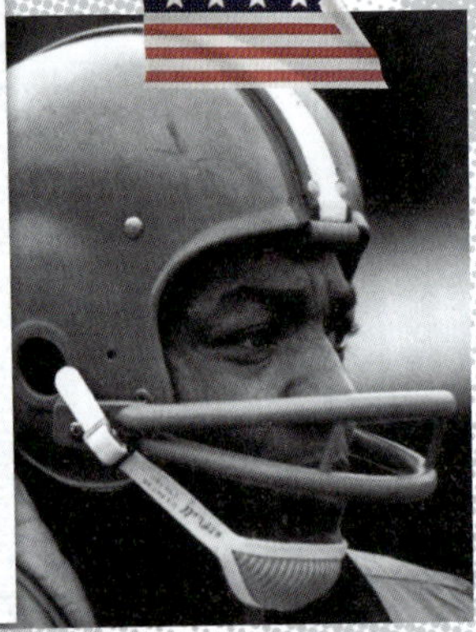

21 JIM KELLY

Der Quarterback Jim Kelly führte die Buffalo Bills mit seiner Offensivtaktik „K-Gun" (No-Huddle) von 1991 bis 1994 zu vier Super Bowls in Folge. Obwohl sie alle Bowls verloren, wurde Kelly 2002 in die Pro Football Hall of Fame aufgenommen.

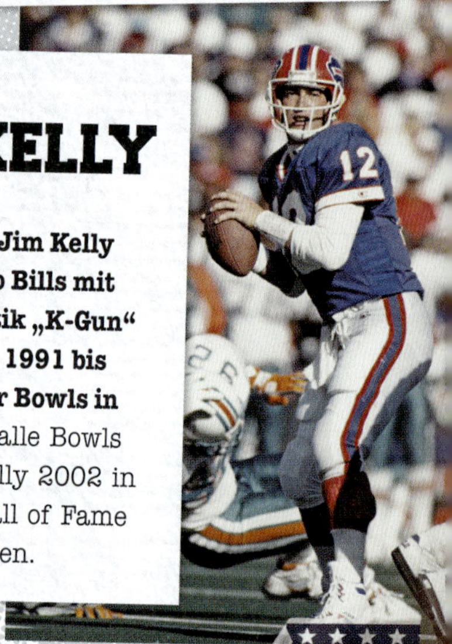

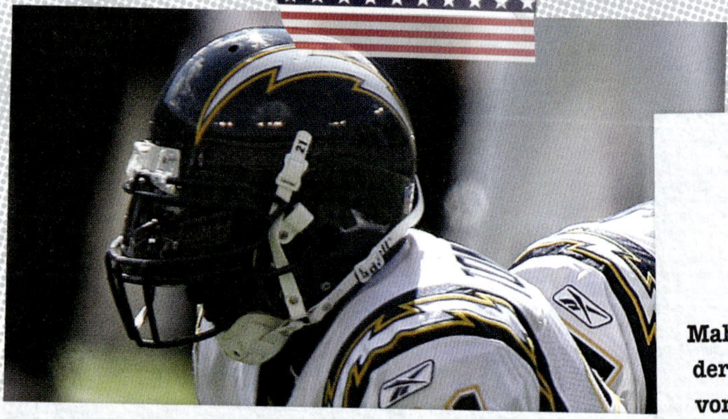

22 LADAINIAN TOMLINSON

Erkennbar an dem dunklen Visier, das er unter dem Helmgitter trug, um seine Lichtempfindlichkeit auszugleichen, verbrachte LaDainian Tomlinson den Grossteil seiner elfjährigen NFL-Karriere als Runningback bei den San Diego Chargers (2001–2009), bevor er zu den New York Jets (2010–2011) wechselte. Er erlief insgesamt 13.684 Yards und 145 Touchdowns. Seine herausragendste Saison war 2006, als er mehrere Touchdown-Rekorde aufstellte und zahlreiche Auszeichnungen erhielt, darunter auch als Most Valuable Player der NFL.

23 PATRICK MAHOMES

Mahomes ist wahrscheinlich der beste derzeit aktive Spieler. Er wurde 2017 von den Kansas City Chiefs gedraftet und verbrachte seine erste Saison als Backup für Alex Smith. Aber als er zu Beginn seiner zweiten Saison die Zügel in die Hand nahm, wurde er schnell zum Star. Er passte für 5.000 Yards und 50 Touchdowns und wurde zum Most Valuable Player ernannt. Im darauffolgenden Jahr führte Mahomes die Chiefs zum Super Bowl-Erfolg und gewann 2022 seinen zweiten Ring. Kansas City schaffte es in jeder von Mahomes' ersten fünf Saisons als Starter-Quarterback ins AFC Championship Game und macht sie damit zum neuen Superstar-Team der NFL.

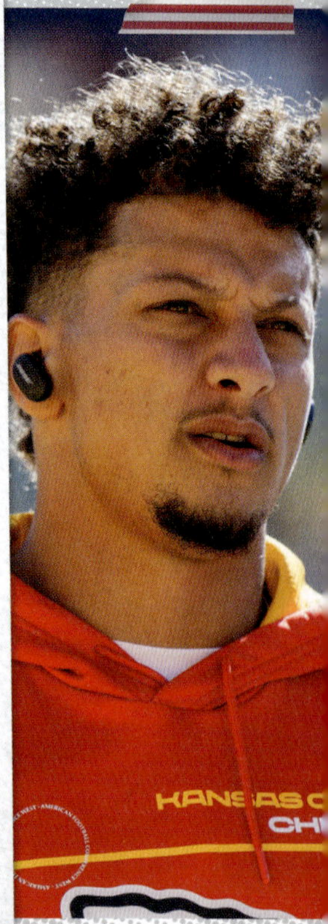

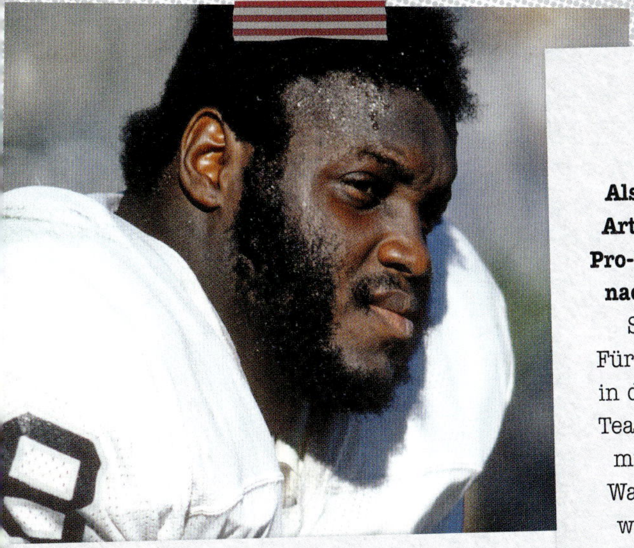

24 ART SHELL

Als knallharter Offensive Tackle der Oakland/Los Angeles Raiders war Art Shell erst der zweite afroamerikanische Coach in der Geschichte des Pro-Footballs, als er 1983 die Führung seiner geliebten Raiders übernahm, nachdem er seine Schuhe an den Nagel gehängt hatte. Als Spieler nahm Shell an 24 Play-offs teil und gewann die Super Bowls XI und XV. Für seine hart erkämpften Erfolge auf dem Spielfeld wurde er acht Mal in den Pro Bowl einberufen und gehörte außerdem zum NFL All-Decade Team der 1970er-Jahre. Nach seinem Wechsel zum Coach gewann Shell mit den Raiders erneut den Super Bowl, indem er zur Niederlage der Washington Redskins im Super Bowl XVIII lenkend beitrug. Außerdem wurde er 1990 zum NFL-Coach of the Year ernannt. Nachdem er die Raiders 1995 verließ, trainierte Shell drei Saisons lang die Atlanta Falcons, bevor er 2006 erneut als Trainer zu den Raiders zurückkehrte. Diesmal war das Ergebnis jedoch alles andere als erfreulich: Er führte das Team zum schlechtesten Saison-Ergebnis (zwei Siege und 14 Niederlagen) seit 1963. Shell wurde 1989 in die Pro Football Hall of Fame aufgenommen und stand 1999 auf Platz 55 der 100 größten Footballspieler in der „The Sporting News".

25 DAN MARINO

Obwohl er nie in einem Team spielte, das den Super Bowl gewann, gilt Dan Marino als einer der grössten Quarterbacks in der Geschichte der NFL. Meist bekannt für seinen schnellen Wurf und seinen starken Wurfarm, verbrachte er seine gesamte Spielerkarriere (von 1983 bis 1999) bei den Miami Dolphins. Marino war von 1984 bis 1986 – und auch 1988 und 1992 – der Spieler mit den meisten geworfenen Yards in der NFL und der führende Touchdown-Passer von 1984 bis 1986. Wie eine metaphorische Verkörperung seiner Trikotnummer 13 (die die Dolphins nach seinem Rücktritt ihm zu Ehren nicht mehr vergaben), warf Marino in seiner zweiten Saison einen NFL-Rekord von 48 Touchdown-Pässen, wodurch die Dolphins den Super Bowl XIX erreichten – nur, um dann im entscheidenden Spiel vom Pech verfolgt zu werden.

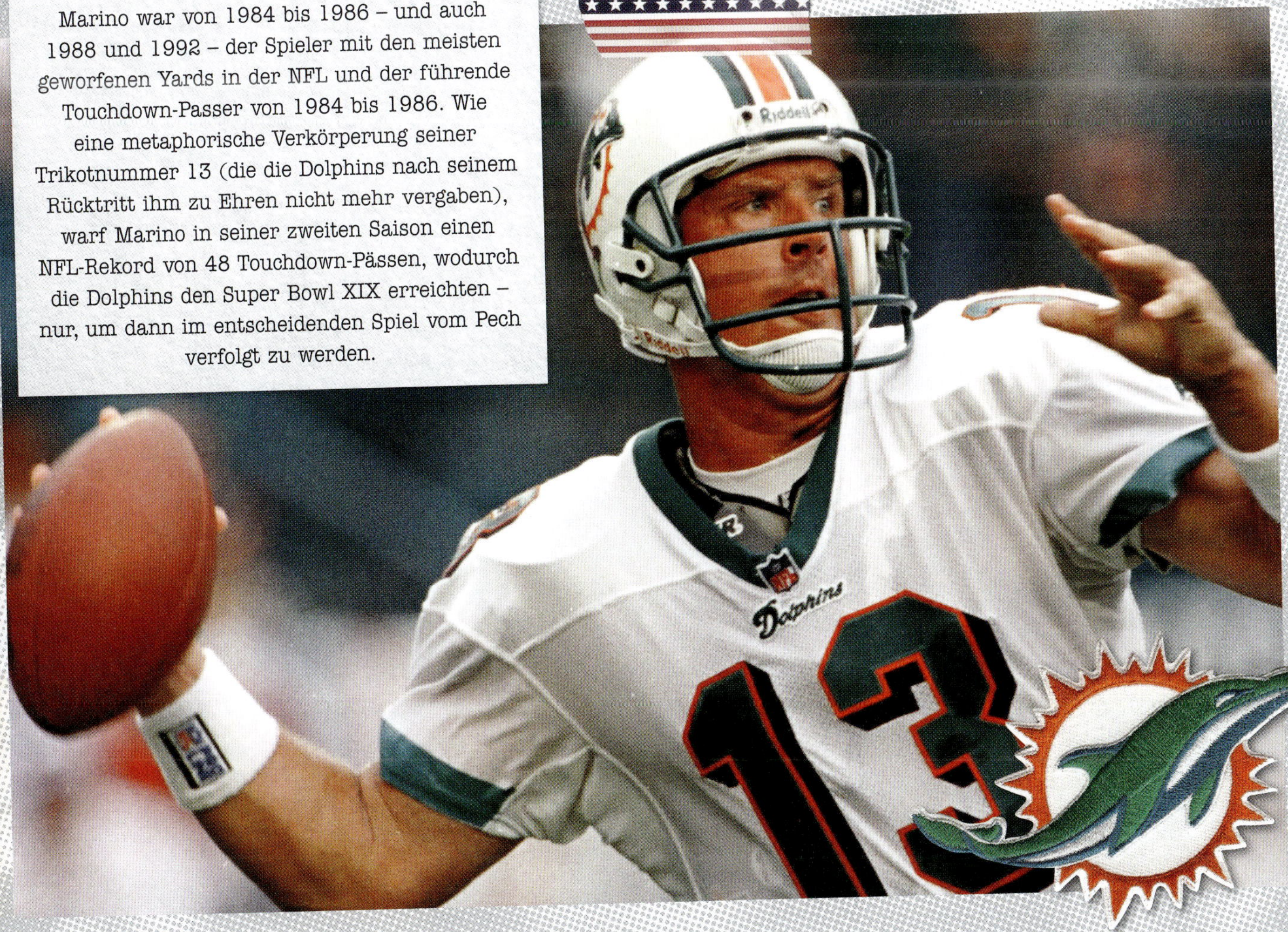

26 STEVE YOUNG

Als Quarterback für die Tampa Bay Buccaneers und die 49ers, gewann Young eine Rekordanzahl von sechs NFL-Passer-Rating-Titeln und hatte zum Zeitpunkt seines Rücktritts vom Football das höchste Passer-Rating in der NFL mit einer 96,8-igen Abschlussquote bei 1.500 Versuchen.

27 MIKE DITKA

‚Iron' Mike Ditka ist einer der wenigen Menschen, die als Spieler, Assistenzcoach und Coach einen Super Bowl gewonnen haben. Dies gelang ihm während seiner Zeit bei den Dallas Cowboys und den Chicago Bears. Er brachte neue Flexibilität auf die Position des Tight End und war nicht nur ein starker Offensivspieler, sondern auch ein sehr guter Blocker.

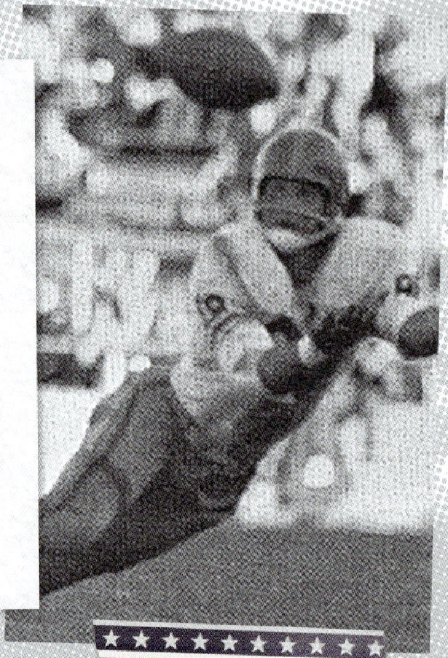

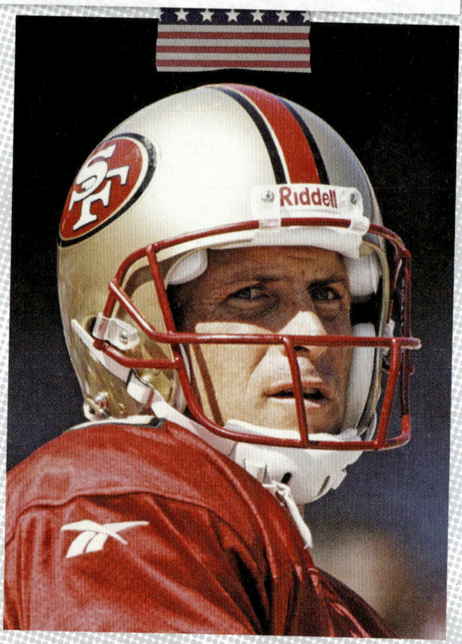

28 WILLIAM PERRY

Perry war ein erdrückender Defensive Lineman bei den Bears und den Eagles. Seine Größe (er war 1,90 m groß und wog 151 kg) brachte ihm den Spitznamen „The Refrigerator" (der Kühlschrank) ein. Er wurde zu einem der bekanntesten Gesichter (oder Figuren) des Sports.

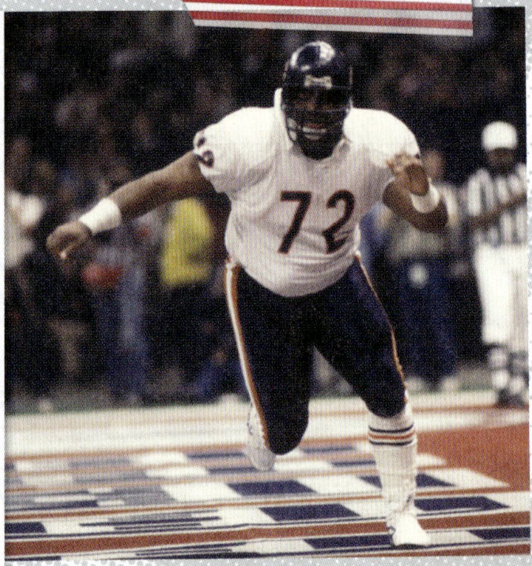

29 JERRY RICE

Jerry Rice gilt als der grösste Wide Receiver in der Geschichte der NFL und spielte unglaubliche 20 Saisons in der Liga, hauptsächlich für die San Francisco 49ers, aber auch für die Oakland Raiders und die Seattle Seahawks. Rice, der 2004 in den Ruhestand ging, ist immer noch der Rekordhalter in den meisten Wide-Receiver-Statistiken, darunter Pass-Receptions (1.540), Touchdown-Receptions (197) und die meisten gefangenen Yards (22.895).

Mit den 49ers gewann Rice dreimal den Super Bowl. Nach Stationen bei den Raiders und den Seahawks lehnte er am Ende der Saison 2004 einen auf ein Jahr begrenzten Vertrag mit den Denver Broncos ab und unterzeichnete stattdessen einen Ein-Tages-Vertrag bei den 49ers, der es ihm ermöglichte, als Mitglied des Teams, bei dem er seine Karriere begonnen hatte, in den Ruhestand zu gehen. Rice bestritt insgesamt 303 Spiele und verpasste in seinen 20 Profisaisons nur 17 Spiele der regulären Saison. 2010 wurde er direkt in die Pro Football Hall of Fame aufgenommen. Die 49ers haben ihm zu Ehren das Trikot mit der Nummer 80 nie wieder vergeben.

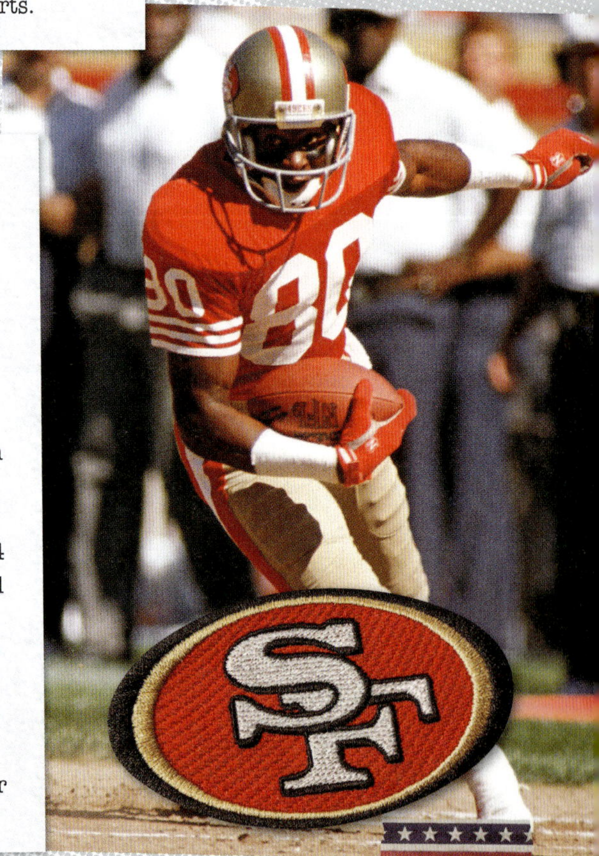

30 TROY AIKMAN

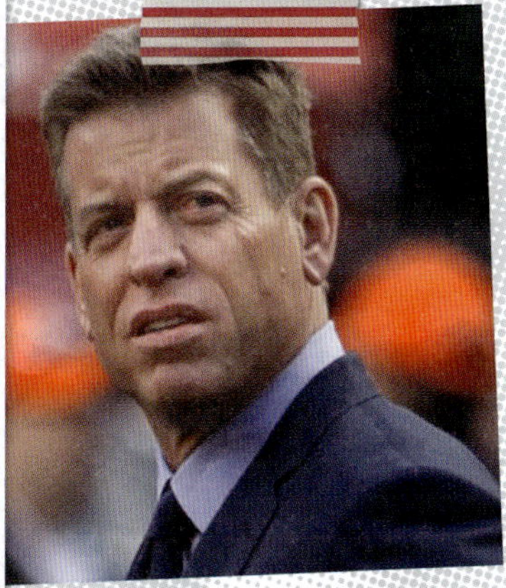

Quarterback Troy Aikman verbrachte seine gesamte Spielerkarriere (von 1989 bis 2000) bei den Dallas Cowboys. In dieser Zeit wurde er sechsmal für den Pro Bowl ausgewählt und führte sein Team zu drei Super Bowl-Siegen. Im Super Bowl XXVII wurde er zum Most Valuable Player ernannt, als sein Dallas-Team über die Buffalo Bills siegte.

In den frühen 1990er-Jahren war Aikman auf dem Höhepunkt seiner Leistungsfähigkeit, und 1992 stellte Karriererekorde für vollständige Pässe (302), geworfene Yards (3.445) und Touchdown-Pässe (23) auf, während er die Cowboys zu einem Teamrekord von 13 Siegen in der regulären Saison führte – die zweitbeste Bilanz in der NFC.
Aikman war ein Magnet für schwere Schläge und wurde scheinbar regelmäßig von einer Gehirnerschütterung niedergestreckt (er behauptet, sich kaum an seinen Sieg im Super Bowl XXVIII erinnern zu können), und er wurde durch den ehemaligen Quarterback der Philadelphia Eagles, Randall Cunningham, ersetzt. Eine hartnäckige Rückenverletzung zwang ihn jedoch schließlich am Ende der Saison 2000 zum Rücktritt.

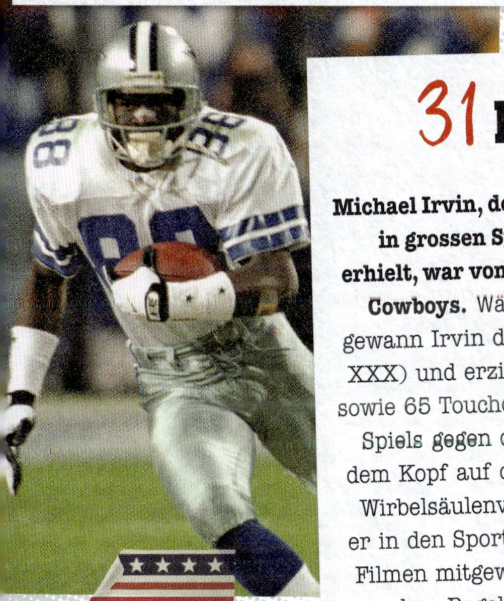

31 MICHAEL IRVIN

Michael Irvin, der wegen seiner Vorliebe für grosse Spielzüge in grossen Spielen den Spitznamen „The Playmaker“ erhielt, war von 1988 bis 1999 Wide Receiver bei den Dallas Cowboys. Während seiner glanzenden Spielerkarriere gewann Irvin dreimal den Super Bowl (XXVII, XXVIII und XXX) und erzielte 750 Pass-Receptions für 11.904 Yards sowie 65 Touchdowns. Seine Karriere wurde während eines Spiels gegen die Philadelphia Eagles beendet, als er mit dem Kopf auf dem Rasen aufschlug und sich eine schwere Wirbelsäulenverletzung zuzog. Seit seinem Rücktritt hat er in den Sportmedien Karriere gemacht und in mehreren Filmen mitgewirkt, darunter 2005 im Remake von „Spiel ohne Regeln“, mit Adam Sandler in der Hauptrolle.

32 BRUCE MATTHEWS

Bruce Matthews war ein Offensive Tackle für das Oilers-/Titans-Team. Er spielte 19 Saisons lang, von 1983 bis 2001, als Offensive Tackle und stammt aus einer Footballer-Familie. Sein Vater, Clay Matthews Sr., spielte in den 1950er Jahren in der NFL, und sein Bruder, Clay Matthews Jr., spielte zur gleichen Zeit wie Bruce in der NFL für die Cleveland Browns. Darüber hinaus ist Bruce der Onkel von Green Bay Packers Linebacker, Clay Matthews III. und Minnesota Vikings Linebacker Casey Matthews. Auch seine Söhne spielen inzwischen für verschiedene Teams professionellen Football – das muss im Blut liegen. Während seiner eigenen Karriere wurde Bruce für 14 Pro Bowls ausgewählt, in das All-Decade-Team der NFL der 1990er-Jahre aufgenommen und hatte die Ehre, dass sein Trikot mit der Nummer 74 nach seiner Spielerkarriere von den Tennessee Titans nicht wieder vergeben wurde.

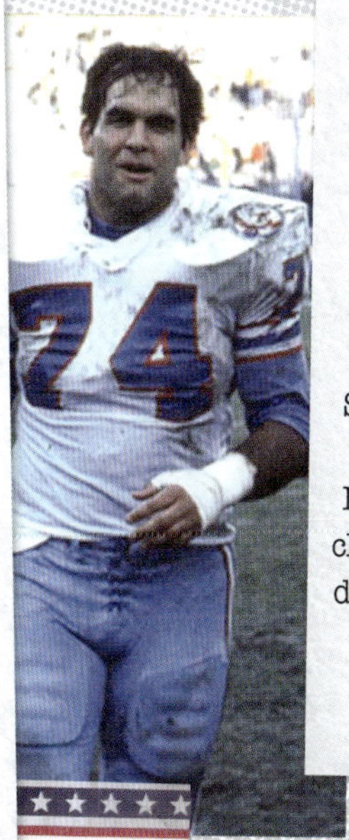

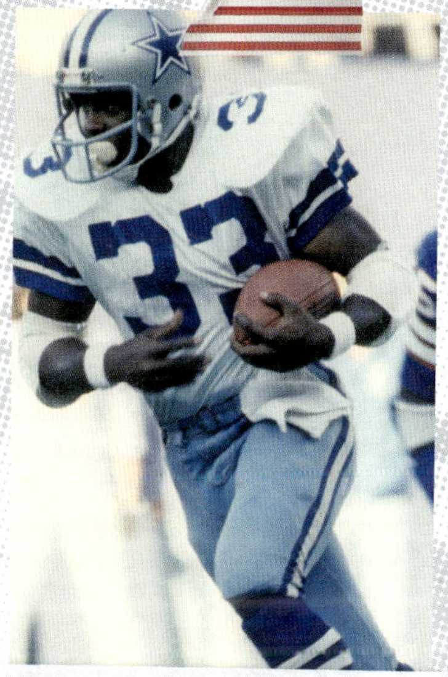

33 TONY DORSETT

Als Runningback für die Dallas Cowboys und die Denver Broncos begann die NFL-Karriere von Tony Dorsett im Jahr 1977. Er wurde bei den Cowboys zur Legende, gewann in seiner ersten Saison den NFL Offensive Rookie of the Year-Award und erlief in seinen 11 Saisons bei dem Team über 12.000 Yards. Einer seiner wichtigsten Momente war im Spiel gegen die St. Louis Cardinals im Jahr 1980, als er mit unglaublicher Fußarbeit an der Vier-Yard-Linie fünf chancenlosen Verteidigern entkam und den Football in die Endzone trug, ohne berührt zu werden, was zu einem seiner insgesamt 92 Touchdowns führte.

34 FRAN TARKENTON

In seiner Karriere, die von 1961 bis 1978 dauerte, war Fran Tarkenton Quarterback bei den Minnesota Vikings und den New York Giants. Er wurde von den Vikings in der dritten Runde des NFL Drafts 1961 ausgewählt. In seinem ersten Spiel kam Tarkenton bei einem Rückstand seines Teams gegen die Chicago Bears von der Bank und passte für 250 Yards (einschließlich vier Touchdown-Pässe) und erlief selbst einen Touchdown, um eine unwahrscheinliche Führung zu erreichen. Er war 1978 der Spieler mit den meisten geworfenen Yards in der NFL, nahm neun Mal am Pro Bowl teil und erhielt unzählige weitere Auszeichnungen in einer Karriere, die damit endete, dass die Vikings sein Trikot mit der Nummer 10 mit ihm in den Ruhestand schickten.

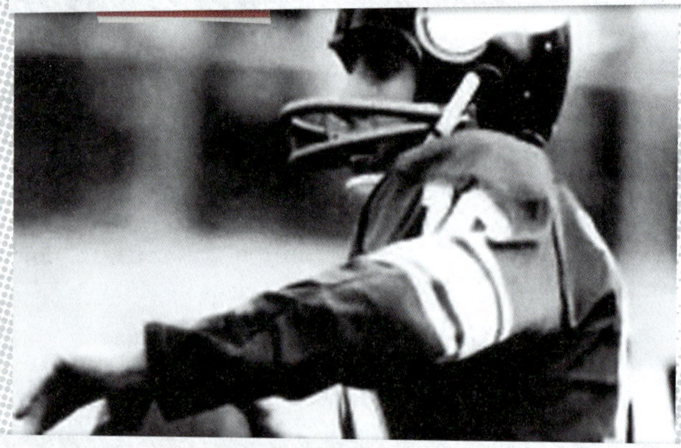

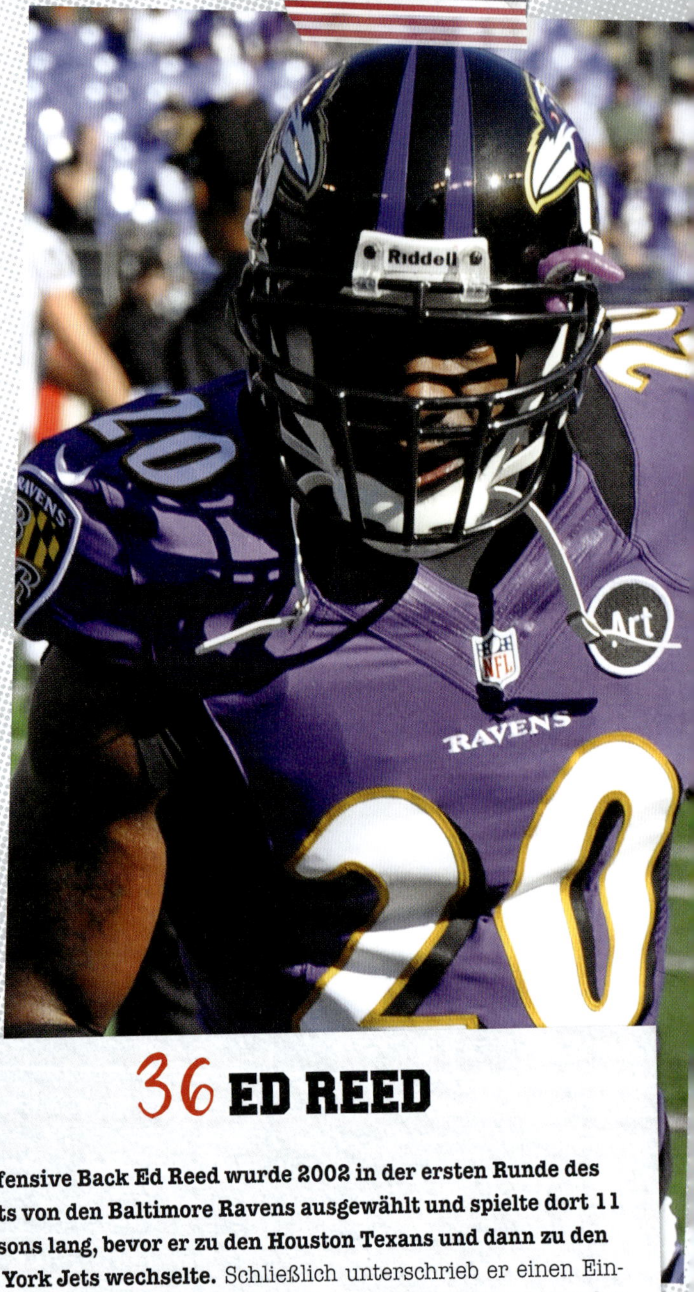

35 NORM VAN BROCKLIN

Norm Van Brocklin, genannt „The Dutchman", spielte in den 1950er-Jahren als Quarterback (und gelegentlich als Punter) für die Los Angeles Rams und die Philadelphia Eagles. Van Brocklin war ein präziser Passer, der in seiner Karriere eine Passquote von 75,1 erreichte. Er wurde neunmal in den Pro Bowl gewählt und 1960 mit dem Most Valuable Player-Award der NFL ausgezeichnet.

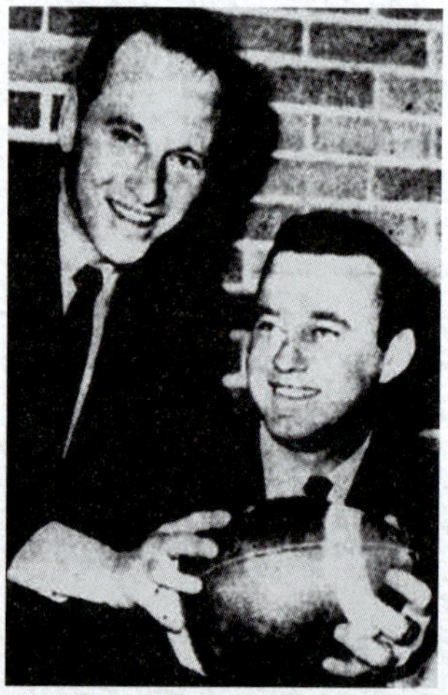

Nach seinem Rücktritt als Spieler wechselte Van Brocklin ins Coaching und trainierte die Minnesota Vikings und die Atlanta Falcons. Er wird meist als eine der schillerndsten Persönlichkeiten des Spiels in Erinnerung behalten.

36 ED REED

Defensive Back Ed Reed wurde 2002 in der ersten Runde des Drafts von den Baltimore Ravens ausgewählt und spielte dort 11 Saisons lang, bevor er zu den Houston Texans und dann zu den New York Jets wechselte. Schließlich unterschrieb er einen Ein-Tages-Vertrag, wie es bei legendären Spielern üblich ist, bei den Ravens, um sich als Mitglied seines Teams vom aktiven Sport zu verabschieden. Während seiner Spielerkarriere kam Reed auf 643 Tackles, 64 Interceptions (mit denen er insgesamt 1.590 Yards zurückbrachte – ein NFL-Rekord) und erzielte unglaubliche 13 Touchdowns.

Reed wurde 2004 zum NFL Defensive Player of the Year gewählt und wurde für insgesamt neun Pro Bowls eingeladen. Seine Professionalität war so hoch, dass er dafür bekannt war, Filme der gegnerischen Teams akribisch zu studieren, um sich deren Tendenzen einzuprägen, und er war auch für seine Fähigkeit bekannt, Quarterbacks zu unüberlegten Pässen zu verleiten, die abgefangen werden konnten. Nach seinem Rücktritt als Spieler wurde Reed Defensive Back Coach bei den Buffalo Bills und verließ diese 2016, als das Trainerteam ausgetauscht wurde. Seitdem wurde er von einer Reihe anderer Teams umworben und mit einer Rückkehr zu den Ravens in Verbindung gebracht.

37 ELROY HIRSCH

Wegen seines ungewöhnlichen Laufstils wurde Elroy Hirsch liebevoll „Crazylegs" genannt, war Elroy Hirsch ein bekannter Runningback und Receiver bei den Los Angeles Rams und den Chicago Rockets. Noch nie von den Rockets gehört? Nun, das Team war in den 1940er-Jahren aktiv. Der in Wisconsin als Sohn deutsch-norwegischer Eltern geborene Hirsch wurde 1946 von den Rockets gedraftet und verbrachte drei verletzungsreiche Saisons in Chicago, bevor er 1949 zu den Rams wechselte. In L.A. wurde Hirsch berühmt, denn er war einer der ersten Spieler, die den heute üblichen Kunststoffhelm trugen. Als er für die Rockets spielte, wurde er einmal so heftig angegangen, dass er sich die Bänder im rechten Knie riss und sich sogar einen Schädelbruch direkt über dem rechten Ohr zuzog. Als er schließlich zu den Rams wechselte, rüstete ihn sein Trainer vorsorglich mit einem Helm aus.

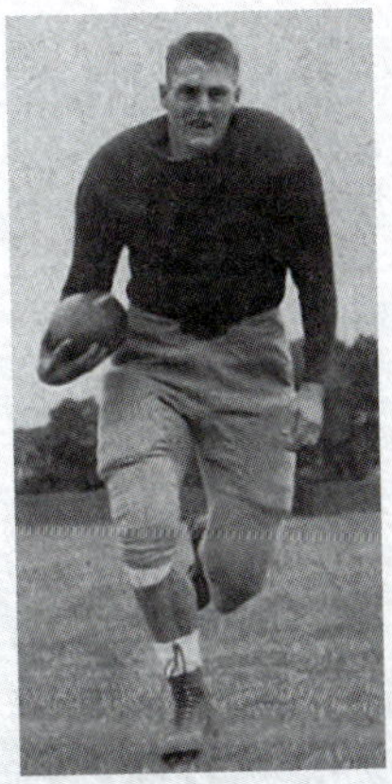

Elroy Hirsch hatte einen entscheidenden Anteil daran, dass die Rams 1951 die NFL-Meisterschaft gewannen, denn er erlief den Rekord von 1.495 Yards, der für 19 Jahre Bestand hatte, sowie 66 Catches und 17 Touchdowns in 12 Spielen. Er wurde 1968 in die Pro Football Hall of Fame aufgenommen, nachdem er in seiner Karriere 387 Receptions für 7.029 Yards und 60 Touchdowns erzielt hatte. Nach seiner Pensionierung wurde Hirsch Sportdirektor an der University of Wisconsin-Madison und steigerte damit über Nacht die Zuschauerzahlen bei Heimspielen.

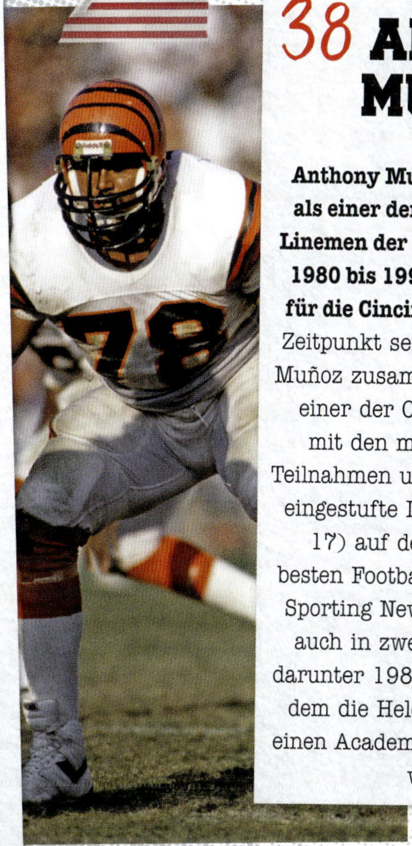

38 ANTHONY MUÑOZ

Anthony Muñoz gilt gemeinhin als einer der besten offensiven Linemen der NFL und spielte von 1980 bis 1992, 13 Saisons lang, für die Cincinnati Bengals. Zum Zeitpunkt seines Rücktritts war Muñoz zusammen mit Tom Mack einer der Offensive Lineman mit den meisten Pro-Bowl-Teilnahmen und der am höchsten eingestufte Lineman (auf Platz 17) auf der Liste der 100 besten Football-Spieler von „The Sporting News". Muñoz spielte auch in zwei Kinofilmen mit, darunter 1983 in „Der Stoff, aus dem die Helden sind", der für einen Academy Award nominiert wurde.

39 PEYTON MANNING

Quarterback Peyton Manning spielte unglaubliche 18 Saisons in der NFL – 14 bei den Indianapolis Colts und vier bei den Denver Broncos. In dieser Zeit wurde er fünfmal zum Most Valuable Player der NFL gewählt und gewann zweimal den Super Bowl (einmal mit jedem Team). Peyton Manning entstammt einer Familie von Footballern (sein Vater ist der ehemalige Saints-Quarterback Archie Manning und sein Bruder, Eli, ist der aktuelle Quarterback der New York Giants). Mannings Karrierestatistiken stehen ihnen in nichts nach und ordnen ihn als einen der besten Spieler aller Zeiten ein.
Während seiner Zeit bei den Colts führte Manning das Team zu acht Division-Championships, zwei AFC-Championships und einem Super Bowl (mit einem Sieg über die Chicago Bears im Super Bowl XLI). Seine fünf NFL-Most Valuable Player-Auszeichnungen stellen einen Liga-Rekord dar, und er wurde zu 14 Pro Bowls berufen, vor allem dank seiner 14 erfolgreichen 4.000-Yard-Passing-Saisons – auch das ist ein NFL-Rekord. Als er in seinem letzten Spiel den Super Bowl 50 gewann, wurde Manning außerdem der erste Quarterback, der in seiner Karriere 200 Siege erzielten konnte.

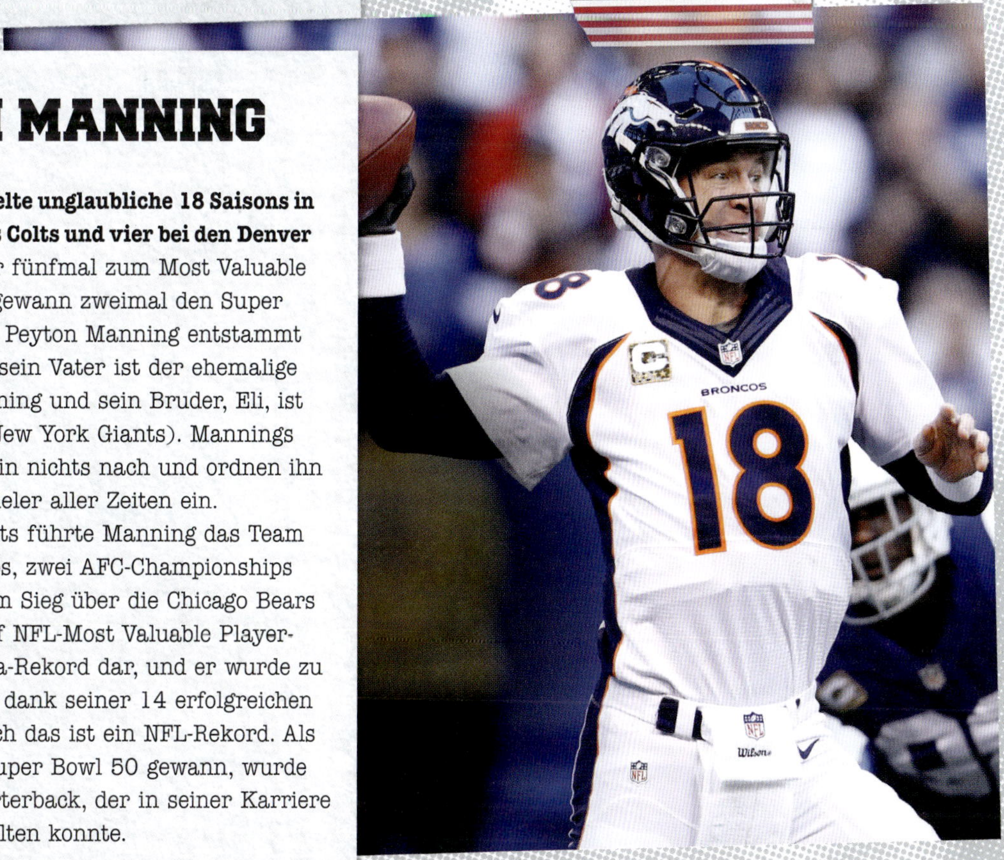

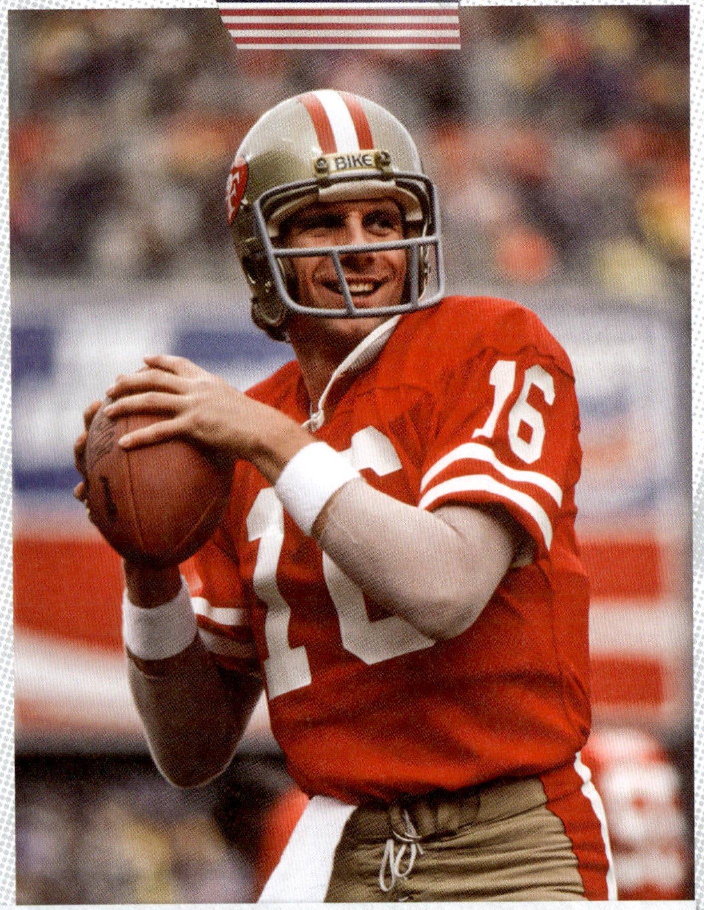

40 JOE MONTANA

Nur wenige NFL-Quarterbacks können eine so beeindruckende Bilanz vorweisen wie Joe Montana. Montana begann seine Karriere 1979 bei den San Francisco 49ers und verbrachte 14 Saisons bei dem Westküsten-Team. Er führte sie zu vier Super Bowl-Siegen und wurde als erster Spieler dreimal zum Super Bowl Most Valuable Player gewählt. Er hält auch den Super Bowl-Rekord für die meisten Pässe ohne Interception (122 in vier Spielen) und das höchste Quarterback-Rating aller Zeiten (127,8). Er war ein zuverlässiger Spieler, der die großen Spiele genoss und für seine Gelassenheit unter Druck bekannt war, was ihm zu einem seiner beiden Spitznamen „Joe Cool" verhalf.

Mit seinem eiskalten Auftreten verdiente sich Montana auch seinen zweiten Spitznamen, „The Comeback Kid", dank seiner Fähigkeit, tief in die Trickkiste zu greifen und seinem Team den Sieg zu sichern, indem er sich, in nicht weniger als 31 Spielen während seiner Karriere, im vierten Viertel aus einem Rückstand in Führung arbeitete. Dies war besonders im Super Bowl XXIII eindrucksvoll zu sehen, als sein Team gegen die Cincinnati Bengals in Rückstand geriet und Montana einen unglaublichen 92-Yard-Drive inszenierte, der 36 Sekunden vor Schluss zum spielentscheidenden Touchdown für die 49ers führte.

41 O. J. SIMPSON

Bevor die schockierenden Verbrechen sein Image prägen sollten, war der Mann mit dem Spitznamen „The Juice" von 1969 bis 1977 ein erfolgreicher Runningback für die Buffalo Bills. Er war der erste Runningback, der in einer Saison mehr als 2.000 Yards erlief. Obwohl seitdem sechs weitere Spieler diesen Meilenstein erreicht haben, ist O. J. der einzige, dem dies in einer Saison mit 14 Spielen gelang (die NFL änderte 1978 den Spielplan auf eine 16-Spiele-Saison). Insgesamt erlief Simpson in seiner Karriere 11.236 Yards und belegte damit bei seinem Rückzug 1979 den zweiten Platz auf der NFL-Bestenliste (inzwischen ist er auf Platz 18 gerutscht). Außerdem nahm er an sechs Pro Bowls teil.

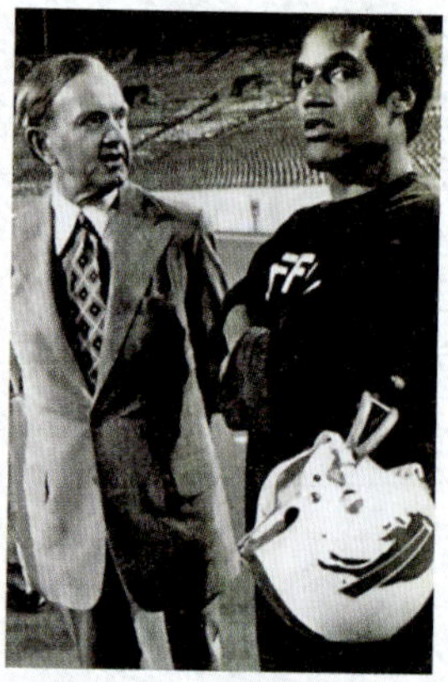

42 LAWRENCE TAYLOR

Lawrence Taylor spielte seine gesamte Profikarriere lang als Linebacker bei den New York Giants (von 1981–1993). Er erzielte von 1984 bis 1990 in jeder Saison eine zweistellige Anzahl Sacks. Diese Zahl beinhaltet auch seinen Karriere-Bestwert mit 20,5 Sacks 1986, dem Jahr, in dem er seinen ersten von zwei Super Bowl-Titeln mit den Giants gewann. In diesem Jahr wurde Taylor außerdem als erster Defensivspieler der NFL-Geschichte zum Most Valuable Player gekürt. Taylors Ansehen im Spiel war so groß, dass nicht einmal Suspendierungen wegen Drogenmissbrauchs seinen Ruf als bester Defensivspieler trüben konnten.

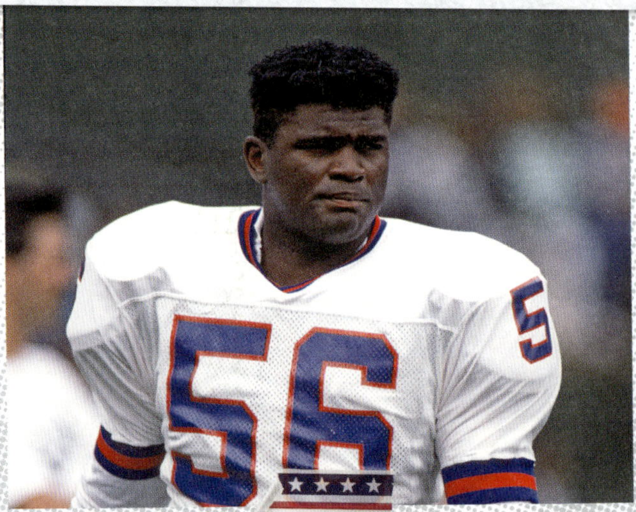

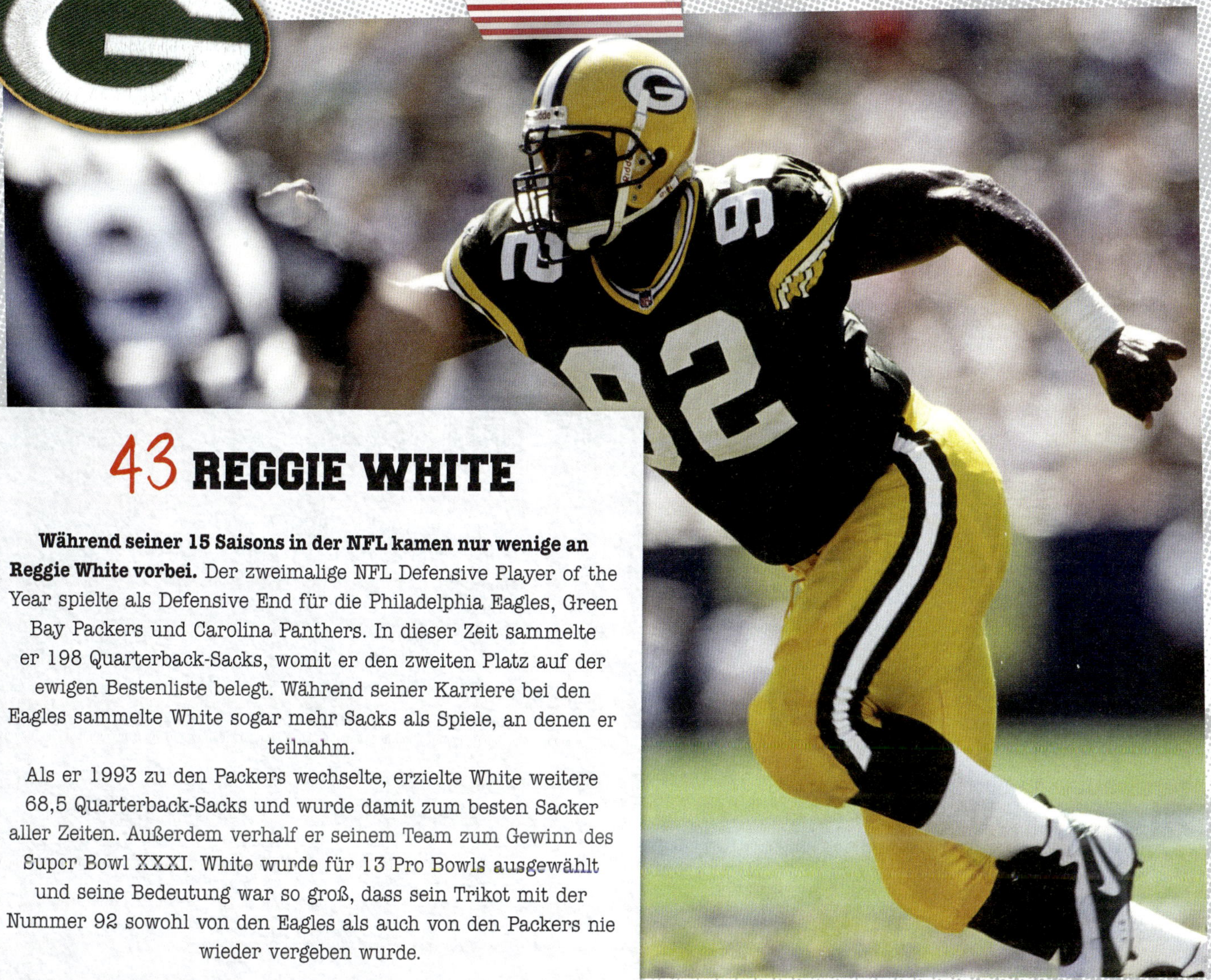

43 REGGIE WHITE

Während seiner 15 Saisons in der NFL kamen nur wenige an Reggie White vorbei. Der zweimalige NFL Defensive Player of the Year spielte als Defensive End für die Philadelphia Eagles, Green Bay Packers und Carolina Panthers. In dieser Zeit sammelte er 198 Quarterback-Sacks, womit er den zweiten Platz auf der ewigen Bestenliste belegt. Während seiner Karriere bei den Eagles sammelte White sogar mehr Sacks als Spiele, an denen er teilnahm.

Als er 1993 zu den Packers wechselte, erzielte White weitere 68,5 Quarterback-Sacks und wurde damit zum besten Sacker aller Zeiten. Außerdem verhalf er seinem Team zum Gewinn des Super Bowl XXXI. White wurde für 13 Pro Bowls ausgewählt und seine Bedeutung war so groß, dass sein Trikot mit der Nummer 92 sowohl von den Eagles als auch von den Packers nie wieder vergeben wurde.

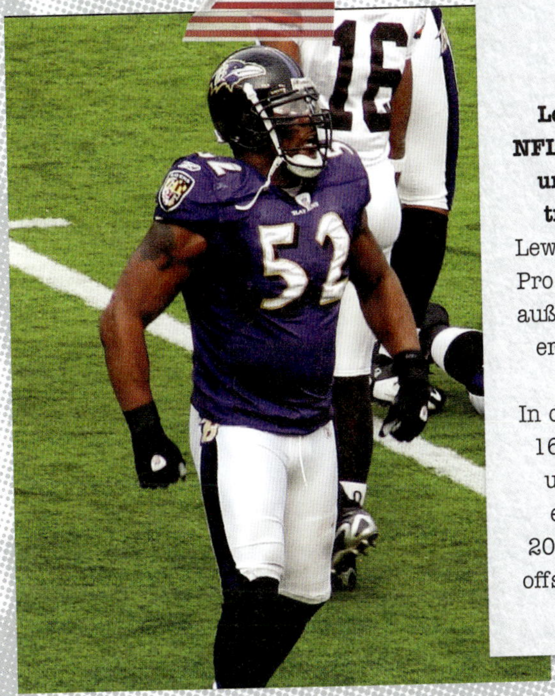

44 RAY LEWIS

Lewis, der als einer der grössten Linebacker aller Zeiten gilt, begann seine NFL-Karriere 1996 bei den Baltimore Ravens (in ihrer ersten Saison als Team) und blieb ihnen während seiner gesamten 17-jährigen Karriere in der Liga treu. Während seiner Spielzeit regnete es Auszeichnungen wie Konfetti: Lewis wurde für 13 Pro Bowls ausgewählt, zehnmal von der Presse zum All-Pro erkoren, zweimal zum NFL Defensive Player of the Year gekürt und war außerdem erst der zweite Linebacker, der die Super Bowl-MVP-Auszeichnung erhielt (aber der erste, der sie im Siegerteam gewann), als die Ravens im Jahr 2000 im Super Bowl XXXV siegten.

In dieser Saison führte Lewis eine wasserdichte Verteidigung an, die in einer 16-Spiele-Saison den Rekord für die wenigsten zugelassenen Punkte (165) und die wenigsten zugelassenen erlaufenen Yards (970) aufstellte. Nach einem unglücklichen Trizeps-Riss, der ihn für einen Großteil der Saison 2012/13 außer Gefecht setzte, kehrte Lewis gerade rechtzeitig für die Play-offs zurück, um mit den Ravens den Super Bowl XLVII zu erreichten, in dem sie die San Francisco 49ers besiegten.

45 DICK BUTKUS

Dick Butkus gilt als einer der besten und ausdauerndsten Linebacker aller Zeiten. Er spielte neun Saisons in der NFL (von 1965–73) für die Chicago Bears und schüchterte die gegnerischen Spieler mit seiner Grösse und seinem harten Tackling ein. Obwohl er nie am Super Bowl teilnahm, wurden Butkus' Defensivfähigkeiten mit acht Pro Bowl-Teilnahmen und zwei NFL-Defensive Player of the Year-Awards gewürdigt. Nach seinem Rücktritt wandte sich Butkus der Schauspielerei zu, und manche erinnern sich vielleicht eher an seine Auftritte in „Mord ist ihr Hobby" und „Magnum" als an seine Aktionen auf dem Spielfeld. Aber für ältere Bears-Fans und diejenigen, die einen harten Tackle zu schätzen wissen, wird Butkus immer eine NFL-Legende sein.

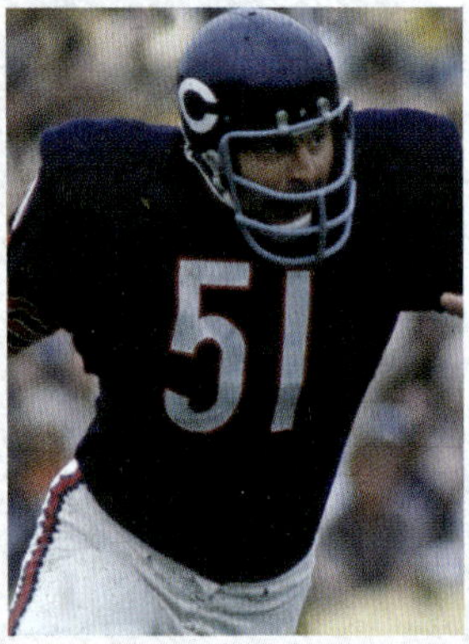

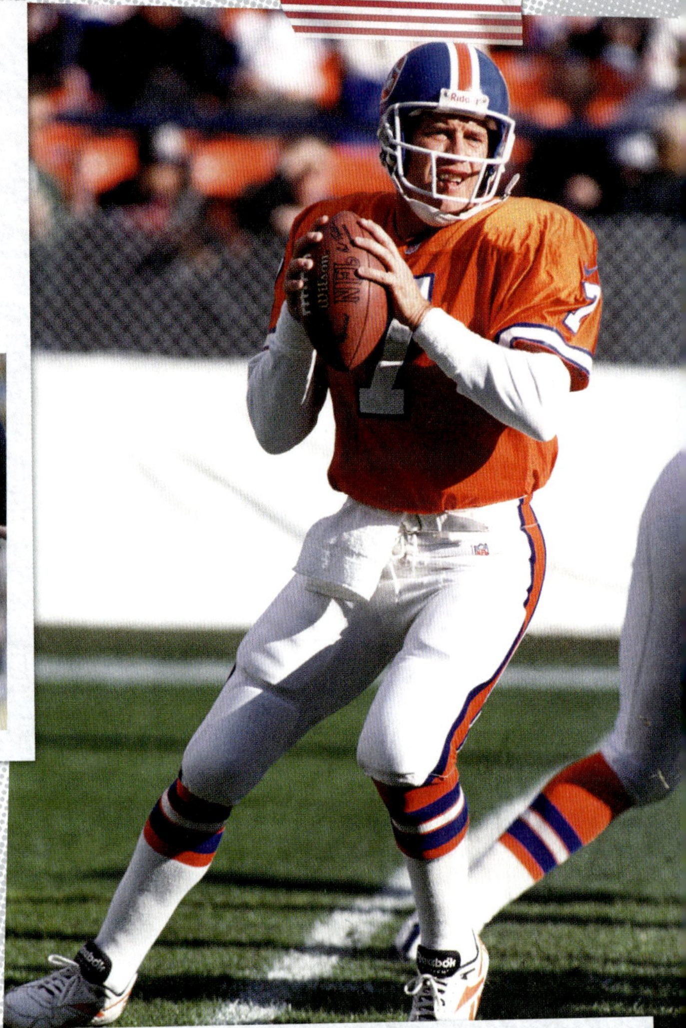

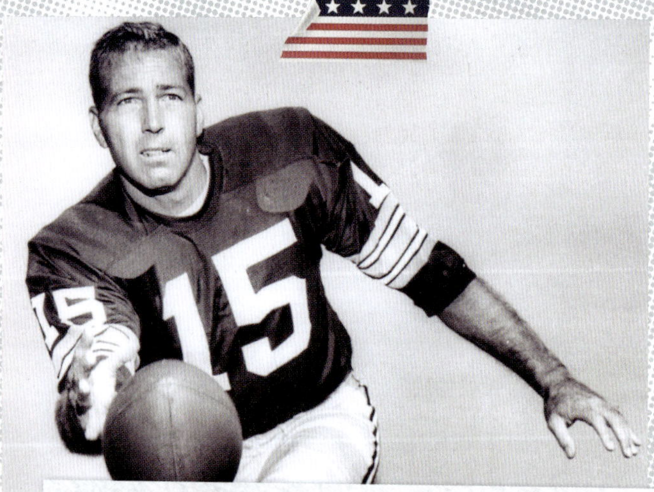

46 BART STARR

Der erste Prominente der modernen NFL, der treffenderweise Starr hiess, wurde der erste Quarterback, der einen Super Bowl gewann, indem er die Packers zum Sieg über die Chiefs führte. Ein Jahr später wiederholte er dieses Kunststück erneut und wurde auch beide Male zum Most Valuable Player ernannt. In seiner 15-jährigen Spielerkarriere blieb Starr Green Bay treu und gewann mit ihnen fünf Meisterschaften – ein Siegeszug, der so erst 2017 wieder erreicht wurde. Seine Coachingkarriere war zwar weniger erfolgreich, aber das tat seinen spielerischen Erfolgen keinen Abbruch. Starr wurde 1977 in die Hall of Fame aufgenommen, und die Packers haben sein Trikot mit der Nummer 15 seitdem nicht wieder vergeben.

47 JOHN ELWAY

In den späten 1980er-Jahren sah es eine Zeit lang so aus, als ob John Elway, der Quarterback der Denver Broncos, immer der ewige Zweite sein würde. Nach den Teilnahmen an den Super Bowls XXI, XXII und XXIV gehörte Elway jedes Mal zum Verliererteam, und obwohl er konstante Leistungen erbrachte, bedurfte es eines dramatischen Rückschlags für sein Team und einer Art Neuformierung, bevor sein Talent ihm den Sieg einbringen würde.

Während seiner 16-jährigen Karriere bei den Broncos konnte Elway eine beeindruckende Reihe von Rekorden aufstellen, bevor er sich 1999 in den Ruhestand verabschiedete. Aber es war ein bestimmter Spielzug während einer AFC-Championship gegen die Cleveland Browns im Jahr 1987, der sich als entscheidender Moment auf dem Spielfeld erwies. Elway war an einem 98-Yard-Touchdown-Drive beteiligt, der die Broncos zum Super Bowl XXI gegen die New York Giants katapultierte. Die Broncos verloren dieses Spiel vernichtend, aber Elway wurde schließlich mit dem Sieg in den Super Bowls XXXII und XXXIII doppelt belohnt.

48 DEION SANDERS

Sanders spielte auf einer Vielzahl von Positionen für verschiedene NFL-Teams. Bei den Atlanta Falcons, San Francisco 49ers, Dallas Cowboys, Washington Redskins und Baltimore Ravens spielte er als Cornerback, Kick Returner, Punt Returner und Wide Receiver. Erstaunlicherweise konnte Sanders, um seinen Status als „Allrounder“ nochmals zu unterstreichen, auch parallel eine zweite Sportkarriere verfolgen und so spielte er gleichzeitig professionell Baseball für die New York Yankees, Atlanta Braves, Cincinnati Reds und San Francisco Giants. Er ist bis heute der einzige Mann, der sowohl in einem Super Bowl (Sieg im Super Bowl XXIX mit den 49ers und im Super Bowl XXX mit den Cowboys) als auch in der World Series (mit den Braves 1992) spielte. 1994, im selben Jahr, in dem er mit den San Francisco 49ers den Super Bowl gewann, wurde er zum Defensive Player of the Year gewählt.

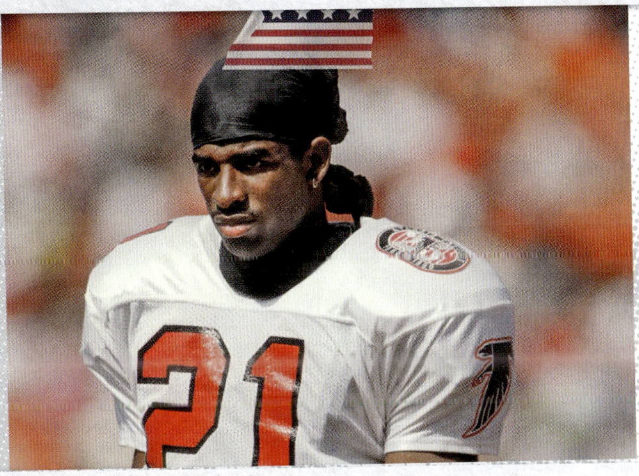

49 BRETT FAVRE

Während seiner langen und bedeutsamen Spielerkarriere reihte sich Favre mit seinen Statistiken in die Riege der besten Quarterbacks der NFL ein. Er war der erste Quarterback, der über 6.000 Pässe vervollständigte, über 70.000 Yards warf und 500 Touchdowns erzielte. Favre, der im Draft 1991 von den Atlanta Falcons ausgewählt worden war, gelangte durch einen Tausch 1992 zu den Green Bay Packers und nutzte seine Chance, um nach einer Verletzung von Starting Quarterback Don „Majik Man“ Majkowski zu beeindrucken. Unglaublicherweise stand er dann in jedem Spiel für die Packers bis zum Ende der Saison 2007 (und anschließend für die New York Jets und die Minnesota Vikings) als Starter auf dem Rasen und brachte es damit auf 321 Starts in Folge (einschließlich der Playoff-Spiele). Favre hat seine Teams zu acht Division-Championships und zwei Super Bowls (XXXI und XXXII) geführt, von denen er Ersteren durch einen Sieg über New England Patriots gewann.

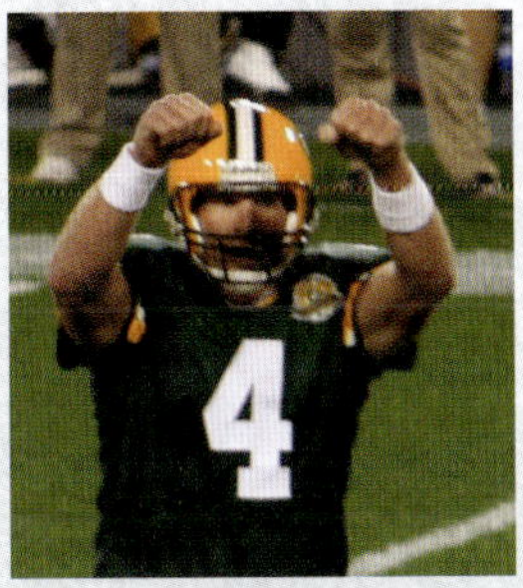

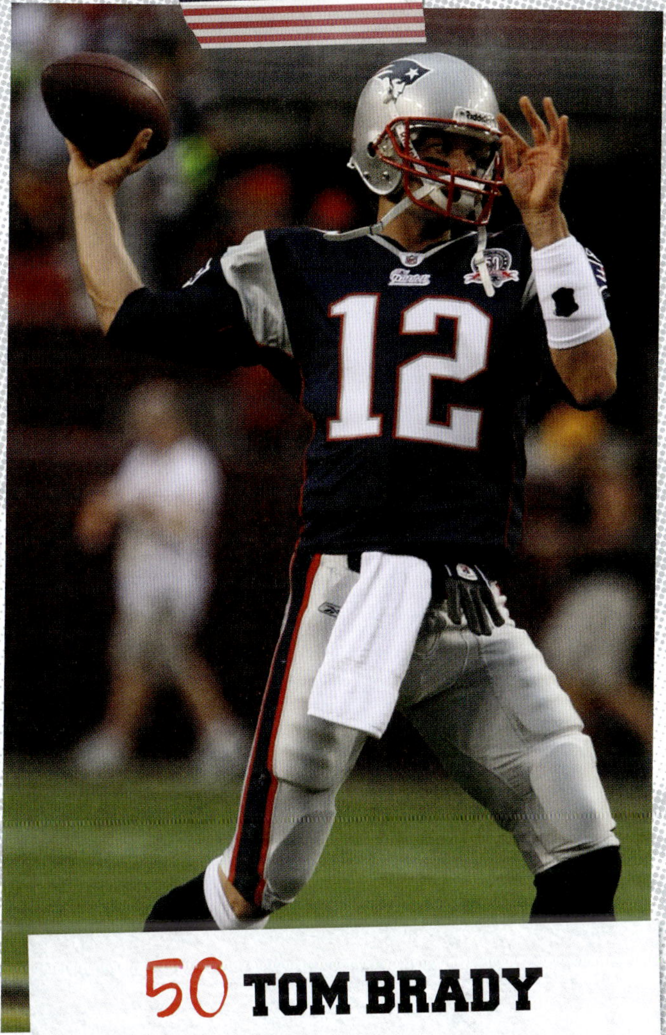

50 TOM BRADY

Wenn es noch irgendwelche Zweifel an Tom Bradys Status als grössten Quarterback aller Zeiten gab, so hat das Ergebnis des Super Bowl LV sie sicherlich ausgeräumt. Bradys Kritiker hatten zuvor behauptet, er habe nur gewonnen, weil er die zentrale Figur in Bill Belichicks New England-Team war. Doch nachdem Brady sich entschlossen hatte, die Patriots zu verlassen und seine Karriere bei den Tampa Bay Buccaneers zu beenden, wendete er kurzerhand das Schicksal des erfolglosen Teams und führte es zum Super Bowl-Erfolg. Mit sieben gewonnenen Super Bowls hat Brady nicht nur mehr Ringe als jeder andere Spieler, sondern auch mehr Titel als jedes andere Team. Brady, der seine Karriere im Jahr 2000 begann, ist mehrfacher Most Valuable Player der Liga und Super Bowl-Most Valuable Player und hält mit seinem Patriots-Team, mit bemerkenswerten 21 Siegen, den Rekord für die längste anhaltende Siegesserie (inklusive der Jahre 2003 und 2004). Außerdem hält er mit zehn Siegen in Folge den Rekord für die meisten Playoff-Siege und führte die Patriots 2007 zur ersten ungeschlagenen regulären Saison, seitdem der Spielplan auf 16 Spiele erweitert wurde.

DIE 10 BESTEN NFL-COACHES

Es ist nicht nur die Anzahl der Siege, die den Erfolg eines Coaches ausmacht, sondern auch die Kreativität, die hinter der taktischen Aufstellung und den Drives steckt.

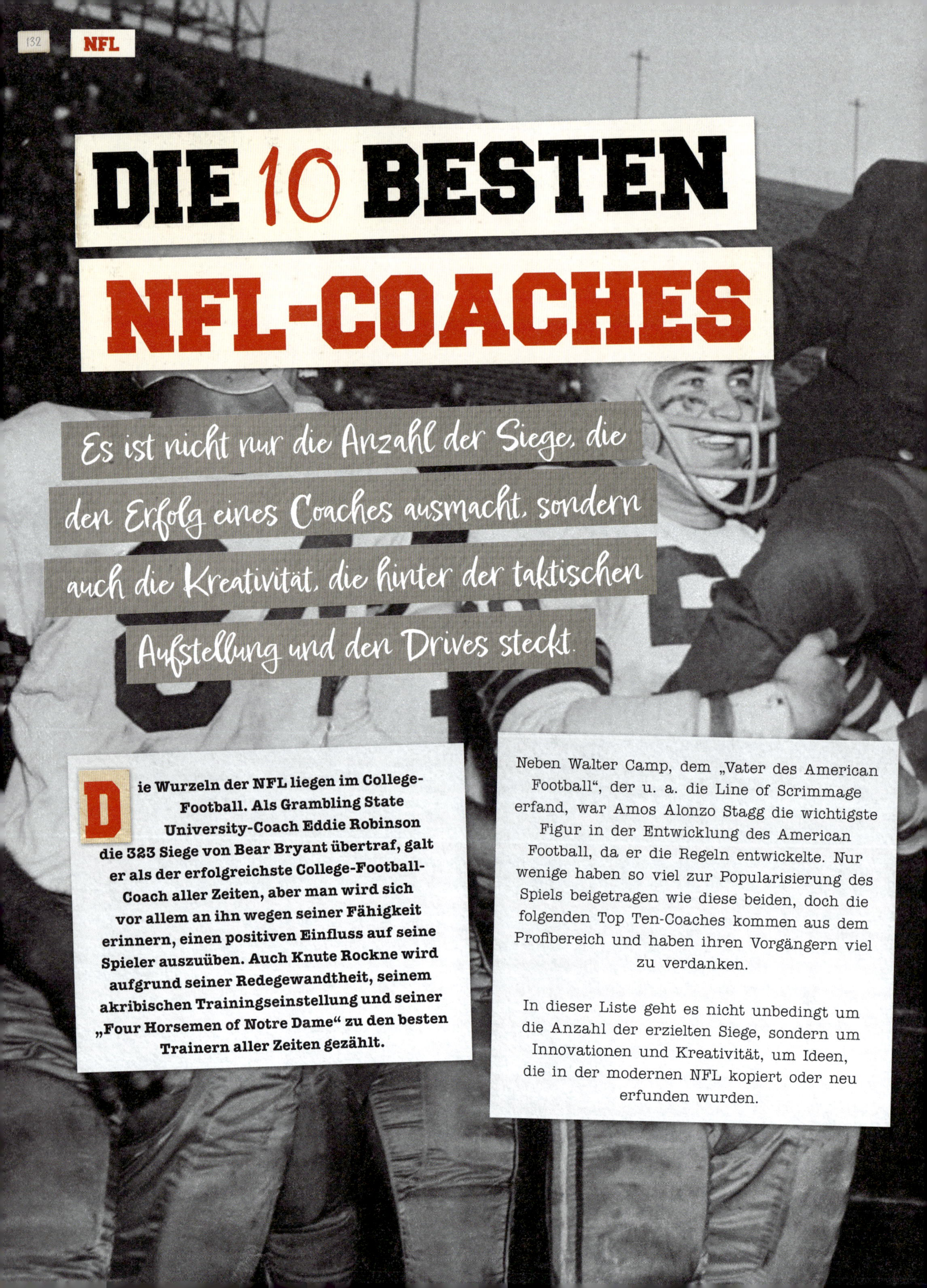

Die Wurzeln der NFL liegen im College-Football. Als Grambling State University-Coach Eddie Robinson die 323 Siege von Bear Bryant übertraf, galt er als der erfolgreichste College-Football-Coach aller Zeiten, aber man wird sich vor allem an ihn wegen seiner Fähigkeit erinnern, einen positiven Einfluss auf seine Spieler auszuüben. Auch Knute Rockne wird aufgrund seiner Redegewandtheit, seinem akribischen Trainingseinstellung und seiner „Four Horsemen of Notre Dame“ zu den besten Trainern aller Zeiten gezählt.

Neben Walter Camp, dem „Vater des American Football“, der u. a. die Line of Scrimmage erfand, war Amos Alonzo Stagg die wichtigste Figur in der Entwicklung des American Football, da er die Regeln entwickelte. Nur wenige haben so viel zur Popularisierung des Spiels beigetragen wie diese beiden, doch die folgenden Top Ten-Coaches kommen aus dem Profibereich und haben ihren Vorgängern viel zu verdanken.

In dieser Liste geht es nicht unbedingt um die Anzahl der erzielten Siege, sondern um Innovationen und Kreativität, um Ideen, die in der modernen NFL kopiert oder neu erfunden wurden.

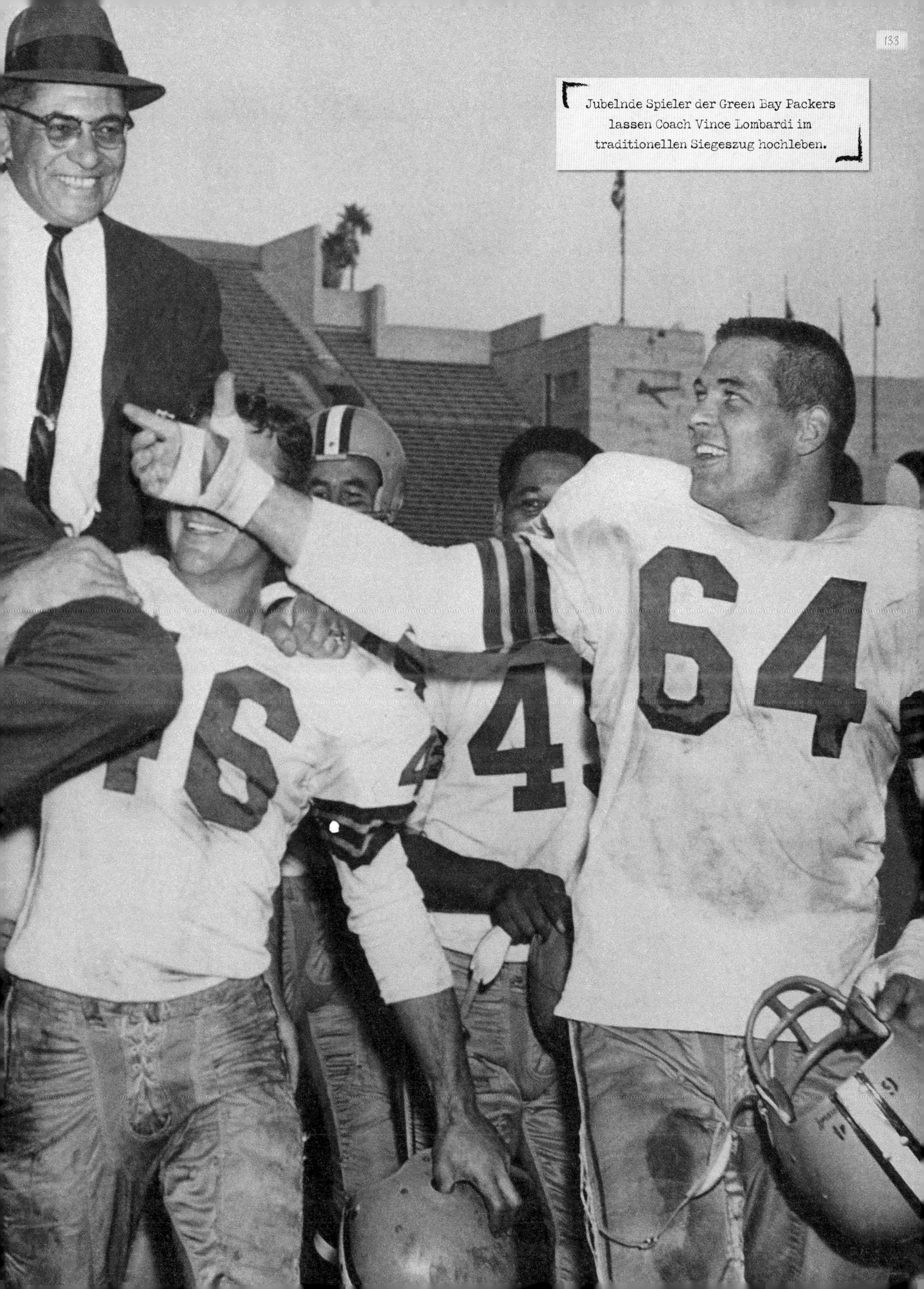

Jubelnde Spieler der Green Bay Packers lassen Coach Vince Lombardi im traditionellen Siegeszug hochleben.

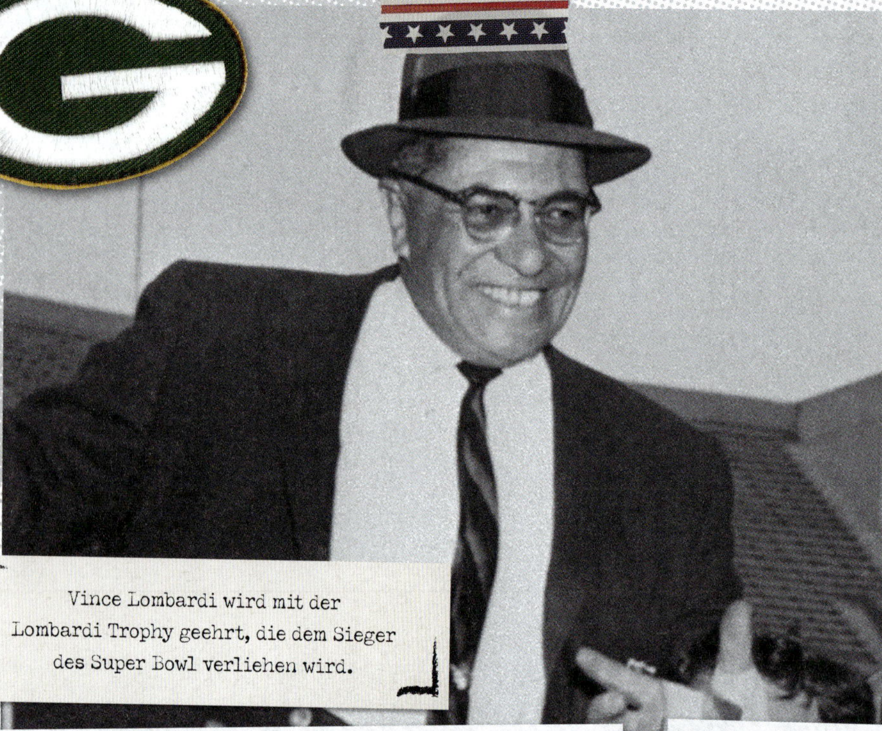

Vince Lombardi wird mit der Lombardi Trophy geehrt, die dem Sieger des Super Bowl verliehen wird.

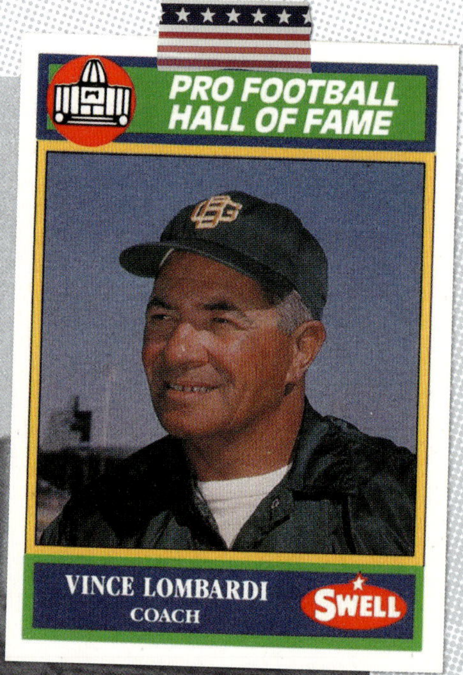

VINCE LOMBARDI

Der Mann, der den Grundstein für das erfolgreiche Green Bay-Team legte

01 Vince Lombardi hat nie gesagt: „Gewinnen ist nicht alles – es ist das einzig Wichtige", obwohl ihm dieses Zitat am häufigsten zugeschrieben wird. Seine eigentlichen Worte waren: „Gewinnen ist nicht alles, aber sich dafür anzustrengen, ist alles wert".

Lombardi, der Sohn eines italienischen Einwanderers und Metzgers, war geprägt von Kirche, Religion und Sport und wurde stark von den Jesuiten beeinflusst, die ihm jene Philosophie beibrachten, die er auch später bei seinen Spielern anwandte: die Unterordnung der individuellen Wünsche unter das Wohl für das Team.

Mitte der 1930er-Jahre spielte Lombardi als Guard in der „Seven Blocks of Granite"-Linie der Fordham University, entschied sich dann aber, nicht in die NFL zu wechseln, sondern direkt ins Coaching. Nach einer Zeit als High-School-Coach in New Jersey und Assistent an der Fordham University wechselte er nach West Point und dann zu den New York Giants unter Offensive-Coach Jim Lee Howell.

Lombardi, der als Mr. High-Low bekannt war, war ein lauter und emotionaler Mann, ein gläubiger Katholik, der jeden Tag die Messe besuchte, und dennoch einen widersprüchlichen Charakter hatte. Seine Karriere brauchte 20 Jahre, um ihren Höhepunkt zu erreichen. Als er 1958 nach Green Bay kam, befanden sich die Packers am Tiefpunkt. Doch Lombardi machte aus dem Quarterback-Flop Paul Hornung schnell einen Star-Runningback, half Bart Starr sich zu einem brillanten Quarterback zu entwickeln und trieb das Team gnadenlos an, indem er Wert auf Ausführung, Blocking und Tackling legte und seine Spieler dazu aufforderte, Schmerzen zu ertragen.

Er war alles andere als perfekt. Vor dem Spiel, in der Halbzeitpause und nach dem Spiel hielten seine Spieler Lombardi für ein Football-Genie, das immer voraussah, was der Gegner tun würde. Er vereinfachte die Spielpläne, indem er Überflüssiges strich, um die 15 Spielzüge zu finden, von denen er wusste, dass sie funktionieren würden. Während des Spiels passte er die Taktik jedoch nicht mehr an. Hornung war der Meinung, dass sein Coach „während des Spiels einen Dreck wert war. Er war ein Beobachter, ein Zaungast".

Doch als er in Wisconsin loslegte, waren die Ergebnisse sofort unglaublich. Sein Team gewann 1959 sieben von zwölf Spielen. Im Jahr 1960 holte Green Bay den Divisionstitel und 1961 und 1962 gewannen Lombardis Packers den NFL-Titel. Zwei Jahre nach der Umstrukturierung gewannen sie 1965, 1966 und 1967 drei Championships in Folge. 1969 heuerten ihn die Washington Redskins an, aber er erkrankte an Krebs und starb am 3. September 1970 im Alter von 57 Jahren.

Während seiner zehnjährigen Amtszeit betrug seine Gewinnquote insgesamt 74 %. Kein anderer Coach kommt auch nur annähernd an diese Zahl heran.

DON CORYELL

Ingenieur des modernen Passspiels

02 Don Coryell entwarf den „Passing Tree“ (Passbaum) der Receiver-Laufwege und wurde wegen seiner Passspiel-Innovationen als „Air Coryell“ bezeichnet. Durch den Einsatz von passfangenden Tight Ends wurden Nickel- und Dime-Defenses zu einem festen Bestandteil des Spiels. Seine San Diego Chargers-Teams führten die Liga in sechs aufeinanderfolgenden Saisons, zwischen 1978 und 1983, und erneut 1985, bei den geworfenen Yards an. Mike Martz, der Schöpfer des „The Greatest Show on Turf“-Rams-Teams, baute seine erfolgreiche Offense auf Coryells Pass-First-Offense auf. Coryell war 1974 Coach of the Year und gewann 1974 und 1975 mit den Cardinals zwei Divisionsmeisterschaften in Folge. Sein revolutionärer Stil und seine einzigartige Vision verhalfen Quarterback Dan Fouts, Tight End Kellen Winslow und Receiver Charlie Joiner zur Aufnahme in die Hall of Fame, und seine Chargers-Teams erreichten 1980 und 1981 die AFC-Titelspiele.

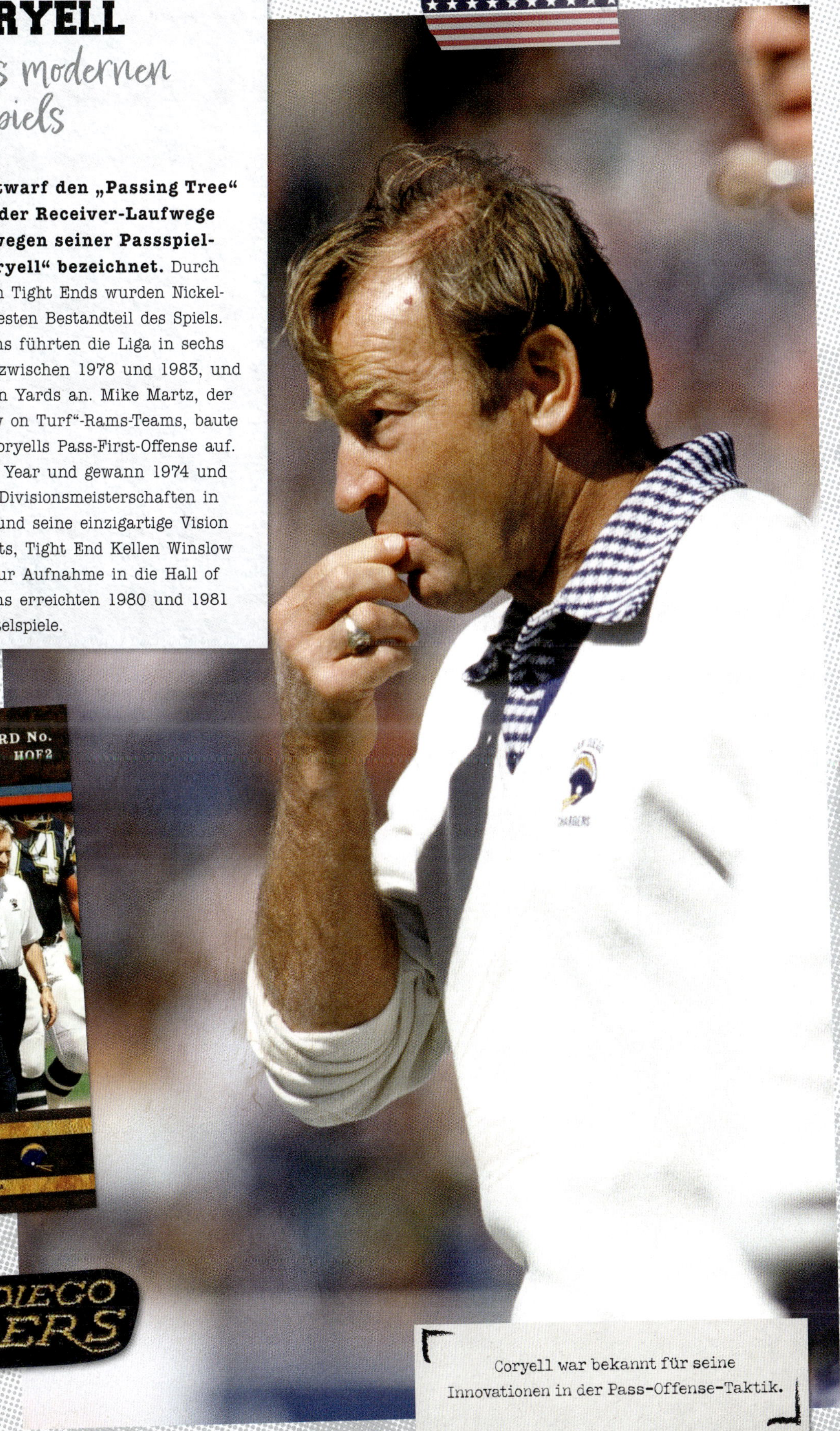

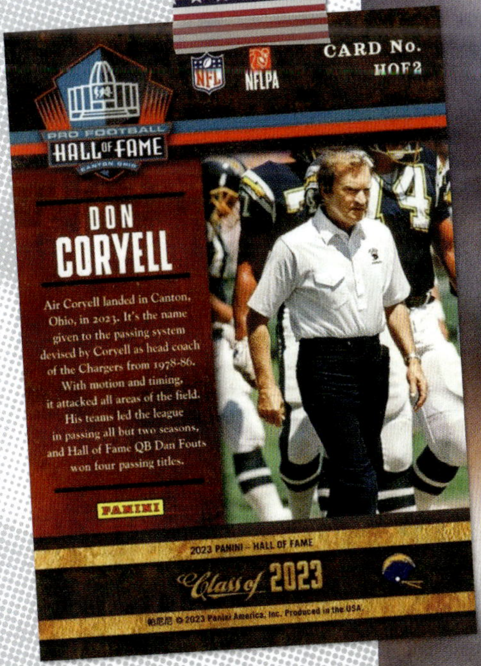

SAN DIEGO CHARGERS

Coryell war bekannt für seine Innovationen in der Pass-Offense-Taktik.

BUDDY RYAN

Der Erfinder der 46 Defense

03 **Als Sergeant in der Armee während des Koreakriegs wusste Buddy Ryan bereits im Alter von 18 Jahren, wie man andere führt. Als Defensivassistent bei den New York Jets unter Weeb Ewbank begann Ryan in den späten 1960er-Jahren,** kreative Wege zu finden, um den Passer unter Druck zu setzen, als er sah, welche Wirkung dies auf Jets-Quarterback Joe Namath hatte. Ryan tüftelte in den späten 70er-Jahren bei den Vikings an einer „Nickel Defense", die den Pass stoppen sollte, und als er nach Chicago ging, nannte er sie zu Ehren von Safety Doug Plank, der das Trikot mit der Nummer 46 trug, die „46 Defense". Das Konzept bestand darin, Dan Hampton, den am schwersten zu blockenden Spieler, in die Mitte zu stellen und die Offense mit sechs Mann an der Line und acht oder neun in der Box zu beschäftigen. Ryan ließ in der Regel zwischen sechs und acht Verteidiger blitzen. Mit dieser Strategie war er seiner Zeit weit voraus, und in seinen 26 Saisons als Coach hat er nie ein besseres Team geformt als die Verteidigung der Bears, die 1985 den Super Bowl gewannen.

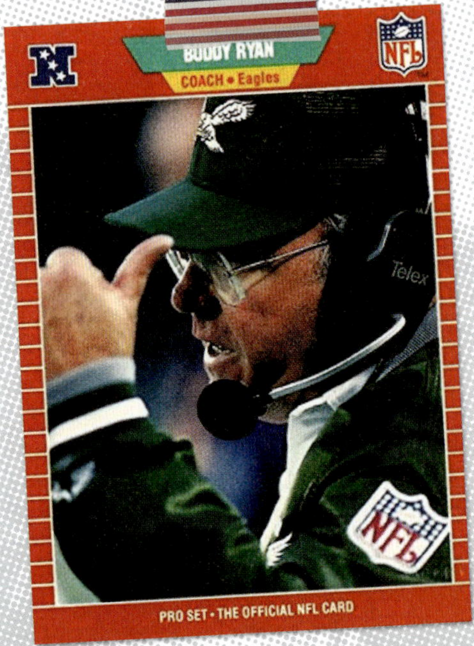

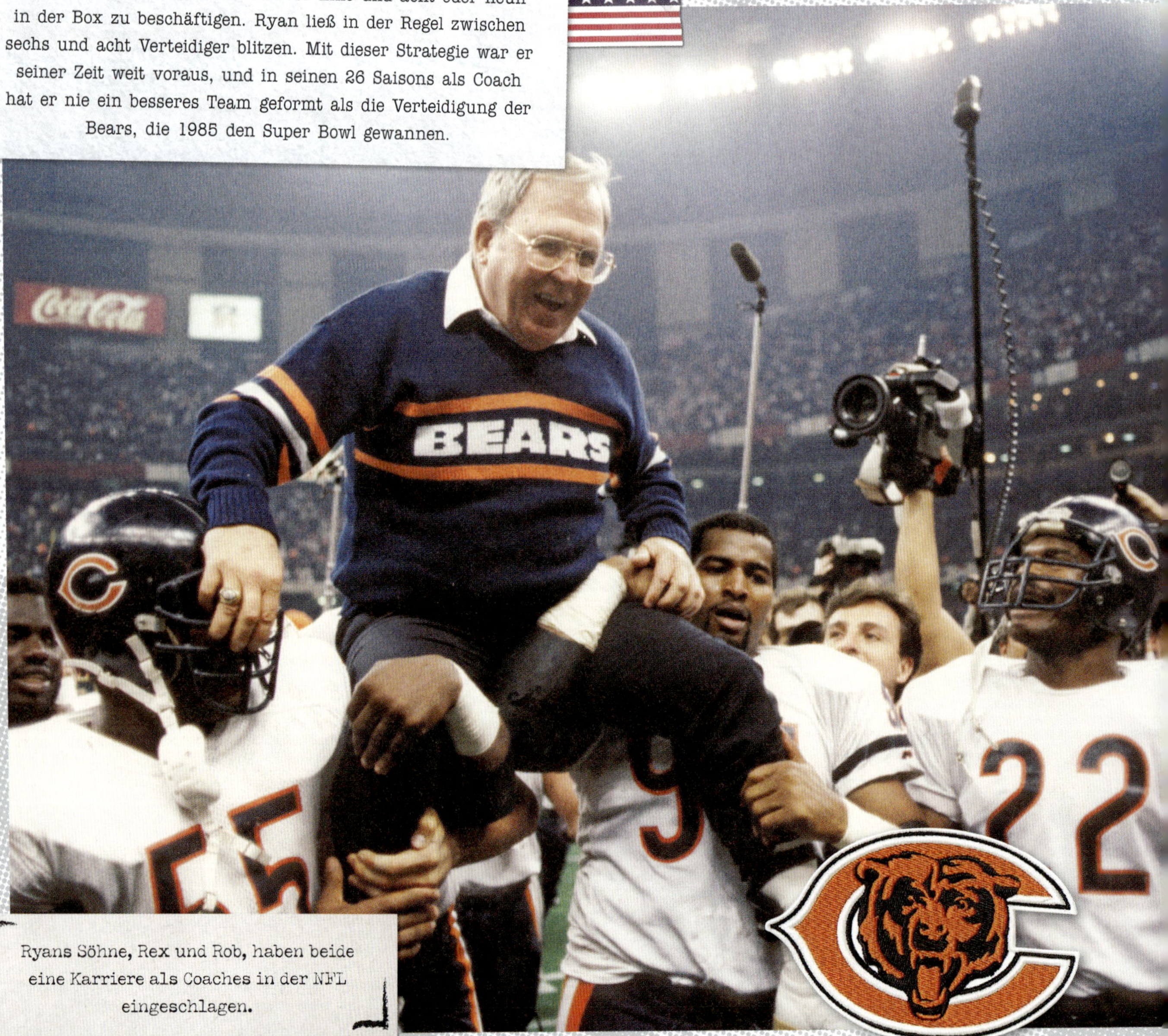

Ryans Söhne, Rex und Rob, haben beide eine Karriere als Coaches in der NFL eingeschlagen.

TOM LANDRY

Meister der Flex

04

In den ersten 29 Jahren ihrer Geschichte hatten die Dallas Cowboys nur einen Coach. Tom Landry, ehemaliger Star der University of Texas, war in seinen vier Jahren bei den New York Giants als einer der besten Defense-Assistenz-Coaches bekannt. Nachdem er 1960 als Coach nach Dallas gekommen war, dauerte es einige Jahre, bis er eine erfolgreiche Saison vorzuweisen hatte, doch die Cowboys konnten unter Landry zwischen 1966 und 1985 20 aufeinanderfolgende Gewinnsaisons für „America's Team" verbuchen: 13 Division Championships, fünf NFC-Titel und zwei Super-Bowl-Siege im Januar 1972 und 1978. Er perfektionierte die „Flex Defense", eine Variation der grundlegenden 4-3-Aufstellung, schaute sich eine Formation der San Francisco 49ers aus den frühen 1960er Jahren ab und hauchte der „Shotgun"-Formation, bei der der Quarterback der Cowboys, Roger Staubach glänzte, neues Leben ein. Außerdem hat er die Wechselsituationen genutzt, um Spieler bei Downs für spezifische Funktionen einzusetzen.

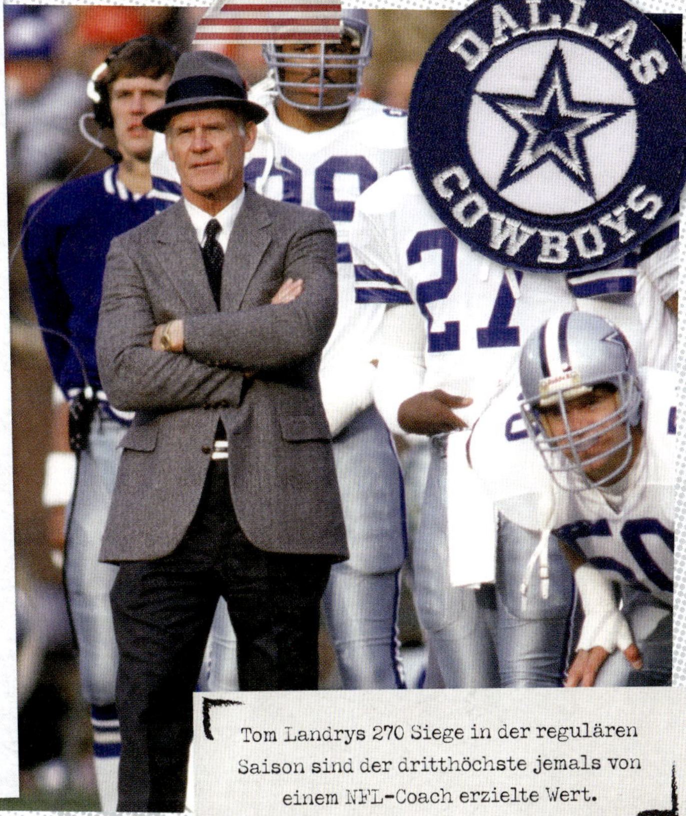

Tom Landrys 270 Siege in der regulären Saison sind der dritthöchste jemals von einem NFL-Coach erzielte Wert.

PAUL BROWN

Architekt der Filmanalyse

05

Wie Vince Lombardi würde Paul Brown keine Sympathie-Preise gewinnen. Wenn es um Football ging, war er ein Geschäftsmann. Dennoch brachte er mehr Innovationen ins Spiel ein als Lombardi. Brown führte die professionelle Analyse von Filmen ein, Intelligenztests für Spieler, moderne Pass-Blocking-Techniken, viele neue Pass-Taktiken und ein „Messenger Guard"-System zur Übermittlung von Spielzügen.

Brown, der für die Universität von Miami (Ohio) gespielt hatte, verfügte mehr über Coaching- als Spielertalent. Nach zwei Jahren als Assistenzcoach an der Seven Prep School kehrte er zu seiner Universität in Massillon (Ohio) zurück. In neun Saisons erzielten seine Teams eine Bilanz von 80-8-2 und gewannen mehrere Landesmeisterschaften. Im Jahr 1941 wurde er Coach an der Ohio State University und gewann in seinem zweiten Jahr in Columbus die nationale Meisterschaft. Nach dem Zweiten Weltkrieg wurde Brown als Coach von Clevelands Profi-Team in der neu gegründeten AFL angestellt und erzielte eine Bilanz von 47-4-3 und vier Ligatitel. Die Browns (ein Teamname, der ihm zu Ehren in einem Zeitungswettbewerb auswählt wurde) gewannen vier AAFC-Titel in Folge, traten dann 1950 in die NFL ein und gewannen gleich im ersten Jahr die Championship. In seinen ersten acht NFL-Saisons gewannen die Browns drei Ligatitel und sieben Divisionsmeisterschaften. Nachdem er 1962 von Art Modell, dem Besitzer der Browns, nach einer verlorenen Saison entlassen worden war, kehrte er 1968 als Gründer und Trainer der Cincinnati Bengals in den Profi-Football zurück. Mit einem Kader, der nur aus ehemaligen Spielern bestand, gewann er 1970 den Divisionstitel und wiederholte dies 1973 nochmals.

Paul Brown, ein strenger Lehrer und Organisationsgenie, brachte ein System und Trainingsroutine in den Profi-Football.

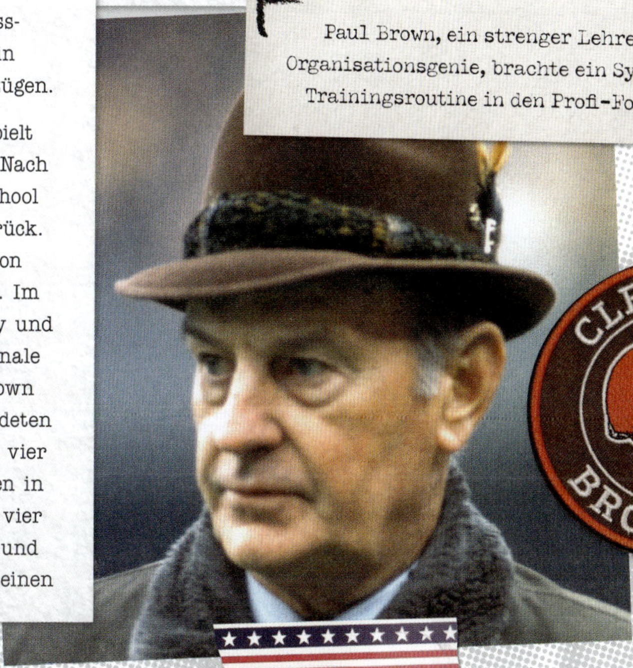

In 40 Jahren als Coach erzielte George Halas eine Gesamtbilanz von 324-151-3, die zweitbeste nach Don Shula.

GEORGE HALAS

Mr. Everything

06 **Die Pro Football Hall of Fame befindet sich am George Halas Drive. Keine Adresse könnte passender sein, denn Halas war als Gründer, Spieler und Coach der Chicago Bears der „Mr. Everything" des Pro-Footballs.** Halas, ein Gründungsmitglied sowohl der NFL als auch der Pro Football Hall of Fame, war ein Two-Way-End in Illinois, spielte 1919 Profi-Football in Chicago und kurzzeitig Baseball in der Major League bei den New York Yankees. Er wurde von A. E. Staley angeheuert, um die Baseball- und Football-Teams seiner Firma in Decatur zu leiten. 1920 traten die Decatur Staleys als Gründungsmitglieder der ersten Liga in Canton bei. Im Jahr 1921 zog Halas mit den Staleys nach Chicago um und gewann mit ihnen die erste Championship. Im darauffolgenden Jahr sicherten er und sein Partner Dutch Sternaman sich ihr eigenes Franchise und benannten das Team in Chicago Bears um. 1925 verhalf er dem Pro-Football zu neuem Ansehen, indem er All-American Red Grange verpflichtete. Seine Glanzzeit erlebte Halas in den 1940er Jahren, als seine Bears vier Ligatitel gewannen, wobei ein Großteil des Erfolgs der Entwicklung der modernen T-Formation zu verdanken war, die schnell zu einer Standard-Football-Formation der Offense wurde. Die Bears tragen bis heute seine Initialen „GSH" auf den Ärmeln ihrer Trikots.

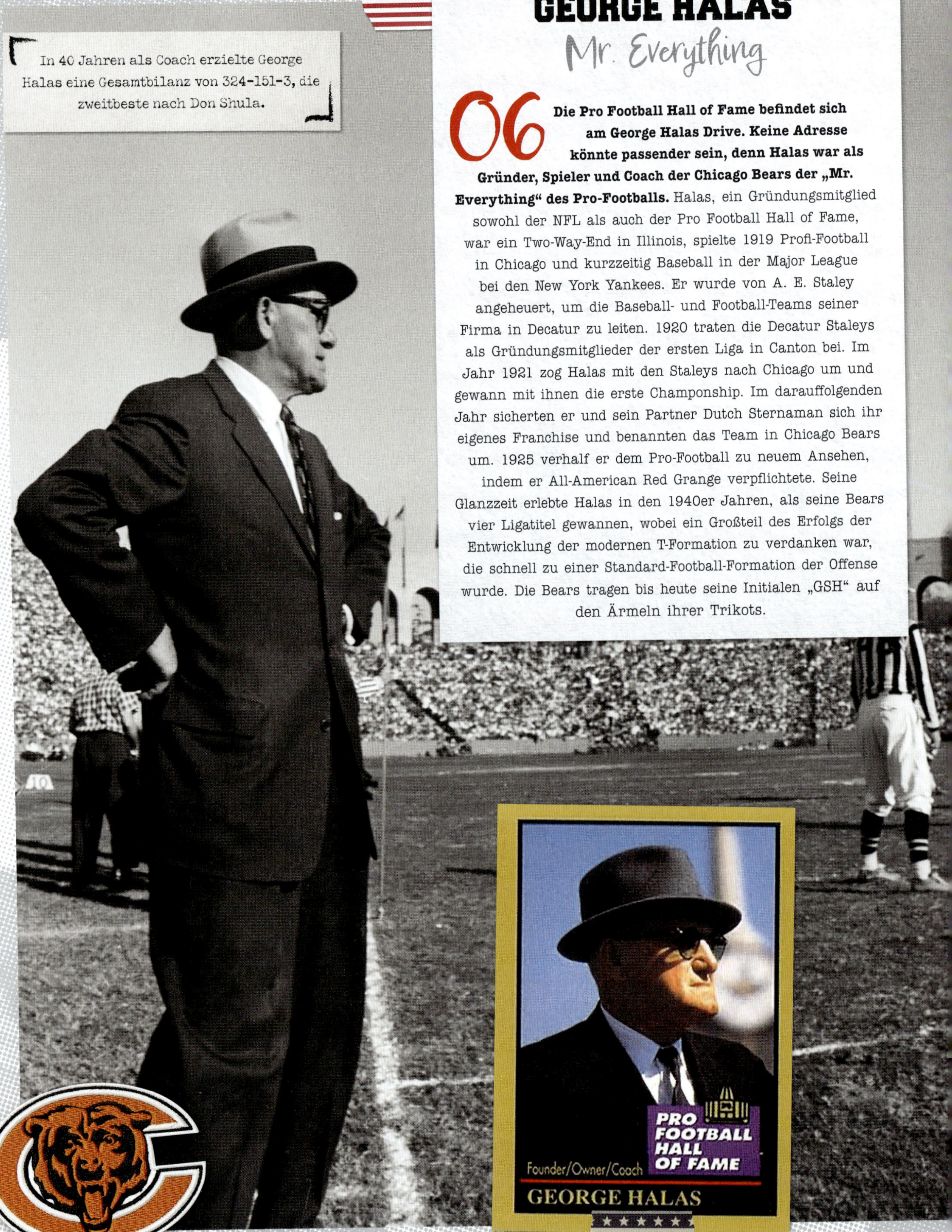

DON SHULA

Ein geborener Sieger

07 **Am 14. November 1993, als die Miami Dolphins die Philadelphia Eagles mit 19:14 besiegten, wurde Don Shula zum erfolgreichsten Coach in der Geschichte der NFL.** Mit 325 Siegen in seiner Laufbahn übertraf er den Rekord von George Halas, und als er 1995, nach 32 Saisons, in den Ruhestand ging, hatte er schier uneinholbare 347 Siege während seiner Karriere erzielt. In 26 Saisons bei den Dolphins hatte er nur eine einzige Niederlagensaison zu verzeichnen. Mit Hilfe der „No-Name"-Verteidigung von Defense-Koordinator Bill Arnsparger gelang den Dolphins 1972 mit einem 17:0-Erfolg die perfekte NFL-Saison. Die Langlebigkeit des Erfolgs macht Shulas Coach-Karriere aus. Es war hilfreich, dass seine Profiteams von drei großartigen Quarterbacks angeführt wurden, Johnny Unitas, Bob Griese und Dan Marino, und obwohl sein Vermächtnis durch eine Bilanz von 19:17 in der Nachsaison etwas getrübt wird, ist sein beständiger Erfolg immer noch der Maßstab, an dem alle NFL-Coaches gemessen werden.

„Den Dolphins gelang im Jahr 1972 die perfekte Saison – mit 17:0."

Als er mit 33 Jahren die Baltimore Colts 1963 übernahm, war Don Shula der jüngste Coach.

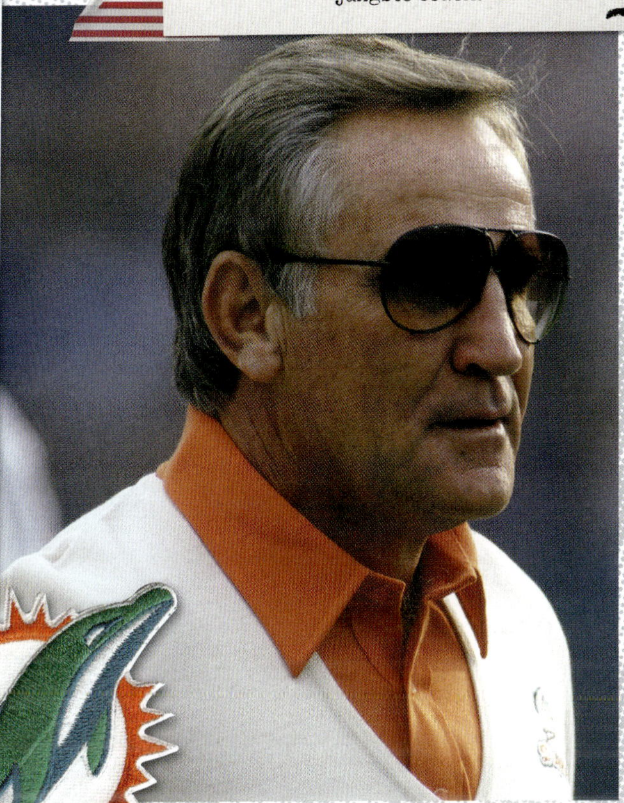

CHUCK NOLL

Erschuf einen Strom exzellenter Spieler

08 **Es mag sein, dass er von einigen, die für ihn spielten, als distanziert, unnahbar und kalt wahrgenommen wurde, aber innerhalb eines Jahrzehnts verwandelte der äußerst zurückhaltende und introspektive Chuck Noll die Pittsburgh Steelers (zu denen er 1969 im Alter von 37 Jahren stieß) vom Lachnummer-Team mit zwei Siegen zu einem der besten Teams der NFL.** Noll war bestrebt, die richtige Art von Spielern zu draften, dabei konzentrierte er sich besonders auf Technik, Vorbereitung und Details. In Nolls ersten fünf Jahren wählten die Steelers neun spätere Hall of Fame-Spieler, darunter vier aus dem Draft von 1974, und mit Bud Carsons Steel Curtain-Defense gewannen sie 1974/75 und dann noch einmal 1978/79 zwei Super Bowls in Folge. Noll war kein großer Redner. Die Spieler lernten ihn nicht auf einer persönlichen Ebene kennen. Tatsächlich erinnerte sich L. C. Greenwood, der 13 Jahre lang ein wichtiger Bestandteil der Defensive war, dass er nur ein einziges Gespräch mit Noll hatte – an dem Tag, als Noll ihn aus dem Team warf.

Chuck Noll war eine Vaterfigur, dessen stiller Führungsstil außergewöhnliche Ergebnisse hervorbrachte.

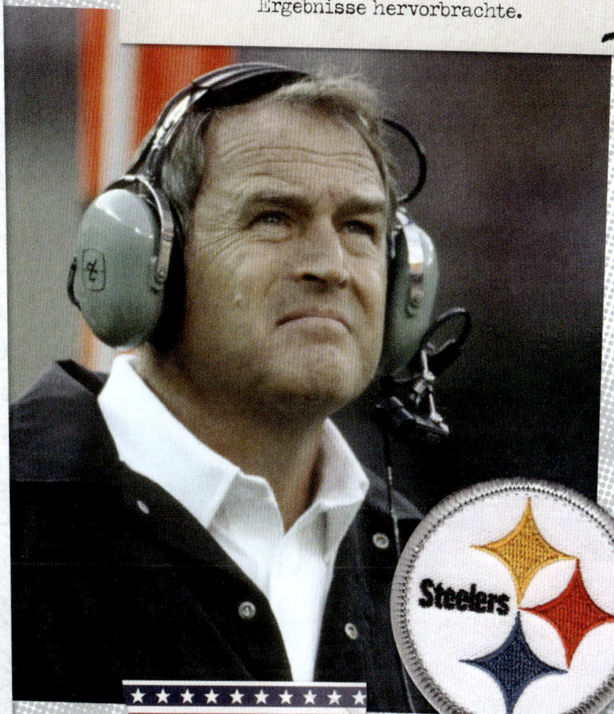

Bill Walsh glaubte an sein System und wählte Spieler, die in dieses System hineinpassten, so wie Joe Montana.

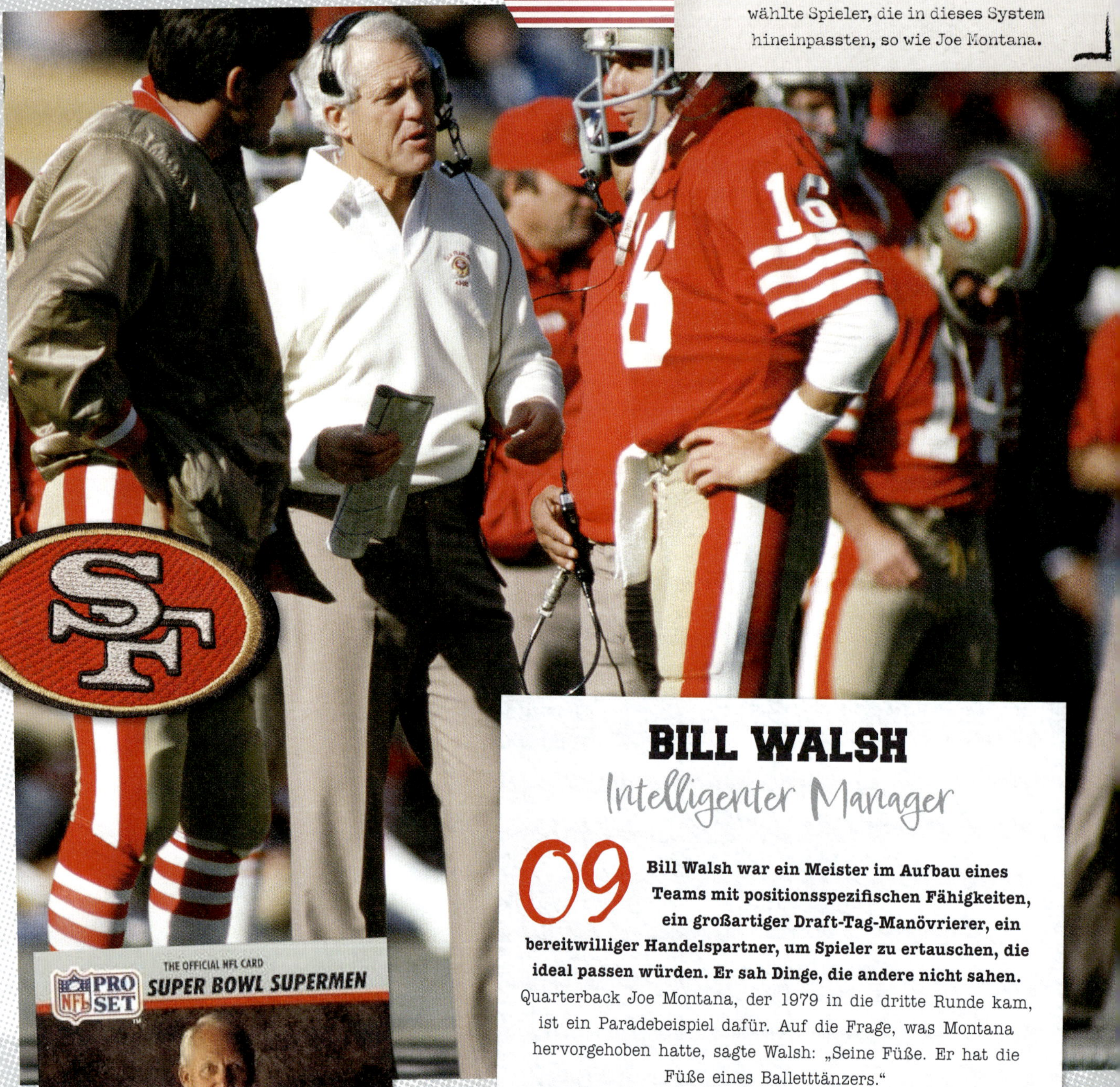

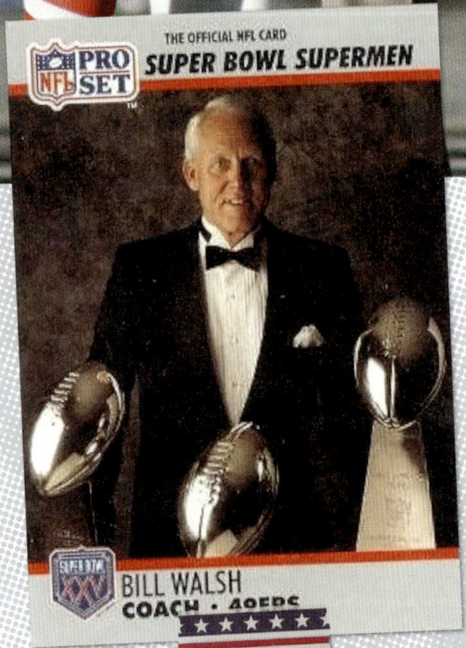

BILL WALSH

Intelligenter Manager

09 **Bill Walsh war ein Meister im Aufbau eines Teams mit positionsspezifischen Fähigkeiten, ein großartiger Draft-Tag-Manövrierer, ein bereitwilliger Handelspartner, um Spieler zu ertauschen, die ideal passen würden. Er sah Dinge, die andere nicht sahen.** Quarterback Joe Montana, der 1979 in die dritte Runde kam, ist ein Paradebeispiel dafür. Auf die Frage, was Montana hervorgehoben hatte, sagte Walsh: „Seine Füße. Er hat die Füße eines Balletttänzers."

Walshs schnelles, kurzes Training sorgte dafür, dass die Spieler konzentriert und frisch blieben, er stellte College-Coaches ein, weil er glaubte, dass sie besser unterrichten konnten, und er engagierte Psychologen.

In zehn Saisons mit den San Francisco 49ers (1979–88) gewann Walsh drei Super Bowls und holte sechs NFC West-Titel, aber obwohl er dafür bekannt war, dass er die Spieler an die erste Stelle setzte, war er nicht sentimental und verkaufte viele Spieler, bevor ihr Wert sank. Infolgedessen waren nur sieben seiner Spieler bei allen drei Super Bowl-Siegen der 49ers dabei. Er war für das „West Coast"-Passspiel bekannt, ließ den Ball aus einem Two-Back-Set aus spielen und sorgte stets für eine harte, physische Defense.

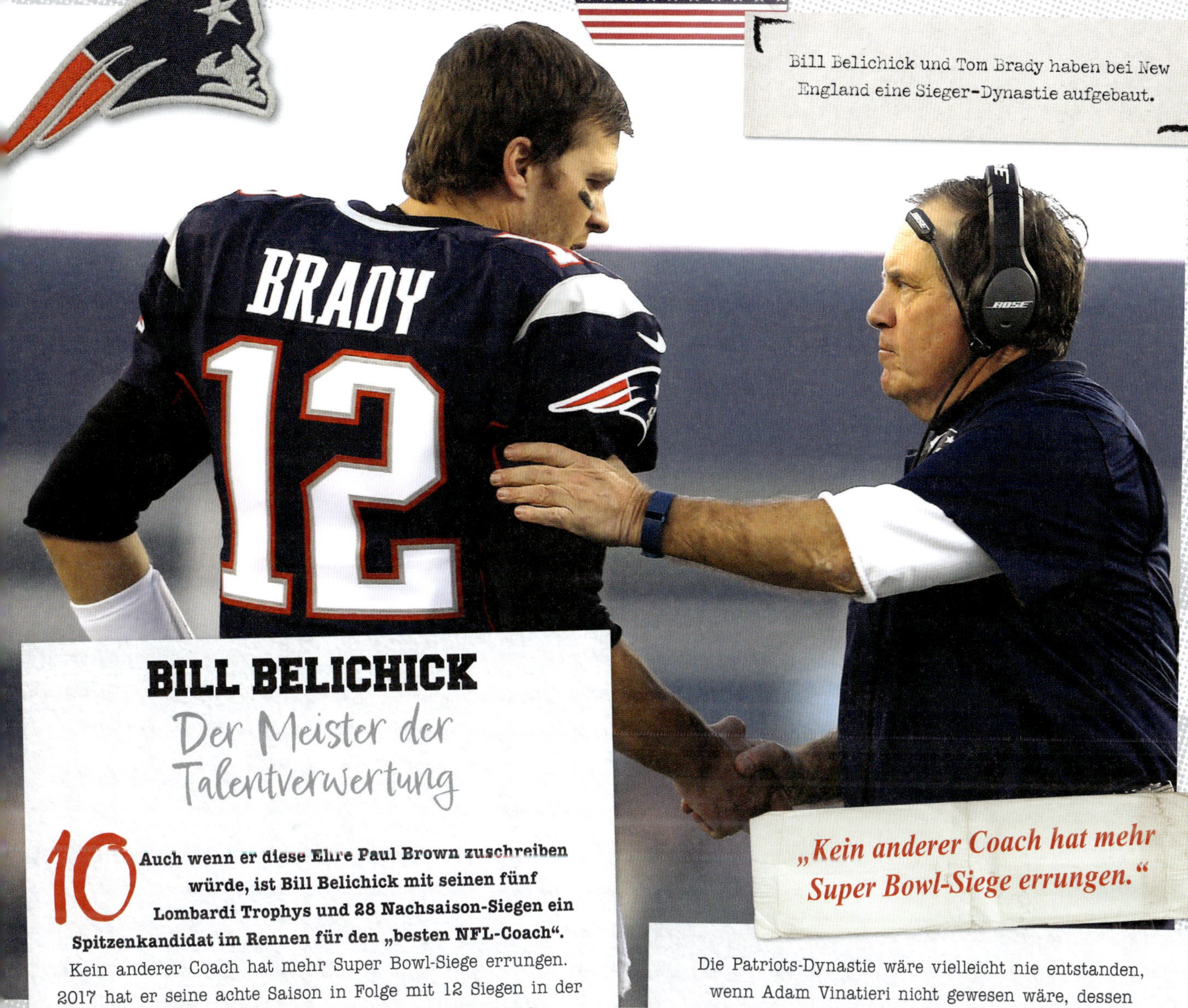

Bill Belichick und Tom Brady haben bei New England eine Sieger-Dynastie aufgebaut.

BILL BELICHICK

Der Meister der Talentverwertung

10 Auch wenn er diese Ehre Paul Brown zuschreiben würde, ist Bill Belichick mit seinen fünf Lombardi Trophys und 28 Nachsaison-Siegen ein Spitzenkandidat im Rennen für den „besten NFL-Coach". Kein anderer Coach hat mehr Super Bowl-Siege errungen. 2017 hat er seine achte Saison in Folge mit 12 Siegen in der regulären Saison und der siebten AFC Championship Game-Teilnahme in Folge absolviert. Da er bei vielen High-Round-Picks nicht wählen durfte, ist er kein so guter Draft-Builder wie Bill Walsh, der ein Spezialist darin war, die Spieler auszuwählen, die zu seinem Spiel passten. Dennoch hat Belichick eine bemerkenswerte Leistung vollbracht, indem er Spieler wie Wes Welker, Randy Moss, Aqib Talib und Corey Dillon gedraftet hat, die andere Teams zu schnell aufgegeben hatten. Man kann argumentieren, dass die NFL-Titel mit den New England Patriots in den Jahren 2001, 2003, 2004, 2014 und 2016 ihn in das Pantheon der großen Trainer erheben. Aber ist er auch der Beste? Darüber lässt sich streiten.

Wie andere Coaches auch, hatte er einige schlechte Saisons, bevor er die Wende einleiten konnte – in seinem Fall sechs als Coach (inklusive seiner Zeit in Cleveland). Ein großartiger Coach ist nur so gut wie sein Quarterback, und Tom Brady landete 2000 in der sechsten Runde. Damals war Drew Bledsoe verletzt, und als Bradys steile Karriere begann, stand Belichick kurz davor, wieder entlassen zu werden. Wo wäre Belichick jetzt ohne Brady?

„Kein anderer Coach hat mehr Super Bowl-Siege errungen."

Die Patriots-Dynastie wäre vielleicht nie entstanden, wenn Adam Vinatieri nicht gewesen wäre, dessen Field Goals bei den ersten drei Lombardi Trophys den Ausschlag gaben. Und leider lassen sich auch die Betrugsdiskussionen nicht leugnen, die Belichicks Karriere begleiten. Im Jahr 2007 wurde er wegen der Spy-Affäre mit einer Geldstrafe von 500.000 Dollar und die Patriots mit einer Geldstrafe von 250.000 Dollar belegt, weil sie dabei erwischt wurden, wie sie gegnerische Coaches auf Video aufnahmen. Außerdem wurden Beweise dafür gefunden, dass dies über mehrere Jahre hinweg praktiziert wurde. Brady wurde außerdem im Jahr 2015 für vier Spiele gesperrt und beschuldigt, im AFC Championship Game die Luft aus den Bällen gelassen zu haben. Es gab Anschuldigungen von den Rams, dass Belichicks Team in der Nacht vor dem Super Bowl XXXVII ihr Training ausspioniert hatte, und ähnliche Worte kamen von Carolinas Geschäftsführer Marty Hurney am Vorabend des Super Bowl XXXVIII.

Dies mag zwar nach Neid klingen, doch Belichicks Vermächtnis könnte durch sein eigenes unstillbares Bedürfnis getrübt werden, sich einen zusätzlichen Vorteil zu verschaffen – mit allen notwendigen Mitteln.

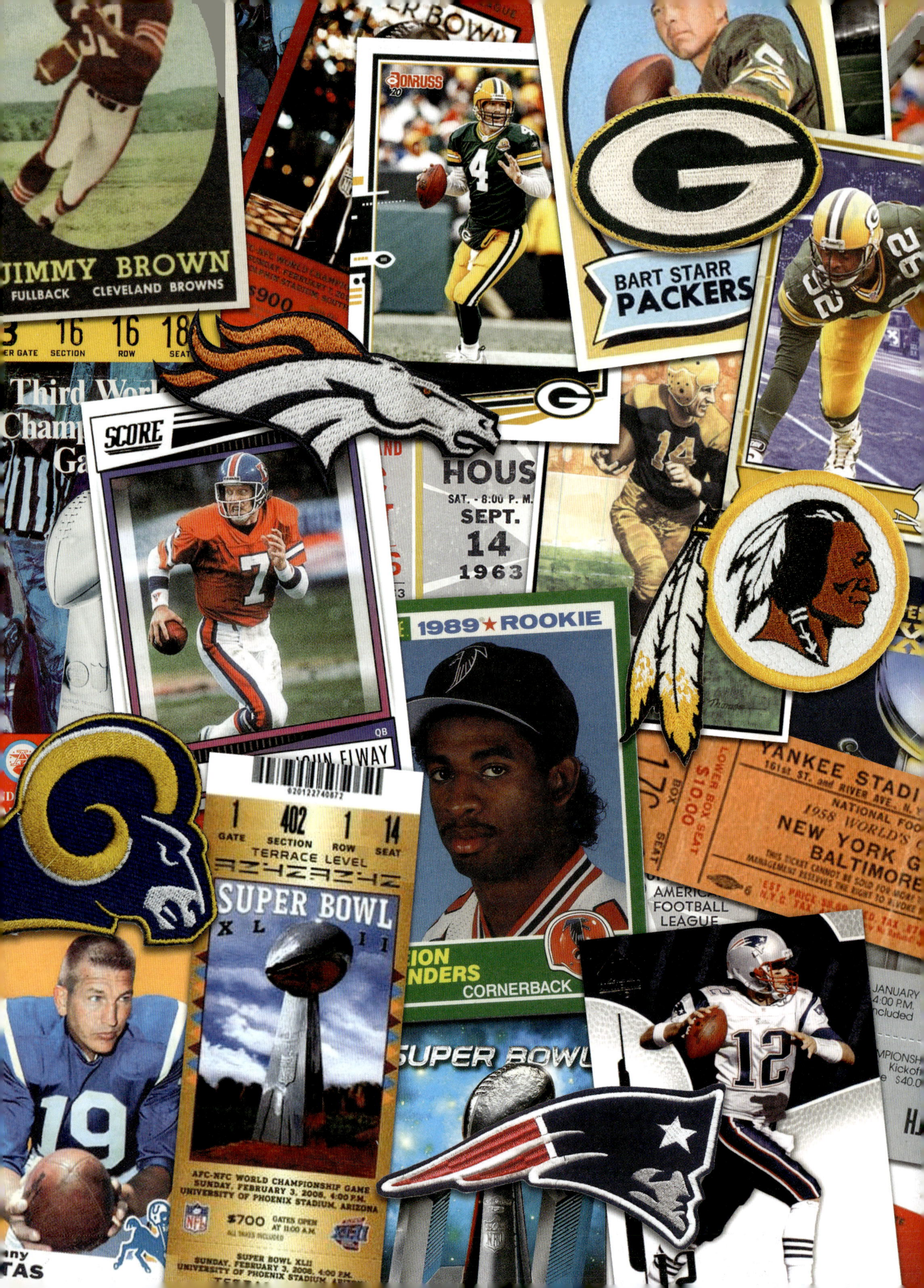
JIMMY BROWN
FULLBACK CLEVELAND BROWNS
BART STARR
PACKERS
SCORE
HOUS
SAT. - 8:00 P. M.
SEPT.
14
1963
1989 ★ ROOKIE
CORNERBACK
QB
1 GATE 402 SECTION 1 ROW 14 SEAT
TERRACE LEVEL
SUPER BOWL
X L I I
AFC-NFC WORLD CHAMPIONSHIP GAME
SUNDAY, FEBRUARY 3, 2008, 4:00 P.M.
UNIVERSITY OF PHOENIX STADIUM, ARIZONA
$700
SUPER BOWL
YANKEE STADI
NEW YORK
BALTIMORE
$10.00
FOOTBALL
LEAGUE